초원의 전사들

초원의 전사들

에릭 힐딩거 지음 채만식 옮김

일조각

일러두기

1. 이 책의 외래어 표기는 국립국어원의 외래어표기법 및 표기 용례를 따랐으나, 일부 용어의 경우 이미 굳어진 관례를 따랐다.
2. 본문의 중국 인명과 지명 뒤의 한자는 옮긴이가 달았다.
3. 인명과 지명, 기타 용어의 원문 병기는 찾아보기에 붙였다.
4. 괄호 안의 보충 설명 중 옮긴이가 독자의 이해를 돕기 위해 덧붙인 것에는 옮긴이 표시로 구분했다.

차례

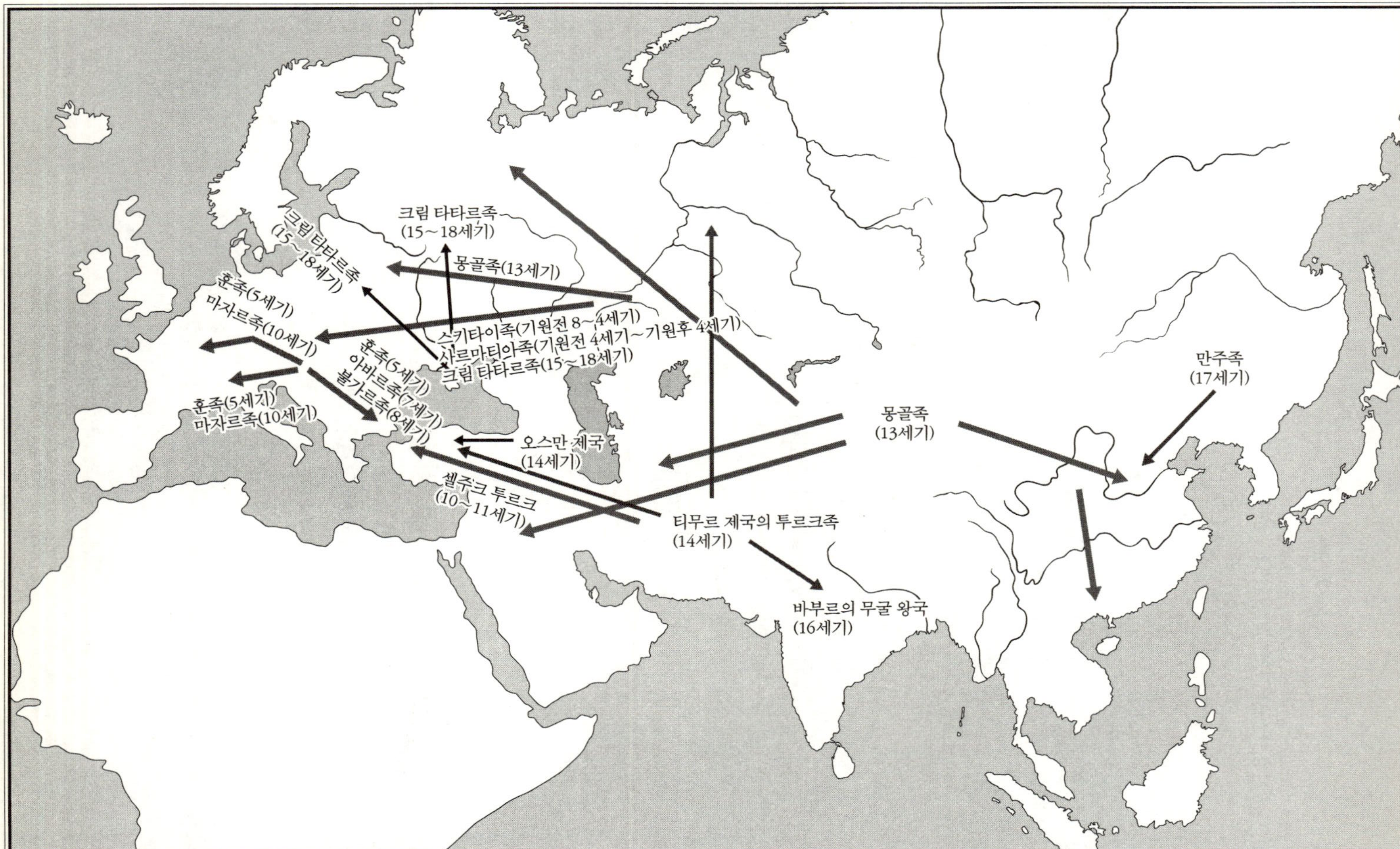

크림 타타르족
(15~18세기)
크림 타타르족
(15~18세기)
몽골족(13세기)
훈족(5세기)
마자르족(10세기)
스키타이족(기원전 8~4세기)
사르마티아족(기원전 4세기~기원후 4세기)
크림 타타르족(15~18세기)
훈족(5세기)
아바르족(7세기)
불가르족(8세기)
훈족(5세기)
마자르족(10세기)
오스만 제국
(14세기)
셀주크 투르크
(10~11세기)
몽골족
(13세기)
만주족
(17세기)
티무르 제국의 투르크족
(14세기)
바부르의 무굴 왕국
(16세기)

서장

유라시아 대초원의 유목민들은 타고난 전사였으며, 이들보다 뛰어난 전사는 역사상 찾아보기 어렵다. 문명을 이끌고 시대의 패권을 차지한 국가들은 수많은 전쟁 속에서 탄생했다고 해도 과언이 아니다. 문명화된 정주민들은 전쟁에 숙달된 경우가 많았다. 가장 먼저 우리 머릿속에 떠오르는 로마인들이 대표적인 예다.

로마인은 탁월한 군대를 보유했으며, 이 군대를 이용해 수백 년 동안 계속된 전투에서 성공적인 승리를 거두면서 로마의 국력을 키워나갔다. 그러나 로마인의 군대 역시 그 뒤를 잇는 여러 다른 나라와 마찬가지로 의식적으로 만들고 계획적으로 발전시킨 것이다. 로마군은 시민군에서 직업적인 병력으로 변화되었고, 전술 역시 창을 사용한 그리스식의 밀집대형 전투에서 창을 던져 적을 흐트러뜨리고 방패를 쓸모없게 만든 후에 좀더 느슨한 대형으로 검을 사용하여 싸우는 방식으로 발전했다. 로마군은 천인대와 군단 등 조직적인 사단을 갖추고 병사들에게 공장에서 생산된 무기와 갑옷을 지급했으며 정규 훈련과 힘든 행군 등을 반복 학습시켰다. 또한 로마군의 조직은 일반 사병은 물론 직업 장교, 의사, 서기, 대장장이, 수의사 등까지 갖추고 있었는데, 이런 모습은 현대의 군대와 원형이 거의 비슷하다. 이런 조직적 관점에서 볼 때 500년 넘도록 지속된 로마군의 성공은 그다지 놀라울 것이 없다.

그렇지만 로마군 역시 타고난 전사는 아니었다. 로마인은 군인으로서 전투에 필요한 기술을 정식으로 배워 습득한 문명인이었다. 실제로 군사훈련의 목적은 무기 사용 기술을 가르치는 것 이상을 목표로 한다. 이런 훈련은 문명화된 정착 생활에 익숙해진 사람들이 어렵고 험한 상황에 적응하는 데 도움이 되었다. 원론적으로 말하자면 야만적이고 원시적인 종족일수록 더 뛰어난 전사라고 말할 수 있다. 프로이센의 군사이론가 카를 폰 클라우제비츠는 다음과 같이 정의한다.

> 인간에게 전쟁은 육체적으로 힘들고 고통스러운 영역이다. 인간이 전쟁에 중립적인 태도를 보이지 않는다면 인간은 그로 말미암아 멸망할 것이다. 전쟁에서 싸우려면 강인한 육체와 정신을 타고나든지 아니면 훈련을 통해 키워나가야 한다. 만약 이런 자질이 있다면 그것을 이끄는 상식만으로도 전쟁에 대처할 수 있다. 강인한 육체와 정신은 일반적으로 원시적이거나 문명이 개화되지 않은 상태의 사람들이 보여주는 자질이다.[1]

나폴레옹은 더 직설적으로 설명하고 있다.

'군인의 첫 번째 자질은 피로와 궁핍을 견디는 불굴의 정신력이다. 용기는 그다음이며, 고통과 빈곤 그리고 결핍이 뛰어난 군인을 만드는 최상의 학교다.'[2]

이 책은 빈곤과 고통 속에서 단련되어 뛰어난 전사의 힘을 발휘했던 사람들에 관한 이야기다. 그들은 거친 환경을 이겨내고자 강인하고 빈틈없는 전사로 단련되었을 뿐 아니라 그들의 땅과 인접한 이웃 국가의 정주민들을 상대로 사용하기에 적합한 뚜렷하고 독특한 방식의 싸움을 하는 전사로 만들어졌는데, 그들이 바로 대초원의 유목민들이었다. 이 책에서는 대초원에서 살아갔던 여러 종족에 대해 고찰할 것이다. 또한 그들을 자연의 힘에 가깝게 만든, 시간과 공간을 초월한 변함없는 특성에 대해 알아보고, 그들이 다른 종족들을 가혹하게, 때로는 야만적으로 다룬 힘에 대해 검토할 것이다.

그중 첫 번째 종족은 기원전 6세기의 스키타이족이다. 많은 기록이 남아 있지는 않지만 우리가 알고 있는 정보에 따르면, 스키타이족은 페르시아를 약탈하고 일시적으로 지배했던 유목 기마민족이었다. 스키타이족의 침략 전쟁 후 몇 년이 지나자 페르시아의 왕 다리우스 1세는 스키타이족 징벌을 위해 흑해 북쪽의 초원으로 대규모 원정 전쟁을 벌였다. 그러나 다리우스 1세는 몇 주 동안 평원을 가로지르며 아무 자취도 찾지 못한 채 오직 그들을 찾아다니는 것 말고는 아무것도 할 수 없었다. 그사이 끊임없이 그들의 공격을 받아 시달렸으며, 마침내 징벌이라는 목적을 이루지 못한 채 후퇴할 수밖에 없었다.

1세기로 들어오면서 로마군은 마갑을 입힌 말을 타고 완벽히 갑주를 착용한 채 무거운 창을 사용해 싸우는 전사들과 조우했다. 이 믿을 수 없는 전투력을 보여준 종족은 대초원에서 출현한 유목민의 한 부류였던 사르마티아족이다. 사르마티아족은 400년에 걸쳐 로마와 지속적인 싸움을 계속해나갔고, 그 과정에서 서양에서 1,000년 이상 행해진 기병을 이용한 충격 전투방식에 뚜렷한 영향을 남긴다.

4세기에는 다른 기마민족이 로마 제국의 주변에 출현하기 시작했는데, 그들이 바로 훈족이다. 훈족은 200년 동안 일시적으로 로마 제국을 섬기거나 공격하는 일을 반복했다. 심지어 조랑말을 타고 로마 제국을 가로질러 남쪽의 페르시아 제국 심장부를 공격했고, 서쪽으로는 갈리아까지 공격해 투르 등의 도시를 약탈했다. 451년 로마와 서고트족 연합군은 프랑스의 현재 트로이에 근처의 평원에서 이 야만족을 상대로 전투를 벌였다. 이 전투에서 연합군이 승리하면서 야만족 아틸라의 훈족 군대를 저지하고, 유라시아 대초원의 가장 서쪽 노두인 헝가리 평원으로 그들을 물러나게 했다.

그 뒤를 이어 6세기와 8세기 사이에는 아바르족과 마자르족이 대초원을 떠나 헝가리 평원에 나타났다. 그들은 독일을 약탈하고, 서쪽으로는 프랑스로 말을 몰아 로렌 지역을 파괴하고, 북부 이탈리아로 향하면서 초기 단계에 있던 유럽의 국가들을 200년에 걸쳐 황폐하게 했다. 유럽의 중서부 지역 대부분은 그들에게 끊임없이 습격을 당했다.

이어서 250년 후에는 서양에 타타르족 또는 타르타르족으로 알려졌던 몽골족이 중부 유럽으로 쇄도하여 기사군을 잇따라 섬멸하고 중국 북부에서 시작해 중앙아시아, 러시아와 우크라이나의 대초원 모두를 포함하는 몽골 제국 영토에 헝가리까지 합병하려고 했다. 몽골 제국이 무너진 뒤에도 타타르족의 위협은 끝나지 않아, 제국에서 독립한 칸국과 왕국들로 명맥을 유지하면서 오랫동안 중동과 중국 및 중부 유럽의 나라들을 괴롭혔다. 17세기에 들어와 화약을 이용한 무기가 발달하면서 비로소 정주민들은 타타르족의 위협에서 벗어나 유리한 입장에 서게 되었다.

이 책이 대초원의 유목민이 전투에서 효율적이었던 이유에 대해 탐구하는 동안, 클라우제비츠가 남긴 '전쟁의 분위기는 네 가지 요소, 즉 위험, 노력, 불확실성, 기회에 의해 결정된다.'[3]는 짤막한 명언이 이들에게도 그대로 적용된다는 것을 알 수 있을 것이다. 이 관찰은 대초원에서 말을 키우고 사는 사람들의 삶에 똑같이 적용되며 그들이 어떻게 전쟁을 쉽게 수행했는지를 말해주는데, 그 이유는 전쟁에서 겪는 어려움이 그들이 하루하루 생존해야 하는 것과 별다를 것이 없었기 때문이었다.

제1장

유목민들

대초원을 휩쓸고 지나가며 정주민들을 공격한 군사들이 얼마나 위협적이고 격퇴하기 어려운 존재였는지 이해하려면 그들의 기원에 대해 먼저 알아야 한다. 그들의 전투 능력이나 유럽인 전투방식과의 차이에 대한 설명만으로는 부족하다. 이 책에서는 대초원이나 대초원에 살았던 사람들에 대한 설명을 상세하게 기술하지는 않는다. 그보다는 그들의 타고난 장점과 약점을 올바르게 인식하는 데 필요한 배경지식을 충분히 제공하는 것이 더 중요하다고 생각되기 때문이다.

먼저 지형적으로 살펴보면 대초원은 유라시아의 심장부를 차지하며, 중국 국경과 면한 지역, 중앙아시아의 전 지역, 우크라이나, 그리고 아프가니스탄의 북쪽으로 흑해를 둘러싸고 있는 지역까지 포함한다. 가장 서쪽 지역은 헝가리 평원이다. 현재의 국경으로 따져보면 중국, 내몽골, 몽골, 러시아, 카자흐스탄, 투르키스탄, 투르크메니스탄, 우즈베키스탄, 타지키스탄, 아프가니스탄, 그리고 헝가리 등의 국토 일부 혹은 전체가 포함되어 있다.

대초원은 지역적으로 광대하고, 따라서 지형도 동일하지 않다. 예를 들면 초원도 있지만, 그렇다고 오직 바다처럼 넓고 거대한 초원만 있는 것은 아니다. 대초원에는 산악 지역도 있고, 고비 사막처럼 사막도 있으며, 거기다가 북극권에 접하여 접근하기 어려운 삼림지대, 즉 타이가(침엽수림 지역)도 존재한다. 기후는 일반적으로 가장 좋다고 분류하는 서쪽 지역마저도 혹독하기 이를 데 없다. 대초원의 중앙 지역—투르크족과 몽골족의 땅—에서는 여름과 겨울의 온도 차가 섭씨 80도까지 벌어진다. 이러한 기후조건 때문에 대대로 대초원은 강건한 사람들만이 견딜 수 있었으며, 역사적으로 유목민의 고향이 되어 왔다.

유목민이란 흔히 목적 없이 여기저기 떠돌아다니는 사람들이라고 생각하기 쉽다. 그러나 실제로 글자 그대로 목적 없이 떠도는 삶은 대초원의 유목민처럼 전통적으로 오로지 생존하기 위해 힘겹게 살아온 사람들에게는 치명적인 생활방식이다. 대초원에서 진정한 유목민이란 여름과 겨울 목초지 사이에서—비록 그 목초지들이 서로 수백 킬로미터 떨어져 있거나 다른 고도에 있을지라도—자신의 부족이나 이웃 부족들과 서로 교류하며 일 년에 두 번씩 집을 옮기는 사람을 말한다. 부족에 따라 사육하는 동물은 조금씩 다르지만 유목민에게 양, 염소, 소, 말 등 가축은 생활의 대들보였다. 유목민은 이 동물을 통해 고기, 우유, 가죽, 펠트(모전毛氈: 양 등 짐승의 털을 원료로 습기·열·압력을 가해 만든 천-옮긴이), 고삐에 필요한 말총, 연료로 사용되는 소나 말의 똥, 심지어는 알코올성 음료—쿠미스라고 하는 발효시킨 말 젖—까지 얻거나 만들었다. 생활의 원천을 차지하는 동물 목축은 유목 생활에서 가장 중요한 일이었기 때문에 유목민들은 목초지를 찾아 이동할 수밖에 없었다. 척박한 환경인 대초원에서는 일 년 내내 한 장소에서 가축의 무리를 먹여 살릴 수 없었기 때문에 어쩔 수 없이 유목민들은 일 년에 두 번 집을 옮겨야만 했다. 또한 이런 삶의 방식 때문에 유목민을 규정하는 특징적인 습관들이 생겨났다.

유목민의 삶이 얼마나 힘든가에 관한 이야기는 수없이 많다. 유목민이란 말은 목축을 업으로 삼는 사람을 뜻하지만, 실제로는 오직 동물에만 의존해 살 수 없기 때문에 '순수한 유목민'이란 있을 수 없다고 말하는 인류학자들도 있다. 유목민이 계속 생존하기 위해서는 동물에서 나오는 산물들—식량, 의복, 펠트는 물론 다른 필수품들에 이용되는 고기, 젖, 생가죽과 털—만으로는 충분하지 않다. 결국 유목민에게도 농업이 필요하다는 것이 드러난다. 그래서 유목민들 역시 일정 수준까지는 농사를 지었던 것으로 보인다. 스키타이족과 사르마티아족, 심지어 훈족도 초원에서 농사를 지었다는 증거들이 남아 있다. 그러나 유목민은 농사에 전념하지는 않는다. 농업은 정주민들에게 적합하다. 정주민들은 경작하는 농사의 정도에 따라 유목민들과 구별되는데, 이들은 농업에 전념하며 정착해 살았기 때문에 두 집 사이를 왔다 갔다 할 필요가 없다. 그러므로 원하든 원하지 않든 유목민은 정주민들과 일정 수준의 관계를 맺지 않고 살아갈 수 없다. 유목민이 자신이 처한 상황으로 말미암아 더욱 '순수한' 형태의 유목민에 가까워질수록 그 생존은 정주민과 교역을 하거나 정주민을 약탈하는 것에 의해 좌우된다.

이러한 의존관계는 유목민들이 역사적으로 지독한 빈곤 속에서 근근이 살아왔다는 것을 의미하며, 궁핍은 오직 정주민들과의 접촉을 통해서만 완화될 수 있었다는 것을 뜻한다. 일 년에 두 번, 그것도 종종 먼 거리를 이동해야 했다는 사실은 그들이 정주민들로서는 이해하기 어려울 정도로 강인하고 거친 사람들이라는 것을 의미한다. 그러므로 유목민들에게는 정주민들과 교역하거나 혹은 약탈하려는 자연적인 동기가 작동하고 있다. 유목민들은 말을 능수능란하게 다룰 수 있었고, 이 덕분에 빠른 공격으로 약탈을 감행하기가 상대적으로 수월했다. 더구나 잘 길들인 말을 타고 뛰어난 궁술 실력으로 공격하는 방식은 약탈을 보다 성공적으로 이끌었다. 유목민들은 정주민들로부터 자신을 보호함과 동시에 정주민들에게 기습을 가할 수 있을 정도의 거리를 둔 상태에서 공격할 수 있었다. 궁술은 상대방과 맞붙지 않고 싸우는 이상적인 기술이었으며, 기수들의 타고난 기동성으로 더욱 효과가 높아질 수 있었다. 가축을 관리하느라고 매일 말을 타는 유목민은 모두 뛰어난 기수였다.

습격 기술이 보다 향상되고 성공을 거두면서 유목민들은 그나마 유지해온 농업 활동을 포기하는 경향을 보였다. 약탈과 공물 등을 통해 유목민들은 정주민들의 농산물과 재물을 더 쉽게 얻을 수 있었기 때문이다. 그러나 농업을 포기하면서 유목민들은 생활에 필요한 물품을 획득하려면 정주민에게 더욱 의지해야만 했다. 따라서 전쟁은 유목 생활의 성공에 따른 당연한 결과였으며, 생존에 필요한 다른 기술처럼 실습을 통해 숙달되었다.

그리고 자신들이 처한 자연환경으로 말미암아 유목민들은 끊임없이 전쟁을 거듭하며 동시에 전투에 매우 능숙해졌다. 앞에서 언급한 것처럼 클라우제비츠와 나폴레옹은 강인한 육체와 정신이 용사가 되기 위한 으뜸가는 필요조건이라고 말했다. 대초원의 종족 중에서 이러한 자질이 부족한 사람은 없었다. 약하거나 여린 아이들은 절대로 성인으로 자라지 못했다.

강인함은 별도로 하더라도 어느 유목민 집단이든 그 종족은 시공을 초월해서 유사한 생활방식과 전쟁방식을 다른 유목민들과 공유한다는 특성이 있으며, 이 덕분에 전쟁에 능숙해지는(단지 전쟁을 견딜 만큼 강하다는 것과는 반대로) 경향을 보인다. 5세기에 활약한 훈족이 17세기의 투르크화된 몽골족인 크림 타타르족이나 기원전 5세기의 스키타이족과 비슷한 특성을 보인다고 해도 틀린 말이 아니다. 아마도 훈족은 기꺼이 그들 중 누구와도 동맹을 맺었을 것이다. 시대는 다르지만 유목민이라는 특성상 그들의 생활방식에서 친숙하지 않은 것을 찾기 어려울 정도며, 그 이유는 그들 모두 기마궁수로서 전투를 하는 유목 기마민족이었기 때문이다.

중앙아시아의 유목민들은 한곳에 정착해 살지 않았기 때문에 주거지 역시 고정된 집이 아니라 이동할 수 있는 게르Ger에 살았다. 게르는 내부 구조물을 목재로 세우고 펠트를 덮어 만든 북 모양의 천막인데, 문이 있으며 빛과 공기가 들어오고 연기가 나가도록 지붕 중앙에 구멍이 나 있다. 또한 일반적으로 약 1시간이면 조립과 해체를 할 수 있으며, 유목민들은 이동할 때면 반드시 게르를 가져간다. 게르의 크기는 다양한데 가장 큰 것은 영구적인 구조로 만들어져 황소 몇 마리, 집단 우두머리의 게르 같은 경우는 20여 마리가 끄는 수레에 실린다. 몽골족, 투르크족, 타타르족은 12세기부터 17세기까지 바퀴 달린 수레에 설치된 게르를 사용한 것으로 알려져 있고, 시대를 거슬러 올라가면 스키타이족과 사르마티아족이 남긴 기원전 4세기경의 수공예 유물을 통해 흑해 연안의 초원 지대에 살았던 이란어를 사용한 유목민들도 게르를 이용했다는 사실을 알 수 있다. 평범한 게르는 이동할 때마다 해체해 짐 형태로 가축 위에 싣고 수송했는데 지금도 내몽골과 몽골 지역에서 이런 모습을 찾아볼 수 있다. 게르는 주거지뿐 아니라 군사적 목적으로 사용되기도 했다. 17세기 프랑스인 여행가 기욤 르 바쇠르 드 보플랑은 비교적 근대에 이르기까지 크림 타타르족 군대에서 게르를 사용했다고 기록하고 있다.

유목민을 연구하는 학자들은 유목민의 인구에 대한 분석을 하면서 보통 한 게르에 5명 정도가 사는 것으로 추정하지만, 유목민이 현재보다 더 중요한 의미가 있었던 과거에는 게르의 크기도 훨씬 다양했을 것이기 때문에 이 추정치는 현재는 물론 과거에도 정확한 통계라고 보기 어렵다. 목축 생활은 고된 노동력이 필요하기 때문에 유목민 한 집단은 여러 게르가 모여 분업을 하게 되는데, 이때 모인 게르는 '유르트'라고 부르는 진영을 만들었다. 유르트라는 용어는 종종 진영 자체를 구성하는 개별적인 게르를 나타내는 말로 잘못 사용되기도 한다. 특히 중세의 몽골족 칸들이나 그 밖의 다른 강력한 몽골족의 진영은 여타 게르와 비교하면 훨씬 규모가 컸는데, 이를 '호르드'라고 한다. 호르드는 일반적으로 몽골 군대를 의미하는 단어로 쓰이고 있으나, 정확한 의미는 13세기 지오반니 데 플라노 카르피니가 몽골을 여행하고 교황에게 제출한 복명서에 언급한 것처럼 몽골족의 게르 진영을 뜻하는 것으로 보는 게 좋을 것 같다.

중앙아시아의 유목민들은 역사적으로 투르크계, 몽골계, 이란계 등 세 개의 주요한 무리에 속해왔다. 이 중에서 가장 널리 분포된 종족은 투르크계인데, 투르크족은 지구 상에서 가장 널리 흩어져 사는 민족 중 하나다. 투르크계로는 훈족, 캉글리족, 셀주크족, 킵차크족(쿠만족), 위구르족, 카자흐족, 우즈베크족 등이 포함된다. 몽골계로는 몽골족이 가장 잘 알려졌으며, 메르키트족, 나이만족, 타타르족 등이 있다. 이 중 타타르족은 칭기즈 칸에게 패배해 몽골에 합병되기 전까지 가장 큰 종족이었을 것이다. 예수 탄생 전후의 수 세기 동안 흑해를 둘러싼 초원 지대와 페르시아 주위를 중심으로 살아온 이란계로는(페르시아인과는 혈연관계다) 스키타이족과 사르마티아족이 가장 중요하고 대표적인 종족인데, 이들의 특징 중 하나는 여러 부족이 느슨하게 결합한 무리였다는 점이다. 사르마티아족 중에서는 알란족, 록솔란족, 야지게족이 가장 잘 알려졌다.

이 종족들은 각각 서양사에 어느 정도 영향을 미쳤으며, 몇몇은 중동과 중국의 역사에 더 직접적이고 결정적인 영향을 남겼다. 물론 이들 종족은 각각 달랐다. 그러나 유목민에 관한 묘사는 신기하게도 시간과 공간을 뛰어넘어 매우 흡사하다. 유목민은 바지(고대 게르만족과 한족에게 전해졌다)를 입고, 부드러운 장화를 신었으며, 튜닉을 입었다. 위도가 높아서 날씨가 더욱 혹독한 동쪽의 초원에서는 가죽으로 누비거나 안감을 댄 허리띠가 있는 긴 외투를 입었다. 머리에는 가죽 모자(스키타이족은 펠트로 만든 모자)를 쓰거나 초원의 뜨거운 햇볕으로부터 머리를 보호하려고 터번을 썼다. 유목민들은 작은 말, 정확히 말하자면 조랑말을 탔다. 유목민들의 조랑말은 보통 말보다 크기는 작지만 더 강인하고 튼튼했다. 이들은 말을 탄 채 강력하고 효과적인 무기인 활을 사용하여 싸웠다. 유목민은 활을 허리띠의 왼쪽에 매단 통에 보관하고, 화살은 오른쪽에 있는 전통에 담았다. 부유한 사람은 검이나 기병도Saber 같은 다른 무기들을 보유한 경우도 있지만, 초원에 사는 유목민에게는 활이야말로 중요하고 특징적인 무기이며 전투를 승리로 이끄는 데 결정적인 역할을 했다.

몽골족과 투르크족은 현대에 와서는 더 이상 밀접한 관계가 아니지만 서로 관련이 있다. 그들의 언어는 같은 퉁구스-알타이어계에 속하지만 그렇다고 해도 서로 의사소통을 하지는 못한다. 칭기즈 칸은 서쪽에 있는 울루스, 즉 속령의 백성들이 주로 투르크인이었기 때문에 자신의 아들들에게 투르크어를 배우게 했다. 시간이 흐르면서 러시아, 우크라이나, 흑해 부근의 초원, 트란스옥시아나(지금의 우즈베키스탄—옮긴이)에 위치한 몽골 칸국(칸이 지배하는 국가—옮긴이) 등에서 투르크어가 사용되었고, 그 지역에 거주한 사람들은 타타르족 혹은 타르타르족이라고 알려졌다. 투르크족과 몽골족은 고대에 수많은 작은 부족들로 나누어져 있었는데, 이들은 때때로 서로 결합하여 몽골족의 예처럼 주요 부족의 이름을 취한 부족연맹을 결성했다.

이들의 관계는 유동적이었으며 전투를 통하여 특징이 드러났다. 부족장은 투르크-몽골어로 보통 '칸'이라고 불렸고, 수많은 부족의 지도자는 카칸 또는 카간이라고만 알려져 있다. 부족의 지도자들은 자신이 따를 수 있는 훌륭한 족장을 찾으면 부족을 기꺼이 서로 합쳤는데, 이때 언어의 장벽은 큰 장애가 아니었다. 예를 들어, 몽골 제국의 칭기즈 칸은 투르크족인 케레이트 부족(11세기부터 13세기 초에 걸쳐서 몽골의 오르콘 · 툴라 강 유역을 점유한 유목민족—옮긴이)의 칸 토그릴의 부하로서 권력을 잡기 시작했다. 이렇게 보다 작은 부족들의 연합을 통해 초원의 정복자가 거느린 군대는 일련의 군사활동을 성공적으로 수행하면서 실질적인 규모가 더욱 커지게 된다.

이러한 연맹 형태의 정치적 조직은 설사 있다 하더라도 그 연맹을 구성하는 부족의 조직보다 더 세련되지는 않았다. 학자들은 투르크족과 몽골족의 사회조직 차이를 구별하지만, 여기서는 이들의 조직이 비슷하다는 점, 즉 원시적이었고 어느 연맹이나 정치적 조직체든 그 존재가 지도자의 개인적 역량에 좌우되어 종종 지도자의 죽음으로 국가 역시 패망하곤 했다는 사실을 아는 것만으로 충분하다. 칸의 아들은 반드시 아버지의 뒤를 이어 칸 자리를 승계하지 않았다. 오히려 국가는 보통 속지로 나뉘어서 칸의 아들들(아들이 많은 경우 본부인의 아들들)에게 영토와 인구가 넘어갔다. 국가 전체가 칸이 알아서 분할할 수 있는 재산에 지나지 않았던 것이다. 물론 이는 초원의 국가가 본래부터 불안정했다는 것을 의미한다.

통치권이 지도자의 형제들에게 승계되는 수평적인 권력 계승 관습은 초원의 유목민들 사이에서 쉽게 찾아볼 수 있는데, 이를 통해 국가의 해체가 늦춰지는 경향이 있다는 점—물론 아주 오랫동안 늦춰질 수는 없었지만—을 고려해보면 이런 수평적인 권력 계승 관습은 국가의 불안정성을 보완하기 위해 생겼는지도 모른다.[1] 또 아내를 여러 명 거느리는 유목민 관습은 고귀한 혈통을 지닌 젊은 남자들의 수를 증가시켰지만(서출도 재산 상속이나 지위에 큰 차이가 없었다), 동시에 적지 않은 문제를 일으키기도 했다.

클라우제비츠는 논문 〈전쟁론〉에서 내부 분열로 갈라져 있으나 그것을 결합시키는 강력한 구조나 조직이 없는 국가를 묘사하면서 '타타르 국가'라는 용어를 사용하고 있다. 클라우제비츠는 그 예로 폴란드를 들었다. 그는 폴란드가 이웃 국가들에 의해 분할되어 소멸한 것은 역사 전반에 걸쳐서 타타르족에게 받은 영향과 직접적인 관련이 있다고 믿었다. 이는 옳을 수도 있다. 사실 폴란드의 멸망은 귀족들이 국가의 생존보다 자신의 개인적 이익이 더 중요하다고 판단한 결과였다.[2] 여기서 중요한 점은 폴란드가 정말로 유럽 한가운데 있는 타타르 국가였는지의 여부가 아니라 오히려 폴란드가 초원에서 또는 타타르족 국가에서 발견되는 특징들, 즉 각자 제 갈 길을 가기 위해 지도자가 죽기만을 기다리는 초기의 분열 증세들을 드러냈다는 것이다. 정주민들이 상대적으로 덜 겪는 이러한 정치적 허약함이 초원의 부족들이 가진 권력을 억제하는 가장 중요한 요소 중 하나로 작용하였다는 것을 알 수 있다.

유목민의 정치적 조직체는 왜 그렇게 원시적이었을까? 유목민들은 광대한 지역에 널리 흩어져 살았고, 추측건대 필요 이상의 정치적 짐을 지니고 있지 않았다. 페르디낭 롯은 『중세 시대의 군사술과 군대L'Art Militaire et les Armiées du Moyen Age』[3]에서 20세기 전반 50년 동안의 몽골 인구를(지금은 더 이상 그렇지 않지만 인구 대부분이 유목민이었을 때) 70만 명으로 추정했다.

중세 시대의 몽골 인구를 약 100만 명으로 추정하는 사람들도 있지만, 실제로는 페르디낭 롯의 추정치와 별 차이가 없을 것이다. 두 가지 추정치는 수치상으로도 그다지 높은 것이 아니며, 광범위한 땅에서 흩어져 사는 목축 사회에서 발견되는 낮은 인구밀도를 고려한 것이다. 여러 시대에 걸쳐서 목축활동이 이루어졌던 다른 지역, 예를 들어 트란스옥시아나, 우크라이나, 러시아, 시베리아, 아프가니스탄, 투르키스탄, 크림 반도 등에도 마찬가지로 유목 인구는 상대적으로 많지 않았을 것이다.

정주민들과 비교할 때 상대적으로 인구수는 적지만, 유목민들은 매우 효율적으로 군대를 전투 배치하고 광대한 지역을 지배했다. 클라우제비츠는 유목민들이 고도의 문명을 발전시킬 수 있었다면 그 무엇도 그들을 막을 수 없었을 것이라고 말했다.[4] 이 말은 유목민(클라우제비츠가 부르는 소위 '타타르') 국가가 그렇게 할 수 없었다는 것을 암시하며, 여기에는 일부 옳은 부분도 있다. 클라우제비츠는 유목민들이 아내와 자식들을 데리고 새로운 영토를 찾아 나섰기 때문에 다른 종족들보다 수적으로 우세했다고 생각했다. 유목민들은 전 종족이 한꺼번에 이동하기도 했다. 아바르족과 마자르족을 비롯해 훈족도 유럽으로 왔을 때 종족 전체가 이동했다. 그러나 정복 원정에서 몽골족은 전 종족이 이동하지 않고 군대만 보냈으며, 훈족도 전 종족이 함께 이동해 로마 제국을 침략하지는 않았다. 이후 흑해 지역의 크림 타타르족이 그랬듯이 몽골족이나 훈족은 정복 원정에서 정주민을 습격하는 것으로 만족했다.

그러므로 클라우제비츠는 이 점에서 틀렸거나, 혹은 헝가리를 침략한 훈족이나 중앙아시아를 정복한 몽골족의 사례처럼 전쟁을 정치의 연장—정치적 의미에서 한 국가가 다른 국가에게 승리를 거두는 것—으로 보는 그의 이론을 뒷받침하는 상황만 고려했을 것이다. 그러나 곧 알게 되겠지만 초원의 사람들은 정복 전쟁을 수행할 수 있는 능력을 갖추고 있었고 또 실제로 수행하기도 했으나, 진면전보다는 문명세계의 언저리에서 약탈 원정을 통해 때로는 소규모로 때로는 대규모로 단순히 그곳을 휩쓸고 지나가는 방식을 취했다. 사마르칸트의 티무르(유럽에서는 태멀레인으로 더 잘 알려짐)는 대규모의 군사 행동을 취했고 강력한 국가들을 정복했으며 위대한 도시들을 약탈했지만, 실제로 영토를 크게 넓히지는 않았다. 그가 취한 군사 행동은 8세기에 마자르족이 동부 프랑스에 침입했던 것과 정도 차이는 있지만 성격은 크게 다르지 않다. 이들의 군사 행동은 대규모 습격에 불과했다.

그러나 바로 이런 침입 성향 때문에 정주민들이 초원의 사람들과 상대하는 것은 아주 어려웠다. 전략적 관점에서 볼 때 세력이 대등한 두 개의 군대가 맞붙은 전투에서 퇴각하는 쪽은 추격자를 뒤에 처지게 하거나 도망가려고 할 것이다. 그러나 중세 유럽처럼 중장기병이 군대의 주축을 이루었던 경우에는 불가능했을 것이다. 중무장한 기사가 도망가는 또 다른 중무장한 기사를 따라잡기도 어려운 상황에서 초원의 유목민이 배출한 것과 같은 경기병을 따라잡는 일은 바랄 수 없었다. 이는 전술적 수준, 즉 전투 수준에서도 마찬가지였다. 그러나 초원의 전사들과 같이 침략이나 영토 합병 목적이 아니라 순전히 경제적인 목적을 위해 침입하고 습격했을 때—쉽게 말해 약탈품을 노리고 습격한 경우—일반적으로 후퇴하는 병력에 생기는 유리한 점을 습격하는 쪽이 가지게 되었다. 그들을 따라잡는 것은 매우 어려웠으며, 일반적으로 인지할 수 있는 어느 특정한 전략적 표적이라는 것을 좀처럼 가지고 있지 않기 때문에 그들이 어디를 공격할지 예상하기란 거의 불가능했다. 그들이 어느 경로를 통해 물러날지도 알 수 없었고, 그들이 마음 내켜하지 않을 때에는 싸우도록 강요할 수도 없었다. 그리고 곧 보게 되겠지만 그들은 일반적으로 승리에 대한 확신이 없으면 싸우려고 하지 않았으니, 그들과 싸운다는 것은 정말로 위험한 일이었다.

유목민들이 적은 인원으로 그보다 훨씬 많은 인구를 지배할 수 있었던 또 하나의 방법은 유목민 사회에서는 원시적이거나 문명이 발달하지 않은 집단의 예처럼 남성 인구 중 상당 부분의 사람을 전쟁에서 싸울 전사로 소집할 수 있었다는 점이다. 인구가 같다고 가정할 때 유목민들은 정주민보다 더 대규모 군대를 유지할 수 있었으며, 이로써 정주민들의 수적 이점을 상쇄할 수 있었다.

두 번째 이점은 유목민들이 정주민들에게 흔히 불러일으킨 공포와 혐오감이었는데, 이것은 유목민과 정주민 사이의 문화적 및 인종적 차이의 산물 때문이다. 때때로 정주민들은 유목민들(훈족이 좋은 예다)이 정말로 똑같은 인간인지 드러내놓고 의문을 가질 정도였다. 이런 감정의 메아리는 근대까지 이어져 내려왔던 것으로 보인다. 프랑스인 여행가 기욤 보플랑은 1635년 우크라이나 지방을 여행하면서 크림 타타르족과 만나고 그들에게 공격받으면서 느꼈던 공포와 혐오감을 기록으로 남겼다. 기욤은 '타타르인의 아기는 개처럼 눈을 감고 태어나며, 태어난 지 며칠 후에야 눈을 뜬다.'[5]라는 당시 그 지역의 폴란드인과 우크라이나인들 사이에 널리 퍼져 있던 이야기를 되풀이하고 있다. 이 말이 암시하는 바는 분명하다. 즉, 타타르인은 문명화된 유럽인에 비해 개처럼 하등한 동물이라는 뜻이다. 오랫동안 타타르인이 저지른 습격의 희생자가 되어왔던 우크라이나 사람들은 너무나 당연하게 이런 이야기를 믿었을 것이다. 또한 유목민들에 대한 공포감은 일부러 만들어지기도 했다. 몽골족 장군들은 포로를 일렬로 세워놓고 대량으로 살육하는 수법을 썼는데, 공포를 퍼뜨리려고 포로의 일부를 선별해 다른 지역으로 도망가도록 유도했다. 몽골족은 계산된 공포심의 가치를 알았다. 전쟁이 진행될수록 점점 더 많은 도시와 성시가 싸우지도 않고 항복하게 된 것이다. 전쟁의 여세는 몽골족에게 유리하게 작용해 적은 군사로 더 넓은 지역을 지배할 수 있었다. 사마르칸트의 티무르는 전투에서 사람의 머리를 잘라 피라미드처럼 쌓아올리는 만행을 저지르면서 몽골인보다 더 잔인하다는 점을 과시한 것으로 악명이 높다.

마지막으로 유목민적 생활양식 때문에 초원의 거주자들은 조직적인 방법으로 야영지를 옮기고 이동했다는 점도 정주민과 차별된 장점이다. 이런 생활을 통해 초원의 거주자들은 기초적이면서 거의 군사훈련이나 다름없는 단련을 받았고, 그 성과는 전장에서 드러났다. 영국인 대위 존 페리는 1700년경 시베리아 타타르인이 자신들의 야영지를 질서정연하게 옮기는 것에 관해 다음과 같이 기록하고 있다.

> 얼마 후 8~10명에서 많게는 15명까지 무리를 지어, 때로는 2만 명 이상이 한 덩어리로 움직이며 거리나 좁은 길에 천막을 치는데, 그 모습이 마치 도시나 마을처럼 규칙적인 방식으로 질서정연했다. 누구나 자신에게 알맞은 장소와 순서를 알고 있다. 젖을 짜려고 소들을 집으로 몰 때 소가 주인의 텐트 앞에 딱 멈춰 서는 것을 볼 수 있을 정도다.[6]

이 묘사는 유목민 집단이라면 어느 종족에게나 비슷하게 해당된다. 수많은 사람과 가축을 거느리고 야영지를 옮기려면 질서정연한 움직임이 필요했을 것이고, 그런 훈련의 반복은 어느 유목민 집단에나 크게 도움이 되었을 것이다.

이러한 점들이 모두 합쳐져 초원의 유목민 전사는 정주민들에게 대단히 위험한 적이 되었다. 유목민 전사는 산업화 이전에 존재했던 가장 효과적인 무기를 갖고 그 기법을 훈련받았고, 자연적으로 단련되었으며, 적들보다 확실히 강인하며, 전술전략의 기본적인 법칙에서 볼 때 정복하기보다는 선수를 치며 습격할 때 선호되는 가장 훌륭한 용사였다.

제2장

말과 활

초원의 전사를 규정짓는 것은 바로 말과 활의 배합이다. 인류의 많은 종족들이 전쟁에서 강력한 성능을 지닌 두 가지 중 하나를 사용해왔지만, 오직 초원의 종족들만이 계속해서 두 가지를 함께 사용했다. 앞으로 보게 될 것처럼 초원의 종족들에 관한 군사적 특성은 모두 말과 활을 사용한다는 사실을 들 수 있는데, 이를 올바르게 이해하기 위해서는 말과 활, 그리고 두 가지의 배합을 올바르게 이해하지 않으면 안 된다.

말은 초원에서 기원전 4000~3000년경부터 가축화되기 시작했는데, 당시에는 식량으로 이용되었다. 그 후 말은 선별적인 번식을 통해 몸집이 점점 커지게 되었고, 기원전 2000~1000년경까지 이집트, 바빌로니아, 아시리아 같은 근동 지역에서 수백 년 동안 군대의 중추적인 역할을 했던 전차를 끄는 필수적인 존재가 되었다. 전차는 멀리 그리스까지 퍼져 나갔다. 그러나 그리스의 경우 지형적 특성상 전차 운행이 잘 맞지 않아, 넓고 평평한 지형에서 탁월한 기능을 발휘하던 전차의 명성은 끊기고 말았다. 서양 문학에서 전차가 가장 유명하게 등장하는 것은 호메로스의 작품인데, 이는 미케네 문명의 잔존물이다.

이집트인들은 전차를 그림으로 남겼는데, 그들은 전차 운용법을 이집트를 일시적으로 정복하고 지배했던 야만족인 힉소스인들에게 배웠던 것으로 보인다. 그러나 전차는 아마도 초원과 문명화된 메소포타미아의 경계 지역에서 유래하여 문명인들과 유목민들 모두에게 퍼져 나갔을 것이다.

현재 우리에게 알려진 가장 오래된, 말 등에 탄 사람을 그린 그림은 중동인들이 남긴 기록이다. 7세기(기원전 7세기를 착각한 듯함-옮긴이) 아시리아의 벽화 조각에서는 말 등이 아닌 엉덩이 쪽에 앉은 병사의 모습을 볼 수 있는데, 그렇게 앉지 않으면 체구가 작은 말이 병사의 무게를 견딜 수 없었기 때문이었다. 그러나 선별적 번식을 통해 말의 체구가 커짐에 따라 시간이 경과하면서 점차 오늘날과 같은 형태로 탈 수 있었다. 정주민들의 미술작품에서 승마에 관한 최초의 기록을 볼 수 있지만, 승마는 아마도 아시리아보다 훨씬 이전부터 초원에서 시작되었을 것이다.

초원의 말은 엄밀히 말하면 말보다는 조랑말로 간주해야 하는데, 조랑말과 말은 차이가 명확하지 않지만 오늘날 말을 키우는 사람들은 두 종류의 구분을 이렇게 설명한다.[1] 조랑말은 키(어깨 높이)가 보통 140센티미터 정도로 일반적으로 말보다 작은데, 이것이 조랑말의 주요한 특징이라는 것이 일반적인 견해다. 그러나 조랑말과 말은 이에 못지않은 중요한 다른 차이들이 있으며, 이 차이는 조랑말을 탔던 초원의 전사들이 보여준 효과와 위협을 고려하는 데 중요한 역할을 한다.

조랑말은 보통 말보다 더 땅딸막하며 강인하고 대단히 힘이 세다. 하프링거 같은 현대의 몇몇 조랑말들은 보통의 말만큼 키가 크지 않지만 몸무게는 같은 경우가 종종 있다. 일반적으로 조랑말은 몸의 비율이 말과 다른데, 다리는 상대적으로 짧고 굵으며 머리는 큰 편이다. 갈기와 꼬리는 보통 더 길고, 털도 거칠다. 일반적으로 보통 말에 비해 크기가 작기 때문에 조랑말은 말보다 오래 살며 더 적은 먹이, 그것도 더 질이 낮은 먹이를 먹여도 된다. 구석기 시대의 증거와 더불어 이런 모든 요인을 통하여 1900년대 초, 한 스코틀랜드인 학자는 조랑말과 말은 고대에는 '다른 종'이었으며 크기만으로 구별하는 것은 상당히 자의적인 구별일지도 모른다고 주장했다.[2] 말과 조랑말은 매우 유사하며 종종 교배도 이루어지지만, 여기서 우리의 관심사는 그들의 계통에 관한 문제가 아니라 조랑말의 힘과 강한 체력, 그리고 적은 먹이만으로도 생존하는 능력과 같은 우수한 특성이다. 이 모든 것은 고대에도 잘 알려졌었다. 5세기 로마의 작가 베게티우스는 훈족의 말은 못생기고 작다고 하면서도, 훈족의 말이 지닌 강인함과 복종심은 전쟁에 사용되는 말로서는 최상이라고 평가했다.

13세기 몽골 칸에게 교황의 사자로서 중앙아시아로 파견된 지오반니 데 플라노 카르피니가 쓴 여행기에는 눈 속에서 먹이를 찾아내는 조랑말의 능력에 대한 언급이 있다.

> 우리는 그곳(키예프)에 도착했을 때, 거기에 있는 밀레나리우스(몽골인 관리) 및 다른 귀족들과 우리의 노정에 관해 상의를 했다. 그들은 우리가 타고 온 말들을 타타르 지방으로 데려간다면, 우리의 말은 타타르 말처럼 깊게 쌓여 있는 눈 밑에서 풀을 찾아낼 줄도 모르며, 타타르인들은 짚이나 건초, 사료 등이 따로 없어 달리 먹이를 구할 수 없기 때문에 모두 죽을 것이라고 말했다. 그래서 우리는 의논 끝에 말을 돌보던 두 소년에게 말들을 보내버리라고 말했다.[3]

이 책에서는 실제로 별개의 종이 아니므로 초원의 말을 조랑말이라 하지 않고 '말'이라고 지칭하겠지만, 초원의 다양한 군대들이 보여준 효과를 고려하려면 여기서 언급된 차이점들을 염두에 두어야 한다.

마지막으로 초원의 사람들은 진군 중에 대단히 많은 수의 말을 사용했는데 흔히 한 사람이 말을 서너 마리씩 몰고 다녔다. 이를 통해 초원의 사람들은 매일 다른 말을 탈 수 있었으므로 말의 체력을 소모시키지 않으면서 먼 거리를 갈 수 있었다. 속도는 전쟁에서 굉장히 중요하다. 그 때문에 로마인들은 그들의 군대가 한 전선에서 다른 전선으로 최상의 효율성을 유지하면서 진군할 수 있도록 제국 전체에 걸쳐 뛰어난 도로망을 건설했다. 로마의 군대는 하루에 19~26킬로미터, 무리하면 약 32킬로미터 정도를 진군했는데, 이는 특히 목적지에 도착하자마자 매일 밤 방어공사를 해야 하는 보병들에게는 상당한 거리였다. 그러나 로마의 몰락 이후, 중세의 군대는 로마군보다 더 뛰어난 향상은 고사하고 그만큼 하기를 바라는 것도 무리였다.

반면 초원에 사는 유목민은 그렇지 않았다. 구성원 전원이 말을 탄 데다 여분의 말까지 가진 유목민 군대는 훨씬 더 먼 거리를 갈 수 있었다. 몽골군은 하루에 보통 64킬로미터 정도, 필요할 경우 96킬로미터 정도까지 이동할 수 있었다고 한다. 공격자가 이러한 전략적 기동성을 가지고 있으면, 방어자는 적의 위협에 효과적으로 대처하기 위해서 그렇지 않은 경우보다 훨씬 더 큰 군대를 필요로 한다. 적은 어느 곳에나 있을 수 있기 때문에 모든 곳에 수비대를 둔다는 것은 사실상 매우 어렵다. 나폴레옹의 금언 중에 바로 이 상황을 논하는 것으로 다음과 같은 말이 있다.

'역학의 힘과 마찬가지로 군대의 힘은 크기에 속도를 곱하는 것으로 측정되는데, 신속한 행군은 군대의 사기를 돋우고 승리할 수 있는 모든 기회를 증가시킨다.'[4]

물론 실전은 나폴레옹의 말처럼 수학적이지는 않지만, 그의 말에도 상당 부분 일리가 있다. 몽골인 같은 초원의 전사들로 이루어진 군대가 비록 그 수가 열세라도 그들의 적들보다 서너 배나 빠르게 이동할 수 있다고 상상해 보라. 일렬로 늘어선 예비 말들을 이끌고 강건한 말에 올라탄 초원의 전사는 속도만으로도 수적으로 훨씬 더 많은 적을 효과적으로 위협할 수 있었으며, 그 위협적인 속도는 초원의 전사들이 정주민들에 대해 가진 여러 가지 유리한 점 중 하나에 지나지 않았다.

초원의 사람들은 거세한 말과 암말을 탔다. 종마는 공격적이고 관리하기 힘들었기 때문에 승마용이 아니라 번식용으로 적은 수만 기르게 되었다. 말이 묻힌 무덤에서 발견된 물건들과 근대에 이루어진 초원의 부족들에 대한 관찰을 통해 그런 사실을 확인할 수 있다. 보다 온순한 거세마와 암말은 전투에서 보다 쉽게 다룰 수 있었을 것이며, 전반적으로 종마가 없었으므로 초원의 전사들을 따라간 말 떼 사이에서도 별다른 혼란이 일어나지 않았을 것이다. 종마는 자기들끼리 싸우거나 암말 무리를 말 떼로부터 데리고 가버리려고 하는 성질이 있는데, 초원의 전사들은 고향에서나 행군하는 중에 이런 문제점을 겪고 싶어 하지 않았다.

초원의 말들은 일반적으로 귀에 상처를 내거나 어깨나 후미의 옆구리에 낙인을 찍는 방식으로 표시를 남겼다. 앞의 방법이 더 원시적이지만, 낙인을 찍는 방법은 마르코 폴로가 13세기에 보고한 대로 몽골족들이, 더 앞서서는 카르타고의 모자이크에서 보이듯 알란족 같은 민족들도 사용하였다.[5] 알란족은 처음에 훈족에 의해 정복되고 나중에는 대부분 5세기에 로마인들로부터 북아프리카를 빼앗은 반달족에 흡수된 사르마티아족이었다. 크림 반도에서 출토된 1세기와 3세기 사이의 석비들 중에는 낙인 찍힌 말들과 함께 있는 사르마티아인들을 보여주는 것들이 남아 있다.[6]

말의 가축화는 자연스럽게 마구의 발전으로 이어진다. 실질적인 받침을 갖춘 안장을 최초로 만든 것은 스키타이족으로 알려져 있다. 발견된 청동으로 만든 안장의 앞가지(안장의 앞부분이 되는 말굽쇠 모양의 나무–옮긴이)용 설비를 보면 훈족도 뷰명 나무틀에 올려 세운 안장을 가졌던 것을 알 수 있다. 로쿠스 마우리아쿠스(오늘날 프랑스 샬롱쉬르마른의 남쪽–옮긴이) 전투 당시 아틸라는 로마군이 군영으로 난입하면 불을 밝히기 위한 연료로 안장을 쌓았다고 한다. 안장 더미를 이처럼 연료로 사용하려고 하였다는 것은 안장에 나무틀이 있었다는 것을 뜻한다. 사르마티아족 역시 그들의 전투방법을 떠올리면 틀림없이 안장을 사용했을 것이다. 게다가 그들은 갑옷을 완전히 갖춰 입은 채 말을 타고 싸운 최초의 사람들이었다. 적어도 몽골족의 시대까지는 초원의 전사들이 이용한 안장은 높은 안장 앞가지와 훨씬 더 높은 안장 뒷가지(안상 뒤쪽의 휘어 올라간 부분–옮긴이)를 가지고 있었으며, 둘 다 모두 앉는 부분에서 거의 수직에 가까운 가파른 각도로 세워졌다. 중앙아시아에서 출현했던 훈족도 이와 비슷한 형태의 안장을 사용했을 것이다.

이 모든 것은 등자의 문제로 이어진다. 초원의 사람들이 등자를 사용했다는 확실한 증거는 아바르족이 등자를 소개한 것으로 생각되는 6세기 이후에 서양에서 찾아볼 수 있다. 비잔틴, 즉 동로마 제국의 기병은 이때 처음으로 등자를 채택했는데, 등자는 특히 창과 폭이 넓은 칼을 사용하거나 갑옷을 입고 자세를 잡는 데 틀림없이 커다란 도움이 되었을 것이다. 훈족이 등자를 사용했을 것이라고 주장하는 사람들도 있지만, 이에 대해서는 그림이나 문서로 남아 있는 증거가 없으며 이론을 뒷받침할 부장품도 없다. 물론 훈족이 가죽고리같이 썩기 쉬운 물질로 만든 등자를 사용했으리라고 추측하는 것은 가능하다. 그러나 모든 것을 고려할 때 그리 타당해 보이지 않는다.

로마인들은 종종 다른 종족이나 국가들의 군사 장비를 모방하곤 했다. 그들은 켈트족으로부터 사슬 갑옷, 갈리아인으로부터 로마 투구, 스페인으로부터 단검(엔시스 히스파니쿠스), 후에는 동방(아마도 페르시아)으로부터 오늘날 스팽글헬름이라는 독일식 이름으로 불리는 투구를 차용했다. 로마인들은 기병 수를 크게 늘리고 새로운 종류의 기병들, 이를테면 클리바나리우스나 카타프락투스(사르마티아족으로부터 채택. 말에 갑옷을 입힌 중장기병-옮긴이)를 통합하는 것이 유리하면 그렇게 했다. 만약 훈족이 등자를 가졌을 경우에 로마인들이 그것을 받아들이지 않았을 것이라고 믿기는 어렵다. 왜냐하면 훈족은 로마군에서 복무하는 한편, 또 그들을 상대로 수백 년 동안 싸웠기 때문이다. 등자는 훈족보다 로마의 중장기병에게 훨씬 더 적합했을 것이다. 이후 동로마인들은 6세기에 아바르족으로부터 등자가 소개되자마자 그것을 받아들였다.

등자가 사용되기 시작했을 때 초원의 전사들은 민첩성과 활의 사용을 선호하는 성향을 반영하여 상당히 짧게 설치했다. 이와 대조적으로 서양의 기사들은 다리를 완전히 펴고 앉을 수 있도록 등자 가죽끈을 길게 하여 말을 탔다. 이런 형식은 폭이 넓은 검과 창을 휘두르면서 자세를 유지하기에 보다 유용했다. 등자를 설치할 때의 이런 차이에 대해 프랑스 여행가 보플랑은 17세기의 크림 타타르인들 승마술을 보고 다음과 같이 논평했다.

'그들은 말에 타면 대단히 솜씨 좋고 위협적이지만, 다리를 접어 매우 짧게 하고 타기 때문에 앉은 자세가 매우 나빠서 그 모습이 마치 원숭이가 그레이하운드를 타고 있는 것 같다.'[7]

이보다 약 1세기 전, 리처드 챈슬러는 200년간의 몽골 지배로 인해 적지 않은 영향을 받은 러시아 기병을 관찰한 후 다음과 같이 보플랑과 비슷한 견해를 보다 무미건조하게 사실적으로 언급했다.

'그들은 투르크인처럼 짧은 등자를 사용하여 말을 탄다.'[8]

당시 러시아는 영국인들에게 거의 알려지지 않았다. 챈들러는 러시아를 방문한 몇 안 되는 영국인 중 한 명이었다. 그는 당연하다는 듯이 러시아 양식을 몽골보다는 투르크 영향 탓으로 돌렸지만, 사실 등자 사용에 투르크와 몽골 사이의 차이는 크지 않았다. 왜냐하면 투르크족이나 몽골족은 모두 동일한 전투방식을 지닌 초원의 사람들이었기 때문이다. 짧은 등자, 혹은 '앞쪽으로 앉기'는 타는 사람의 무게를 말 등 한가운데 두기보다는 말의 어깨 위쪽에 두게 되어 말에게도 더 편하다. 이런 이유 때문에 앞으로 앉는 자세는 마장마술과 경마에서 채택되었다. 특히 경마에서 기수가 취하는 자세는 보플랑의 묘사를 떠올리게 한다.

또 하나의 유용한 도구인 편자는 초원의 사람들의 경우 보통 사용하지 않았다. 편자는 중세 초 발명지인 유럽에서는 흔한 것이었고, 이후 몽골 사절과 귀족들은 그것을 선물로 고맙게 받기도 했다. 그러나 초원에서처럼 기수가 갑주를 무겁게 걸치지 않으며, 땅도 그리 딱딱하지 않은 곳에서는 편자가 특별히 필요하지 않았다. 보플랑은 17세기의 크림 타타르족이 편자가 박히지 않은 말을 탔다는 것을 다음과 같이 언급했다.

'눈이 말의 발을 보호하기 때문에 그들은 말에 편자를 박지 않았는데, 만

약 땅이 눈으로 덮여 있지 않으면 그들의 논리는 옳지 않을 것이다.'[9]

그는 타타르족 귀족들이 때때로 필요하다면 말의 발을 보호하려고 가죽 양말을 사용했지만 그다지 효과적이지 않았다고 부언했다.

초원의 전사는 조랑말 덕분에 놀랄 만한 기동성을 갖게 되었다. 또한 그들에게는 훌륭한 무기인 활이 있었다. 그러나 초원의 전사가 사용한 이 전형적인 무기는 서양에서 보편적으로 사용하던 활과는 모양이 달랐다. 초원의 활은 시대에 따라 그 모양과 크기는 다양하지만 모두 합성구조고, 모양은 뒤쪽으로 휘어 있다. 서양의 활은 일반적으로 단순궁Self bow으로 알려져 있으며, 예로부터 단 한 개의 곧은 나무 통널(나무를 켜서 나온 그대로의 널-옮긴이)을 이용해 만들었다. 보다 좋은 통널은 압력을 견딜 수 있는 심재(나무의 중심부로 특히 단단한 부분-옮긴이)가 활의 동부(불룩한 부분, 궁수가 시위를 당길 때 궁수를 향하는 부분-옮긴이)에 위치하도록 베어진다. 대조적으로 장력을 더 잘 견딜 수 있는 나무의 바깥 부분 백목질(나무의 껍질과 심 사이의 연한 부분-옮긴이)은 활 등(궁수가 시위를 당길 때 궁수를 향하지 않는 부분-옮긴이)으로 사용된다. 이런 활의 가장 좋은 예는 100년 전쟁 중 크레시(프랑스 북쪽, 영국 해협 가까이 위치-옮긴이)와 아쟁쿠르에서 영국군이 프랑스군을 상대로 아주 효과적으로 사용한 중세 시대와 르네상스 시대의 영국 장궁이다.

대략 4,000년 전부터 중동과 중앙아시아에서 독립적으로 발전해온 것으로 추정되는 복합궁은 장력과 압력을 보다 잘 견딜 수 있도록 종류가 다른 재료들을 함께 사용하는 착상에서 시작되었다. 나무 한 그루에서 여러 부분을 이용하기 위해 베어낸 통널 대신 복합궁은 장력과 압력을 견딜 수 있도록 전혀 다른 재료인 동물의 힘줄과 뿔을 사용한다.

복합궁은 세 개의 구조로 되어 있다. 가운데는 얇은 나무가 들어가고, 그 등(바깥쪽)에 힘줄을 대고, 동부(안쪽)에는 뿔을 댄다. 궁술에 관한 옛 문서를 연구하고 남아 있는 다양한 활들을 분해해본 결과 복합궁 구조에 대해 많은 것을 알 수 있는데, 복합궁의 활들은 개별적으로는 크기와 모양이 다양하지만 구조는 비교적 일정하다.

복합궁을 만드는 방법은 매우 정교했다. 먼저 가운데의 궁체는 나무로 만들었다. 보통 은행나무, 참나무, 뽕나무 등이 풀을 잘 흡수하기 때문에 궁체의 재료로 이용했다. 일부 활들은 대나무를 사용하기도 했다. 이 나무는 길이가 8~9센티미터 정도인, 물고기 부레풀로 결합된 5개의 부분으로 되어 있었다. 한가운데에 손으로 잡는 부분이 있는데 그것이 한 쌍의 림(활의 중앙 부분을 제외한 부분, 각궁에서의 고자 부분)과 연결되었으며, 한 쌍의 팁(시위를 거는 부분)을 림의 끝에 고정했다. 소의 긴 뿔을 활의 안쪽(동부)에 붙인 뒤 활이 당겨질 때의 모습과 반대 방향으로 아치 모양이 되도록 묶었다. 이렇게 한 이유는 반대로 휘는 형태를 만들기 위해서였다. 풀을 바를 때는 풀이 서서히 마르게 하기 위하여 날씨가 춥고 습기가 보다 높은 겨울철에 했다. 그 후 약 두 달간의 건조기간을 거쳐 활을 완성했다. 페르시아의 복합궁은 뿔의 작은 조각들을 힘줄로 이어서 사용했는데, 그 이유는 이들의 활이 일반적으로 다른 활보다 더 넓어서 한 조각으로 각 림에 댈 만큼 충분히 넓고 긴 뿔을 구하기 어려웠기 때문이었다. 칸국의 일부 복합궁들도 마찬가지로 한 조각의 뿔을 림에 붙이기보다는 여러 개의 뿔을 이어서 만들었다. 일반적으로 한 조각만으로도 충분한 크기의 뿔을 얻기 힘든 곳에서는 많은 활들을 이처럼 뿔을 여러 개 연결하는 형태로 만들었던 것으로 보인다.

다음 단계는 패터슨에 따르면 활의 성능에서 뿔보다 더 중요한 역할을 한다고 한 힘줄의 사용이다.[10] 힘줄은 보통 소나 사슴의 다리에서 얻은 것을 이용했다. 일부 옛 문서들에서는 목 부위의 힘줄을 사용한다고 나와 있지만, 패터슨은 목 부위의 힘줄은 지나친 탄력성 때문에 실제로 활 만드는 데 쓰기에는 부적당하다고 말한다. 이 힘줄은 두드려서 섬유 형태로 만든 후 풀에 담가 보관하다가 기온이 따뜻해지면 다시 꺼내서 활을 제작했다. 활에는 한 겹 이상의 힘줄이 사용되었고, 특히 플라이트 보우(비거리가 먼 수렵용 활-옮긴이)에는 보통 힘줄 층이 두 개가 있었다. 힘줄을 사용한 후 활은 끈을 사용하여 뒤로 극단적일 정도로 휘도록 양쪽의 팁(시위를 거는 부분)을 연결하고, 이를 다시 활의 핸들(중앙 부분)에 묶는다. 이는 나중에 활을 당길 때 힘줄이 확실히 장력을 받아서 활이 능률적으로 작동하도록 하기 위해서다. 활은 이런 식으로 묶어서 또 다시 두 달간의 건조기간을 거치게 된다.

활을 이렇게 극단적으로 묶어 놓으면 활의 핸들 한가운데에서 만나는 두 개의 림에 붙여진 뿔이 살짝 분리된다. 이 틈 사이에 터키어로 첼릭이라고 하는 조그만 쐐기를 끼워 넣는다. 복합궁을 사용한 아랍인들은 이 쐐기를 이브란자크라고 불렀다. 현재까지 남아 있는 활들은 이런 쐐기를 상아로 만든 것이 많지만, 초원에서는 보통 딱딱한 나무나 뼈로 만들었을 것이다.

활이 다 마른 후에는 활을 묶어둔 줄을 푼 뒤 따듯하게 한 다음 쏘는 방향으로 시위를 건다. 그다음 활을 당겼을 때 림이 균일하게 휘도록 활을 조절하게 된다. 활 만드는 사람은 활을 약간 당겨서 활의 림이 어떻게 구부러지는지를 관찰한다. 림이 너무 뻣뻣하면 그 가장자리를 조심스럽게 다듬는다. 그다음 다시 활을 어느 정도 더 당겨보고 이를 반복한다. 이 과정은 시위를 완전히 당겼을 때 활의 림이 균일하게 구부러지도록 조절될 때까지 반복된다. 만약 이것이 실패하면 활을 정확하게 쏠 수 없다.

힘줄을 가리고 방수하기 위해서 나무껍질이나 얇고 작은 가죽 조각들을 그 위에 비스듬히 덮었다. 일부 활은 뿔로 덮은 경우도 있지만 맘루크, 몽골, 중국, 타타르의 활들은 그렇지 않았다. 투르크와 페르시아의 활들에는 활시위가 걸리는 팁에 뿔로 만든 삽입물이 있었다. 이렇게 완성된 활은 단순궁보다 우월한 성능을 보이게 된다. 당연한 것이지만, 우선 복합궁은 단순궁보다 역학적으로 우월했다. 힘줄은 나무보다 인장응력이 4배이고, 뿔은 경재硬材보다 압축응력이 약 2배나 된다.[11] 이는 같은 힘으로 활을 당길 경우 복합궁은 단순궁보다 더 짧게 만들 수 있으며, 길고 무거운 림의 경우보다 더 많은 에너지가 화살로 전달될 수 있다는 것을 뜻한다. 따라서 같은 힘으로 당기면 복합궁이 단순궁보다 화살을 더 빠르고 더 멀리 쏠 수 있다. 또 휘어진 복합궁이 일반적으로 같은 위력을 가진 단순궁보다 더 짧다는 점은 말을 탄 사람들에게 특히 더 편리하다는 것을 의미한다.

반대로 휘어진 형태는 직선 형태의 통널 궁 혹은 단순궁에 비해 다른 이점들도 지니고 있다. 일반적으로 복합궁의 팁은 구부러지지 않으며, 일부 활들은 오히려 팁이 활의 림으로부터 활 등(바깥) 쪽으로 구부러져 있다. 이런 팁은 지레 역할을 하여 궁수가 활을 당길 때 도움을 준다. 팁의 작용으로 복합궁은 시위를 당길 때 단순궁과 같이 그 힘이 시위를 당김에 따라 비례하여 증가하다 갑자기 활 끝에 쌓이지 않는다. 이는 곧 당기기 쉬운 휘어진 궁이 정확히 쏘기도 쉽다는 것을 뜻한다. 왜냐하면 휘어진 궁은 당기는 중에 조그만 변화가 있다고 해서 활의 세기가 현저하게 달라지면서 화살 속도가 크게 변하지 않기 때문이다. 또 휘어진 궁은 그 디자인으로 인해 단순궁을 쏠 때 생기는 반동 없이 화살을 보다 매끄럽고 효율적으로 쏠 수 있다. 한마디로 말하자면, 반대로 휘어진 복합궁은 단순궁보다 훨씬 좋은 무기다.

복합궁은 만드는 데 상당한 수고가 드는 귀중한 무기였다. 그러므로 훈족의 무덤에서 발견된 활 파편들이 한 개의 활에서 나온 것이 아니라 여러 개의 부서진 활 파편이었다는 것은 당연하다. 쓸모 있는 활은 죽은 소유자와 함께 묻히지 않았을 것이 분명하기 때문이다.

중세 시대에 유럽인들은 합성 재료로 석궁이나 활을 만들었던 적이 있으나 제조공정의 어려움 때문에 복합궁을 사용하지 않았을 수도 있다. 패터슨은 복합궁이 동양과 초원에서만 사용된 이유에 대해 유럽에는 활을 만들 정도로 긴 뿔을 가진 소가 없었기 때문이라고 주장한다. 그러나 이 주장은 활의 림을 따라 뿔의 작은 조각이나 판을 연결하여 복합궁을 만든 페르시아와 한국의 활과 같은 예를 고려하지 않고 있다.

서양에서 전통적인 활이 발달하지 않은 이유로는 석궁이 널리 사용되었기 때문이라는 의견이 오히려 더 타당하다. 석궁은 손을 사용하는 활에 비해 다음과 같은 몇 가지 이점을 가지고 있다. 석궁은 활을 당길 때 드는 힘이 궁사의 힘에 좌우되지 않는다. 대신 궁사는 보통 발걸이에 발을 걸고 양손으로 시위를 당기거나, 피대의 갈고랑쇠나 혹은 활이 아주 무거우면 크랭크 같은 기계 장치로 시위를 당긴다. 물론 석궁은 전통적인 활보다 쏘는 데 걸리는 시간이 더 길었으며, 말을 타고서(물론 말을 탄 궁노수도 있었다)는 실용적이지 않았지만, 기마궁술의 전통이 없는 서양에서 석궁은 쉽게 사용할 수 있다는 것만으로도 발사 속도가 느리다는 단점을 보완할 수 있었다. 또 전통적인 활을 정확하게 쏘려면 오랜 연습이 필요하지만, 석궁의 경우에는 쏘는 방법을 매우 빠르게 배울 수 있다. 마치 현대의 병사가 훈련을 통해 몇 주 안에 소총을 제대로 사용할 수 있는 것처럼 궁노수도 비슷한 기간 정도의 훈련을 받았을 것이다.

혹은 쏘는 속도가 느리다는 것은 큰 문제가 아니었을지도 모른다. 윈치(밧줄이나 쇠사슬로 무거운 물건을 들어 올리거나 내리는 기계의 총칭-옮긴이)로 당기는 석궁은 1분에 강철 화살을 한 발 밖에 쏘지 못했지만, 중세 시대 말에 등장해서 르네상스 시대까지도 무기로써 사용되었다. 유럽인들이 초원의 유목민들과 대전했을 당시의 활은 보다 가벼웠으며, 발걸이에 발을 놓고 손으로 당기거나 활을 거꾸로 해서 시위를 허리띠에 매단 쇠걸쇠에 걸었다. 그 다음 궁노수는 활 끝에 있는 발걸이에 발을 놓고 다리를 펴서 시위를 손잡이까지 당겼다. 어느 방법이든 빨리 할 수 있었기 때문에 필요하다면 궁노수는 1분에 세 발 내지 네 발을 쏠 수 있었다.

그렇다 할지라도 랄프 페인 갤러웨이가 발표한 무기에 관한 결정적 논문에서 시사한 대로 궁노수(또는 어떠한 형태의 궁수)는 수치상으로 가능한 만큼 활을 빠르게 쏘지 못했을 것 같다. 왜냐하면 활을 쏘다 보면 머지않아 화살이 떨어졌기 때문이다.[12] 그러나 예를 들면 500명의 궁노수가 각각 1분에 한 발 또는 두 발씩 쏜다고 가정할 경우 그 효과는 적에게 치명적일 수 있다. 왜냐하면 1초에 열두 발 이상의 화살 세례를 안정되게 퍼부을 수 있기 때문이다. 물론 현대 무기의 기준으로 보면 그다지 인상적이지 않지만 그렇다고 가볍게 여길 수 있는 수준은 아니다. 몽골족은 이 무기를 좋아하지 않았다. 13세기에 교황이 몽골 칸에게 파견한 사절인 지오반니 데 플라노 카르피니는 이에 대해 다음과 같이 말했다.

'타타르인[몽골인]과 싸우려는 자는 좋은 활이나 (그들이 두려워하는) 강력한 석궁과 같이 좋은 무기와 충분한 양의 화살을 가져야 한다.'[13]

사실 석궁은 치명적인 효과가 있으면서 사용이 용이하다는 이유 때문에 최초의 금지 무기 중에 포함되었다. 1173년 라터란위원회의 명령에 따르면 기독교인을 상대로는 활과 석궁 모두 사용할 수 없었다. 석궁의 효과에 관한 당시의 흥미로운 평가는 안나 콤네나 공주가 자신의 아버지 알렉시우스 콤네누스의 삶에 대해 쓴 이야기 『알렉시아드Alexiad』에서 볼 수 있다. 비잔틴 제국의 황제였던 알렉시우스 콤네누스의 재위 기간은(1081~1118년) 제1차 십자군의 활동 기간과 일치했는데, 이때 그리스인들 또는 비잔틴 제국 사람들은 석궁 무기를 처음으로 보았다.

> 석궁은 야만인들(프랑크족)의 무기로 그리스인들에게는 전혀 알려지지 않았다. 석궁의 경우 쏘기 위해 왼손으로 활을 몸으로부터 멀리 밀면서 오른손으로 시위를 당기지 않는다. 아주 멀리까지 무기를 발사할 수 있는 이 전쟁 도구는 등을 거의 땅에 대고 누워서 당겨야 하는데, 각 발로는 활의 반원을 강하게 누르고 두 손으로는 온 힘을 다해 활을 몸 쪽으로 잡아당긴다. 그것들[화살들]은 짧지만 무거운 쇠가 끝에 달려 있고 매우 두껍다. 발사 되면 활시위로부터 굉장한 속도와 힘을 받은 화살은 어디에 맞든지 도로 튕겨나가지 않는다. 실제로 이 화살들은 방패를 꿰뚫고 육중한 철로 만든 가슴받이를 관통할 정도로 발사되었을 때의 위력이 세다. 이 화살은 청동상을 꿰뚫는다고도 알려져 있으며, 성벽에 발사되었을 때 그 끝이 성벽의 안쪽으로 나오든가 그 안에 묻혀 사라진다고도 한다. 석궁은 정말로 잔인한 무기다. 불행히도 그것에 맞은 자는 충격이 아무리 강해도 타격을 느끼지 못하고 죽는다.[14]

여기서 안나 콤네나가 기계장치로 당기는 것이 아니라 손으로 당기는 단순한 석궁의 효과에 관해 기술하고 있다는 것에 주의해야 한다. 따라서 이 석궁은 상당히 빨리 화살을 장전할 수 있었고, 대단히 강력했으며 빠른 시간 안에 숙달될 만큼 조작이 쉬웠다. 또 석궁의 화살은 길이가 짧고 절단면이 약간 원뿔 모양이었기 때문에 일반적인 화살보다 더 공기역학적인 형태를 취하고 있어 저항력으로 인한 힘의 손실이 적었다.[15] 석궁은 정주민들에게 완벽한 무기였으며, 동시에 전통적인 활이 서양에서 고도로 발달하지 못하게 한 이유였다. 그러나 정주민 사회의 병사 입장에서 볼 때 명백히 유리한 점을 지닌 석궁은 초원의 기동적인 기마 전투에는 적합하지 않았다. 그런 방식의 전투에서는 정주민들 역시 3000년 가까이 알았던 대로 화살을 빨리 쏠 수 있는 복합궁이 가장 치명적으로 사용될 수 있었다.

복합궁은 얼마나 정확했으며 효과적이었을까? 아틸라의 성공과 리그니츠 전투와 사조 전투에서 몽골족이 거둔 승리로 비추어볼 때 복합궁이 대단히 효과적이었음을 추측할 수 있다. 이에 대해 좀더 구체적으로 살펴보자. 초원의 전사들이 먼 거리에서 믿을 수 없을 정도로 정확하게 활을 쏜다는 이야기가 많다. 그러나 그런 이야기의 상당수는 말 그대로 믿을 수 없는 이야기다. 르네 그루세는 자신의 기념비적 저서인 『초원의 제국The Empire of the Steppe』에서 몽골의 기마병이 330미터 정도 떨어진 거리에서도 목표를 명중시킬 수 있다고 쓰고 있다. 그러나 그런 거리는 활의 통상적인 사정거리보다 훨씬 길기 때문에 그 이야기를 사실로 보기 어렵다.

오스만 투르크인들이 전쟁이나 수렵용 화살보다 가볍고 짧은 특별한 화살을 쏘기 위해 당기는 데 힘이 많이 드는, 특수하고도 망가지기 쉬운 플라이트 보우를 개발했다는 것은 사실이다. 그 화살들은 길이가 너무 짧았기 때문에 유도장치나 왼손에 놓는 트라프(골무)의 도움을 받아 발사했다. 이렇게 하여 활을 쏘기 위해 시위를 당겼을 때 그 당긴 길이보다도 짧은 길이의 화살을 발사할 수 있었다. 플라이트 보우는 이 특별한 화살을 대단히 멀리, 때로는 660

미터 정도까지 쏠 수 있었던 듯하지만, 흔히 그렇듯이 그 성능을 무기로서 역할을 할 만큼 길고 무거운 화살을 쏘는 전쟁용 활의 성능과 혼동해서는 안 된다. 전쟁에서 효과적이려면 화살은 비교적 무겁지 않으면 안 된다.

전투에서 실제로 사용된 활에 대해 알아보려면 1630년대에 우크라이나 지역을 가로질러 여행하다가 크림 타타르인들에게 공격당한 프랑스인 보플랑 같은 사람의 보고서를 고려해야 한다. 그는 타타르인들이 60~100보 떨어진 거리에서 매우 정확하게 활을 쏜다고 하였다.[16] 이때 그가 말한 보폭은 일반적으로 간주되는 대로 약 0.914미터라고 가정할 수 있다. 보플랑은 자신의 보고서에서 군사적 의미를 내포하는 또 다른 논평을 추가적으로 했다.

> 나는 큰 마차를 타고 가는 우리를 공격하려고 하는, 어느 때는 족히 500명에 이르는 타타르인들과 시골에서 종종 마주쳤다. 이때 50~60명 정도의 코사크인들이 나를 수행했는데 그들은 우리에게 아무 짓도 못했고, 또한 우리 역시 그들을 이길 수 없었다. 왜냐하면 그들은 우리가 가진 무기의 사정거리 안까지는 접근하려고 하지 않았지만, 우리 무기의 사정거리 두 배 정도 되는 거리에서 아치형으로 활을 용이하게 쏘았다. 그들은 우리 머리 위로 구름같이 화살 세례를 퍼부어 우리를 교란시킨 다음 수차례 공격하려는 시늉을 하다가 물러갔다.[17]

아치형으로 활을 쏜다는 것은 화살을 가능한 한 멀리 쏘기 위하여 약 45도 정도의 각도로 쏘는 것이다. 이런 형태로 쏘면 화살은 목표에 거의 수직으로 떨어지게 된다. 이런 방식으로 활을 쏘면 명중률은 높지 않지만, 밀집한 적에 대해서 효과적일 수 있으며, 또 언제든지 활을 최대 사정거리까지 쏠 수 있다.

16세기 궁술에 관한 아랍의 논문에서는 활의 최대 사정거리는 정확하게 쏘려면 45 활 길이, 즉 73미터를 약간 넘는 거리라고 하고 있다. 이 논문에서는 계속해서 다음과 같이 말하고 있다.

사정거리가 45 활 길이라는 이론은 논리적으로 옳다는 것이 확립되었고, 그 우월함과 탁월성도 입증되었다. 이 이론의 주창자들은 45 활 길이 이상에서 쏘는 것을 허용하지 않는다. 사실 이 거리는 사실상 유효 사정거리의 반에도 미치지 못하지만, 전문가들에 의하면 그 거리를 넘어서면 정확성을 기대할 수 없다고 한다.[18]

나무와 섬유 유리로 만든 뒤로 휜 현대의 수렵용 활은 화살을 182미터 이상까지 쏠 수 있지만, 정확하게 명중시킬 수 있는 사정거리는 훨씬 더 짧다.[19] 이 모든 것으로 활에 대해 실질적인 경험이 없는 작가들이 퍼뜨린 환상은 일소되어야 한다.

움직이는 목표, 특히 기수를 맞추는 기술은 매우 중요했다. 위에서 인용된 중세 궁술에 대한 아랍의 논문에는 기수를 쏘기 위한 설명이 다음과 같이 상세히 적혀있다.

기수가 너를 향해 질주해 오고 있다면, 그가 앉은 안장의 앞가지를 겨냥해라. 화살이 높이 빗나가면 기수의 가슴에 맞을 것이고, 아래로 빗나가면 그의 배에 떨어질 것이다. 반면에 기수가 도망치고 있다면 안장의 뒤를 겨냥해라. 화살이 높이 빗나가면 기수의 등에 맞을 것이고, 아래로 빗나가면 말 등을 맞힐 것이다.

한 사람은 움직이지 않고 다른 자가 그를 쓰러뜨리기 위해 돌진하는 경우라면 움직이지 않는 자는 돌진해오는 적이 탄 말의 목을 겨냥해야 한다. 그러면 화살은 기수의 가슴이나 말의 두 눈 사이를 맞힐 것이다. 기수가 도망치는 경우에는 움직이지 않고 있는 궁수는 말의 머리를 겨냥해야 한다. 화살이 높이 빗나가면 기수의 어깨 사이에 떨어질 것이고, 아래로 빗나가면 그의 등 아래쪽이나 말에 맞을 것이다. 이 모든 기술에는 연습과 인내가 필요하다.[20]

이 글은 말과 기수의 움직임을 고려하여 초원의 전사가 자신의 동료들로부터 배운 경험을 확실하게 공식화하고 있다.

실제적인 경험과 결부하여 본문을 검토하면 '훈련된 궁수는 서서 쏜다면 약 55미터 거리에서 매번 적을 명중시킬 수 있다'는 결론을 내릴 수 있다.[21] 패터슨은 말을 타고 정확히 쏠 수 있는 거리는 단지 9미터 정도에 지나지 않는다고 추정한다. 전쟁에서 궁수가 쏘는 화살의 사정거리는 커다란 두려움이나 흥분 상태에서, 자기방어 차원에서 화기를 사용하는 것에 영향을 주기 때문에 그 어느 주장도 오늘날 논의 대상이 되곤 하는 운동신경의 조절 감소에 대해 고려하지 않는다. 그럼에도 이 정확성에 관한 기준은 밀집된 적에 대해서라면 훨씬 더 먼 사정거리에서도 유효할 것이다. 이런 이야기들과 뒤로 휜 현대의 복합궁에 대한 경험을 종합하여 보면, 복합궁은 숙련된 궁수가 사용할 경우 실로 치명적인 무기였음이 분명하다. 활은 석궁보다 더 빠르고 효과적이었으며, 기동성이 더해져 더더욱 치명도가 올라갈 수 있는 마상馬上에서는 그야말로 이상적인 무기였다. 물론 초원의 유목민들은 일반적으로 그 무기에 숙달되었지만, 모든 것은 궁수의 솜씨에 따라 좌우되었다.

전쟁용 활을 당기는 데 소요되는 힘은 보통 60~70파운드 정도였는데, 기마궁수들은 서서 쏠 때보다 더 불안정한 상태인 말을 탄 상태에서 쏴야 했기 때문에 아마 좀더 가벼운 활을 사용했을 것이다. 그러나 활을 실제로 쏴 본 경험이 없는 작가들은 이러한 활의 경우에 당기는 데 드는 힘이 100파운드나 심지어 140파운드를 초과한다고 주장하기도 한다. 그러나 이 같은 수치는 현대인과 같은 건장한 체격의 사람은 물론이고 설사 보다 강인했다 하더라도 현대인보다 체격이 작았던 산업화 이전의 사람들이 이 정도의 힘이 든다면, 활을 정확하게 쏘기는 고사하고 제대로 당기는 것조차도 힘들다는 명백한 사실을 무시한 결과다.

활은 시간과 장소에 따라 다양한 형태가 등장했지만, 뒤로 휜 모양과 복합 구조는 변하지 않았다. 스키타이족의 활은 굉장히 짧았고 큐피드의 활처럼 반대 방향으로 많이 휘는 모양을 가졌던 반면, 몽골족과 타타르족의 활은 길이가 150센티미터를 넘을 정도로 컸다. 그러나 그 길이는 복합 구조를 적절하게 이용하기에는 너무 컸기 때문에 복합궁들 중에서 성능이 가장 좋은 것은 아니다. 연구와 각종 유물자료를 통해 볼 때 훈족의 활은 길이가 130~140센티미터 사이였으며, 비대칭적 모양으로 상부의 림이 하부의 림보다 약간 더 길었고, 시위는 긴 쪽의 림에 영구히 고착되어 활을 쏘기 전에 짧은 쪽의 림에 있는 노크(활고자로 시위를 매는 부분)에 걸렸다. 길이가 같지 않은 두 개의 림이 통합된 디자인은 유별나지만 그렇다고 전혀 없는 것은 아니다. 일본의 활은 훈족의 활에 비해 전체 길이는 훨씬 더 길지만 역시 상부의 림이 하부의 림보다 더 길다. 그러나 비대칭적인 디자인은 초원의 민족 중에서는 훈족에게만 국한된 듯하다. 일반적으로 성능이 가장 좋은 복합궁은 15세기와 16세기에 투르크인들이 발전시킨 것으로 여겨지는데, 이는 뒤로 휜 현대의 수렵용 활과 같은 모양이다.

서양에서는 '지중해식 당기기' 방식으로 세 손가락을 사용하여 활을 당긴다. 동양에서는 이와 대조적으로 엄지손가락으로 시위를 걸고, 맨 위의 세 손가락을 그 위에 덮어서 활을 당긴다(몽골식 당기기–옮긴이). 이때 엄지손가락은 뼈, 상아 혹은 돌로 된 고리로 보호했다. 그 결과 서양에서는 화살이 활의 왼쪽에서 발사되지만, 동양에서는 활의 오른쪽에서 발사된다.

화살도 마찬가지로 시간과 공간에 따라 다양한 형태를 보였다. 스키타이족은 세 갈래로 나눠진 조그만 화살촉을 사용했었고, 나중에도 크기는 커졌지만 여전히 세 갈래 화살촉을 사용했다. 이는 아마 기원전 2세기에 흑해 지역에서 쫓겨나기 전에 점점 더 빈번히 충돌했던 사르마티아족의 갑주를 꿰뚫기 위해서였을 것이다. 훈족의 화살촉은 몽골족의 것처럼 나뭇잎 모양이었다. 초원의 전사들이 시대를 초월하여 뼈로 만든 화살촉을 사용했다는 보고들도 끊임없이 있는데, 이는 금속이 정주민 사회보다 훨씬 더 부족했고 그것을 다루는 수단도 드물었던 초원의 경제 상황을 생각할 때 예상할 수 있는 일이다. 4세기의 훈족에 관해 암미아누스 마르켈리누스는 다음과 같이 말하고 있다.

'그들이 가장 뛰어난 전사가 될 수 있었던 것은 통상적인 촉 대신에 날카로운 뼛조각으로 만든 촉을 단 화살을 멀리서 쏘았기 때문이다.'[22]

마자르족이 889년 헝가리에서 벌인 전쟁 중에 뼈로 만든 화살촉을 사용했다는 비슷한 이야기도 있다.[23] 그러한 화살촉은 사냥용으로 충분했을 것이며 필요하다면 갑주를 걸치지 않은 사람과 말에 사용할 수 있었을 것이다. 초원의 부족들이 사용한 화살촉은 서양처럼 화살대 끝에 달린 구멍을 통해 부착되기보다는 일반적으로 화살 자루 속에 들어박힌 슴베(자루 속에 들어박힌 부분)에 부착되었다. 초기의 스키타이족과 사르마티아족의 화살은 구멍에 촉을 꽂아 사용하는 형태였으나 후에 슴베를 이용하는 형태로 바뀌었다. 그런 형태의 화살을 사용한 이유는 화살대가 목표물을 맞힌 후에 확실하게 갈라져서 적이 화살을 다시 사용하지 못하도록 하기 위해서였다고 주장하는 사람들도 있다. 그러나 초원의 종족들처럼 궁핍한 사람들이 단 한 번 쏘고 말 화살을 만들 것이라는 생각은 터무니없는 듯하다. 슴베를 사용하여 화살촉을 부착하는 방법은 단순히 그렇게 하면 화살을 만드는 것이 더 쉬웠기 때문에 채택되었다는 주장이 더 그럴듯하며, 그런 방식으로 부착한 뼈나 뿔로 만든 화살촉에 의해서도 이를 확인할 수 있다.

말과 활을 함께 사용함으로써 초원의 전사는 당시 가장 효과적인 투사 무기와 결부된 속도와 기동성의 배합을 얻게 되었다. 그들은 초원의 말을 타고 먼 거리를 신속하게 이동하여 전장에서 기동작전을 펼치고 적의 돌격에 대항하고 대형을 재편성하고 멀리 떨어진 채 적을 살해할 수 있었다. 그들은 백병전이나 충격 전투를 하는 자들이 아니었다. 초원의 전사는 전장에서 대단한 기동성과 짧은 시간에 먼 거리를 갈 수 있는 능력을 가졌기 때문에, 그들의 전법은 광범위한 범위에 걸쳐 신속하게 정복하고 승리가 확실하기 전에는 적과 맞붙어 싸우지 않는 것이었다. 이것은 접근전과 공격의 충격에 의존하여 문제를 해결하기를 선호한 서양의 군대와 대조적이었다.

이러한 서양의 전통은 핸슨이 쓴 『서양의 전쟁방식The Western Way of

War』[24]에서 상세히 탐구되는데, 여기서 그는 그러한 전투방식을 그리스인들이 중장보병의 밀집대형 전투에서 최초로 제도화했다는 것을 보여주고 있다. 로마인들이 그 뒤를 그대로 따랐고, 서양의 야만인들 특히 게르만족은 오랜 기간에 걸쳐 로마인들을 상대로 한 투쟁과 로마군에서의 광범위한 복무를 통해 그런 전투방식을 받아들인 것으로 보인다. 서양 기사가 실제로 사용한 기술은 사실 남부 러시아 초원에서 습득된 사르마티아의 방법—무거운 창을 들고 쇠미늘 갑옷을 입은 기수가 돌격하는 것—을 따른 것이었지만, 이 초원의 기법은 충격 전투를 선호하는 서양의 취향과 잘 맞았다. 그럼에도 그런 전투방식이 유목 기마궁수들의 방식과 마주쳤을 때의 결과는 끔찍했다.

제3장

스키타이족과 사르마티아족

로마 제국은 초원을 벗어나 한때 페르시아 영토였던 곳에 제국을 건설했던 스키타이족과 혈연관계가 있는 파르티아인들과 오랫동안 접촉을 했었다. 하지만 우리가 그 존재에 대해 어느 정도 제대로 알고 있는 최초의 초원 유목민은 스키타이족과 또 다른 혈연관계에 있는 사르마티아족이다. 그리스의 역사가 헤로도토스는 보다 이른 시기의 초원 부족으로 시메리아인을 언급하고 있는데, 그들은 스키타이족에 의해 사라졌으며 오늘날에는 그 이름만 남아 있을 뿐이다. 헤로도토스는 분명 흑해와 그 지류의 강을 따라서 여행하다가 스키타이족을 만났을 것이다. 그런 추측 때문에 그가 스키타이족에 대해 쓴 글에 대해서는 어느 정도 근거가 있다고 생각할 수 있다. 그로부터 약 2세기 후 세계 역사에서 중요한 존재로 자리잡는 사르마티아족은 그 당시에는 논쟁의 대상이었다. 2세기와 3세기에 걸쳐 그들은 로마군을 상대로 싸웠으며, 때로는 로마군에 소속되어 함께 싸우기도 했다. 헤로도토스는 스키타이족이 중요하면서 흥미로운 존재라는 것을 깨닫고, 자신의 저서 『역사Histories』에서 스키타이족을 소개하고 있다. 또한 이 책에서는 기원전 5세기에 페르시아의 다리우스 1세가 시도했다가 성공하지 못한 스키타이족에 대한 징벌 원정을 꽤 상세히 기술하고 있다.

스키타이족과 같은 계통의 종족인 사르마티아족은 서방에 영향을 끼친 초원의 다른 부족들과 한 가지 중요한 점에서 차이가 있었다. 그들은 인도 아리안 계통이었으며, 페르시아어 및 메디아어와 밀접히 연관된 이란어를 썼다. 스키타이족은 페르시아인과 상당히 밀접한 관계가 있었으며, 페르시아인은 그들을 사카라고 불렀다. 이는 아마 가장 유력한 부족의 명칭이었을 것이다. 이와 대조적으로 초원의 종족들 대부분은 투르크어군이거나, 혹은 몽골족처럼 퉁구스어군이나 알타이어군 같은 집단에 속했다. 그러나 스키타이족의 관습은 그들의 동쪽에 살던 이웃 아시아인들과 크게 다르지 않았으며, 어떤 사람들은 그들의 관습이 아시아 초원 문화 중 상당 부분의 원천이라고 주장한다. 헤로도토스는 스키타이족이 세 명의 주요 신을 숭배했다고 기록하고 있는데, 그는 그 신들을 그리스 신인 헤스티아, 제우스, 대지의 신 데메테르와 관련지어 생각했다. 그 밖에도 그에 버금가는 신들이 있었고, 헤로도토스는 그들 중 많은 신을 친숙한 다른 그리스 신들과 연관하여 설명하려 애썼다. 또한 스키타이족은 전쟁의 신(헤로도토스는 그리스식 이름인 '아레스'라고 부른다)을 숭배했는데, 이 신은 거대한 나무토막더미를 찌르고 있는 오래된 검의 형태를 하고 있었다. 스키타이족은 이 신에게 동물이나 때로는 전쟁포로까지 제물로 바쳤다.

위대한 자가 사망하면 스키타이족은 말을 죽여 내장을 빼내고 서 있는 것처럼 보이도록 틀에 놓았다. 남자 노예들도 같은 취급을 받곤 했다. 그들의 시체는 말을 타고 있는 것처럼 보이도록 틀에 놓인 말의 시체 위에 놓은 후 몸을 지탱하기 위해서 장대를 수직으로 박아 넣었다. 이는 사망한 자가 내세에서도 확실하게 기마군을 거느리도록 하기 위해서였다. 또 스키타이족은 자신들에게 특히 위험했던 적의 경우에는 그 두개골로 받침 달린 잔을 만들었다. 스키타이족은 말고삐를 적의 머리 가죽으로 장식한다고도 알려졌는데,[1] 그 잔인한 습관으로 인해 그들은 틀림없이 그리스인들에게 상당한 공포를 불러일으켰을 것으로 충분히 추측할 수 있다.

이런 섬뜩한 관습들에 대한 묘사는 그 관습을 단지 스키타이족의 특성으로만 설명하려는 것이 아니라 초원 문화의 맥락에 넣기 위해서 언급한 것이다. 예를 들면, 몽골족도 거의 2000년 후에 위에서 언급한 것과 같은 말 매장을 실행했다. 1247년에서 1248년까지 중앙아시아의 대칸에게 교황의 사절로 파견되었던 카르피니는 복명서에서 그 관습에 대해 언급하고 있다. 요인을 매장하는 관습을 묘사하면서 그는 다음과 같이 진술하고 있다.

> 게다가 그와 함께 암말과 그 새끼, 그리고 안장과 고삐를 채운 말을 묻는다. 그들은 또 다른 말을 잡아 먹은 다음 그 가죽을 짚으로 채워 두 개 내지 네 개의 장대 위에 높이 올려놓는다. 이는 죽은 자가 내세에 머무를 수 있는 천막과 마실 수 있는 우유를 얻을 수 있고, 말의 수를 늘릴 수 있게 해주는 암말과 그가 탈 수 있는 말을 갖게 해주기 위해서다.[2]

말을 죽여 내장을 제거한 다음 그 속을 채우고 장대에 올리는 관습은 중앙아시아 초원의 알타이 지역 사람들 사이에서 근대까지 존속했다.

9세기의 불가르족 역시 그들이 정복한 적의 두개골로 잔을 만들곤 했는데, 비잔틴 제국의 불행한 황제 니케포루스 1세도 그들과의 전투에서 전사한 뒤 그 두개골이 잔으로 만들어지고 말았다. 여기서 우리는 초원의 종족들은 목축 생활과 힘든 삶으로 인하여 언어와 인종의 장벽까지도 초월한 하나의 문화권을 형성했던 사람들임을 알 수 있다. 이는 비슷한 문화적 특성이 시공을 초월하여 존속하는 것으로 입증된다. 초원의 종족들이 전쟁에 대해 어떻게 접근하는지 살펴보면 그들이 대단히 유사하다는 사실을 당연히 알게 된다.

스키타이족은 그리스 문헌뿐만 아니라 그리스 장인들이 흑해 연안의 초원에 팔려고 만든 도기와 물건들에도 등장한다. 거기에 그려진 그림들 속에서 스키타이인들은 일반적으로 스키타이식 모자로 알려진, 챙이 앞으로 늘어신

펠트 모자를 쓰고 있다. 이 모자는 목 뒤와 귀를 덮고, 추위와 바람을 막기 위해 양 옆은 보통 어깨까지 길게 늘어진 형태였다. 이런 모자는 스키타이족뿐만 아니라 신화 속의 아마존을 그린 항아리 그림에서도 보이는데, 그 이유는 이 모자의 형태가 이국적으로 여겨졌기 때문이었다. 스키타이족은 늘어뜨린 튜닉과 헐렁한 바지, 그리고 때로는 망토를 입었다.

스키타이족은 뛰어난 궁수로 알려져 있다. 당시의 도기 그림과 청동 조각에는 활을 쏘고 있는 이들의 모습, 특히 몸을 뒤를 향해 돌린 채 말 꼬리 위로 직접 활을 쏘는 그들의 모습을 보여주는 그 유명한 '파르티안 샷'[3]을 자주 볼 수 있다. 물론 실전에서 그들은 활에만 의존하지 않았다. 그러나 그들이 다른 무기를 사용하는 모습이 묘사된 자료는 극히 드물다.

스키타이족은 보조 무기로 흔히 사가리스Sagaris라고 불리는 독특한 형태의 전투용 도끼를 휴대했다. 보통 도끼나 손도끼의 날은 손잡이와 나란하지만 고전학자인 스노드그래스에 따르면 사가리스의 날은 '현대의 얼음도끼처럼' 손잡이와 직각을 이루었다고 한다.[4] 또 스키타이족은 길이가 짧은 곡선 모양의 단검 아키나케스Akinakes를 휴대했던 것으로도 알려졌다. 그럼에도 그리스인들은 스키타이인을 순전히 궁수로만 생각했고, 아테네인들은 그들의 뛰어난 궁술 때문에 그들을 용병으로 고용하기도 했다. 그리스 도기의 그림에는 스키타이인들이 말 타고 활을 쏘는 모습이 아니라, 호플리테스(그리스 중장보병)의 방패를 엄호물로 삼아서 그 뒤에 서서 활을 쏘는 모습이 담겨있다. 이는 아마도 그리스의 지형이 스키타이식 전투에 적합하지 않았기 때문이었다고 생각되지만, 아테네인들이 단순히 소수 궁술전문가들의 편의를 도모하기 위하여 자신들의 전술 체계를 수정하기를 바라지 않았을 수도 있다.[5]

스키타이 활은 초원 지대에서 사용된 활들 중 작은 활에 속했고, 그 형태는 우아하고 극단적이었다. 마치 큐피드의 활처럼 림은 활의 중앙 부분에서 활을 쏠 때 목표를 향하는 면으로 날카롭게 구부러졌다가 다시 뒤로 구부러졌다. 시위를 걸 수 있는 끝 부분에는 앞에서 기술한 바 있는 훈족이나 몽골족의 변형된 활처럼 이후에 나타난 활에서 보편적으로 볼 수 있는 스티프너가 없었으나, 활의 끝에 가까운 부분은 신축적이었을 것으로 생각된다. 스키타이인은 활을 자신의 허리띠 왼쪽에 걸린 활집에 넣어 가지고 다녔다. 활집은 시위를 맨 활의 반쪽 같은 모양을 하고 있었고, 활은 시위를 매어 그 반이 밖으로 삐져나오는 형태로 활집에 넣었다. 화살은 허리띠 오른쪽에 걸린 전통에 보관했다.

오래된 프랑스 사진에서도 똑같은 장비를 갖춘 몽골족 전사를 볼 수 있듯이, 그 양식은 초원 지대의 모든 사람들 사이에서 지난 세기가 바뀔 때까지 되풀이되었다. 무덤의 부장품에서는 스키타이족이 비늘 갑옷(비늘모양의 철판을 가죽 바탕천에 꿰맨 것-옮긴이)을 사용했다는 것을 알 수 있지만, 그리스 도기에서는 그런 모습이 보이지 않는다. 갑옷은 고대에 특히 비싼 상품이었기 때문에 귀족들만 갑옷을 사용했음을 나타내는 것일 수 있다. 스키타이족은 가죽으로 덮은 고리버들 세공품으로 만든, 말 타고 쉽게 다룰 수 있는 둥근 타원형 방패를 휴대했으며, 창을 들고도 싸웠다. 그러나 스키타이족은 백병전에 능한 전사라기보다는 기마궁수로 보는 것이 옳다.

이는 헤로도토스가 기술한 페르시아 다리우스 왕이 스키타이족과 치른 성공적이라고 할 수 없는 전쟁 과정의 전말로부터 분명히 알 수 있다. 헤로도토스는 그들에 대해 다음과 같이 말하고 있다.

> 비록 나는 그들에 대해 감탄하지는 않지만 그래도 스키타이족은 한 가지, 그것도 인간사에서 가장 중요한 것, 즉 자신들의 보존을 이 세상 어느 누구보다도 잘해냈다. 왜냐하면 그들의 생활방식 때문에 그들의 영토를 침입하는 그 누구라도 파멸을 면할 수 없었고, 그들이 적과 교전을 피하려고 하면 그 적은 어떻게 해도 그들과 맞붙을 수 없었기 때문이다. 스키타이족처럼 요새화된 마을 없이 어디로 이동하든지 항상 끌고 다니는 마차에서 살며 말 타고 활과 화살로 싸우는 데 익숙하고

농사가 아니라 가축에 의존해 식량을 해결하는 사람들이 어떻게, 그들을 정복하려는 시도는 말할 것도 없고 그들과 접촉하려는 침입자의 시도조차 좌절시키지 못할 수 있겠는가?[6]

헤로도토스는 정당한 의문을 제기했다. 그는 초원의 전투 방식이 지니고 있는 기본적 특성, 즉 서양의 군대가 초원의 군대와 전투를 치를 때마다 시달릴 수밖에 없었던 이유를 알아냈다. 헤로도토스는 그리스인들이 국가 사이의 갈등을 해결하는 수단으로 백병전을 사용했으며 이를 위해 특별히 중장보병으로 이루어진 밀집대형 전투방식을 발전시켰던 그리스 문화의 산물이었다는 점을 상기했다. 빅터 핸슨은 저서 『서양의 전쟁방식The Western Way of War』에서 그리스인들이 왜 백병전을 선택했는지, 그리고 그 결과들은 어떠했는지를 보여주고 있다. 그리스인들은 투구와 방패와 흉갑(가슴받이)과 창으로 무장하고 비슷하게 무장한 적군과 맞서 죽을 때까지 기꺼이 싸웠던 자신들과는 대조적으로 경무장을 하거나 또는 비정규군의 성격을 지닌 군대가 활과 같은 투사 무기를 사용하여 적을 괴롭히고 죽이려 하되 결코 접근하려고 하지 않았던 점을 용납할 수 없었다. 어떻게 이런 그리스 사람들이 '침입자들의 공격을 물리치기는커녕 침입자와 접촉하려는 시도조차 실패' 했는지를 묻는 데서 볼 수 있듯이, 헤로도토스는 서양과 초원의 전쟁방식 사이의 차이를 문자로 기록한 최초의 관찰자였다. 그러나 스키타이족에게 직접 도전했던 것은 서양의 국가가 아니라 바로 페르시아였다.

기원전 514년과 512년 사이의 어느 시점에, 후에 그리스 침략을 시도했던 페르시아의 다리우스 왕은 스키타이족이 과거 페르시아 제국에 속했던 메디아인을 습격 정복한 것을 징벌할 목적으로 원정을 감행했다. 페르시아의 지배를 받고 있던 소아시아의 그리스 도시인 할리카르나소스(오늘날 터키 남서부에 있는 보드룸-옮긴이) 출신인 헤로도토스는 그 원정에 대해 아주 상세하게 기술했다.

'스키타이족은 공격하기 매우 어려운 종족'[7]이라며 그 원정을 반대했던 동생 아르타바누스의 경고에도 불구하고 다리우스는 보스포루스 해협에 부교를 가설하였는데, 이는 당시로서는 뛰어난 공학적 업적이었으며 그가 이 전쟁에 얼마나 많은 자원을 동원하려고 작정했는지를 시사한다.[8] 다리우스는 수도인 수사(오늘날 이란의 슈슈-옮긴이)에서 보스포루스 해협가의 칼케돈(현재의 이스탄불 맞은편에 위치-옮긴이)으로, 다시 해협을 건너 유럽과 가까운 비잔티움(오늘날 이스탄불-옮긴이) 부근으로 진군했다. 이오니아의 그리스인 분견대는 흑해를 항해하여 다뉴브 강의 입구까지 가서 그곳에 페르시아군이 통과하도록 다리를 놓았다. 다리우스와 그의 군대는 트라키아를 지나 그 다리를 건너서 스키타이 땅으로 들어섰다.

그러나 언제나 그렇듯 스키타이군은 전투에서 페르시아군과 정정당당하게 맞서지 않으려고 했다. 그 대신 그들은 자신들을 두 개의 부대로 나누었다. 첫 번째 부대는 규모가 작았는데 스키타이인과 사르마티아인으로 구성되었으며, 두 번째 부대는 스키타이인과 겔론족과 부딘족 등의 다른 동맹 부족들로 구성되었다. 그들의 전술은 간단했다. 막강한 페르시아군이 진격하면 후퇴하고, 그들이 후퇴하면 공격하는 것이었다. 처음에 다리우스는 물론 진격했다. 스키타이군은 다리우스보다 앞서 후퇴하면서 그의 군대를 계속 서쪽으로 유인했다.

오아루스 강 근처에서 다리우스는 추격하던 스키타이군이 북쪽으로 사라져버렸을 때 이미 반 정도 완성되어 있던 8개의 요새를 건설하기 시작했다. 스키타이군을 발견할 수 없게 되자, 다리우스는 그들이 서진했다고 생각하고 다시 서쪽으로 나아갔다. 그러던 중 그는 스키타이군의 다른 부대와 마주쳤는데, 그 부대는 다리우스가 자신들을 뒤쫓게끔 유인했다. 다리우스는 마침내 추격에 지쳐버렸다. 그는 스키타이 왕 이단티르소스에게 사자를 보내 전투에 응하도록 권하고 끊임없이 도망치는 것을 꾸짖었다. 이단티르소스는 답례 사절을 통해 자신은 그 누구로부터도 두려워서 도망친 적이 없었으며 단지 자신이 항상 살아온 방식대로 계속 살고 있을 뿐이라고 말했다. 그는 계속해서 '당신이 내가 왜 싸우려고 하지 않는지 알고 싶다면 말하겠소. 우리 나라에는 마을도 없고 경작지도 없기 때문이오. 만약 그런 게 있다면 그것을 잃거나 유린되는 것을 볼까 봐 성급히 싸울지도 모르지요.'라고 했다.[9] 결국 본격적인 전투는 일어나지 않았다. 스키타이군은 페르시아의 침입 부대와 소규모 전투를 벌인 후, 그들을 자신들이 싸우기를 꺼려했던 페르시아의 보병 부대로 쫓아내는 것에 만족했다.

스키타이군은 두 번째 전술로 페르시아군을 자신들의 영토에 붙들어 두어, 시간이 지나면 궁핍한 상황에 처하게끔 했다. 스키타이인들은 진지를 버리고 도주할 때 페르시아군이 얻을 수 있도록 약간의 가축을 남겼다. 페르시아군은 그것을 조그만 성공이라고 간주했을지 모르나, 길게 봤을 때 그들이 초원 지대에 남는 것은 위험했다. 그 방법은 전략적으로 적에게 가능한 한 접근하지 않은 채 적을 조금씩 파멸시키려는 초원의 전사들의 희망에 부합했다.

마침내 더 이상 버티기 어려운 처지에 놓이자 다리우스는 이오니아의 그리스인들이 지키고 있던 다뉴브 강의 다리로 후퇴했다. 페르시아군은 아무것도 이루지 못하고 스키타이 영토 밖으로 물러났다. 그러나 어쨌든 다리우스 왕은 스키타이군이 의도했던 초원 지대에서의 소모전으로 인한 군대의 파멸을 겪지 않고 상황을 벗어날 수 있었다. 가장 순수한 형태를 띤 초원의 전투는 먼 거리를 이동하고 활 등의 투사 무기를 사용하며, 상황이 유리하다면 소모나 피로 또는 고립으로 적이 패배를 피할 수 없을 때까지 적 앞에서 전략적 후퇴를 하는 전투다. 페르시아 왕은 전쟁을 더 이상 확대하지 않았던 덕분에 로마인들이 수백 년 후에 카르하이(오늘날 터키 우르파주에 위치-옮긴이)에서 파르티아인과 싸웠을 때 겪었던 것과 같은 재앙을 피할 수 있었다.

페르시아 왕이 스키타이족과 싸우려고 했었던 반면, 그들과 같은 계통의 종족이었던 파르티아인은 이미 페르시아의 백성들이었다. 이란어를 쓰는 이 유목민들은 초원 지대에서 벗어나 후에 페르시아 제국이 되는 지역의 동쪽에 위치한 이란 고원에 정착했다. 그들 역시 초원의 전사들이 지닌 두 가지 특징인 기마술과 활 솜씨로 알려졌고, 그 이름은 기원전 250년 무렵에 그들이 정착한 파르타바 지방에서 따온 것이었다. 페르시아의 키루스 대왕은 기원전 6세기 메디아를 멸망시켰을 때 그 지역을 정복했을 것이다. 따라서 알렉산더 대왕이 페르시아를 정복할 때 파르티아인은 페르시아의 백성이자 동맹자로서 아르벨라(오늘날 이라크 북부의 아르빌-옮긴이)에서 함께 싸웠다.

알렉산더 대왕이 기원전 323년에 사망하자, 그 제국은 그의 장군들에 의해 해체 분할되어 일련의 헬레니즘 왕국들이 건설되었다. 셀레우코스 장군의 영지는 파르티아를 비롯하여 페르시아의 동쪽에 위치한 사트라프령(지방 총독의 영지)이 포함되어 있었는데, 파르티아는 아르사케스와 티리다테스 형제의 지휘 아래 기원전 247년에 반란을 일으켰다. 아르사케스는 파르티아 왕국의 첫 번째 왕이 되었고, 셀레우코스 2세로부터 가능한 한 뺏을 수 있는 영토는 모두 뺏으려고 애쓰는 한편 자신이 얻은 것을 통합하면서 치세를 보냈다. 파르티아의 초기 역사는 기원전 2세기에 파르티아 왕국이 파르티아 본국뿐 아니라 메디아, 메소포타미아, 페르시스(대략 지금의 이란 파르스 지역에 해당-옮긴이), 바빌로니아, 히르카니아(오늘날 이란의 고르간-옮긴이), 아시리아, 엘리마이스(오늘날 이란의 후제스탄 지방-옮긴이), 타포리아, 그리고 탁시아나를 포함할 때까지 주로 그리스 문화권의 셀레우코스 왕국과의 투쟁으로 이루어진다. 한마디로 말하면 파르티아 왕국은 본질적으로 이전 페르시아 제국의 영토를 포함했으며, 군사력에 있어서 로마 제국과 필적할 수 있었던 유일한 국가였다.

로마 제국은 물론 고대의 뛰어난 군사 강국으로서 신중히 고려된 전술을 가지고 싸우는 조직적이고 훈련된 군대를 보유한 국가였다. 로마군은 북쪽으로는 갈리아인과 게르만인을, 남쪽으로는 북아프리카와, 동쪽에서는 카르타고군과 알렉산더 대왕이 확립한 방식에 따라 조직된 그리스군을 상대로 싸워 승리했다.

로마군은 기본적으로 중장보병이었다. 병사들은 사단과 같은 운영단위의 레기온(군단-옮긴이)으로 조직되었고, 1개의 레기온은 다시 전술적으로 10개의 코호르트(천인대. 대대와 같은 개념-옮긴이)로 나뉘었다. 레기온은 이론상 6,000명으로 이뤄졌으나 실제로는 약 4,500명이었으며, 각 코호르트는 약 450명으로 구성되었다. 각 병사는 60개의 켄투리아(백인대. 영어로는 센투리Century. 로마군의 기본 전술부대로 오늘날의 소대 개념. 1개 코호르트는 3개의 마니풀루스(중대)로 구성되며, 1개의 마니풀루스는 2개 켄투리아로 구성됨-옮긴이) 중 1개 대隊에 속했다. 1개의 켄투리아는 명목상 100명으로 구성되었지만 사실상 그 수는 60명에서 80명 사이였다. 병사들은 켄투리온(백인대장)이라고 불리는 직업군인의 지휘를 받았는데, 켄투리온은 하사관처럼 병사에게 체형을 가할 권한을 가졌고, 경험과 끈기를 통해 그 지위를 획득했다.

당시의 가장 문명화한 군대는 그리스-마케도니아 방식에 입각하여 길이가 4.5~6미터인 창을 휘두르는 병사들이 두터운 밀집대형을 이루고 싸웠다. 선두의 몇 열은 적을 물리치거나 기병이 적의 측면을 공격할 수 있도록 적을 그대로 붙잡아두기 위해 창을 수평으로 들어 고슴도치와 같이 뚫고 들어갈 틈이 없는 가시 장벽을 만들고 진군했다. 갈리아인이나 게르만족 같은 북부 유럽의 야만족 전사들은 충격을 주어 적을 혼란시키거나 물리치기 위해 창이나 긴 칼을 들고 구보로 돌진하곤 했다. 그들 중 소수만이 말을 타고 싸움에 뛰어들었다.

초기에는 그리스인들처럼 밀집대형으로 싸웠던 로마인들은 현저히 다른 체계를 발전시켰다. 로마인들은 중장보병을 군의 기간으로 유지했지만, 그 운용방식이 전혀 달랐다. 각 레기오나리(군단병)는 사슬 갑옷[10]으로 만든 상의를 입고, 철제 투구를 썼다. 로마 병사는 스쿠툼이라고 불리는 길이가 1.2미터에 폭이 0.75미터 정도 되는 단단하고 볼록한 직사각형 방패를 휴대했는데, 이 방패는 다리를 포함해서 병사의 몸 대부분을 가렸다. 스쿠툼은 상단과 하단의 가장자리는 쇠로 만든 테두리를 두르고, 가죽이나 범포로 겉을 붙이고, 가운데에는 돌기가 있는 합판으로 만들어졌다. 방패는 밝은 색으로 칠하고 레기온의 숫자, 병사의 이름, 그리고 켄투리아의 숫자를 그 위에 그려 넣었다.

그리스의 중장보병이 창에 의존한 반면 로마 병사는 적들과 달리 검을 사용했다. 로마식 검은 길이가 60센티미터 정도로 짧았고, 그 날의 모양은 날카로운 끝으로 가면서 점점 가늘어지는 직선 형태였다. 경재(단단한 종류의 나무-옮긴이)나 뼈로 만들어진 손잡이에는 조그만 십자형 코등이와 단순하고 둥근 자루 끝이 있었다. 이 무기는 장식용이 아니라 오로지 실전용이었다. 병사들은 투기장에서 싸울 검투사들을 훈련시켰던 노련한 교사들, 즉 라니스타이Lanistae에게 검 사용법을 배웠다. 병사는 베기보다 찌르기를 사용하게끔 배웠는데, 이는 찌르기가 적에게 자신의 몸을 덜 노출시키면서 훨씬 심한 상처를 줄 수 있기 때문이었다.

병사는 필요하다면 단검도 휴대했지만, 검 다음으로 중요한 무기는 필룸(무거운 단거리 타격용 투창-옮긴이)이었다. 이 무기는 약 90센티미터 길이의 단단한 나무줄기(목제 손잡이)와 거기에 같은 길이의 연철로 만든 창날이 결합된 형태였다. 그 창 끝에는 찌르면 적의 방패에 꽂히도록 촉이 있었다. 이와 별도로 병사는 2개의 필라(가벼운 장거리용 투창-옮긴이)를 휴대해 적진으로 돌진하면서 하나씩 던지라는 지침을 받았다. 필라는 적의 방패에 고착되면 방패를 내리눌러서 무용지물로 만드는 무기였다. 게다가 촉이 있는 상부는 목표에 박힌 투창의 제거를 매우 어렵게 만들었고, 부딪힐 때의 충격으로 창 자루가 구부러져서 적이 그것을 주워 되던질 수 없었다. 투창을 던진 후 병사는 방패를 버리거나 무용지물이 된 방패를 가진 자들을 상대하게 된다. 병사는 축 늘어진 투창의 자루를 밟아서 적의 팔을 억누를 수도 있었을 것이다. 어찌되었든 로마 병사는 접근해서 짧은 검으로 적을 찔러 치명적인 상처를 입혔을 것이다. 장검을 가진 야만인은 접근전에서 현저히 불리했다. 이는 특히 그리스-마케도니아식으로 싸웠던 사람들에게는 훨씬 더 치명적이었다. 일단 로마군이 자신의 방패로 밀치거나 또는 아래로 돌진하거나, 혹은 행군하는 팔랑크스(밀집대형)에 생기는 틈을 이용하여 상대방의 창끝을 피하면, 그리스 중장보병들은 그들의 긴 창으로 아무것도 할 수 없게 되어 로마군의 짧은 검에 심각한 피해를 입게 되었다.

이런 발전과정을 거치면서 로마군은 보다 느슨한 대형으로 싸우게 되었고, 병사들이 싸움터를 가로질러 전진하면 밀집대형의 치명적인 약점인 틈이 자연히 생기기 때문에 로마군의 전열은 견고한 한 무더기, 즉 밀집대형으로 전진하지 않았다. 그 대신 로마군은 장기판대형을 전개했다. 앞 전열은 서로가 1개 코호르트가 지나갈 수 있을 정도의 간격으로 떨어진 코호르트들로 구성되었다. 두 번째 전열에서는 또 다른 코호르트가 그 간격 만큼의 뒤에서 행군했다. 두 번째 전열에 있는 간격은 그 뒤에 있는 코호르트에 의해 엄호되었다. 이를 보고 아키에스 트리플렉스, 즉 '3중의 전선'이라고 불렀다. 일단 로마군이 적과 상대할 준비가 되었다면, 앞 전열에 있는 간격들은 그들 뒤에 있는 코호르트들에 의해 메워졌고 나머지 코호르트들은 지원군을 형성했다. 로마군은 틈을 지닌 채 행군했고, 그것을 교정하곤 했다. 이는 매우 훌륭한 방식이었으며, 병사들이 기동 훈련을 얼마나 잘 받았는지를 보여준다.

측면은 경장보병에 의해 보호되었는데, 흔히 평평한 타원형 방패를 휴대하고 철제 투구를 쓰고 가죽 상의를 입고 검과 창으로 무장한 야만족들이 그 역할을 맡았다. 궁수들과 투창병들도 있었다. 이 보조군의 목적은 군단병들이 싸움에서 승리할 때까지 적의 측면 공격을 막는 것이었다. 기병은 수가 많지 않았으며 로마인들의 작은 분대거나 혹은 측면에 배치된 야만족(흔히 갈리아인이나 게르만족) 부대로 이루어졌다.

그런 군대가 원정을 갔던 모든 곳, 스페인, 북아프리카, 소아시아, 갈리아에서 승리를 했었다는 것은 당연하다. 그리고 바로 그런 군대를 거느리고 마르쿠스 크라수스는 기원전 54년에 파르티아를 향해 진격했다. 크라수스는 로마에서 가장 부자라고 알려졌는데, 그는 부동산과 정치적 불안을 틈타 강탈한 물건들로 투기를 하여 돈을 벌었다. 그는 인기가 많았고 정치적으로도 강력하여 율리우스 카이사르, 폼페이우스와 함께 최초의 삼두정치를 구성해 공화정 쇠퇴기에 로마를 통치했다. 크라수스는 부유했지만, 율리우스 카이사르의 군사적 명성과 특히 대왕으로 알려진 폼페이우스의 명성을 부러워했다. 폼페이우스는 너무 어려 원로원 의원이 될 수도 없었던 때에 로마의 원로원이 그를 위해 개선식[11]을 베풀어주는 영예를 누리기도 했다.

크라수스는 루키우스 술라의 부관으로 군사적 경험을 쌓았고, 후에 로마군을 무수히 격파하고 이탈리아의 지방을 유린한 스파르타쿠스와 그의 노예군대를 격파했다. 그럼에도 그의 승리는 노예와 농민을 상대로 얻은 승리라는 이유로, 크라수스에게 정규 개선식이 아니라 소小개선식만 베풀어졌다. 따라서 그의 나이 60세에 시리아 총독 자리를 얻었을 때, 그는 아마도 군사적 명성을 얻을 수 있는 마지막 기회로 보았을 것이다. 그러나 크라수스는 명성 대신 로마 역사상 가장 커다란 패배 중 하나를 겪는다. 카르하이(성서에도 등장하는 하란으로서 터키 울파주 발리크 강가에 위치-옮긴이) 전투의 패배는 칸나이(이탈리아 동남부에 위치-옮긴이) 전투, 트라시메네(이탈리아 최대의 호수로 중부에 위치-옮긴이) 전투, 아드리아노폴리스(오늘날 터키의 에디르네. 이스탄불 북서쪽에 위치하며 아드리아노플이라고도 함-옮긴이) 전투와 어깨를 나란히 할 만큼 커다란 패배였다. 다행히 로마는 이 악재를 견딜 만큼 충분한 여력이 있었지만, 400년 후 아드리아노폴리스 전투에서는 그렇지 않았다.

배로 시리아로 간 크라수스는 그곳을 원정의 출발지로 삼고자 했다. 로마의 동맹자인 아르메니아의 왕 아르타바스데스는 크라수스가 원한다면 수천 명의 기마병을 제공하겠다고 알렸고, 또한 파르티아의 기병대에게 적합하지 않은 구릉 지역을 통해 접근할 수 있도록 아르메니아 방향에서 파르티아 영토로 들어가라고 충고했다. 그러나 크라수스는 그 제안을 거절하고 4천 명의 경장보병과 4천 명의 기병에게 지원을 받는 7개의 군단 병력을 이끌고 진격했다. 그가 본 대로 파르티아인을 상대할 때의 어려움은 그들과 맞붙는 것 이상도 그 이하도 아니지만, 그는 그들과 바로 그 백병전을 벌일 기회를 얻기 어렵다는 것이 가장 커다란 위험임을 깨닫지 못했다.

크라수스는 유프라테스 강변의 제우그마에서 멈췄다가 강을 따라 진군했다. 폼페이우스와 이전에 가졌던 거래관계로 로마인들에게 신뢰 받고 있지만 사실은 파르티아에 포섭된 아랍인들은 로마군에게 파르티아군을 쫓아서 평원으로 진군하도록 설득했다. 그 아랍인은 로마군을 황야와 각종 험한 장소를 거쳐 모래투성이 벌판으로 이끌었고, 마침내 발리수스라는 개울에 도달했다. 크라수스의 부하 장교들은 그 개울가에서 임시로 주둔하기를 원했지만, 그는 진격을 고집했다. 그러던 중 일단의 정찰 기병들이 돌아와서, 적과 소규모 전투를 벌였는데 동료들이 살해당했다고 보고했다. 크라수스는 동요했고, 적이 가까이 있다는 사실에 놀라서 병력을 어떻게 배치할지 쉽게 결정하지 못했다. 그는 처음에는 기병을 양 날개에 두고 병력을 긴 횡대로 배치하면서, 길게 펼쳐진 대형이 적의 포위를 방해할 것이라고 기대했다. 그러더니 다시 생각한 후에 크라수스는 부하들에게 각 면이 12개의 백인대로 구성되고, 각 백인대는 자신의 기병 분대를 가지는 속이 빈 정사각형 형태를 이루도록 명령을 내렸다. 로마군은 그 대형으로 전진했다.

마침내 로마군은 파르티아의 장군 수레나스가 지휘하는 파르티아군과 조우했다. 파르티아군은 로마군의 예상보다 적은 수였지만, 그것은 수레나스가 상당수의 병력을 다른 곳에 매복시켜놓았기 때문이었다. 그렇게 등장한 파르티아군은 망토와 모피로 가렸던 갑옷을 드러냈고, 케틀드럼(반구형의 큰 북)—파르티아인이 보유했던 초원 지대의 군대 악기—을 두드리기 시작했다. 그들은 일반 파르티아인이 입는 초원 지대의 의복을 그대로 입고 있었다. 그들은 사촌관계였던 스키타이인처럼 헐거운 튜닉과 헐렁헐렁한 바지, 장화와 프리지아 모자를 착용하고 있었다. 또 그들은 스키타이족처럼 말을 타고 복합궁을 사용하여 싸웠다. 귀족들은 갑옷을 입고 무거운 창을 사용하여 싸웠다. 그들의 승리는 대부분 궁수들 덕이었지만, 귀족들도 의심할 여지 없이 인상적이었다. 실제로 창기병들은 로마군의 강력한 대형을 보고 돌격할 것인지를 다시 생각해본 다음 후퇴했다. 크라수스는 소규모 접전을 벌이도록 경장 부대를 파견했지만, 그들은 화살 공격을 받고 격퇴당해 군단병들의 보호를 받게 되었다.

그 뒤 파르티아군은 로마군을 포위했다. 그 전투를 훌륭하게 상술한 그리스 역사가 플루타르크는 파르티아군의 활쏘기에 대해 다음같이 말했다.

> 파르티아인들은 서로 넓은 간격을 두고 서서 사방에서 동시에 화살을 쏘기 시작했는데, 어떤 특정한 목표물 없이(왜냐하면 로마군의 밀집대형으로 인해 궁수는 자기가 원할지라도 적을 맞히지 못하는 일이 없었을 것이다), 그러나 크고 강력하며 구부러진 활로부터 화살을 기운차고 강력하게 쏘았다. 곧 로마군은 심각한 곤경에 처하고 말았다. 로마인들은 대열을 흐트러뜨리지 않으면 많은 병사가 부상을 당했고, 그렇다고 적과 접전을 하기 위해 간격을 좁히려 하면 아무것도 달성하지 못한 채 오히려 접근하는 만큼 고통을 겪어야 하는 상황에 처했다. 왜냐하면 파르티아인들은 후퇴하면서 활을 쏘는 작전을 구사했는데, 그들은 스키타이족 다음으로 이런 작전을 효과적으로 구사했기 때문이다. 또한 파르티아인들은 매우 현명하게 싸우면서 안전을 추구했고, 도주하는 것에 수치를 느끼지 않았다.[12]

화살에 대해 어떠한 대처도 할 수 없었던 로마군은 그것을 견디기로 작정했다. 병사들은 훈련을 받았고 갑옷을 입고 있으니, 화살 공격으로 일부 피해를 입었다 해도 결국 파르티아군은 그들의 화살을 모두 소진하게 될 것이고 실사 로마군이 파르티아군을 붙잡을 수 없더라도, 적이 최소한 로마군에게 더 이상 피해를 줄 수 없을 것이라는 계산이었다. 그러나 파르티아의 장군 수레나스에게 보충용 화살을 실은 낙타 행렬이 오고 있다는 사실이 알려졌다. 화살 세례는 끝없이 계속될 것이 분명했다.

결국 크라수스는 자신의 아들 푸블리우스를 지휘관으로 삼아 1,300명의 기병과 500명의 궁수와 8개의 백인대를 이끌고 파르티아군을 공격하도록 했다. 로마 기병이 보병을 뒤에 둔 채 앞으로 진격하자, 파르티아군은 후퇴했다. 이에 고무된 로마군은 도주하는 파르티아군을 상당히 멀리까지 추격했다. 그러나 그것은 속임수 즉, 거짓 후퇴였다. 로마군 기병대가 그들의 본대로부터 충분히 멀리 유인되자, 파르티아군은 돌아서서 혼란 상태의 로마 병사들을 포위했다. 파르티아군은 로마 병사들의 주위를 말을 타고 돌면서 구름 같은 먼지를 일으켜 로마군으로 하여금 고립감을 느끼게 만들었다. 경장기병들이 화살을 쏘는 동안, 창기병들이 적당히 거리를 두고 도사리고 있어서 로마군은 어쩔 수 없이 한데 모여 있을 수 밖에 없었다.

푸블리우스는 필사적으로 돌격을 이끌었고, 갈리아인이 대부분인 그의 기마병들은 파르티아의 창기병들과 용감하게 싸웠다. 그들은 적들의 무거운 창을 잡아 갑옷의 무게 때문에 움직임이 둔해지는 지면으로 끌어내리기도 했고, 파르티아군의 말 밑으로 기어들어가 찌르기도 했다. 그럼에도 불구하고 로마 기병대는 심한 타격을 받았고, 곧 그들 대부분은 말을 잃었다. 푸블리우스는 화살에 상처를 입어, 부하들에 의해 로마군이 방어 진지를 구축한 낮은 산으로 옮겨졌다. 언덕의 위치 덕분에 로마군은 파르티아 창기병들로부터는 어느 정도 보호받을 수 있었지만, 여전히 화살 세례를 피할 수는 없었다. 더 이상 가망이 없다고 생각한 푸블리우스와 그의 부하장교 중 일부는 자살하고 말았다.

그때 접근한 파르티아군에 의해 대부분의 로마군은 살해당했다. 푸블브리우스의 머리는 베어졌으며, 파르티아군은 평원을 지나 크라수스에게로 향했다. 그러나 푸블리우스는 죽기 전에 도움을 요청하려고 아버지에게 전령들을 보냈었다. 그들 중 한 명이 크라수스에게 도달하는 데 성공해서 구조가 필요하다는 사실을 알렸다. 곧장 크라수스가 진군했으나, 파르티아군은 그의 아들과 전투를 끝내고 돌아와 푸블리우스의 머리를 창에 꽂고 크라수스의 부대 앞에서 열을 지어 행진했다. 그 광경을 보자 로마군의 사기는 떨어졌고 크라수스의 마음은 대단히 어지러워졌다.

파르티아군은 다시 한 번 푸블리우스 부대에게 사용했던 전술 즉, 기마궁수들은 선회하면서 밀집된 병사들에게 끊임없이 활을 쏘는 반면, 창기병들은 로마군을 한데 모여 있게 하기 위해 일정 거리를 두고 대기하고 있다가 필요할 때만 전진하는 전술을 썼다. 전투는 황혼 무렵 파르티아군이 후퇴할 때까지 계속되었다. 두 명의 로마군 장교 옥타비우스와 카시우스는 어둠이 깔린 후 카르하이라는 성읍으로 물러서기로 결정했다. 크라수스는 너무 정신이 없어서 무엇 하나 제대로 결정하지 못했다. 로마군은 질서를 잃고 두려움에 떨면서 행군하여 밤중에 카르하이에 도착했다. 파르티아군은 로마군의 퇴각을 알았지만, 그들을 괴롭히지는 않았다. 그것은 아마도 파르티아군이 목표가 분명하지 않은 어둠 속에서 활을 쏘기를 원하지 않았으며, 비록 로마군이 이미 패배했지만 그들에게 바짝 접근해서 로마군이 제일 잘하는 백병전을 펼치는 것을 원하지 않았기 때문이었을 것이다. 그 대신 파르티아군은 포위 공격을 노리며, 다음 날 카르하이로 말을 몰았다. 그러나 포위 공격에 굴복하고 싶지 않았던 로마군은 차라리 근처에 위치한 아르메니아의 구릉 지대로 후퇴하기를 선택했다. 그러나 이전에 로마군을 메소포타미아의 평원으로 유인했던 파르티아의 밀정처럼 이번에 안내인으로 삼았던 안드로마쿠스라는 그리스인 또한 파르티아인과 내통하고 있었다. 그는 로마군을 성 밖으로 안내했지만, 카시우스와 옥타비우스가 화나기 직전까지 그들을 험한 지형을 통해 이리저리 이끌고 다녔다. 카시우스는 많은 병력을 거느리고 카르하이로 되돌아갔고, 옥타비우스는 다른 안내인과 함께 5천 명의 부하를 이끌고 언덕으로 갔다. 그러나 크라수스는 4개의 천인대와 소수의 기병을 이끌다가 다시금 파르티아 기병에게 공격을 받았다.

크라수스는 옥타비우스가 자신의 부하들을 이끌고 간 언덕에서 멀리 떨어져 있지 않았으며(약 4.8km), 옥타비우스는 자신의 사령관을 지원하기 위해 부대를 이끌고 적으로부터 보호받을 수 있는 언덕에서 내려왔다. 수레나스가 자신의 활에 시위를 매지 않은 채 말을 타고 접근해서 파르티아 왕이 로마인들과 강화교섭을 원한다고 알렸을 때, 크라수스와 옥타비우스는 언덕에서 또 다른 파르티아의 맹공격에 대해 막 대비하고 있었다. 크라수스는 그 회담을 위해 자신의 부대를 떠나서 파르티아인과 함께 가고 싶어 하지 않았지만, 부하들의 강요에 의해 결국 길을 나섰다. 크라수스와 옥타비우스는 파르티아인을 만나러 갔다가 살해당했는데, 이는 어쩌면 고도의 긴장과 오해의 결과 혹은 로마군의 지휘자를 제거하려는 파르티아 계략의 일부로 일어났을 것이다. 그 재난이 끝나고 나서 살아남은 나머지 로마군은 포로가 되어 파르티아 제국의 동쪽 끝 지역으로 강제 이주를 당했다. 로마군의 약 사분의 일만이 본국으로 돌아갈 수 있었는데, 이는 약 200년 전 한니발 시대 이후 겪은 미증유의 군사적 재난이었다.

특히 가장 인상적인 것은 장비를 잘 갖추고 훈련받은 전문적인 보병에 대해서까지도 기마궁술이 끼친 무서운 효과였다. 여기서 로마인들은 자신들의 장기인 적과 맞붙어 백병전을 벌일 기회를 한번도 얻지 못했다. 카르하이 전투는 초원의 전술들 즉, 멀리서 활을 쏘기, 후퇴하면서 활을 쏘기, 적을 유인하고 혼란시키기 위한 거짓 후퇴, 그리고 가능한 한 많은 기마궁수들이 표적을 갖도록 하여 궁술의 효과를 극대화하려고 펼치는 포위 등을 보여주는 완벽한 예다. 백병전에 뛰어난 로마 보병은 광활한 평원에서 펼치는 그런 전술에 대항하기에는 매우 적합하지 못했다.

한편 스키타이족과 혈연적으로 같은 계통이었던 다른 종족들은 초원 지대에 남았다. 페르시아의 왕 다리우스가 스키타이를 침공했을 때, 사우로마타이라고 알려진 종족이 페르시아인에 대항하여 스키타이를 방어하는 것을 도왔는데, 오늘날 그 종족은 사르마티아족이라고 일컬어진다. 그들은 우랄 산맥의 기슭 근처에서 기원한 것으로 추정되는, 이란어를 쓰는 또 다른 종족이었다.[13] 사르마티아족은 스키타이족과 마찬가지로 유목민이며 기마궁수였으나, 그들 중 일부는 스키타이족과 다른 전법을 발전시키면서 고립된 작은 지역을 제외하고는 점차 스키타이족을 흑해 지역 밖으로 몰아냈다.

사르마티아어는 스키타이어와 관련 깊은 한 방언이라고 생각되지만, 그럼에도 그 둘은 수많은 부족들로 나뉜 이질적인 종족이었다. 상당한 기간 동안 사르마티아족은 생활방식, 관습, 문화에서 스키타이족과 닮아 있었다. 그들은 기마궁수들이었으며, 검을 전쟁의 신을 나타내는 상징으로 숭배했다. 그러나 많은 사르마티아 여인들이 갑옷, 무기와 함께 매장된 것에서 알 수 있듯 그들은 스키타이족보다 더 호전적인 종족이었을 것이다.[14] 사르마티아족의 여성이 실제로 전투에 동원됐다고 상상하기는 어렵지만, 그리스인들이 흑해 지역에서 여성들로 이루어진 군대를 만났었다는(그리고 패배시켰다는) 기원전 5세기의 헤로도토스 보고에 더하여, 사르마티아족이 초원 지대의 스키타이 남자들과 방랑하는 아마존족의[15] 후예라는 그의 이야기는 사르마티아족 중에 여성 전사들이 실제로 존재했다는 것을 어느 정도 반영한다고 볼 수 있다.

그러나 우리의 관점에서 흥미로운 것은 사르마티아 부족들 중 일부, 특히 록솔란족, 알란족, 야지게족들이 채택한 전투방식이다. 그들은 갑옷을 입힌 말을 타고 무거운 창과 폭이 넓은 검을 사용하여 싸웠던, 갑옷과 투구를 완벽하게 갖춘 기수였다. 이 방법은 스키타이족은 물론, 그 이후 초원의 전사들 중 어느 누구와도 전투방식이 매우 달랐다. 우리가 보게 되듯이, 사르마티아족의 영향은 유럽에서 수 세기 동안 좀처럼 사라지지 않았지만, 그 방법은 초원 지대에서 두 번 다시 나타나지 않았다. 사르마티아족의 전투방식은 스키타이족과는 정반대로 충격 전투방식이었다. 그들의 장비와 방법이 파르티아의 창기병들과 닮았다는 점에서 아마도 사르마티아족은 파르티아 창기병을 모방했을 것이라고 추측된다.

사르마티아인은 갑옷으로 소매가 긴 쇠미늘 갑옷과 바지를 입어서 몸통뿐 아니라 팔과 다리도 보호했다. 각종 그림 자료를 보면 그 갑옷이 보통 비늘 모양으로 만들어졌다는 사실을 알 수 있다. 그런 종류의 갑옷은 아마 초원 지대에서 사르마티아족이 가장 먼저 사용한 것으로 생각되며(패드를 넣거나 직물로 만든 갑옷을 제외하면), 청동이나 철을 비늘 형태의 조각으로 잘라서 각 열이 그 아래의 열과 부분적으로 겹치도록 위치를 잡은 뒤 직물이나 가죽 안벽에 리벳을 박아서 만들었다. 그러므로 갑옷의 형태가 유연했는데, 이는 말 타기에서 특히 중요했다. 때로 그 갑옷은 뿔로 만든 비늘, 혹은 심지어 말발굽을 절단한 것을 부분적으로 위에 겹쳐서 만들었다. 3세기의 그리스 여행가 파우사니아스는 그런 갑옷에 대해 다음같이 기술했다.

> 사르마티아인은 암말의 발굽들을 모아 깨끗이 씻은 후, 용의 비늘을 닮을 때까지 쪼갠다. 용을 본 적이 없는 사람이라도 녹색의 전나무 방울 열매를 보지 못한 자는 없을 것이다. 물론 그들이 말발굽으로 만드는 것을 전나무 방울 열매의 쪼개진 조각에 비유하는 것은 적절하지 않을지도 모르겠다. 그들은 이 조각(파편)들에 구멍을 뚫고 말과 황소의 힘줄로 매어서 갑옷의 동부로 사용했는데, 이 갑옷은 그리스 흉부 판금 갑옷들보다 우아함이나 세기에서 떨어지지 않았다. 왜냐하면 검과 화살이 이 갑옷을 뚫을 수 없기 때문이다.[16]

사르마티아족은 깊은 인상을 남긴 사람들이었다. 그들의(아마 록솔란 부족의) 초상은 2세기 초기, 로마 황제 트라야누스가 이 야만족들과 전투를 벌인 다키아(카르파티아 산맥과 트란실바니아 지방을 일컫던 고대 지명-옮긴이) 원정을 기념해 만든 트라야누스 기념주에서 볼 수 있다. 사르마티아족은 12세기와 13세기 중세 유럽인이 사용한 투구와 다르지 않은 코 가리개가 있는 원뿔형의 금속제 투구를 썼다. 거기다 사르마티아족은 종종 자신들이 입은 것과 같은 비늘 갑옷을 말에도 입혔다.

3세기의 파우사니우스는 사르마티아인이 여전히 비늘 갑옷을 입고 있다고 말하지만, 2세기 즈음에는 많은 사르마티아인들이 로마인들이 좋아하던 사슬 갑옷(조그만 금속 고리를 촘촘히 엮어서 옷처럼 짠 갑옷-옮긴이)을 입기 시작했다. 이는 아마 로마인들로부터 배웠을 것이다. 로마인들은 이 사슬 갑옷을 켈트족으로부터 받아들였을 것이다. 로마인들이 사슬 갑옷과 관계를 맺게 된 시기는 상당히 이른 편이다. 기원전 165년 헬레니즘 시리아 왕국의 폭군 안티오코스 4세는 5천 명의 병사로 이루어진 군대에 대해 '로마식으로 사슬 갑옷의 동부로 무장했다'고 언급했다.[17] 사르마티아족은 로마군에 포함되거나 그들과 대항해서 싸웠기 때문에, 이를 통해 전수받아 사슬 갑옷을 입기 시작했다고 해도 놀랄 만한 일은 아니다. 사슬 갑옷은 비늘 갑옷보다 만들기는 어려웠지만 더 유연했다. 폴란드, 터키, 그리고 중동 지역에서 17세기까지 존속했다는 사실로 볼 때 사슬 갑옷을 만드는 어려움은 과장되어 있을지도 모른다.[18]

사르마티아족은 그리스인들에게는 콘토스로, 로마인들에게는 콘투스로 불린 무거운 창을 사용하여 싸웠다. 등자를 도입하기 전에 사용한 이 전투방법의 효과에 대해서는 상당한 논란이 있지만, 사르마티아족이 수 세기 동안 그 방법을 헌신적일 정도로 썼고 또 후에 로마군이 채택했다는 경험적인 증거로 볼 때 이 창술이 효과적이었다는 사실을 알 수 있다. 로마인들은 효과적이라고 생각하지 않은 군사적 수단을 다른 자들로부터 받아들이지 않는다. 페르시아인들도 그런 유형의 병사를 전투에 배치했는데, 이 역시 사마르티아족을 참고한 것으로 생각된다. 라틴어로 그러한 중무장 기병을 뜻하는 단어는 카타프락투스, 혹은 클리바나리우스다. 후자는 화덕을 뜻하는데, 이는 아마도 갑옷을 완전히 갖춰 입음으로써 생기는 열기와 불편함을 반영한 것으로 생각된다. 사르마티아족을 그렇게 묘사하지는 않았지만, 분명 작은 방패도 지녔다.

갑옷을 입힌 말을 단 장갑 기병들이 돌격하면 로마군 같이 훈련된 보병을 제외하고는 전장에 있는 그 누구라도 사기가 떨어졌을 것이다. 사실 말은 동요하지 않는 사람들 무리로는 돌진하지 않고 돌연히 수 미터 떨어진 곳에서 멈추는 특성이 있기 때문에, 자신감을 가진 채 딱 버티고 서 있는 훈련된 보병들은 오히려 그 점을 유리하게 이용할 수 있다. 그러나 로마인들은 자신들이 다뉴브 강에서 맞섰던 게르만족이나 다키아족 같은 훈련 받지 못한 보병들에 대해서 기병이 가질 수 있는 그러한 이점을 쉽게 알 수 있었다. 시간이 지나면서 로마인들이 그러한 병력을 자신들의 군대에 편입시킨 것은 당연하다.

한편 사르마티아족은 로마 제국 밖의 세계인 바르바리쿰(야만족들의 땅-옮긴이)에서 중요한 세력이었다. 기원전 2세기까지 그들은 흑해 연안의 초원지대를 지배하였고, 수 세기 전에 세워진 그리스 도시들로 이루어졌으며 로마 제국의 보호를 받는 보스포루스 왕국에 영향을 미치기 시작했다. 보스포루스 왕국의 귀족들은 사르마티아식으로 중무장 기병으로서 싸우고 심지어는 사르마티아식의 이름을 가지는 등 점진적으로 더욱 사르마티아화되었고, 그리스인 왕실은 2세기 중에 점차 소멸하여 사르마티아 왕실로 교체되었다. 보스포루스에서는 더 이상 그리스식이 아니라 소매가 긴 튜닉과 바지, 부드러운 신발이 유행하게 되었다. 또한 보스포루스 왕국 내의 도시 장인들이 만드는 교역 물건은 점점 사르마티아 취향으로 장식되었다. 게르만족인 고트족과 게피다이족(서로 연관된 종족이다)이 후에 북으로부터 이주하는 중에 초원 지대에 출현했을 때 그런 스타일들을 받아들여서 서유럽에 전했는데, 거기서 그것들은 초기 중세 유럽 예술의 기초가 되었다. 그러나 이 당시는 게르만족이 아니라 사르마티아족이 발칸 반도의 북쪽과 흑해 주위의 중심 세력이었다.

로마는 기원전 1세기 중에 처음으로 사르마티아족과 맞섰다. 야지게족과 폰투스의 왕 미트라다테스 4세가 동맹을 맺었고, 로마는 기원전 78년에서 76년에 걸쳐 다뉴브 강 북쪽으로 그들에 대한 징벌 원정을 펼쳤다. 사르마티아족은 6세기와 16세기에 로마 제국의 국경이었던 다뉴브 강을 건너 습격을 시도했다. 로마인들은 그들을 저지하는 데 성공했고, 야지게족은 서쪽 헝가리 평원으로 향하여 그곳에 정착했다.

로마 제국의 트라야누스 황제가 2세기 초에 다키아를 정복하기 위해 다뉴브 강을 건넜을 때, 다키아의 왕 데케발루스와 동맹을 맺은 사르마티아족은 기병을 앞세워 그에게 대항했다. 그들은 사람과 말 모두 머리에서 발끝까지 비늘 갑옷으로 가린 모습으로 로마에 남아 있는 기념주에 등장한다. 트라야누스 황제의 전임자인 도미티아누스 황제는 그보다 앞서 다뉴브 강을 건너 사르마티아족과 싸웠었다. 사르마티아족은 다뉴브 강의 국경 지방에서 압박이 증가하는 동안 로마인들이 맞서 싸워야 할 많은 위협적인 야만족들 중 하나가 될 운명이었다.

다뉴브 강을 따라 살던 마르코만니족과 다른 게르만 부족에 대한 지칠 줄 모르는 원정으로 잘 알려진 마르쿠스 아우렐리우스는 169년과 172년 혹은 173년에 사르마티아족 군대와 싸워서 승리했다. 이 중 한 전투에서 로마군의 한 부대가 일단의 야지게족을 얼어붙은 이스터 강 건너까지 추격했다. 당시의 로마인 역사가 디오 카시우스는 이 전투에 관해 다음과 같이 기록했다.

> 야지게족은 추격당하고 있다는 것을 알았지만, 적들이 얼음판에 익숙하지 않기 때문에 쉽게 이길 수 있을 것으로 예상하면서 그들이 공격하기를 기다렸다. 야만족의 말들은 이런 지표면에서도 안전하게 달리도록 훈련되었기 때문에 그들 중 일부는 적의 측면을 공격하려고 말을 타고 주위를 돌았고, 일부는 적들에게 똑바로 돌진했다. 로마군은 이를 보고도 겁을 먹지 않고 적 모두를 동시에 정면으로 대할 수 있도록 밀집대형을 짓고, 미끄러지지 않기 위해 방패를 아래에 놓고 자신의 한쪽 발을 그 위에 놓고는 적의 돌격을 받아냈다. 일부는 말고삐를, 다른 자들은 적의 방패와 창 자루를 잡고 적을 자신들 쪽으로 끌어당기며 접근전을 펼쳤는데, 이때 야만족들은 관성으로 계속해서 미끄러졌고 로마군은 야만족과 그 말들을 모두 때려 눕혔다.[19]

디오 카시우스에 따르면, 이 전투는 레슬링 시합 같은 성격을 띠었고, 이런 종류의 교전에 익숙하지 않았던 야지게족은 장비가 허술하였기에 결국 패배했다. 야지게족은 분명 갑옷을 완벽히 입었을 것이다. 그러나 로마군의 갑옷은 국가제작소에서 제조했으므로 야만족이 만든 것보다 더 튼튼했을 것이다. 여기서 사용된 포위 전술은 유목민들에게는 보편적이었고, 그 후에도 되풀이하여 몇 번이고 다시 나타나게 된다. 그러나 로마군이 입증한 대로 훈련된 보병은 기마병의 돌진에 침착하게 저항할 수 있었다. 즉 보병이 흩어지지 않으면 말들은 멈춰 설 것이고, 그러면 움직이지 못하는 기마병은 쉽게 공격당하게 된다.

사르마티아족과는 그들이 로마군에게 8,000명의 기병을 제공한다는 조건으로 서기 175년, 평화가 이루어졌다. 마르쿠스 아우렐리우스는 그들 중 5,500명을 브리튼으로 보냈고, 그곳에서 그들은 500명의 병력으로 하드리아누스 성벽을 지켰다. 이 사르마티아족 군대의 흔적들이 그곳에서 발견되었다.[20]

하드리아누스 성벽에 있는 체스터 성채에서 말의 눈이 그려진 방패와 몇몇 헝가리-사르마티아식의 구슬이 나왔다. 또한 노티티아 디그니타툼, 즉 5세기 로마의 관직명부 목록에는 모르비움 성채와 현재의 리브체스터 부근에 있던 성채에 주둔했던 사르마티아인 부대가 올라 있다. 거기에는 4세기나 5세기 초 이집트에서 복무한 사르마티아인 군대, 즉 나일 강 동쪽 연안에 위치한 테베 시에서 그리 멀지 않은 나일 강 서쪽 연안의 스케나스 만드로룸에 있는 알라 7 사르마타룸이 올라 있다.[21] 마르쿠스 아우렐리우스가 수천 명의 사르마티아인들을 브리튼으로 보낸 것으로부터 1세기 후에 사르마티아인들이 이집트에서 복무한 것은 그리 놀랄 만한 일이 아니다. 로마인들은 군인으로서의 사르마티아족 진가를 인정하게 되었고, 심지어 갈레리우스 황제(재위 293~311년)는 사르마티아족 경호원을 두기까지 했다. 중무장한 기마병은 점차 서양에 정착하게 되었는데 특히 264년과 268년 사이에 사르마티아와 페르시아의 외관에서 그들의 유용함을 깨달은 갈레리우스 황제는 로마 군대에 중무장한 기마병 숫자를 크게 늘렸다.

한편 게르만족은 북쪽에서 현재의 우크라이나 초원 지대로 내려오고 있었다. 강력한 부족은 고트족이었는데, 그들은 3세기 무렵 흑해 주변 지역으로 뻗은 초원 지대에 왕국을 세웠다. 그들의 영토는 4세기 즈음에는 로마의 속주인 모이시아(지금의 루마니아·불가리아 지역에 해당-옮긴이)와 트라키아(발칸 반도 남동부에 있는 지방)로부터 다뉴브 강 건너에 있었다. 고트족, 혹은 적어도 고트족 귀족들은 그 지역의 알란족으로부터 그들의 전투방법, 즉 갑옷을 입은 채 말을 타고 창을 사용하여 싸우는 것을 배웠다. 게다가 고트족 중에 알란족 이름이 가끔 있는 것에서 알 수 있듯 고트족은 의심할 여지없이 알란족과 섞이고 있었다.

그러나 알란족이 지닌 문제는 고트족에 의해 밀려나는 것이나 동화되는 것이 아니었다. 그들의 가장 커다란 어려움은 중앙아시아에서 서쪽으로 향하고 있던 또 다른 초원의 사람들인 훈족이었다. 훈족이라고 하면 우리는 초원의 전사가 보여주는 전형적인 화신, 기마궁수를 다시 떠올리게 된다. 훈족에 관한 로마의 자료들에서는 그들이 이미 알란족을 접수했으며 허둥지둥하는 고트족을 몰아내고 있었다는 것을 알 수 있다. 로마의 자료들은 그들을 훈족과 알란족이라고 언급하는데, 이 두 종족은 서로 다르지만 훈족이 알란족을 정복해서 전형적인 초원의 방식으로 자신들의 무리에 통합시켰을 것은 분명하다. 그러나 훈족과 알란족 중 훈족이 뛰어났다는 것은 의문의 여지가 없다. 수많은 고트족과 게피다이족이 훈족의 선풍에 말려들었고, 서쪽 다뉴브 강과 로마의 경계로 도망갈 수 있었던 자들은 보호를 받을 수 있도록 로마 제국 영내로 들어갈 수 있게 해달라고 간청했다.

고트족의 수가 굉장히 많음에도 발렌티니아누스 1세 황제(재위 364~375년)는 마지못해 허락했고, 1세기 동안 계속되어온 것처럼 그들을 다양한 로마군 부대에 배치하여 복무시킬 것으로 기대하면서 로마인들은 그들을 배에 태워서 실어 날랐다. 그러나 불행히도 담당 관리들의 학대로 고트족은 반란을 일으켰고, 376년에서 382년 사이 발칸 반도의 여러 지역을 유린했다. 고트족은 많은 인원 수 때문에 커다란 위협이 되었다. 그래서 그들을 토벌하기 위해 동로마의 발렌스 황제와 주 병력을 갈리아로부터 이끌고 온 그의 동료이자 조카인 서로마의 그라티아누스 황제가 각각 군대를 거느리고 트라키아에 집결했다.

발렌스는 378년 8월 9일 아드리아노폴리스의 외곽에서 고트족 반란군과 마주쳤다. 그는 고트족의 수가 단지 1만여 명이라는 정찰병들의 보고를 듣고, 당시 전령을 통해 전장에 곧 도착할 것이라는 소식을 전한 그라티아누스의 도움 없이 동로마 군대만으로도 쉽게 처리할 수 있다고 생각했다. 그러나 적의 숫자를 추정하기란 항상 어려운 일로, 정찰병들은 그때 실수를 저질렀다. 당시 발렌스와 대치하고 있던 고트족의 수는 추정한 것보다 두 배 이상 더 많았을 것이다.

그렇지만 고트족은 로마군의 힘에 대해 잘못된 환상을 갖지 않았고, 알라테우스와 사프락스가 지휘하는 고트족 기마군이 돌아올 때까지 시간을 벌려고 로마군과 자신들의 항복 협상을 불성실하게 질질 끌었다. 그 협상 중 로마군의 좌익이 교전을 개시하는 바람에 전투는 발렌스의 의도보다 더 빨리 시작되었다. 고트족이 바란 대로 알라테우스와 사프락스는 부하들을 거느리고 돌아왔는데 거기에는 알란족도 많이 배속되어 있었다. 그들은 로마 기병 대부분을 물리칠 수 있었으며, 그로 인해 로마 보병이 예상보다 훨씬 더 많은 숫자의 적과 싸우려면 꼭 필요했던 중요한 지원이 차단되었다.

로마군은 처참한 패배를 맛보았다. 암미아누스 마르켈리누스는 발렌스 황제가 전쟁터에서 전사했으며 로마군 중 삼분의 일만이 탈출할 수 있었다고 전한다. 황제는 란케아리, 즉 정예 보병 부대원들과 함께 죽었다고 전해지지만 그 시체는 찾을 수 없었다. 초원의 전사 사르마티아족 창기병을 본뜬 고트족 중장기병은 이 패배의 촉진제였으며, 그들은 로마 제국 멸망 후에도 싸움터에서 강력한 존재로 오랫동안 살아남았다. 고트족 중장기병은 이후 800년 동안 기사로서 서양의 싸움터에서 유일하고 유능한 군사적 행위자가 된다.

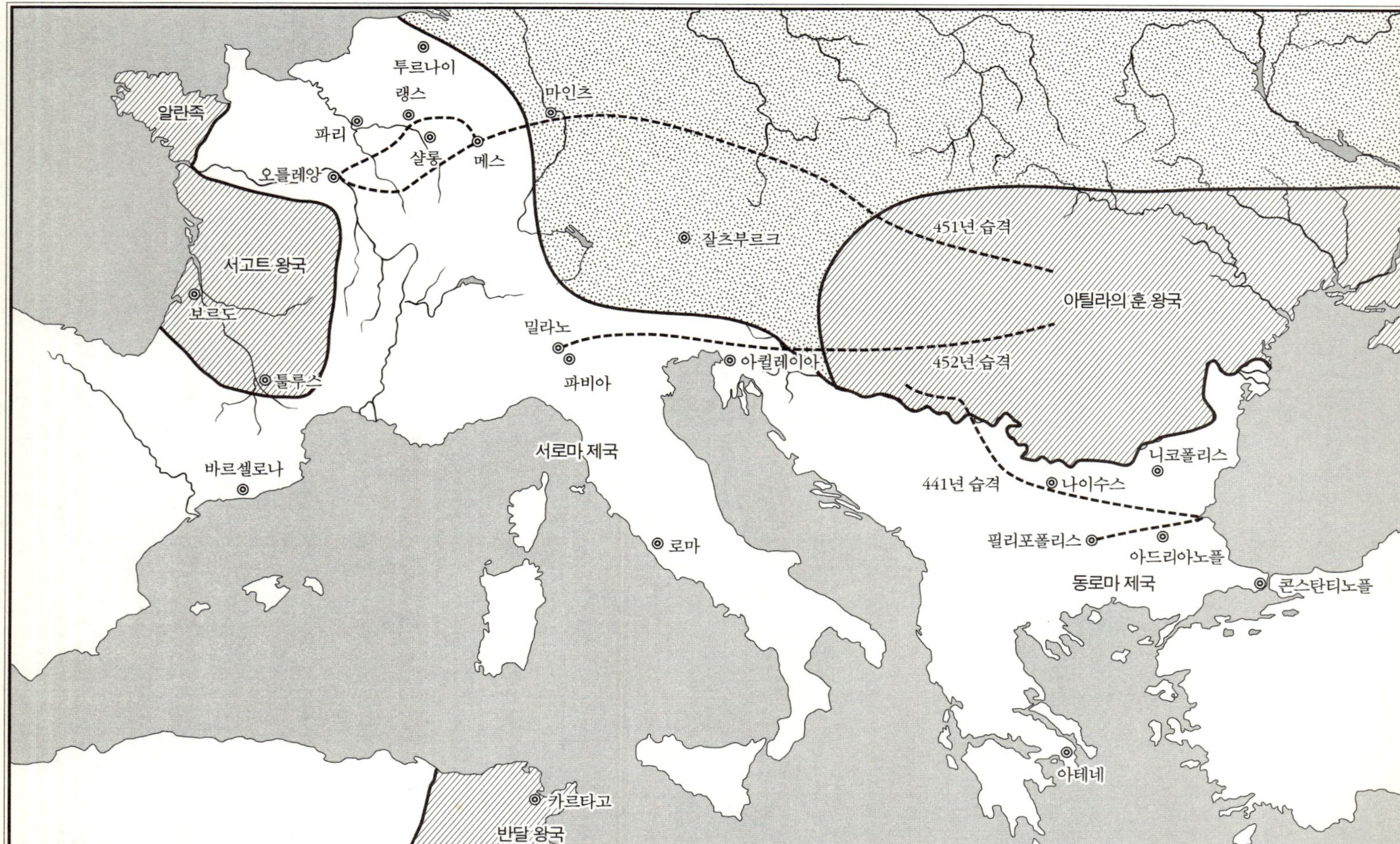

투르나이
랭스
알란족
파리
마인츠
샬롱
메스
오를레앙
잘츠부르크
451년 습격
서고트 왕국
아틸라의 훈 왕국
보르도
밀라노
파비아
아퀼레이아
452년 습격
툴루스
서로마 제국
니코폴리스
바르셀로나
441년 습격
나이수스
로마
필리포폴리스
아드리아노플
동로마 제국
콘스탄티노플
아테네
카르타고
반달 왕국

제4장

훈족

아마 몽골족을 제외하면 서양에서 훈족만큼 두려움의 대상이 되었던 초원의 민족은 없을 것이다. 로마인들은 훈족의 모습이 제국을 구성하고 있던 유럽인, 중동인, 그리고 북아프리카인들과는 너무 달랐기 때문에 그들이 과연 인간이 맞는지에 대해 논의를 했을 정도다. 역사가이며 은퇴한 군인이었던 암미아누스 마르켈리누스는 훈족에 대한 로마인들의 일반적인 견해를 다음과 같이 피력했다.

> 고대의 저술가들이 그저 피상적으로 언급했던 얼어붙은 바다 근처 아조프 해(우크라이나 남동부에 위치–옮긴이) 너머에 사는 훈족은 비정상적일 정도로 야만적이다. 그들은 태어나는 순간부터 아이들의 뺨에 깊은 상처를 만들어서, 적당한 때에 털이 날 경우 그 성장이 상처의 주름에 의해 억제되는데, 이로 인해 그들은 나이를 먹음에 따라 수염이 없는 거세된 남자처럼 추해진다. 그들은 몸통이 땅딸막하고, 사지가 튼튼하며, 목은 굵어서 정말 이루 말할 수 없이 추해 마치 다리가 두 개인 동물이거나 혹은 다리의 난간에서 보이는 그루터기를 조잡하게 조각하여 만든 형상처럼 보였다.[1]

처음으로 서양인의 눈에 비친 초원에 사는 아시아인 전사에 관한 묘사도 여기에 있다. 마르켈리누스는 그들의 전투에 관해 다음과 같이 말한다.

> 그들은 때로 적에게 일대일 결투를 신청하여 싸우기도 하지만, 그들이 전투에 참여할 때는 다양한 함성을 지르면서 무리를 지어 전진한다. 경장을 하고 움직임이 매우 민첩하기 때문에 그들은 유유히 흩어졌다가 말을 타고 무작위로 질주하면서 무시무시한 살육을 자행할 수 있었다.[2]

우리는 이제 전형적인 초원의 전사, 즉 서쪽의 초원 지대에서 스키타이족으로 예시된 기마궁수를 다시 볼 수 있다. 그런 성향은 훈족의 출현부터 그들과 많은 특성—이를테면 유목 생활, 약탈, 심지어 '자신의 허벅지와 말 등 사이에 놓아 약간 따뜻하게 한' 날고기를 좋아하는 취향까지 공유한 17세기의 크림 타타르족 같은 마지막 초원의 전사들까지 계속되었다. 마르켈리누스는 덧붙여 말한다.

> 그들은 고정된 주거나 집, 법이나 일정한 생활방식 없이 수레를 타고 피난민처럼 방랑한다. 거기서 아내는 누추한 옷을 만들고, 남편과 짝을 짓고 애들을 낳고, 애들이 사춘기가 될 때까지 기른다. 그들은 임신한 장소, 태어난 장소, 양육된 장소가 각기 다르기 때문에 그 누구도 자신이 어디 출신인지 모른다. 그들은 본래부터 신용할 수 없는 데다 이익이 있다는 풍문만 들어도 쉽게 동요하기 때문에, 그들을 상대로 휴전협정을 맺을 수 없다.[3]

마르켈리누스의 훈족에 대한 기술은 매우 가혹했다. 그 후 시간이 지나면서 로마인들은 자신들의 견해를 다소 누그러뜨렸다. 테오도시우스 황제(재위 378~395년)는 훈족이 누메리, 즉 동맹군으로서 유용하다는 것을 깨달았고, 플라비우스 스틸리코 역시 테오도시우스의 어린 자녀들을 위한 섭정과 서부 최고사령관[4]으로 종사했을 때 그랬다. 스틸리코는 훈족 경호원을 두었는데, 이렇게 훈족 경호원을 쓰는 관습은 서로마 제국이 멸망한 후에도 지속되었다. 그로부터 100년도 더 지나 6세기 동로마 제국의 위대한 사령관인 벨리사리우스는 훈족을 자신의 가병家兵으로 고용해 이탈리아, 북아프리카, 그리고 페르시아인들과의 싸움에서 그들을 사용했다. 키레네의 철학자 시네시우스는 398년, 동로마의 아르카디우스 황제에게 로마인이 아닌 기마궁수들—아마도 훈족—을 군대에서 사용하는 것을 멈추라는 권고를 담은 시론을 제출했다.[5]

훈족에 관한 이런 묘사는 보통 신뢰를 받지 못한다. 특히 훈족에 관한 일반적 견해는 그런 묘사와 완전히 다르다. 물론 약간의 이유가 있지만 서양에서 기억되는 훈족의 모습은 아틸라(재위 443 혹은 444~453년)가 폭풍처럼 지배했던 시대로, 당시 그는 최초이자 유일하게 훈족을 단일국가로 통합했었다. 그 후 아틸라는 동로마 제국과 서로마 제국 양쪽을 모두 습격했고, 갈리아와 이탈리아를 침공했다. 사실 훈족은 동맹자나 적, 모두가 될 수 있었다. 훈족은 로마인들을 위해 싸우는 용병으로 그들에게 고용될 수도 있었지만, 또한 그들을 배반할 수도 있는 기회주의자들이었다. 그러나 그 점은 유별난 것이 아니었다. 훈족은 그저 모든 초원의 종족들이 지닌 약탈과 절호의 기회를 누리는 특성을 보였을 뿐이다.

지난 세기의 역사가들은 훈족이 기원전 2세기 중국의 자료에 기록된 흉노족과 동일하다고 확신했다. '흉노'라는 이름은 '비천한 노예' 또는 '야만인'을 의미하는 말로 이를 통해 무엇보다도 그들에 대한 중국인들의 태도에 관해서 많은 것을 알 수 있다. 흉노족은 중국인에게 심각한 위협을 가했었고, 마침내 중국인들은 그들을 격파하여 후에 훈족으로서 다시 등장하지 않았다면 역사에서 사라져버렸을 장소인 서쪽 초원 지대로 몰아냈다. 현대의 역사가들은 훈족이 실제로 흉노족이었는지 확신하지 못하지만 그들의 기원은 군사적 관점에서 볼 때 그리 중요하지 않다. 훈족은 투르크어를 사용했던 듯하지만, 문자를 사용하지 않았기 때문에 그것을 확인시켜주는 자료는 아무것도 남아 있지 않고, 단지 로마의 기록에서 발견되는 그들의 이름을 통해서만 그렇게 추측할 뿐이다. 그러나 훈족은 때때로 피지배자들로부터 알란족이나 게르만족의 이름도 취했기 때문에 그 분야의 연구까지도 불확실하게 되었다.

위에서 언급한 것처럼 로마인들은 4세기에 처음으로 그들의 존재를 알게 되었으며, 당시 마르켈리누스는 '훈족은 고대 기록에서 거의 알려지지 않은 존재'라고 말했다. 실제로 훈족은 고대 기록에서 언급된 적이 없었고, 문명세계가 그들에 관해 처음 알게 되었을 때 그들은 단지 사르마티아족과 고트족을 헝가리 평원과 다뉴브 국경 남쪽으로 몰아내는 사나운 사람들이라고 막연하게 알려졌을 뿐이었다. 일부 훈족들은 강을 건너 아드리아노플 전투에서 로마의 처참한 패배가 절정에 달했었던 376년 반란에서 고트족에 합류했고, 일부는 그 전투 현장에 있었던 것으로 보인다. 훈족은 분명히 로마 제국이 고트족으로 인해 혼란에 빠진 동안 그 안에서 약탈할 기회를 포착했을 것이고, 그들이 아마 로마인이 직접 마주친 최초의 훈족이었을 것이다. 그러나 고트족의 반란과 아드리아노플 전투에 관한 기록을 남긴 역사가 암미아누스 마르켈리우스는 훈족도 알란족이 그랬듯이 고트족에 합류했다고 간단히 언급하고 있는데, 알란족에 대해서는 다시 언급하지만 훈족에 대해서는 다시 상술하지 않는 것으로 보아 거기에 참여한 훈족의 수가 많지 않았다고 추측할 수 있다.

훈족은 어떠한 사람들이었나? 유목 생활을 하며 여러 다른 무리나 부족으로 나뉜 훈족은 서쪽 우크라이나 지방으로 그들의 양 떼를 따라왔었다. 훈족의 신화에는 지나갈 수 없다고 생각했었던 습지 사이로 그들을 인도한 마법의 수사슴을 따라와서 헝가리 평원을 어떻게 발견하게 되었는지를 말해주는 이야기가 있다. 그들의 상세한 도달 과정이 어떠했든, 그들은 이리저리 옮겨다니면서 자신들이 가져온 천막에서 살았는데, 일부 천막은 황소가 끄는 바퀴 달린 수레에 실려서 운반되었다. 그들의 무덤에 관한 고고학 기록에 따르면 훈족은 주로 동양인 혈통을 지닌 사람들이었다는 것을 알 수 있는데, 개중에는 두개골의 안면편평도 측정을 통해 백인과 혼혈인 사람들도 있었다는 것이 밝혀졌다. 또한 훈족은 아이들의 두개골이 길고 좁게 자라게 기괴한 모습을 하게 머리를 묶었다(이러한 관행은 훈족에게 지배당했던 게피다이족 같은 일부 게르만족에게도 전해졌다). 훈족은 초원의 거주자들에게 흔히 있는 약탈 성향도 지니고 있었는데, 로마 제국과 접촉을 하게 되자 그런 성향은 반복해서 나타났다.

훈족이 등장했을 때 로마 제국은 이미 포위당한 국가였다. 제국은 뒤숭숭했을 뿐 아니라 한번에 한 전선에서 상대적으로 원시적인 야만족과 맞섰던 100년 또는 200년 전의 로마와는 상황이 매우 달랐다. 1세기 중 로마의 가장 위험한 국경은 라인 강이었고, 게르만족의 갈리아 침입을 방비하기 위해 6개 군단(레기온)이 그곳에 배치되었었다. 그러나 시간이 지나면서 다뉴브 강으로 형성된 국경을 따라 더 많은 압박이 가해졌다.

그 압박은 다키아족(그들의 영토가 합병될 때까지), 사르마티아족(특히 야지게족과 록솔란족), 그리고 마르코만니족과 콰디족 같은 강력한 게르만족들이 가했다. 마르쿠스 아우렐리우스 황제는 다뉴브 강을 따라 사르마티아족뿐 아니라 마르코만니와 콰디 부족과 싸우면서 대부분의 통치기간을 보냈다. 그 부족들은 이전에 로마인들이 게르마니아와 갈리아 사이의 경계를 따라 맞서야 했던 게르만족처럼 원시적이지 않았다. 그들은 되풀이해서 발칸 반도, 북부 이탈리아, 지금의 헝가리와 그리스에 위치한 로마의 속주들을 침입하려고 시도했고, 그때마다 그들과 싸우려면 막대한 자원이 필요했다. 다뉴브 강은 로마군이 징벌 원정을 위해 바르바리쿰으로 건너갈 수 있도록 요새, 군영, 성벽으로 둘러싸인 도시들과 방어공사가 된 다리들로 크게 강화되었다. 군단들은 라인 강에서 다뉴브 강으로 이동되었다. 그럼에도 압박은 증가했다.

3세기까지 로마인들은 다뉴브 강 건너에 사는 고트족의 일부인 테르빈기[6] 부족과 대치하게 되었다. 콘스탄티누스 대제는 4세기 초에 그들과 싸워 크게 승리했다. 그의 다른 괄목할 만한 군사적 승리 대부분이 다른 로마인들을 상대로 한 것이었기 때문에 그는 이 전투에 대해 커다란 자부심을 가졌다. 콘스탄티누스는 심지어 자신이 266년과 268년 사이 다뉴브 강변에 살던 고트족에 대해 원정을 실시하여 위대한 승리를 얻은 주역으로서 고티구스라는 별명을 지녔던 이전의 황제 클라우디우스 2세의 자손이라는 허위 주장을 펴기도 했다. 콘스탄티누스는 사르마티아족을 상대로 한 싸움에서도 승리하였으며 자신을 네 번이나 사르마티쿠스라고 환호하며 맞이하게 했다.

그러나 그런 야만족들에 대한 승리에도 불구하고, 로마에 대한 위협은 계속되는 황위 찬탈이라는 문제와 함께 지속되었다. 황위 승계에는 구조적으로 확립된 절차가 없었으며, 로마군은 이미 오래전에 자신들이 제위 배후의 진정한 권력이라는 것을 알아버렸다. 그 결과 군은 아주 빈번하게 새 황제를 선포하거나, 또는 그렇게 하도록 부추김을 당했다. 내전은 로마 말기 생활의 일상적인 모습이 되었으며, 3세기 말에야 채택된 해결책은 제국을 동·서로 분할하여 각각 따로 황제를 두는 것이었다. 그로 인해 황제는 어느 국경지역의 야만족이나 페르시아인들에게도 그리고 전쟁을 통해 자신의 정통성의 확립을 시도하려는 어떤 찬탈자에게도 충분히 대응할 수 있을 정도로 가까이 있다는 것을 확실하게 보일 수 있었다. 훈족이 로마 제국과 접촉했을 무렵 로마는 이미 동쪽은 콘스탄티노플을, 서쪽은 밀라노(나중에는 라벤나)를 수도로 하는 두 개의 로마로 영원히 나뉠 운명이었다.

훈족도 이때 분열되어 있었고, 심지어 아틸라 치하에서도 그의 지배를 받지 않았던 훈족이 있었다는 증거가 있다.[7] 그럼에도 훈족은 테르빈기족과 그레우퉁기족을 다뉴브 강둑으로 몰아낼 만큼 강력했고, 밀려난 그 부족들은 거기에서 로마에 피난처를 구했는데, 이는 결국 로마의 아드리아노플 재난으로 이어졌다. 훈족은 게피다이족뿐 아니라 그레우퉁기족 대부분도 흡수했다. 훈족은 이전에 알란족도 통합했었지만, 알란족은 나중에 떨어져 나가 5세기 중엽 전에 로마를 향해 서진했다. 다수의 알란족은 발칸 반도의 속주들이나 북부 이탈리아와 갈리아에 정착했고, 그들은 그곳에서 로마의 지원군으로 복무했다. 일반적으로 창과 폭이 넓은 검으로 무장하고 비늘 또는 사슬 갑옷으로 온몸을 덮고 갑옷을 입힌 말을 타고 싸웠던 알란족이 로마인들에 영향을 끼친 것은 당연했고(로마군은 이렇게 무장한 기병, 즉 카타프락티 또는 클리바나리를 전투 배치했다), 중세의 기사에서 절정에 달했던 갑주를 완전히 갖춘 기병에 대한 개념은 이렇게 계속 퍼져 나갔다.

그 놀랍고 이질적인 모습에도 불구하고 훈족은 곧 로마인들과 더욱 자주 접촉하게 되었고, 결국에는 로마 내부 정치의 특징이라고 할 수 있는 내전에 관여하게 되었다. 383년 막시무스는 갈리아에서 자신을 황제로 선포했고 서로마 제국의 합법적인 황제인 어린 발렌티니아누스 2세에게 대항했다. 발렌티니아누스 황제는 근위대장인 프랑크 바우토[8]의 보호 아래에 있었다. 발렌티니아누스에게는 별다른 병력이 없었고, 가톨릭교도였던 그의 어머니 유스티나는 정교를 믿는 신하들에 대해 종교적인 박해를 가했었다. 그 결과 발렌티니아누스의 신하들은 막시무스가 이탈리아로 진군했을 때 그에게 그다지 저항하고 싶어 하지 않았을 것이다. 오히려 발렌티니아누스의 진정한 후원자는 동로마 제국의 황제 테오도시우스였다. 테오도시우스는 훨씬 더 강력했으며, 막시무스가 이탈리아를 공격할 경우 발렌티니아누스를 지원해줄 것으로 기대할 수 있는 사람이었다. 그러나 막시무스는 막상 이탈리아를, 적어도 직접적으로는 공격하지 않았다. 그 대신에 그는 야만족인 주퉁기족이 라에티아 속주(오늘날 티롤의 대부분)를 공격하도록 교사했다.

막시무스는 주퉁기족이 계속 진군해서 알프스 산맥의 통로들을 돌파하여 이탈리아로 내려가 공격하기를 원했다. 그렇게 되면 바우토는 주퉁기족을 상대하다가 무너질 것이고, 그때 막시무스가 개입해 주퉁기족을 몰아내고 이탈리아를 구하면 서로마 제국의 황제로서 자신의 지위가 정당화될 것이라고 기대했기 때문이다. 바우토는 훈족과 알란족의 병력을 이용하여 384년, 주퉁기족을 철저히 패배시켰다. 훈족과 알란족은 그에 만족하지 않고, 막시무스의 영토를 공격하러 갈리아로 향했다.

당시의 정치적 상황은 미묘했다. 테오도시우스는 이탈리아를 방어할 준비는 되어 있었지만, 훈족과 알란족이 막시무스의 영역을 공격하면 틀림없이 일어나게 될 막시무스와의 내전을 치를 준비는 되어 있지 않았다. 바우토는 훈족과 그들의 부하인 알란족이 공격을 자제하는 것에 대해 대가를 지불해야 했지만, 그들의 진격을 중지시켰다. 당시에 벌어진 전투들에 관해 상술한 것은 물론 기술한 기록도 없지만, 훈족에 대해 이미 알려진 것으로부터 그 전투들이 말을 탄 채 활을 쏘면서 싸움의 승패가 명확해질 때까지는 좀처럼 접근하지 않으면서 적을 계속해서 휩쓸고 포위하는 기동작전들로 이루어졌다는 것을 추측할 수 있다. 그들의 알란족 부하들은 위에서 기술한 대로 중무장을 했고, 훈족을 지원하며 그들의 무거운 창과 장검을 사용하여 백병전을 펼쳤을 것이다. 이는 파르티아족이 사용했던 것과 같은, 12세기 말 몽골족이 등장할 때까지 다시 보기 힘들었던 중장기병과 경기병의 적절한 배합이었을 것이다.

3년 후에 로마인들은 그들을 다시 고용했다. 막시무스는 마침내 서로마 제국 전체를 취하는 데 성공했고, 발렌티니아누스와 그의 어머니를 이탈리아로부터 몰아냈다. 그들은 동로마 제국의 궁전으로 피신했고, 테오도시우스는 막시무스를 진압하기로 결정했다. 그러나 테오도시우스는 한 가지 문제에 직면하게 되었다. 당시 동로마 제국의 야전군은 그 대부분이 괴멸했던 처참한 아드리아노플 전투를 겪은 지 9년밖에 지나지 않았다. 시간이 지나, 테오도시우스는 많은 수의 야만족들, 주로 게르만족을 징집하여 수 세대 동안 해왔던 것처럼 그들을 정규군에 편입시켜 군을 재건하게 된다. 군에서 게르만족이 차지하는 비율은 이전보다 훨씬 더 뚜렷해졌다. 그러나 이때 테오도시우스는 그 이상의 조치를 취했다. 그는 야만족 군대 전체가 특정한 작전을 수행할 때 각 부족이 자신들의 지도자 지휘 아래 고유한 방식으로 싸우는 것을 용인했다. 그 계약은 포이두스(동맹조약)라고 불렸고, 이 포이데라티(동맹국)에는 훈족 병력도 포함되어 있었다.

387년에서 388년 사이에 이루어진 대對 막시무스 전쟁은 완전한 성공이었다. 주로 훈족, 알란족, 고트족들로 이루어진 테오도시우스의 야만군은 발칸 반도의 속주들을 지나 진격하여 오늘날의 유고슬라비아(크로아티아-옮긴이)에 위치하고 있는 시스키아(지금의 시사크)와 포에토비오(지금의 프투지) 근처에서 막시무스를 격퇴했다.

대부분의 경우에는 충성스러웠을지 모르지만, 훈족은 동시에 로마 영토를 유린할 준비가 되어 있었다. 392년, 훈족 무리들은 군에서 도망친 서고트족에 합류하여 발칸 반도의 속주들을 유린했다. 테오도시우스는 반란을 진압했지만, 394년에는 또 다른 찬탈자인 유게니우스와 싸워야 했다. 테오도시우스는 다시 한 번 주로 야만인들로 이루어진 동맹군을 모았다. 그 군대는 아르메니아인, 아랍인, 카프카스 산맥 출신의 병사들, 서고트족, 그리고 훈족과 알란족으로 구성되었다. 그 군대는 지난번처럼 승리했지만, 외인外人 병력에 의존하는 것은 위험한 조치였고, 이로 인해 서로마 제국에서는 정규 로마군의 종말이 시작되었다. 이때부터 서로마 제국은 점점 더 야전군을 연합군에 의존하게 되었고, 결국 정규 로마군은 그 중요성을 상실하고 실질적으로 사라져버리게 된다.

다음 해, 훈족은 페르시아를 침범하여 메소포타미아의 오스로에네(메소포타미아 북서쪽)까지 진격했다. 그러나 훈족의 원정은 그다지 성공적이지 못했다. 그들의 짐이 약탈품들로 가득해졌을 때 페르시아인들이 공격하여 약탈품의 대부분을 되찾아갔기 때문이다. 그럼에도 이 사건은 훈족이 얼마나 신속히 이동할 수 있었는지, 국경이라는 것이 그들에게 얼마나 의미가 없었는지를 보여준다. 그들은 다뉴브 강을 건너 로마 영토를 지나 페르시아의 심장부로 말을 타고 질주했다. 로마의 장군 스틸리코 밑에서 일하던 시인 클라우디아누스에 의하면, 훈족은 다리알 통로를 통해 카프카스 산맥을 지나 격퇴되기 전에 안티오크(터키 남동부에 위치. 현재 이름은 안타키아-옮긴이)와 에데사(지금 터키의 우르파-옮긴이), 그러고는 메소포타미아로 진격했다. 이 군사 행동은 훈족이 단 한 번의 원정에서 기동할 수 있었던 굉장한 거리—초원의 사람들이 가진 특징—를 보여준다. 결과적으로 이 갈등이 전쟁으로 발전하지는 않았지만, 바로 그 점 때문에 2년 후 로마인들은 훈족이 페르시아의 동맹자로 행동할 수도 있었던 페르시아 전쟁을 두려워하게 된다.

훈족은 어떤 종류의 장비를 사용했을까? 창뿐 아니라 물론 복합궁도 사용했다. 창의 경우 부장품에서 창끝이 어떤 모양이었는지 찾아볼 수 있으나 길이는 추측할 수밖에 없다. 무거운 사르마티아식 콘토이는 약 3미터 정도의 길이였던 것으로 추정되는데, 훈족의 창도 아마 무게는 훨씬 더 가벼웠겠지만 길이는 그 정도였을 것이다.[9] 몇몇 훈족은 검도 사용했는데, 그 검은 사르마티아족과 고트족이 좋아한 유형으로 길고 곧으며 베는 데 사용되는 검으로써 로마 기병들이 사용했던 스파타라고 불리던 검과 비슷했다. 초원의 많은 종족들처럼 훈족도 던지는 올가미를 전투 무기로 사용했다.

훈족은 방패를 지녔고, 문헌상으로는 귀족과 부자들은 갑옷도 입었다는 것을 알 수 있다. 초원에서 최초로 발견되었고 스키타이족과 사르마티아족이 널리 사용한 갑옷이 비늘 갑옷이었음으로, 훈족도 아마 그런 종류의 갑옷을 사용했을 것이다. 그러나 로마인들과의 오랜 접촉으로 필시 교역을 통해서나 혹은 로마인과 치른 전투 후의 약탈을 통해서 사슬 갑옷도 도입했을 것이다. 훈족은 투구도 썼는데, 그것은 십중팔구 고고학자들이 스팽글헬름이라고 부르는 로마 말기의 양식을 따랐을 것이다. 그 투구는 4개 내지 6개의 부품이 결합되어 이음새를 끈으로 강화한 원뿔형이었다. 투구에는 보통 커다란 뺨 가리개와 목 가리개, 그리고 코 가리개가 있었다. 그런 투구는 사산왕조 페르시아에서 유래했을 수 있으며, 3세기 말이나 4세기 초에 로마군에서 보편적으로 사용되었다. 이 투구는 야만족들이 흔히 사용했으며 유명한 서턴후Sutton Hoo 무덤에서 발견된 앵글로색슨 투구처럼 얼굴 가면의 장식이 가미된 쇠투구의 원형이었다.

갑주를 잘 입은 훈족 귀족은 쇠미늘 갑옷과 투구와 방패를 갖추었을 것이며, 활뿐 아니라 창을 지녔을 것이다. 완전하거나 불완전하게 갑주를 갖춘 평범한 훈족조차 상당히 위협적인 존재였지만, 그런 무기들과 말을 다루는 솜씨로 인해 훈족 전사는 더욱 무서운 존재가 되었다. 훈족은 점차 하나로 통합되어갔고, 그들이 조직화됨에 따라 그들의 위협은 증가하였다. 400년 무렵에는 그들 중 일부는 강력한 왕인 울딘에게 복종했다. 그가 다스린 왕국의 규모는 확실하지 않지만, 올트(알루타) 강(루마니아 중앙부를 흐르는 강-옮긴이) 동쪽으로는 루마니아 일부분과 서쪽으로는 헝가리 안의 다뉴브 강까지 틀림없이 포함했을 것이다.

다른 왕들로는 예컨대 옥타르, 문주크, 그리고 확실하진 않지만 분명 블레다와 아틸라 형제의 백부였던 루아(혹은 루글리아스) 왕이 있었다. 젊은 로마 귀족인 플라비우스 아이티우스가 훈족에게 인질로 보내진 것은 루아가 통치하던 시기였다. 아이티우스는 410년에 로마를 약탈한 고트족의 왕 알라리크의 인질로서 이미 서고트족 사이에서 산 적이 있었다. 훈족 사이에서 머무는 동안 아이티우스는 훈족을 이해하고, 궁술과 기마술을 배우고, 그들의 언어도 배우게 되었다. 그는 루아와 친구가 되었고, 아마 아틸라와도 아는 사이였을 것이다. 이 모든 것은 그의 정치 및 군사적 경력에 도움을 주게 된다.

시간이 지나 루아의 조카들이 왕의 지위를 차지하게 되었지만, 그 둘이 함께 통치하지는 않았다. 블레다가 동로마 제국과 접경하는 훈족을 다스린 반면, 아틸라는 서로마 제국의 국경을 따라 사는 훈족을 지배했다. 443년 또는 444년 무렵, 아틸라는 블레다를 살해하고 대부분의 훈족에 대한 권력을 독차지했다. 그가 다스린 왕국의 심장부는 헝가리 평원이었고, 동으로는 흑해 북쪽의 초원 지대로 뻗어 있었다. 이는 곧 훈족이 동로마와 서로마 제국을 모두 위협할 수 있었고, 실제로도 위협했었다는 것을 의미한다. 훈족에게 바쳐야 하는 공물은 시간이 지나면서 열 배로 증가했다.

훈족이 새롭게 통일되고 위협을 가했음에도 불구하고, 로마인들은 여전히 그들이 유용하다고 생각했다. 아이티우스는 서로마 제국의 궁전에서 황제의 수석자문관이자 친위대 대장의 지위에 있었을 때 동로마의 황제인 발렌티니아누스 2세가 후원하는 제위 후보자 대신 찬탈자인 요한네스를 지지했다. 아이티우스의 임무는 군사적 지지를 얻는 것으로, 그는 훈족에게 가서 그들 군대를 고용하여 임무를 수행했다. 불행히도 요한네스가 실각 처형당한 지 며칠이 지나서야 훈족 군대가 도착했다. 그렇지만 훈족 군대의 존재로 인해 합법적인 서로마 제국 황제인 어린 발렌티니아누스 3세의 어머니인 갈라 플라키디아가 지독하게 증오했음에도 아이티우스의 목숨은 보존되었다.

훈족은 아이티우스를 계속 지원했고 그는 마침내 서로마 제국의 최고사령관 지위에 오를 수 있었으며, 갈라 플라키디아의 반대에도 소년 황제인 발렌티니아누스의 섭정이 될 수 있었다. 훈족의 지원을 바탕으로 아이티우스는 발렌티니아누스가 미성년인 동안 서로마 제국을 실질적으로 통치했다.

훈족은 정치적 후원자 이상으로 귀중한 군사적 도구였다. 최고사령관으로서 아이티우스에게는 갈리아에서 부르군트족, 프랑크족, 서고트족의 세력을 억제하는 것이 대단히 중요했다. 그 게르만족들은 각기 로마와의 조약에 의해 그곳에 독립 왕국을 건설했는데, 자신들의 영토에 만족하지 않고 계속 로마를 침범하여 영토를 확장하려고 했다. 아이티우스나 그의 부관 리토리우스의 지휘를 받는 훈족은 거듭해서 그 게르만족들을 격퇴하여 그들의 멈출지 모르는 확장을 늦추었다. 서고트족만이 때때로 훈족에 효과적으로 맞설 수 있었고, 부르군트 왕국은 완전히 파괴되었으며 그 백성들은 지금의 사보이로 이주 정착했다. 아이티우스가 433년에 실각했을 때 보호를 받기 위해 훈족에게 갔다. 그러나 그들이 자신을 지원했음에도 불구하고, 결국 아이티우스는 자신이 잘 아는 훈족에 대항한 서로마 제국의 보루 역할을 하게 된다.

한편 아이티우스와 훈족의 좋은 관계는 로마에 대한 훈족의 약탈 대부분이 동로마 제국의 발칸 반도 속주들에 대한 습격에 한정되었다는 것을 의미했다. 441년 동로마 제국의 황제 테오도시우스 2세가 반달족과 페르시아인들로 인해 바쁜 동안, 아틸라는 로마가 평화의 대가인 공물을 바치는 데 일관성이 없으며 훈족의 일부 도망자들이 송환되지 않았다고 주장하면서 공격을 감행했다. 테오도시우스는 아틸라의 불평을 무시했으며, 아틸라는 다뉴브 강변의 로마 도시인 라티아리아를 점령하고 약탈했다. 훈족은 다뉴브 강을 따라서 다른 로마의 도시들 비미나키움(오늘날 코스트라크-옮긴이), 싱기두눔(오늘날 베오그라드-옮긴이), 그리고 마르구스(오늘날 포자레박-옮긴이)를 점령했다. 마르구스로 가면서 그들은 나이수스(오늘날 니슈-옮긴이)를 점령한 다음 콘스탄티노플로 진격했지만, 감히 그곳을 공격하지는 못했다. 대신 그들은 필리포폴리스(오늘날 불가리아 중남부에 위치한 플로프디프-옮긴이), 아르카디오폴리스, 그리고 아티라스의 요새를 점령했다. 그러나 아세무스 요새의 로마군 병력은 용감하게 대항해 성공적으로 방어했다.

한편 페르시아와 시실리에서 돌아온 동로마 제국 군대는 트라키아에서 아틸라와 전투를 벌였다. 그러나 로마군은 패배했고, 비싼 대가를 치르며 평화가 이루어졌다. 테오도시우스는 그 대가로 매년 공물로 바치던 350킬로그램의 금을 3배로 늘리고, 추가로 3천 킬로그램의 금을 지불하기로 합의했다. 전투 중에 인질이 된 로마군에 대해서는 한 명당 열 조각의 금을 몸값으로 치러야 석방되었고, 그렇지 않으면 훈족에게 도로 보내졌다. 그 협정은 443년에 합의되었는데, 그해 혹은 그 전해에 아틸라는 훈족의 유일한 왕이 되기 위하여 자신의 형을 죽였다.

448년 동로마 제국 외교관인 프리스쿠스가 아틸라의 궁정을 방문하여 연회에 참석했는데, 훈족을 로마 말기식으로 스키타이족이라고 언급하면서 그것을 생생하게 묘사했다.

의식이 끝났을 때 잔을 나르는 사람들은 물러갔고, 서너 명 아니 그 이상이 앉아도 될 만큼 커다란 식탁이 아틸라의 식탁 옆에 놓여서 각자 자신의 자리를 떠나지 않고도 접시 위의 음식을 먹을 수 있었다. 아틸라의 시종 하나가 고기로 가득한 접시를 가지고 먼저 들어왔고, 다른 시종들이 그 뒤를 따라 빵과 고급요리를 가지고 와서 식탁에 놓았다. 은접시에 제공되는 사치스러운 식사는 우리와 야만족 손님들을 위해 준비되었지만, 아틸라는 나무접시 위의 고기만 먹었다. 다른 모든 것에서도 역시 그는 절제하는 모습을 보였다. 손님들에게는 금잔과 은잔이 제공되었지만, 그의 잔은 목제였다. 옷차림도 단지 깨끗할 뿐 매우 단순했다. 그가 옆구리에 지닌 검과 스키타이식 신발의 걸쇠와 말고삐는 다른 스키타이인들의 것처럼 금이나 보석 혹은 다른 어떤 비싼 것으로도 장식되지 않았다.[10]

800년 후 칭기즈 칸의 태도나 의복의 검소함은 아틸라의 모습을 상기시키게 된다. 또한 후에 칭기즈 칸이 그랬듯이 훈족 왕도 자신의 목표를 성취하기 위하여 미신을 이용하는 법을 알고 있었다. 훈족 목동이 다리를 저는 어린 암소가 아주 오래된 녹슨 검을 밟았다는 것을 알았을 때 아틸라는 그것이 신성한 징조라고 선언했다. 그 검은 '마르스의 검'이었고, 정복자로서 그가 위대하다는 표시였으며, 훈족보다 앞섰던 스키타이족과 사르마티아족이 숭배했던 검을 상기시킨다.

프리스쿠스가 사절로 갔던 해에 훈족 군대는 다시 한 번 트라키아와 일리리아(발칸 반도의 북서부 지역-옮긴이) 속주를 습격했고, 그 중 한 무리는 테모필라이(아테네 북쪽-옮긴이)에 도달했다. 훈족은 다시 한 번 콘스탄티노플에 접근했고, 그 도시를 공격하지는 않았지만 근처를 황폐하게 만들었다. 다시 평화가 맺어졌지만, 이번에 아틸라는 로마인들에게 싱기두눔에서 노바이(오늘날 불가리아 스비슈토프-옮긴이)까지, 닷새 동안 가야 하는 거리에 상당할 만큼 다뉴브 강 우안을 포기하고 로마와 훈족의 영토 사이에 무인지대를 설치할 것을 요구했다. 그 무인지대의 목적은 아마 로마인들이 아무런 예고 없이 공격을 개시하지 못하게 하고, 훈족이나 다른 피지배자들이 로마 제국으로 도망치지 못하게 하기 위한 것이었을 것이다. 그러나 현실적으로 로마인들은 그 변경에서 주민을 없앨 수 없었다. 끈질긴 농부들이 몰래 되돌아갔기 때문이었다. 그러나 이는 결국 중요하지 않은 문제였다. 왜냐하면 450년 테오도시우스 2세가 사망하자마자 그의 후계자인 마르키아누스는 더 이상 훈족에게 공물을 바치는 것을 거부했고, 이것은 전쟁을 위한 보다 긴급한 구실이 되었다.

다음 해에 아틸라는 서로마 제국을 공격했다. 아틸라는 분명 트라키아와 일리리아 속주는 이전의 습격으로 너무나 피폐해져 유린할 가치가 없다고 생각했을 것이다. 그 대신 아틸라는 갈리아를 향해 서진했다. 그의 군대는 훈족과 피지배족으로서 동맹관계인 동고트족, 루기족, 헤룰리족과 게피다이족들로 이루어졌다. 게피다이족의 왕 아르다리크는 아틸라의 최측근 고문이었다.

라인 강에 도달하자 아틸라는 프랑크족 병력도 자신의 부대에 배속시켰는데, 그 이유는 예전에 그가 왕위에 관한 분쟁을 할 때 현재의 왕에게 유리하게 해결해주었기 때문이었다. 그때 왕위 계승에 실패했던 왕자는 적은 수의 프랑크족을 이끌고 로마 제국으로 도망갔었다. 4월 7일에 아틸라는 메스(프랑스 북동부 로렌 주에 위치-옮긴이)를 점령했고, 다른 많은 도시들을 점령하면서 인근을 황폐하게 만들었다.

이제 아이티우스는 훈족과 맞서야 했다. 훈족이 진격할 동안 이탈리아에 있던 아이티우스는 세일리 프랑크족, 일부 리푸아리 프랑크족, 부르군트족과 아르모리칸(서) 켈트족 등 대부분이 야만족 병력으로 이루어진 작은 군대를 모을 수 있는 한 최대한 모았다. 그러나 아이티우스의 군대는 그 무렵 오늘날의 오를레앙으로 진격하고 있던 훈족과 싸우기에는 규모가 너무 작았다. 당시 한 무리의 알란족이 그 도시 근처에 정착했었는데, 로마에 대한 명목상의 충성에도 불구하고 알란족의 왕 상기바누스는 그 도시를 아틸라에게 팔아넘길 의도를 전했다. 아이티우스는 톨로사(툴루즈. 파리 남쪽 가론 강 우안에 위치-옮긴이) 주위를 중심으로 하는 왕국을 세운 서고트족의 지원이 필요했지만, 20년 동안이나 그들과 전쟁을 벌여 서고트족 왕 알라리크의 아들 테오도리크와는 철천지원수 사이였다. 서고트족이 자신들의 왕국을 보호하기 위해 훈족과 싸워야만 하게 되었을 때, 아이티우스는 그들이 동진하여 로마 영토에서 더 이상 약탈이 일어나지 않도록 자신과 함께 싸워주기를 원했다.

아이티우스는 아비투스라는 중개자를 통해 테오도리크가 공통의 위협에 대항하여 로마인들과 협력하도록 설득했다. 테오도리크는 아틸라가 작은 규모의 적을 개별적으로 상대할 경우 결국 자신도 패배할 수 있다는 위험을 감수하기보다는 훈족에 대항하는 자신의 적과 협력하는 편이 현명하다는 것을 깨달았다. 더구나 그 무렵 아틸라의 진격 경로에 있던 마을들의 생존자로부터 무서운 보고들이 쏟아져나오고 있었다. 결국 로마인들과 서고트족은 서로의 적대관계를 잠시 멈추고 동쪽으로부터 오는 위협에 대항하여 단결하게 된다.

동맹군은 훈족보다 앞서 오를레앙에 도착하여 6월 14일, 도시의 점령을 막았다. 상기바누스 왕 휘하의 알란족은 로마군으로 징발되었다. 훈족은 후퇴하여 트리카세스(트루아. 파리 동남쪽 약 210km-옮긴이)를 향해 진군하면서 로쿠스 마우리아쿠스(프랑스 샬롱쉬르마른의 남쪽)라는 곳에서 로마와 서고트 연합군과 맞설 준비를 했다.[11] 정확한 장소는 확실치 않지만 대략 메리쉬르센(프랑스의 북동부-옮긴이)과 트루아 사이의 어느 지점이었을 것으로 생각된다. 마찬가지로 그 정확한 날짜도 알려져 있지 않지만, 일부 역사가들은 전투가 451년 6월 20일경에 일어났을 것으로 추정한다.[12]

최초의 교전은 로마와 서고트 연합군의 부르군트족 선봉과 훈족 군대의 후미 사이에서 그 전날 밤에 시작되었지만, 본격적인 전투는 다음 날에 일어났다. 테오도리크와 서고트족이 우익을 맡는 동안 아이티우스는 자신의 혼성 병력을 좌익에 정렬시켰다. 중앙은 믿을 수 없는 알란족이 맡았는데, 그것은 아이티우스가 그들이 어쩔 수 없을 경우에만 그들 자신을 위해서 싸울 것이라고 정확히 판단했기 때문이다. 아틸라는 반대편에 위치한 자신의 군대 중앙에서 알란족과 대치하고 있었다.

전장에는 양쪽 군 모두가 차지하려던 언덕이 있었는데, 꼭대기를 제외하고는 양측의 병사들이 그 일부를 점령했다. 전투가 시작되었을 때 훈족은 언덕에서 밀려났으며, 양상은 전면전으로 바뀌었다. 그 전투에 관한 상세한 기술은 없지만, 그것이 격렬했다고는 묘사되어 있다. 서고트의 왕 테오도리크가 전사했고, 싸움은 어둠이 내릴 때까지 계속되었다. 양측에서 발생한 인명 피해는 대단했으나 16만 5천 명이나 죽었다고 한 역사가 요르다네스의 말은 사실로 받아들이기 힘들다. 어느 측이든지 2만 5천~3만 명 이상의 병력을 배치했다고 생각하기는 어렵다. 그럼에도 로마 제국의 말기에 그 정도의 병력으로 대규모 군대를 구성했다는 것을 알 수 있다.

로마인들과 동맹자들이 훈족을 저지했다는 것은 주요한 성과였지만, 전투 자체는 일종의 무승부와 같았다. 싸움이 끝났을 때 아틸라는 더욱 불리한 처지에 빠졌다. 그는 방어 울타리용으로 정렬된 자신의 마차로 물러가서 새로운 공격에 대항할 준비를 했다. 아틸라는 만일 고트족과 로마인들이 그 울타리 안으로 침입하면 자신을 화장시킬 장작더미로 쓰려고 안장 위에 나무를 쌓았다고 한다. 그러나 두 번째 공격은 일어나지 않았다. 그 대신에 로마 말기의 제정정치가 작용하게 되었다.

아이티우스는 현실주의자였다. 서로마 제국은 이제 전쟁에 관해서는 거의 전적으로 야만족 연합군에 의존하게 되었다. 훈족을 저지했던 군대에도 로마 병력은 상대적으로 거의 포함되지 않았을 것이고, 그 수도 분명 아틸라에게 홀로 대항할 만큼 충분하지 않았다. 연합군은 로마인들에게 필수적이었으며, 과거에 그랬듯이 훈족은 장래에 연합군의 훌륭한 원천이 될 가능성이 있었다.

그런데 여기에 서고트 왕국이 있었다. 갈리아를 로마 영토로 보전하기 위해 20년 동안 그들과 싸웠다는 사실을 아이티우스는 잊을 수 없었다. 훈족이 패배함으로써 그들만큼 강력하지는 않더라도 균형을 맞춰야 하는 세력이 새로 등장한 것이다. 알란족 왕 상기바누스는 믿기 어렵다는 것이 근래에 입증되었다. 아이티우스는 뭐 하나 부러울 것이 없는, 칼을 던져 올리는 곡예사의 입장이 되었다. 결국 그는 훈족이 탈출하도록 내버려두겠다고 결정했다.

테오도리크의 아들 토리스문트는 아버지의 죽음에 대한 복수로 훈족 패잔병들을 공격하려고 했다. 그러나 아이티우스는, 아버지가 죽었으니 합법적인 절차를 통해 왕위를 승계하기 위해서는 톨로사로 귀환하는 것이 이익이라고 권함으로써 토리스문트가 복수하지 못하게 했다. 아이티우스는 프랑크의 왕에게도 비슷한 정치적 주장을 하여 즉시 떠나게 했다.

아틸라는 위신에 심각한 피해를 입었지만 초라해지지는 않은 상태로 갈리아를 벗어나 자신의 헝가리 영토로 귀환했다. 만약 아이티우스가 아틸라는 적절하게 징벌을 받았다고 생각했다면 그것은 잘못된 생각이었다. 이듬해 아틸라는 이탈리아 본토를 침공하기로 결정했다.

452년 여름, 아틸라는 지난해만큼 대규모 군대를 이끌고 판노니아(지금의 헝가리) 속주를 통해 알프스 산맥을 건너 이탈리아로 진격했다. 알프스 산맥의 통로를 제대로 방어했더라면 훈족의 침입을 훨씬 더 어렵게 했을 테지만 이를 게을리 한 결과 아이티우스는 기습을 당했다. 유목민인 기마병들이 산악 지역에서 효과적으로 싸울 수 없다는 점은 그 당시 사람이라면 누구라도 지적했을 만큼 당연한 것이다. 아이티우스가 아틸라의 침공을 예상하지 못했던 이유는 아틸라가 별 성과도 없이 많은 병사들을 잃었고 약탈품도 없이 퇴각했으므로 정치적으로 약화했으리라고 단순하게 판단했기 때문일 것이다.

아이티우스는 아틸라가 자신의 입장을 재고할 시간이 없이는 두 번째 전쟁을 일으킬 수 없으리라고 생각했을 것이다. 아틸라의 불안정한 상태에 대한 아이티우스의 평가는 의심할 여지없이 정확했을지 모른다. 그러나 아틸라는 모리악 평원의 전투 후에 손상된 자신의 입장을 강화하기 위해 곧바로 또 다른 전쟁을 일으키기로 결정했을 수도 있다. 어쩌면 곧 전쟁을 일으키도록 귀족들로부터 간접적인 압력을 받았을지도 모른다. 그 추측은 일반적으로 유목민들이 여름보다 말들이 여름 내내 풀을 뜯어 먹고 토실해지며 강이 얼어 건너기 쉬운 겨울에 행동하기를 선호함에도 새로운 전쟁을 여름에 시작했다는 사실에서 어느 정도 타당성을 얻는다.

출정하기로 결정한 후 아틸라는 기습이 가지는 이점을 믿고 신속하게 군대를 동원해 로마인들이 깨닫기도 전에 이미 진격하고 있었다. 초원의 군대가 지닌 천부적 이점을 보여주는 보다 근대적인 예는 16세기와 17세기의 크림 타타르족이다. 유목 생활을 하는 이 몽골족의 후계자들은 정주민 국가가 군대를 정렬시키는 데 필요로 하는 시간보다 훨씬 적은 2주에서 4주 안에 폴란드인과 러시아인들을 상대로 싸울 군대를 전투에 배치할 수 있었다.[13] 훈족도 분명 그처럼 로마인들이 통로를 방어할 필요성을 깨닫기도 전에 알프스 산맥을 넘고 있었을 것이다.

훈족은 북부 이탈리아로 휘몰아쳐 들어갔고, 아퀼레이아(지금의 베니스 근처)를 점령하여 철저히 파괴했다. 백 년이 지난 후에야 파괴의 흔적이 거의 사라질 정도였다. 그들은 베로나(이탈리아 북부에 위치-옮긴이)와 비켄티아(비센차)를 점령하지는 못했지만, 티키눔(파비아)과 메디오라눔(밀라노)에서는 확실히 공물을 거두었다. 포 강을 건너 심지어 로마까지 점령하는 아틸라의 남진을 막는 것은 아무것도 없었다. 아이티우스는 훈족의 진격을 막는데 필요한 병력을 이탈리아 내부에 가지고 있지 않았기 때문에 처음에는 발렌티니아누스 황제에게 이탈리아에서 달아나라고 권했다. 그러나 아이티우스는 마음을 바꾸었고, 황제는 육중한 벽과 습지로 둘러싸인 제국의 수도 라벤나의 피난처로 거처를 옮겼다.

그 대신에 로마의 신부인 레오, 원로원 의원인 아비에누스와 트리게티우스를 포함한 사절이 아틸라에게 파견되었다. 민간 설화에서는 사도 베드로와 사도 바울이 레오를 동행하여 아틸라에게 겁을 주어 로마 진격을 포기하게 했다는 이야기가 전해진다. 게다가 이탈리아에는 기근이 들었고, 훈족 사이에 전염병이 발생했다. 한편 협상 중에 동로마 제국의 황제인 마르키아누스가 서로마 제국을 지원하는 병력을 상륙시켰다. 아마도 이런 이유 때문에 아틸라는 이탈리아에서 물러났을 것이다. 베리가 아주 적절히 지적한 대로 '이 이교도 왕이 교회의 비난이나 설득에 신경을 썼을 것이라고 생각하는 것은 이치에 맞지 않는다.'[14]

아틸라는 이탈리아 원정 후 오래 살지 못했다. 그는 다시 결혼하기로 마음을 먹었는데, 453년 게르만 여자인 일디코와 결혼식을 치른 날 밤중에 사망했다. 일디코가 그를 살해했다는 의견도 있지만, 사망 원인은 술이 잔뜩 취해서였거나 동맥 파열이었을 것으로 추측된다. 원인이 무엇이었든, 그가 죽자마자 정치조직으로서의 훈족은 진정한 초원의 방식으로 해체되었다. 아틸라의 아들들은 왕국을 자신들끼리 분할하고 다양한 피지배인들을 나누려고 했지만, 부족들이 반란을 일으켰다. 게피다이족의 왕이며 이전에 아틸라의 고문이었던 아르다리크의 지도 아래 게르만족은 454년 판노니아에 있는 네다오 강변 전투에서 훈족을 격파했다.

통일된 국가로서 훈족은 멸망했으며, 비록 역사에서 아주 사라지지는 않았지만 중심 무대로부터 떨어졌다. 그러나 보다 많은 다른 종족들과 동화를 통해 사라져버린 7세기 무렵까지 그들은 동로마 제국을 위해 병사들을 공급했다. 또한 훈족은 동로마 제국의 군대에 그들에 대한 기억 이상의 것, 즉 그들의 전술과 기마궁술을 남겼다. 6세기의 역사가 프로코피우스는 당시의 군대에 관해 다음과 같이 기술했다.

> 현재의 궁수는 허리에 두르는 갑옷을 입고 무릎까지 내려온 갑옷의 정강이 가리개를 차고 전투에 나간다. 오른쪽에는 화살이, 왼쪽에는 검이 걸려있다. 그리고 이것들 외에 창을 지니고, 어깨에는 얼굴과 목 부위를 가리기 위해 손잡이가 있는 일종의 작은 방패를 휴대하는 자들도 일부 있다. 그들은 능숙한 기수다. 전속력으

> 로 말을 타면서도 활을 어느 쪽으로든 쉽게 겨냥해 추적하거나 도망치는 어떤 경우라도 적에게 활을 쏠 수 있다. 그들은 화살이 가는 방향에 있는 누구라도 죽일 정도의 기세로 활시위를 이마를 지나 오른쪽 귀의 바깥쪽 가까이 끌어당기는데, 방패와 갑옷 어느 것도 그 세기를 당해낼 힘이 없다.[15]

동로마 제국의 군대는 보다 무장이 잘된 훈족들과 거의 같은 방식으로 장비를 갖추는 것으로 훈족에게 경의를 표했다. 동로마 제국의 장군 벨리사리우스는 그러한 병사들로 이루어진 소규모 부대를 거느리고(그리고 동맹군 훈족과 함께) 페르시아인들을 격퇴했고, 반달 왕국을 멸망시켜서 백 년 동안 잃어버렸던 북아프리카를 제국에 돌려주었으며, 고트족에게 빼앗긴 이탈리아 땅의 대부분을 다시 회복했다. 동로마 제국 사람들은 초원의 사람들에게 기마궁수로서 싸우는 법을 배웠고, 그 기술 연마를 통해 수 세대에 걸쳐서 자신들의 적들에 대항해 버틸 수 있었다.

제5장

아바르족, 불가르족, 마자르족

훈족이 해체되자 예고라도 한 듯이 유라시아 초원 지대로부터 이동해온 일련의 다른 유목 민족들이 그 자리를 차지했다. 중부 유럽, 특히 헝가리 평원은 언제나 자석과도 같이 동쪽에서 오는 유목민들을 끌어당겼고, 훈족의 뒤를 이은 첫 번째 유목민은 아바르족이었다. 아바르족은 바르족과 훈니족 두 무리가 결합한 것으로 생각된다. 아바르족은 일반적으로 몽골족으로 간주되지만, 훈니족은 훈족 계통이었을 것이다.

동로마 제국 사람들은 아바르족이 훈족과 거의 같다고 생각했다. 아바르족 또한 초원 지대 출신의 유목 기마궁수들이었으며, 종교로는 샤머니즘을 믿었다. 그들은 머리 모양을 훈족과 다르게 뒷머리를 두 가닥으로 땋아 내렸으나 그 이외의 점에서는 훈족과 매우 흡사해, 동로마 제국 사람들과 프랑크족은 아바르족을 흔히 훈족이라고 불렀다. 동로마 제국의 황제 마우리키우스(재위 582~602년)는 황제가 되기 전에 군에서 복무했던 경험을 살려 쓴 군사 논문 『전술학Strategikon』에서 보다 명확하게 아바르족과 다른 유목민들은 훈족과 같은 방식으로 살았으며 실제로 '한 종족'이나 다름없다고 밝히고 있다.[1]

동로마 제국 사람들이 최초로 아바르족에 대해 알게 되었을 때 그들은 아직 헝가리에 해당하는 로마의 판노니아 속주로 이동하지 않고, 여전히 초원 지대에 머물고 있었다. 유스티니아누스 1세의 치세 말엽인 557년, 아바르족은 동로마에 공물과 땅을 요구하기 위해 콘스탄티노플에 칸디흐를 사절로 보냈다. 유스티니아누스는 아바르족에게 아조프 해의 북서쪽에 살았던 훈족의 두 부족—쿠트리구르족과 우투르구르족—을 공격하도록 설득했다. 아바르족은 협력적으로 그렇게 했고, 초원의 투르크-몽골 전통에 따라 그 두 부족을 자신의 무리에 흡수했다.

그다음 아바르족은 유럽으로 서진하면서 자신들 앞에 있는 훈족 무리들을 밀어내고, 북쪽으로는 슬라브족에 대해 원정을 감행했다. 그 종족들을 패배시킨 후 아바르족은 561년, 아우스트라시아의 왕 지게베르트에게 저지당할 때까지 게르만족에게 관심을 돌렸다. 그 후 얼마 지나지 않아 565년, 바얀이 카간 즉, 위대한 칸으로서 아바르족 왕위에 올랐다. 이후 초원의 종족들 사이에서 계속해서 사용되는 '카간'이라는 용어는 아바르족이 처음으로 사용한 것이다. 바얀은 지도자들 중에서 가장 위대했으며, 롬바르드족과 동맹을 맺어서 게피다이족을 파멸시키려고 했다. 그 후 아바르족은 판노니아에 정착했는데, 그 지역에는 이미 쿠트리구르 훈족 계통으로 생각되는 불가르족이 거주하고 있었다. 불가르족은 아바르족에 의해 베사라비아(오늘날의 몰도바)와 왈라치아(남쪽으로)로 쫓겨났다가, 백 년 후 마자르족에 의해 다시 그곳에서 쫓겨나 마침내 이전의 로마 속주인 모이시아에 정착해 거기서 불가리아 왕국을 건설하게 된다.

아바르족은 백 년 전에 아틸라가 수도로 삼았던 곳 근처에 본거지를 정하고 그곳을 요새화했다. 아바르족의 본거지는 링이라고 불렸다. 판노니아에 안정적으로 정착한 다음 바얀은 지게베르트의 프랑크족과 다시 싸워 570년, 그들을 패배시켰다. 12년 후, 바얀은 동로마 제국의 영토를 공격하여 사바강변(유럽 중남부를 흐르는 강-옮긴이)의 시르미움을 점령했다. 바얀은 동로마 제국에 대한 원정을 더욱 확대해 587년 아드리아노플 근처에서 패배할 때까지 싱기두눔(베오그라드)을 점령하고, 모이시아를 유린했다. 동로마 제국의 사람들에게는 분명 5세기의 훈족이 공격을 재개한 것처럼 보였을 것이다.

아바르족은 그 후에도 공격을 계속했다. 그들은 안키알루스를 점령하고 트라키아를 황폐화시키다가 마침내 동로마 제국의 장군 프리스쿠스에 의해 저지당했다. 프리스쿠스는 전쟁을 아바르족 왕국으로 확대했다.

동로마 제국의 군대는 그 전쟁을 치를 준비가 잘되어 있었다. 동로마 제국의 기병대는 4세기와 5세기 동안 훈족과 싸우는 한편 연합군으로 그들을 고용했었던 결과 그들과 비슷한 전법을 구사하게 되었으며, 그들이 구비한 장비 또한 야만족들 사이에서는 오직 귀족들만이 갖출 수 있던 수준의 갑주들로 비교적 수준이 높았다. 병사 개개인은 사슬 갑옷(쇠고리를 연결한 형태의 갑옷-옮긴이)이나 비늘 갑옷(미늘 갑옷이라고도 하며 부드러운 가죽위에 금속조각을 물고기 비늘 모양으로 붙인 갑옷-옮긴이)을 입었으며, 초원 지대로부터 물려받은 유산인 라멜라 갑옷(금속판을 가죽위에 붙여 만든 갑옷-옮긴이) 또한 사용되었다. 그들은 철제 투구를 썼고 방패도 휴대했으며, 장교나 전열에 위치하는 병사는 말의 머리와 가슴을 보호하기 위해 마갑을 입혔다. 그렇게 중무장한 동로마 기병대는 충격 전투에 적합했고, 무거운 창과 폭이 넓은 검을 사용하여 싸울 수 있었다. 더욱이 동로마 기병대는 복합궁으로 무장하고 초원의 전사처럼 말을 타고 사용할 수 있도록 훈련을 받았다. 그렇게 충격전이든 투사전이든 어떤 전투도 충분히 수행할 수 있는 능력을 지닌 동로마 제국의 기마병은 당대 최고의 기병이 되었다. 동로마 제국은 두 가지 이점을 가지고 있었는데, 유목 전사들을 상대한 경험과 마우리키우스의 전술학 같은 군사 교본에 성문화된 제도적인 전투방법이 그것이었다. 마우리키우스는 그 저술에 다음과 같이 쓰고 있다.

> 스키타이족의 국가들은 그들의 생활방식과 조직을 살펴보면 하나의 국가지만, 내부적으로는 원시적이며 많은 종족들을 포함하고 있다. 그 종족들 중에서 오직 부

르크족과 아바르족만이 군사조직에 관심이 있었고, 그로 인해 정규 전투를 벌이는 데 있어서 그들이 다른 스키타이족 국가들보다 더 강하다. 투르크족의 국가는 매우 많고 독립적이며, 아바르족은 사악하고 교활하며 군사적 문제에 매우 노련하다.[2]

마우리키우스는 모든 초원의 유목민들이 그 부족이나 기원이 어떻든 본질적으로 같으며, 또한 비슷한 군사적 특성을 드러낸다는 점을 알고 있었다. 마우리키우스는 자신의 부하 장교들을 위해 암미아누스가 훈족의 전술들에 관해 상술한 것을 생각나게 하는 어구들로 아바르족에 대해 다음과 같이 기술했다.

전투에서 아바르족은 로마인이나 페르시아인들처럼 전선을 세 부분으로 만들지 않고, 일정치 않은 규모의 몇 개 부대가 하나의 긴 전열같이 보이도록 밀접하게 집결한다. 그들은 주 대형에서 떨어진 곳에 위치한 부주의한 적을 기습하거나 그들의 본대 뒤쪽 가까이 대기할 수 있는 추가 병력을 가지고 있으며, 전열의 오른쪽이나 왼쪽으로 1.6킬로미터 내지 3.2킬로미터 가량 떨어진 거리에 위치하여 적절하게 보호를 받는 병참 부대를 가졌다. 그들은 종종 여분의 말들을 보호하기 위한 형태로 전선의 후미에 함께 묶어두었다. 그들은 상황에 따라서 대오의 열 길이를 조정했으나, 보다 길게 만드는 경향이 있고, 전선을 균일하고 조밀하게 만든다. 그들은 원거리 공격, 매복, 포위, 거짓 후퇴와 돌발적인 재공격, 산개한 무리들로 'V'자형 대형을 이루어 싸우는 것을 선호한다. 적들이 도망칠 경우 그들은 페르시아인이나 로마인, 또 다른 사람들처럼 어느 정도 추적하여 물건을 약탈하는 것에 만족하지 않고, 다른 모든 것을 제쳐둔 채 적을 완벽히 괴멸시킬 때까지 가능한 모든 수단을 강구한다.[3]

마우리키우스는 또한 아바르족은 유목민들이기 때문에 궁핍함과 가혹한 조건을 용이하게 참을 수 있는 자질, 즉 병사에게 요구되는 가장 유용한 자질을 가지고 있었다고 말했다. 그는 또 아바르족은 미신을 믿고, 신뢰할 수 없고 탐욕스럽다고 했으며, '그들은 적을 이길 때 힘보다는 속임수, 기습, 그리고 보급 차단을 통해 이기기를 선호한다.'고 말했다.[4] 이 점은 정주민들이 유목민들과 마주칠 때마다 오랜 세월 반복해서 언급된다.

아바르족의 장비에 관해 살펴보면, 그들은 쇠미늘 갑옷을 입었으며 활 이외에 무거운 창도 사용했다. 마우리키우스에 의하면 그들은 활 쏘는 연습에 특히 주의를 기울였다고 한다. 게다가 아바르족에게는 그들이 서양에 전한 것으로 생각되는 독특한 장치가 있었다. 바로 등자였다. 이 유목민들과 접촉한 뒤 오래지 않아서 동로마 제국의 군대가 등자를 받아들였고, 프랑크족과 나머지 유럽인들도 뒤따라 받아들였다.

등자의 가치에 관해서는 항상 여러 가지 이견이 있어 왔다. 등자가 중세 시대의 가장 괄목할 만한 발전 중 하나라고 주장하는 사람이 있는 반면, 어떤 사람들은 중요하지만 그것으로 인해 근본적으로 기수들이 유리해지지는 않았다고 주장하기도 한다. 그러나 모든 것을 고려하면 후자가 보다 나은 견해인 것 같다.

기수, 특히 거치적거리는 무거운 갑주를 걸쳤던 자는 등자 덕분에 안정성을 확보하는 커다란 이득을 얻을 수 있었다. 그러나 훌륭한 기수라면 누구나 그 기술과 말을 죌 수 있게 해주는 발달된 다리 근육으로 등자 없이도 말을 충분히 잘 탈 수 있다는 점이 곧 지적된다. 더욱이 등자를 사용하면 안정성이 증가한다는 장점이 있지만, 사르마티아족과 일부 페르시아인들은 등자를 사용하지 않은 채 갑주를 완전히 갖추고 말에 타서 무거운 창을 사용하여 싸웠으며, 또 경험적 증거를 통해서 이것이 가능하다는 것을 알 수 있다. 사르마티아족과 파르티아족은 적을 칠 때 생기는 충격의 일부를 그 창의 질량이 흡수하도록 무거운 창을 사용했던 것으로 생각된다. 또 그런 이유로 한쪽 손이나 양쪽 손에 창을 상당히 느슨하게 쥐고 있었을 것이다. 즉, 기수에게 충격이 덜 전달될수록 자신의 타격으로 인한 반동으로 기수가 쓰러질 가능성은 더 적었다.

이런 문제는 물론 등자로 인해 상당히 해결되었으며, 시간이 지나자 웅크린 자세로 창을 사용하게 되었다. 이 때 기수는 창을 오른손에 쥐고 동시에 접혀진 팔 아래, 실제로는 겨드랑이에 낀다. 이렇게 두 곳에 고정함으로써 창은 기수에게 상당히 견고히 고정되었고, 이와 더불어 등자를 사용함에 따라 기수는 단순히 자신의 팔 힘뿐만이 아니라 자신이 타고 돌진하는 말의 모든 힘을 사용하여 적을 공격할 수 있게 되었다. 목표물과 접촉했을 때 등자는 기수가 말 엉덩이 뒤로 밀려나지 않고 자리에 앉은 채 있을 수 있도록 도와주었다. 이런 면에서 보면 등자는 특히 주로 웅크린 자세로 창을 가지고 돌진했던 기사의 전투에서 대단히 중요했다.

그럼에도 등자가 소개된 후에도 한동안은 기사들이 웅크리고 창을 잡는 자세를 전적으로 받아들이지 않았다는 증거가 있다. 1066년 노르만족이 영국을 침입한 후 몇 년 뒤 노르만족 여인들이 수를 놓아 만든 바이외태피스트리에는 여전히 한 손으로 창을 잡고서 아래로 일격을 가하거나 또는 한 손으로 창을 잡고 그것을 옆으로부터 내뻗어 사용하는 기사들의 모습이 담겨 있다. 그런 기량들이 등자가 소개된 후에도 분명 수 세기 동안 지속적으로 사용되었으며, 또 갑옷을 입은 기마병들이 수 세대 동안 등자 없이 싸웠다는 사실을 볼 때 등자는 분명히 중요했지만 종종 주장되는 것만큼 결정적으로 혁신적인 기술은 아니었을지도 모른다. 등자는 기마궁수에게도 중요했으나 창기병보다는 덜 중요했다. 왜냐하면 기마궁수는 활에 의존했기 때문에 창기병보다 자연히 말에 더 안전하게 앉을 수 있었으며, 등자를 이용했다고 해도 그들은 자신의 몸무게가 말에게 주는 부담을 줄이려고 등자의 끈을 짧게 하여 사용했기 때문이다.

아바르족이 동로마 제국의 기병에 미친 다른 영향들로는 기병들에게 짧은 아바르식 튜닉을 지급한 점과 아바르식 창을 사용한 점을 들 수 있다. 아바르식 창이 그 이전에 사용하던 창과 어떤 점에서 달랐는지는 창머리 뒤에 길고 좁은 삼각기를 달고, 굳게 잡을 수 있도록 창자루를 따라 손목 끈이 달렸다는 것을 제외하고는 설명할 수 없다. 손목 끈에서 알 수 있듯이, 아마 그 창은 콘토스보다 더 가볍고 보다 정교하게 사용할 수 있었을 것이다. 어쨌든 유스티니아누스 황제의 군대에서 명백하게 드러나는 초원의 종족 영향은 아바르의 색조를 엷게 띠었지만 그의 후계자들이 통치하는 중에도 계속되었다.

유목민들의 영향을 강하게 받은 동로마 제국의 기병은 기동 전술의 틀 안에서 활을 쏠 수 있었고, 기회가 생기면 돌진해서 자신들에게 보다 일반적으로 보급된 더 무거운 무기를 사용하여 적을 쓰러뜨릴 수 있었다. 보병 혹은 고트족이나 프랑크족과 같은 중장기병을 상대로 싸울 경우, 그들은 적과 직접 창이나 검을 맞부딪히기보다는 주로 활을 사용하여 싸웠다.

프리스쿠스가 아바르족에 대한 원정에서 어떠한 전술을 썼는지 상세히 알 수는 없지만, 그 원정은 동로마 제국의 군대가 아바르족을 막다른 궁지로 몰기까지 소규모의 충돌, 매복 공격, 그리고 추적으로 이루어졌을 것이다. 601년, 프리스쿠스는 마침내 티소 강(도나우 강 중류의 주요 지류) 가에서 벌어진 전투에서 아바르족을 격파했다. 그 전투에서 바얀의 네 아들도 전사했다. 프리스쿠스는 그로부터 일 년 후 사망했다. 아바르족의 활동은 오직 이탈리아로 한정되었지만 그 후에도 계속되었고, 610년에는 프리울리(이탈리아 북동부 지방)를 약탈했다.

그러나 몇 년이 지나지 않아 아바르족은 다시 한 번 동로마 제국과 교전을 벌였고, 619년에는 트라키아에서 벌인 협상 중에 헤라클리우스 황제를 직접 공격하는 데까지 이르렀다. 헤라클리우스는 탈출했으며, 아바르족은 콘스탄티노플을 공격했지만 성공하지는 못했다. 수년 후 626년, 페르시아의 왕 호스로우 2세와 협력하여 콘스탄티노플을 포위했을 때 아바르족은 다시 한 번 기회를 잡았다. 페르시아인들은 보스포루스 해협 건너편에 자리 잡은 반면, 아바르족은 유럽 쪽에 진지를 구축했다. 그러나 콘스탄티노플은 아무리 강하게 포위 공격을 해도 쉽게 정복되지 않았다.

콘스탄티노플은 일명 '새 로마'로 4세기에 콘스탄티누스 황제가 방어를 염두에 두고 건설한 도시였다. 그는 수도를 유럽과 아시아 사이의 해협인 보스포루스 해협의 만곡부인 황금곶에 있는 조그만 도시, 비잔티움에 건설했다. 이 도시는 해협의 만곡부에 건설되었기 때문에 그곳에 실질적으로 접근할 수 있는 곳은 서쪽으로부터 보스포루스 해협으로 뻗어있는 육지의 잘록한 부분이 유일했다. 그러나 콘스탄티노플의 육지 쪽은 세 개의 성벽 체계로 단단하게 보호되었다. 세 개의 성은 각 성이 앞의 성보다 높아서, 필요하다면 방어자들이 두 번째 방어선으로 후퇴하여 앞에 있는 성 아래로 활을 쏠 수 있었다. 그 정교한 방어 체계는 어떤 것도 필적할 수 없었으며, 공성술을 알지 못하는 야만족에게는 속수무책으로 도저히 무엇인가를 해볼 방법이 없었다. 이 성벽들은 1453년, 오스만 제국이 보유한 거대한 대포의 포격으로 부서질 때까지 한번도 공략되지 않았다. 또한 바다 쪽을 따라서도 성벽이 있어서 배를 동원한 해상에서도 공격하기 어려웠으며, 항구에는 배의 통행을 막기 위해 커다란 쇠사슬이 수장되어 있었다. 동로마 제국의 함대는 포위 공격을 당하는 중에도 보스포루스 해협에서 자유로이 작전을 펴서 아바르족과 페르시아인의 협력을 방해했다.

626년 7월 31일에서 8월 4일까지 닷새 동안 아바르족은 이 도시에 공격을 퍼부었으나 무참한 패배를 맛보았다. 그 후 아바르족의 칸은 너무나 많은 인명 피해를 입었다고 판단해 군영을 해체한 뒤 고향으로 향했다.

아바르족은 자신들이 우세했던 이 기간 동안 이웃한 불가르족을 복속시켰었다. 그러나 634년 이후 그들은 더 이상 불가르족을 통제할 수 없었고, 불가르족은 자기들 마음대로 행동하기 시작했다. 따라서 아바르족은 비록 여전히 만만한 존재는 아니었지만, 더 이상 그렇게 강력하지는 않았다. 프랑크족은 아바르족과 벌인 싸움이 작센족과의 싸움 다음으로 가장 중요하다고 판단했다.

샤를마뉴가 통치하던 시기에 아바르족은 프랑크 왕국을 수없이 침공했다. 788년 이탈리아에서 전투가 세 번 벌어졌는데, 그해에 아바르족이 확실하게 격퇴될 수 있도록 샤를마뉴의 감독 하에 바바리아 국경이 조직적으로 강화되었다. 790년, 아바르족은 엔스 강(오늘날 오스트리아 중부에 위치)을 따라 있는 프랑크족의 경계에 대해 트집을 잡으려고 아헨(독일 북서부에 위치-옮긴이)에 있는 샤를마뉴의 궁전에 사절들을 보냈다. 그리고 이듬해, 이 분쟁은 전쟁으로 확대되고 말았다.

샤를마뉴의 군대는 훈족을 본떠서 구성되지는 않았다. 그럼에도 그 군대에는 초원의 영향이 보였다. 그가 거느린 군대의 주력은 창과 검을 사용하며, 고트족과 사르마티아족을 생각나게 하는 중기병인 기사였다. 전통적인 프랑크족 보병은 서쪽으로부터의 바이킹의 습격과 동쪽으로부터의 아바르족의 침입에 대처할 만큼 신속하게 이동할 수 없었기 때문에, 프랑크족은 점점 더 기병에게 의존하게 되었다. 모든 것을 감안하면 일반적으로 경기병이 기동성과 속도에서는 중기병보다 우월했지만, 그러한 이점을 이용할 기회가 적은 구릉이나 삼림 지역에서는 수적으로 충분하다면 오히려 중기병이 경기병을 상대하는 데 더 적합했을 것이다.

샤를마뉴는 프랑크족과 작센족, 그리고 프리지아인들로 이루어진 군대를 이끌고 엔스 강을 따라 배로 진군하여 마침내 엔스 강과 캄프 강이 합류하는 곳에 도착했다. 그곳에는 아바르족이 건설한 쿠메오베르크 요새가 있었다. 프랑크족의 왕실연대기는 아바르족이 프랑크 군대를 보고 두려움에 사로잡혀 요새를 버리고 도망쳐서 프랑크군이 무혈 승리를 했다고 기록하고 있다. 만약 모든 것이 사실이라면, 아바르족은 이때 서양의 전투방식으로 프랑크군에게 응수하려 했지만, 결국에는 고정된 장소에서 백병전을 벌이고 싶어하지 않았던 것으로 생각된다. 아마도 서양식 전투방식은 그들에게 너무 낯설었을 것이다.

프랑크족과 아바르족의 전쟁은 8년이나 지속되었고, 프랑크족이 아바르족 영토에 두 번의 원정을 함으로써 끝이 났다. 당시 아바르족의 칸은 자국의 귀족들과 싸우느라 효과적으로 저항할 수 없었기 때문에 결과적으로 그 원정은 아주 적절한 시점에 이루어진 셈이 되었다. 초원의 종족들에게 흔히 볼 수 있는 내부의 정치적 불안정은 참으로 명백했다.

샤를마뉴의 봉신 중 한 명인 프리울리의 공작 에릭은 야만족에 대항하도록 워니미르라는 이름의 슬라브인이 지휘하는 롬바르드족 군대를 보냈다. 워니미르는 링을 공격하여 부분적으로 약탈했다. 보물은 샤를마뉴에게 보냈고, 사를마뉴는 그 대부분을 로마로 보냈다. 아바르족은 복속을 맹세했으나 얼마 지나지 않아 그 맹세를 지키지 않았다. 결국 샤를마뉴는 그들과 싸우기 위해 796년 다시 군대를 일으켰다. 샤를마뉴는 아들 피핀이 판노니아로 곧장 진격하는 동안 작센을 지나 진군했다. 피핀이 링을 점령했다는 소식을 들었을 때 샤를마뉴는 여전히 진격하는 중이었다. 그 원정에서 얻은 보물은 이백 년 이상의 습격으로 축적된 보고의 일부로 그 양이 막대했다. 무릎을 꿇은 아바르족은 자신들을 샤를마뉴의 신하라고 선언했다. 2세기에 걸친 그들의 기나긴 약탈의 시대는 끝이 났다.

아바르족의 쇠퇴와 함께 불가르족이 조금씩 두각을 나타내게 되었다. 824년, 프랑크의 왕 루이 피우스는 불가르족으로부터 최초의 사절을 받았다. 그 종족의 일부는 초원 지대에 머물면서 '대' 혹은 '흑' 불가리아를 세웠고, 이 나라는 13세기에 몽골족에게 멸망될 때까지 번성했다. 다른 불가르족은 서쪽으로 이동하여 634년까지 아바르족에게 지배를 받다가, 그해에 자신들의 지도자 쿠브라의 영도 하에 자유를 얻었다. 이 불가르족의 일파는 이후 아스파루크 칸의 지휘 하에 다뉴브 강을 건너 옛 로마의 속주인 모이시아에 정착하여, 근대 불가리아의 모체인 '백' 혹은 '소' 불가리아 왕국을 건설했다. 그들은 동로마 제국의 황제 유스티니아누스 2세가 내란으로 혼란을 겪던 679년에 다뉴브 강을 건넜고, 황제는 그들의 영토 획득을 묵인함으로써 그들과의 평화를 꾀했다.

동쪽으로의 확장은 마자르족에게(곧 서쪽으로 밀려올 또 다른 초원의 종족), 서쪽으로의 확장은 프랑크 왕국에게 저지당하자, 불가르족은 비잔티움으로 관심을 돌렸다. 762년, 아바르족이 앞서 그랬던 것처럼 불가르족은 콘스탄티노플로 진군했지만, 6월 30일에 콘스탄티누스 5세에게 격퇴를 당했다. 그러나 그로부터 50년 뒤 또 다른 콘스탄티누스 황제는 그처럼 성공적으로 콘스탄티노플을 방어하지 못했다.

811년, 니케포루스 1세는 불가리아 본국으로 진격하여 수도를 불태웠는데, 사실 이 수도라는 것은 단순히 목재들로 만든 영구적인 야영지에 지나지 않았을 것이다. 그럼에도 동로마 제국 군대는 이틀 동안 그 수도를 약탈했다. 아마 동로마 제국 군대가 약탈하느라 방심한 것이 최초의 패배로 인한 충격에서 회복한 불가르족에게는 동로마 제국의 진영으로 쇄도해 들어갈 수 있는 기회를 제공했을 것이고, 거기서 그들은 니케포루스 황제와 그의 수많은 부하들을 살해했다. 황제의 두개골은 고대의 스키타이 방식처럼 잔으로 만들어 금으로 도금했다. 이 승리에 이어서 불가르족은 813년, 크룸 칸의 지휘 아래 콘스탄티노플을 공격했지만 이전의 침략자들처럼 그들 역시 콘스탄티노플의 육중한 성벽을 넘어서진 못했다.

불가르족의 군사적 위협은 바질 2세에 의해 마침내 종말을 고했다. 바질 2세는 불가르족을 패배시킨 후 그들을 포로로 삼아 매 백 번째 사람 한 명을 제외한 나머지 모두를 장님으로 만들었다. 매 백 번째의 사람들은 눈을 한 쪽씩 잃고, 눈먼 동료들을 이끌고 불가리아로 돌아가야 했다. 이 소름끼치는 광경을 보자마자 그들의 칸은 병이 나서 죽었다고 한다.

오무르타그 칸은 강화를 맺었고, 점증하는 슬라브족의 영향을 받아 불가르족도 슬라브족의 왕 보리스의 치세 때 기독교를 받아들였다. 불가르족은 슬라브족으로부터 기독교뿐 아니라 그들의 언어도 받아들였다. 초원의 종족이 언제나 그렇듯 불가르족 역시 문화적 동화로 말미암아 위협적인 면이 크게 줄어들었다.

그러나 불가르족 뒤에는 보다 나쁜 것이 뒤따르고 있었다. 불가르족의 침략은 피해를 입혔어도 그나마 다행스럽게 상당히 한정된 범위에서 이루어졌다. 그러나 헝가리 평원에 마지막으로 정착한 초원의 종족인 마자르족—헝가리인들—은 그렇지 않았다. 마자르족은 투르크어나 몽골어를 사용하지 않았다는 점에서 대다수 초원의 종족들과 달랐다. 그들의 언어는 핀우고르어파에 속하며 핀란드어와 관계가 있다. 또한 마자르족의 언어는 투르크어와도 유사성을 가지고 있는데, 이로 인해 많은 사람들이 마자르족을 한때 투르크 귀족에게 지배받던 핀족의 무리라고 생각한다. 그들의 일부 물건은 투르크 것처럼 보이기도 하며, 그들의 전투방법—기마궁술—도 투르크의 것과 일치한다. 더욱이 동로마 제국의 궁중예법에서는 마자르족 족장을 '투르크의 왕자'라고 호칭하도록 했다.

마자르족은 초원 지대에 남아 있던 강력한 투르크계 종족인 하자르족에 예속되어 있었다. 거기다 그들은 그 당시 러시아 초원 지대를 지배하던 또 다른 투르크계 종족인 페체네그족에게 압박을 받아, 그들보다 앞선 다른 많은 종족들이 그랬듯이 초원 지대를 떠나 서쪽으로 향해야 했다. 그러나 마자르족에게 추장을 임명한 것은 하자르족이었고, 이렇게 임명된 마자르족의 족장은 투르크계 하바르 부족의 아르파드였다. 아르파드 가문은 훗날 헝가리의 왕가가 된다.

과거에 유목민들이 흔히 그랬던 것처럼 마자르족도 전쟁을 위해 정주민들에게 고용되었다. 당시 불가르족과 전쟁 중이었던 동로마 제국의 황제 레오 6세는 마자르족에게 합류할 것을 요청했다. 마자르족은 동로마를 위해 불가리아를 파괴했다. 이에 불가르족은 페체네그족에게 도움을 청했고, 페체네그족이 동쪽에서 마자르족을 공격하여 마자르족은 트란실바니아 산맥으로 도망갔다. 그리고 그곳에서 그들은 다시 한 번 연합군으로 싸워줄 것을 요청받았다. 당시 게르만의 왕 아르눌프는 대모라비아의 왕 스뱌토폴크와 전쟁 중이었는데, 스뱌토폴크의 영토는 지금의 헝가리 서부를 포함하고 있었다. 마자르족은 기꺼이 그 전쟁에 참여하여 895년에 스뱌토폴크를 완전히 파멸시켰다. 899년, 마자르족은 그 땅에 정착하여 이후 반세기 동안 유럽의 많은 지역을 습격하기 위한 거점 기지로 사용했다.

같은 해에 마자르족은 남으로는 파비아까지 휩쓸면서 이탈리아 북부에 대해 대규모의 습격을 감행했다. 그 습격과 그에 대한 이탈리아의 대응은 초원의 전사들이 쓴 전략을 아주 잘 보여준다. 그 습격을 알자, 이탈리아 왕 베렝가리오 1세는 봉건제도 하의 군사를 소집했다. 그의 병력이 얼마였는지는 확실치 않지만, 이탈리아군이 마자르 병력보다는 수가 많았던 것으로 생각된다. 그렇다 하더라도 베렝가리오의 병력은 분명 많지 않았으며, 그럴 수도 없었을 것이다. 당시의 봉건 군대에서 말을 탄 병사는 거의 전적으로 토지보유권에 의존하여 소집되었는데 이런 제도를 통해서는 많은 수의 병사가 배출되지 못한다. 심지어 광대한 왕국을 가졌던 샤를마뉴조차도 결코 만 명 이상의 군대를 전투에 배치하지 못했을 것이다. 베렝가리오의 군대는 틀림없이 그보다 더 작았을 것이며, 그 병력 중에서 말을 탄 자들만 마자르족을 추적할 수 있었을 것이고, 실제로 그렇게 했다. 그러나 그들은 야만족을 220킬로미터나 추적했지만, 비참한 결과를 맛보게 되었다.

이탈리아인들은 처음에 마자르족을 아다 강(포 강의 북쪽. 이탈리아 북서부-옮긴이)까지 추격하여 강을 건넜으나 그 과정에서 상당수의 익사자가 발생했다. 그때 마자르족은 협상을 모색하며 자신들을 고향으로 돌아가게 해준다면 약탈품을 포기하겠다고 제안했다. 그러나 자신만만했던 이탈리아인들은 그 제안을 거절했다. 다시 한 번 도주와 추격이 시작되었고, 마침내 베로나 근처에서 이탈리아군의 전위 부대와 마자르족의 후위가 교전을 벌였다. 전세는 마자르족이 우세하게 보였지만, 이탈리아 왕과 그 일행이 나타나자 마자르족은 싸움을 중지했다.

약 56킬로미터 정도의 도주와 추격이 브렌다 강에 닿을 때까지 재개되었고, 마자르족은 브렌타 강을 건넜다. 그들은 다시 이탈리아인들과 협상했으나, 그들의 제안은 거부당했다. 이로 인해 마자르족이 낙담했을 것 같지는 않다. 왜냐하면 그들은 이탈리아인들을 가지고 놀았을 뿐, 결코 진정으로 협상에 임하지 않았을 것이기 때문이다. 자신만만했던 베렝가리오 1세와 그의 부하들은 회담을 통해 적이 절망적인 상태에 놓였다고 판단하여 안심한 채 근거지에서 상당히 먼 거리까지 유인되었다. 그사이 마자르족은 협상이 진행되는 동안 말들을 쉬게 할 수 있었다.

9월 24일, 이탈리아군이 브렌타 강 서안에 야영하고 있을 때 마자르족은 강을 전광석화처럼 건너 준비태세를 갖추지 못한 이탈리아 전열을 공격했다. 마자르족에게 몰리면서 이탈리아군은 참패를 당했고 상당한 거리를 쫓겼다. 이탈리아인들이 마자르족의 패배라고 생각했던 전투가 실제로는 자신들의 패배였던, 시간을 오래 끈 전투였다. 당시의 이탈리아인들은 초원의 전술을 전혀 몰랐고, 그 때문에 호되게 당하고 말았다.

마자르족에게 유리한 상황이 빠르게 전개되었다. 910년, 그들은 동프랑크의 유아왕 루트비히의 군대를 격파했는데, 루트비히의 부대들이 서로 합류하기도 전에 각 부대별로 격파당했다. 유아왕이 이끌던 친위군 부대도 초원에서 사용되는 거짓 후퇴 계략에 빠져 고생을 했다. 마자르족은 게르만족과 만나면 최초의 교전 후에 패배한 듯이 도주했다. 그러나 실제로는 수많은 마자르인들이 매복하고 있었고, 적이 추격으로 혼란스러워졌을 때 추격하도록 유인하던 부대들이 돌아서 적과 정면으로 맞서는 한편 매복해 있던 병력은 적의 측면과 후미를 공격하여 격퇴했다.

919년, 마자르족은 서쪽으로 로렌(프랑스 북동부에 위치-옮긴이)을 쳤다. 그리고 924년에는 이탈리아로 돌아와 파비아를 불태웠다. 그들은 또한 프랑크족의 부르군트 왕국과 프로방스 왕국도 공격했다. 926년, 그들은 다시 프랑스를 침공하여 샹파뉴를 공격했다. 937년에는 프랑스를 향해 또 다른 침략을 감행했고, 그 와중에 랭스(파리 동북쪽으로 약 140km-옮긴이), 상스(파리 남동쪽 110km-옮긴이), 베리(프랑스 중부에 위치-옮긴이) 인근을 공격하고 약탈했다. 마자르족은 954년에 다시 로렌, 상파뉴, 부르군트를 침략했다. 정주민들에게 그들은 훈족보다 더 악질적인 존재로 보였을 것이다.

동쪽으로부터 자행된 마자르족의 침략 자체는 신흥 국가인 프랑스에 그리 대단하지 않았을지도 모르지만, 당시 프랑스는 해안과 강을 따라 시골 지역까지 자행되는 바이킹의 침입으로 괴로움을 겪고 있었다. 이런 바다의 침략자와 마자르족 같은 초원의 침략자 모두로부터 받은 압박은 유럽 사회의 가장 특징적 모습인 봉건주의의 발전을 가속시켰다. 서양에서 로마 세력의 쇠퇴와 궁극적 소멸은 안전 보장의 결여와 대륙이 수많은 국가들로 분열되는 상황으로 이어졌을 뿐 아니라 화폐의 소멸이라는 문제도 발생했다. 이로 인해 중세 시대의 경제는 취약해지고 악화되어 물물교환과 물품 과세를 통해 운영되어야 했다. 병사는 항상 그렇듯이 비싼 상품이었지만, 화폐 경제의 결여로 인해 세금을 올리는 것과 군에 지불할 수 있는 대금의 원천인 자본을 만들기가 모두 어려웠다. 결국 일부 결점은 있지만 이에 대한 합리적인 해결책으로 병사에게 화폐 대신 토지가 주어졌다.

군주는 자신이 후원하는 기사들을 집안에 두었지만, 귀족들에게는 상당한 넓이의 토지를 분배했다. 그 결과 귀족들은 명을 받으면 자신의 왕을 돕기 위해 전쟁에 나설 의무가 있었다. 귀족들도 기사들을 집안에 두거나 기사에게 개별적으로 그가 권리를 가지는 '영지'라는 토지를 나누어주었다. 영지는 기사와 말을 먹이고 재우고 장비를 갖추는 데 충분했고, 기사는 이론상으로 말하자면 말 타고 싸우는 연습을 하며 전쟁 준비를 하면서 자신을 위해 땅을 경작해줄 소작인도 필요한 만큼 가질 수 있었다. 교회의 토지에도 같은 의무가 부과되어, 전시에는 주교나 수도원장도 일반 귀족처럼 왕에게 합의된 수의 기사를 제공해야 할 의무가 있었다. 이 제도 하에서 왕은 기사들에게 병무를 요구할 수 있었고, 귀족들과 성직자들에게도 매년 일종의 비용으로 흔히 40일을 넘지 않는 선에서 그들의 기사들과 함께 출동할 것을 요구할 수 있었다. 왕은 그들이 더 오래 복무하도록 요구할 수 있으나 그런 경우에는 대가를 지불하지 않으면 안 되었다. 권리 부여, 즉 영지는 일반적으로 세습될 수 있었고, 군역의 의무도 아버지에게서 아들로 넘어갔다. 예상할 수 있겠지만, 시간이 지나자 기사는 하위 귀족의 형태로 자리잡았다.

봉건제를 통해 왕이 갖게 되는 이점은 명백했다. 왕은 일정한 훈련을 받고 임무를 적절하게 처리할 수 있는 기마군을 현금을 지출하지 않고도 모집할 수 있었다. 기수로서 그들은 보병들보다 마자르족이나 바이킹 같은 침략자들에 더 효과적으로 대처할 수 있었다. 왜냐하면 보병들은 침략자들이 말이나 바이킹 선을 타고 사라지기 전에 그들을 따라잡을 수 없었기 때문이다.

그러나 봉건제의 단점도 마찬가지로 명백했다. 귀족과 기사(왕이 자신의 집안에 둔 자들을 제외한)에게 오랜 기간 군역을 강제할 수 없었다. 이렇게 서로 다른 구성분자들이 모인 군대는 함께 작전을 수행하는 데 익숙하지 않아서 가장 기초적인 전술만을 실행할 수 있었다. 더욱이 자신의 은혜를 입고 추종하는 기사들을 거느린 귀족들은 왕과 쉽게 불화를 일으키거나 다툴 수 있었고, 이로 인해 심각한 내부적 문제가 발생하거나 전쟁의 수행이 복잡해질 수도 있었다. 이 제도는 산술적 관점에서 볼 때도 효율적이지 않았다. 봉건 군주가 출정을 위해 다수의 기병을 모집할 수 있던 반면, 귀족들은 그렇지 못했다. 또 병사들을 지원하기 위하여 토지를 분배하는 것은 넓은 땅으로 비교적 적은 수의 사람을 지원한다는 것을 의미했다. 이런 문제점 때문에 왕은 자연적으로 여유가 있으면 용병을 고용하려 했다. 물론 용병의 고용은 훨씬 후—교역이 회복되고 돈이 소유의 대상이 되었을 때—에야 정례적으로 이뤄질 수 있었다. 그럼에도 봉건제도는 어느 정도 해결책이었으며, 그것의 소산인 기마 기사는 마자르족의 기마궁수와 북유럽의 침략자에 대항하여 본래의 능력을 제대로 발휘했다.

마자르족 침입으로 인한 또 다른 직접적인 결과는 헝가리와 접한 동쪽의 게르만 국경에서 이루어진 축성 사업이었다. 시간이 지나면서 성들이 국경 지방 여기저기에 세워지고, 초원의 전사들이 휩쓸고 지나갔던 지역을 관할하기 시작했다. 공성술을 모르는 초원의 전사들은 튼튼한 성들을 함락시킬 수 없었지만, 그대로 놔둔다면 기사들 부대에게 추격을 당하거나 혹은 대기하고 있던 기사들에게 전리품을 챙겨서 후퇴하는 중에 습격당할 가능성이 있었다. 게르만족은 서서히 마자르족의 침입에 대비하여 그들의 국경을 봉쇄하고 있었고, 마자르족은 곧 그것을 알아차렸다. 그 때문에 마자르족은 955년, 최후의 대 침입을 작정했던 것 같다.

그해 여름 마자르족은 게르마니아 왕국을 침략했고, 그들에 대항해 군주 오토 1세는 진격할 병력을 있는 대로 급히 소집했다. 이때 마자르족은 그들답지 않게 레히 강과 베르타흐 강의 합류점 모퉁이에 세워진 아우구스부르크를 포위, 공격한다. 이 새로운 작전은 마자르족이 국가가 보다 요새화됨에 따라 비록 공성술에 익숙하지 않더라도 성벽을 상대할 수밖에 없다는 사실을 이해했음을 반영한 것이다.

그 공성 작전은 오토와 그의 군대가 도착하기 이틀 정도 전에 짧게 이루어졌다.[5] 이는 마자르족이 성 주위에 자리 잡기 전에 오토 왕이 자신의 군대를 그러모았다는 것을 시사한다. 아우구스부르크 방어는 그곳의 주교인 울리치가 맡았고, 그는 적을 향해 용감하게 돌격을 이끌었다.

오토의 군대는 그 수가 8천 명이었다고 하는데, 이는 사실일 가능성이 높다. 군력의 대부분은 바바리아인, 슈바벤인, 작센인, 튀링겐인, 프랑켄인, 보헤미아인, 그리고 왕의 수행원으로 구성되었고, 모두 똑같이 8개의 부대로 나뉘었다. 오토는 어떤 도주라도 막을 것을 염두에 두고 자신의 군대를 현명하게 마자르족 부대와 헝가리로 이르는 길 사이에 위치시킨 채 북쪽 내지 북서쪽으로부터 우회해서 아우구스부르크로 진군했다. 이는 사슬 갑옷과 철제 투구를 갖추고 커다란 방패와 무거운 창을 지녀, 상당히 무거운 상태로 말을 몰아야 하는 게르만 기사가 벌판에서 말을 타고 도망가는 마자르족 기마궁수들을 따라잡는 것을 바랄 수 없었기 때문에 매우 중요했다. 그러므로 오토의 군대는 마자르족의 퇴각을 막기 위해 아우구스부르크 북쪽을 통해서 레히 강의 동안 아래로 진군했을 것이다.

오토가 강 건너에 진지를 구축할 때, 마자르족은 그를 괴롭히지 않았다. 그러나 마자르족은 오토가 거기에 있다는 것을 알자, 아우구스부르크에 대한 포위를 풀고 게르만족과 싸우기 위해 강을 급히 건넜다. 게르만군은 왼쪽부터 슈바벤의 두 부대와 오토의 부대, 그리고 튀링겐인과 작센인의 부대 순으로 한 줄로 정렬해 있었다. 바바리아인의 세 부대와 콘라트 공작 지휘 하의 프랑켄 부대가 이를 뒤따랐다. 보헤미아인은 보급품을 지켰다.

마자르족은 예상보다 빠르게 강을 건너, 곧장 게르만군 전열로 향했다. 그러나 이 공격은 단순히 제2의 마자르 병력이 병참 부대에 있는 보헤미아인들을 공격하는 동안 오토의 군대를 붙들어두려는 의도였다. 이 공격으로 게르만군의 좌익이 혼란스러워졌고, 이를 통해서 병참 부대는 게르만군 좌익 근처에 있었을 것으로 생각할 수 있다. 오토 왕은 콘라트 공작에게 가장 우측에 위치한 프랑켄인들을 이끌고 게르만군 전열 뒤를 지나 좌측에 있는 슈바벤인들을 원호하라고 명령했다. 공작은 그 기동작전을 실행하여 병참 부대의 마자르족을 짓밟았고, 이 마자르족은 본대로 도주했다. 마자르족 본대는 그들의 습격이 실패하자 낙담했다. 그때 오토가 총진격을 명했다.

마자르족은 중무장한 게르만군과 맞붙어 싸우기를 원하지 않아 퇴각했는데, 기사들이 그 뒤를 추격했다. 일부 마자르족은 레히 강을 다시 건너가려 했지만, 서안이 높아서 도강渡江은 힘들었고 많은 수가 익사했다. 다른 자들은 기사들의 추격을 받으면서 강을 건널 수 있는 다른 지점을 찾아 레히 강을 따라 질주했다. 또 다시 많은 자들이 기사들에 의해 살해되거나 자신들의 동료에게 떠밀려 강에 빠져 죽었다. 마침내 오토의 군대가 자리한 위치로 인해 패배한 마자르족은 고향으로 가는 직접적인 경로를 택할 수 없었고, 많은 자들이 헝가리로 돌아가려고 애쓰다가 지방에서 농부들에게 살해되었다.

레히펠트의 전투로 마자르족의 침입은 저지되었고, 마자르족 혹은 후에 헝가리인으로 알려지게 된 이들은 곧 기독교로 개종하게 되었다. 그들보다 앞서 왔던 불가르족의 경우처럼 마자르족도 유럽 문화의 주류에 들어옴으로써 그들의 약탈 성향이 억제되었다. 그러나 정주한 유럽 국가로서의 헝가리인들은 삼백 년 후에 초원에서 휘몰아쳐 온 최후의, 그리고 가장 위험한 침략을 정면에서 맞게 된다.

제6장

셀주크족

서양의 기사들과 초원의 전사들 사이의 다음 접촉은 초원의 가장자리나 마자르족 같은 초원의 전사이면서 정주민인 자들을 상대로 한 중부 유럽이 아니라, 성지의 평원과 계곡에서, 그리고 그곳의 고대 도시들 한가운데서 일어났다. 그곳에서 서양의 침입자들—십자군—은 그 지역을 정복한 지 얼마 되지 않은 시리아의 셀주크 아미르(군사령관, 총독, 황태자 등을 뜻하는 아랍어로 '제독'이라는 뜻의 영단어 Admiral은 여기에서 유래-옮긴이)들의 기마궁수들과 조우했다. 그곳은 바로 서양의 전사들이 갖가지 곤란을 무릅쓰고 백 년 동안 자리 잡았던 곳이고, 이전에 침략의 희생자였던 유럽인들이 그와 반대로 유목민 정복자들이 차지하고 있는 땅을 빼앗기 위해 싸웠던 곳이었다.

더욱이 유럽의 기사들은 유목민의 전술에 대해 상식적으로 기대할 수 있는 것보다 더 잘 대처했고, 모든 장애들—적은 병력, 낯선 지역의 지리에 대한 무지, 무거운 갑옷과 장비, 그리고 비슷한 장비를 갖춘 유럽인과 싸우도록 고안된 전술에 대응해 이후 삼백 년 동안 그 어느 서양 세력보다 대처를 잘했다. 수 세기 전의 사르마티아족처럼 서양의 기사와 기마병사(서전트)는 갑주를 다 갖춘 채 자신들이 장애를 무릅쓰고라도 따라잡을 수 있거나 궁지에 몰아넣을 수 있는 자들을 상대로 창과 검을 사용해 싸웠다. 기사들은 사슬 갑옷이나 팔뚝을 가리고 무릎까지 내려오는 호버크(줄어든 쇠미늘 갑옷)로 자신을 보호했다. 호버크에는 보통 아래에 금속 모자가 있는 두건이나 꼭대기에 코 가리개가 달려있는 원뿔형의 투구가 갖춰졌다. 이런 투구는 로마 말엽의 기병이 쓰던 투구로부터 전래된 것인데 뺨 가리개나 목 가리개는 없었다. 기사는 타격의 충격을 흡수하고 사슬 갑옷의 쇠고리가 무기의 타격을 받아 자신의 살로 파고 들어오는 것을 막기 위해 갬버슨이라는 패드를 넣은 상의를 입었다. 기사의 갑주는 연 모양을 한 방패로 전부 갖춰지게 되는데, 끝이 가늘어지는 모양의 방패는 말을 탈 때 왼쪽 다리를 가렸다. 이렇게 무장한 기사는 온몸을 매우 잘 보호할 수 있었다. 또한 수백 년 동안 사용되어온 등자 덕분에 기사는 보통 기수의 무게와 달리는 말의 힘을 목표에 전달하기 위하여 창을 팔 밑에 웅크려 잡고 돌진했다.

더욱이 유럽의 많은 지역에서 이어진 일종의 무정부상태는 이슬람 세계나 극동의 경우보다 더한 군사화를 초래했고, 이는 유럽 국가의 국경을 따라서 뿐만 아니라 그 내부에도 상당수의 성이 만들어진 것에서 잘 나타난다. 그리고 이런 군사화된 사회는 많은 수의 숙련된 전사들, 특히 기꺼이 국외로도 가려는 기사와 서전트(기사의 하위 계급)들을 배출했다.[1]

그럼에도 불구하고 서양의 기사단은 근동에서 마주친 투르크 군대와 맞붙어 싸우기에는 적합하지 않았다. 왜냐하면 기사는 적에 비해 더 느렸고 덜 민첩했으며, 군대로서 집단적으로 싸우는 것에 익숙하지 않았고, 종종 적과 아예 맞붙을 수도 없었기 때문이었다. 최초의 성공을 맛본 이후 십자군은 자신들이 획득한 땅을 유럽에서 그랬던 것처럼 정정당당한 전투를 통해서 보다는 성과 튼튼한 건물을 이용해 지키는 편이 더 쉽다는 사실을 깨달았다.

이 장에서는 십자군이나 그들의 목표와 효과에 대해 상세하게든 간략하게든 논의하지 않을 것이다. 그 대신 이 장은 소수의 대표적인 전투들, 예컨대 도릴라이움(오늘날 터키 중서부에 위치한 에스키셰히르시-옮긴이), 안티오크, 아르수프, 하틴 등지에서 벌어진 전투들과 투르크족의 유목민적인 대응 전술에 의해 보여지는 것과 같은 그들의 군사적 측면에 초점을 맞출 것이다.

십자군과 맞섰던 투르크족은 오구즈족 혹은 구즈족과 연관된 사람들인 셀주크족이었다. 이 투르크족은 페체네그족을 대신하며 남부 러시아에 정착하고 있었던 킵차크족과도 관련이 있었다. 초원의 유목민들에게 흔한 경우처럼 이 투르크족도 그들의 이름을 오구즈족으로부터 떨어져 나온 '셀주크'라는 이름의 족장으로부터 취했다. 오구즈족은 투르크멘 혹은 투르코만으로 알려지게 되었는데, 그들은 쉽게 해체되어 이전 종족과 그리 다르지 않은 새로운 부족으로 재편하는 유목 국가의 유동적인 성격을 보여주는 또 다른 실례였다.

셀주크족은 트란스옥시아나를 지배하는 사마니드 왕조(사마르칸트와 부하라 지역에 세워진 최초의 페르시아계 이슬람 왕조-옮긴이)가 붕괴한 후 두각을 나타내기 시작했다. 사마니드 왕조는 이식쿨과 카시가리아의 카라카니드 투르크족에 대항하여 셀주크족에게 도움을 요청했다. 그들은 유목민에게 군사적 지원을 요청할 때 지불하는 보편적인 대가를 했는데 즉, 셀주크족으로 하여금 그들의 영토를 휩쓸 수 있게 했다. 그 후 1040년 5월 22일에 셀주크족은 토그릴 베그의 영도 하에 단다나칸에서 동페르시아 가즈나 왕조의 군주들을 패배시켰다. 그러나 셀주크족의 정복 활동은 일반적으로 도시 함락을 잘하지 못하는 유목민의 특성상 다소 느렸다. 그럼에도 토그릴은 페르시아의 나머지 지역을 점령한 뒤, 1055년에는 바그다드를 점령했다. 그곳에서 칼리프는 토그릴에게 '동서의 왕'이라는 칭호를 주었다. 이때 셀주크족은 트란스옥시아나와 페르시아 전체를 지배했다. 셀주크족은 토그릴 베그의 조카인 알프 아르슬란 이븐 차그리 베그(재위 1063~1072년) 치하에서 더욱 번영했으며, 비잔틴 제국에게 회복하지 못할 정도로 큰 타격을 가하게 된다.

비잔틴 제국(동로마 제국)은 7세기와 8세기 중에 시리아뿐 아니라 북아프리카 전부와 이집트까지 영토의 많은 부분을 아랍인들을 비롯한 이슬람교도들에게 잃었다. 시실리는 이슬람교도의 지배를 받았고, 스페인은 이슬람 왕국들 천지였다. 비잔틴 제국은 이슬람 세계에 대항하는 기독교의 최동단 방어 거점으로 위치했지만, 그 헬레스폰트 해협(지금의 다르다넬스 해협-옮긴이)의 아시아 쪽 지배는 아나톨리아(오늘날 터키)와 아르메니아에 국한되었다. 그러나 이 영토는 대단히 중요했으며, 동로마군의 병사들 중 상당수도 이곳에서 모집되곤 했다. 이때 이슬람교도가 된 셀주크족은 동부 속주들(테마라고 불리는 군관구로 나뉜)을 침입했고, 비잔틴 제국의 걱정거리가 되었다.

1071년, 로마누스 디오게네스는 콘스탄티누스 11세의 미망인인 에우도키아와 결혼하여 제위에 올랐다. 그는 군사적으로 약간은 성공했지만, 사람들의 호감을 사지 못했고(그 자신도 알고 있었다) 충동적이었다. 로마누스는 자신의 제위를 안정시킬 수 있는 방법은 셀주크족에게 심한 타격을 입히는 것이라고 생각했다. 사실 그는 이전에 알프 아르슬란을 패배시킨 적이 있었다. 그래서 1071년 봄, 그는 6만 명에 달하는(아마 실제로는 그 반에도 못 미쳤을 것이다) 엄청난 규모의 군대를 소집하여 동쪽 국경에서 셀주크족과 맞서기 위해 출병했다. 그는 아르메니아에 위치한 두 개의 요새, 아클라트와 만지케르트(지금의 터키 말라즈키트르-옮긴이) 요새를 투르크족이 점령했다는 것을 구실로 삼았다. 로마누스는 만지케르트를 탈환하고 아클라트를 포위하고 있을 때 대규모의 셀주크 군대가 다가오고 있다는 것을 알았다. 셀주크군의 수는 10만 명이었다고 하지만, 이 역시 분명 과장되었을 것이다. 그렇다 해도 셀주크군의 병력은 상당했으며, 아마 비잔틴군과 마찬가지로 2만 명에서 3만 명 사이는 되었을 것이다.

예상대로 양쪽 군의 접촉은 속임수로 시작되었다. 일단의 투르크군 척후병이 비잔틴군을 정찰하다 발각되었을 때, 테오도시폴리탄 군관구(테마)의 사령관인 바실라케스는 얼마 되지 않는 투르크군을 맹렬히 추격하다가 적의 매복 공격을 받아 부대원들이 살해되거나 포로가 되었다. 로마누스가 지원부대를 보냈지만, 그들이 발견한 것은 시체뿐이었다. 로마누스는 전투 준비를 했다.

로마누스는 자신의 군대를 2열 횡대로 정렬했다. 앞 열은 여러 군관구에서 온 기병들로 이루어졌다. 로마누스도 열의 중앙에서 자신의 근위대와 도회지 속주의 병력을 거느리고 말을 탔다. 두 번째 열은 게르만족, 이탈리아에서 온 노르만족, 그리고 영토가 비잔틴 제국과 맞닿아 있는 변경 지방의 영주들에게 속한 동쪽의 국경 지방에서 온 병력들 같은 외인 용병 기병들로 구성되었다. 기마병들은 5세기 이래로 비잔틴 제국의 기병이 그래왔듯이 대부분 갑옷을 입었을 것으로 생각되며, 창과 폭이 넓은 검으로 무장했을 것이다. 그러나 활을 이용하며 기마궁수로서 싸운 사람들은 이전보다 더 적었던 듯하다. 이는 콘스탄티노플 내부에서 벌어진 정치적 논쟁으로 군의 질이 떨어진 데다, 활이 기마병의 무기로 선호되지 않았기 때문이었을 것이다.

물론 용병 기병들은 전통적인 서양의 갑옷을 입은 기사처럼 싸웠다. 두 번째 열은 예비대 역할을 맡아 로마누스의 전임자인 콘스탄티누스 11세의 친족인 안드로니쿠스 두카스의 지휘를 받았다. 새 황제는 몰랐지만 두카스는 그의 적이었다.

알프 아르슬란은 싸우지 말고 물러가라고 제의했지만, 황제는 그 제의를 거절했다. 로마누스는 아마 이것을 진정한 제의라고 생각하지 않았을 것이고, 또 그렇게 의심한 것이 옳았을지도 모른다. 시간을 끌기 위해서나 적을 혼란시킬 목적으로 협상을 벌이는 일은 초원에서는 일반적인 계략이었으며, 마자르족은 이백 년 전에 이런 방법으로 이탈리아인들을 속이고 그들이 무방비 상태일 때 공격했었다.

만지케르트 전투는 많은 투르크군 병사들이 비잔틴 제국군에게 활을 쏘되 결코 가까이 접근하지 않은 채 주위를 말을 타고 도는 것으로 시작되었다. 어느 정도 시간이 지난 후, 로마누스는 예비대인 두 번째 열까지 거느리고 진격을 명했다. 투르크군은 그 진격에 앞서 후퇴하여 비잔틴군과 맞붙으려고 하지 않았기 때문에, 그 진격은 수 시간 동안 계속되었지만 투르크군에게 별다른 피해를 입히지 못했다. 저녁이 되자 로마누스는 피곤에 지친 자신의 군대에게 진지로 회군할 것을 명했다. 군의 중앙부는 이 명령에 따랐지만 양쪽 날개는 명령을 제때 받지 못했고, 그들이 명령을 받았을 때는 대형을 유지하는 데 실패했다. 결국 전열이 흐트러졌다. 그때 투르크군이 다시 쇄도하여 후퇴하는 비잔틴군을 쉴 틈 없이 격렬하게 공격하며 괴롭혔고, 로마누스는 결국 자신의 부대에게 돌아서서 투르크족을 위협하여 몰아내라고 명을 내렸다. 두 번째 열을 지휘하던 안드로니쿠스 두카스는 바로 이때 배신할 기회를 잡았다. 그는 명령받은 대로 멈춰서 적에게 맞서는 대신 황제와 군대의 반을 운명에 맡겨버린 채 두 번째 열의 부대를 이끌고 군영으로 퇴각했다.

투르크군은 예비군이 사라진 것을 철저히 이용하여 남아 있는 자들을 포위했다. 셀주크의 기마궁수들에게 둘러싸여 황제 군대의 우익은 양 방향에 맞서려다 뿔뿔이 흩어져 도주했다. 그 후 투르크군은 중앙 본대에 온 힘을 기울였고, 황제는 분투했지만 마침내 사로잡혔다. 비잔틴군의 좌익은 전장에서 쫓겨나버렸다.

이 한 전투로 인해 거대한 규모의 비잔틴 군대가 괴멸되었고, 아나톨리아 전체는 영원히 상실되었다. 비잔틴 제국은 쇠약해졌고, 이후 사백 년간 더 지속하기는 하지만 이전의 힘을 결코 회복하지 못하게 된다.

알프 아르슬란은 트란스옥시아나를 점령하기 위해 전투를 벌이다가 1072년에 살해되었으며, 조카인 말리크 샤가 그를 계승하여 이십 년 동안 통치했다. 그러나 이런 영토의 획득에도 셀주크 제국은 이미 작은 나라들로 해체되고 있었다. 말리크 샤는 본래의 페르시아를 통치했지만 다른 지역을 지배하지는 못했으며, 1092년에 그가 사망하자 셀주크 제국은 더욱 분열되었다. 이런 분열을 틈타 유럽인들은 시리아와 남부 아나톨리아에 자리를 잡았다. 더욱이 이 적대적인 국가들은 '어떻게 도시와 영토를 유지할 수 있는가?'라는 초원의 전사들로서는 생소한 문제에 직면하게 된 투르크족에 의해 다스려졌다. 다시 말해 셀주크족은 초원의 전술을 계속 쓸 수 있었을지 몰라도 더 이상 초원의 전략을 사용할 수는 없었다. 예를 들면 그들은 더 이상 적의 힘이 다 빠질 때까지 마냥 적 앞에서 단순히 후퇴할 수 없었다. 또 셀주크족은 더 이상 상황이 자신들에게 유리할 때까지 무한정 싸움을 피할 수 없었다. 이런 요소는 그들의 내부 분열과 중동 지역의 지리적 상황과 더불어 십자군에게 일시적이지만 무엇인가를 성취할 수 있을 만큼 충분한 이점을 제공했다.

경우에 따라 싸울 수도 있는 순례자들이 동행했지만, 1096년의 제1차 십자군을 구성한 주력은 거의 전적으로 기사, 말을 타거나 타지 않은 서전트, 그리고 보병이었다. 이미 보았듯이 말을 탄 서전트는 기사는 아니었지만, 기사처럼 무장하고 기사처럼 싸우는 사람이었다. 서전트의 장비는 기사의 것에 비해 더 가볍거나 부실할지도 모르지만, 그들의 임무는 창과 검을 사용하여 백병전을 치르는 것이었다. 보병 서전트Foot sergeant는 단순한 직업 보병이었다. 보병의 대부분은 창으로 무장하였으나 보병 중 상당수가 궁노수(석궁을 쏘는 자-옮긴이)였으며, 보병 중에서 이들이 가장 중요하다는 사실이 입증된다. 그러나 보다 큰 시각에서 봤을 때, 십자군은 그다지 믿음직스럽진 않았다. 영국의 군사 사학자인 찰스 오만은 다음과 같이 말했다.

'제1차 십자군은 봉건 군대가 최고로 발달했을 때 나타날 수 있는 모든 결점을 보였다.'[2]

또 오만은 십자군은 복종을 이끌어낼 수 있는 왕이나 황제에 의해 지휘되지 않았고, 반대로 유럽으로부터 병력을 이끈 공작이나 백작은 모두 구속받지 않는 대행자로서 상호 간의 협력과 규율에 도움이 되는 지위라고 하기에는 어려웠다는 점과 그들이 적의 군사적 방법에 대해 전혀 몰랐다는 점에 주목하면서 그에 대해 상세히 설명했다. 투르크군과 싸운 최초의 교전이 잘 진행된 것은 순전히 우연이었다.

십자군은 1096년에 콘스탄티노플 외곽에 집결했으며, 1097년 5월에 비잔틴 제국의 황제 알렉시우스 콤네누스는 그들을 배로 헬레스폰트 해협의 아시아 쪽 해안으로 건네주었다. 주력을 이룬 프랑스군은 베르망두아의 백작

(프랑스 왕의 형제) 위그, 툴루즈의 백작 레몽 4세, 부용의 공작 고드프루아, 시실리 노르만의 영주들인 보에몽과 탕크레드, 노르망디의 공작 로베르 2세, 플랑드르의 백작 로베르와 블루아의 백작 스티븐이 이끌었다. 그들은 니케아를 점령했고, 그곳을 되찾으려는 투르크군을 저지했다. 십자군의 다음 행보는 상규를 벗어나 시리아의 안티오크로 진군하여 바로 이코니움(지금 터키의 코니아–옮긴이)의 셀주크 왕국 즉, 중앙 아나톨리아로 행군하는 것이었다. 이 진군은 6월 27일, 실리시아(아나톨리아 남부에 있던 고대 지방–옮긴이)의 타르수스(사도 바울의 출생지)에 이르는 로마인이 만든 길을 따라 시작되었다. 습격을 받지 않았거나 혹은 무모했든지 어떤 이유 때문인지는 확실치 않지만, 십자군은 두 개 부대로 나뉘어 서로 약 11킬로미터 거리를 두고 평행을 이루며 행군했다. 그뿐만 아니라 십자군은 상호 간의 통신을 유지하는 기본적인 예방책조차 강구하지 않는 어리석음마저 범했다. 한 부대는 고드프루아, 레몽, 위그와 그의 부하들로, 다른 부대는 보에몽, 탕크레드, 스티븐과 두 명의 로베르와 그들의 병력들로 이루어졌다. 그 부대들은 유사한 병력으로 구성되었을 것으로 생각되며, 정확한 숫자는 파악하기 힘들지만 규모도 대략 비슷했을 것이다.

그 부대들은 종대 형태로 황무지를 지나, 비시니아(소아시아 칼케돈 근처–옮긴이)의 숲이 울창한 산을 통과해 평원으로 나와 그곳을 가로질러 나아갔다. 가장 먼저 산악 지대를 벗어난 것으로 보이는 보에몽과 그의 동료들 휘하 부대는 투르크의 기마궁수들에게 시달리기 시작했다. 6월 30일에 보에몽의 부대는 아나톨리아 중부에 위치한 도릴라이움이라는 황폐화된 마을 근처에서 야영했다가, 다음 날 진군을 재개했다. 얼마 안 가 십자군의 척후병들이 투르크의 대군이 그들 쪽으로 진군해 오고 있다고 보고했다. 보에몽은 고드프루아, 레몽, 그리고 다른 부대를 찾기 위해 전령들을 보냈다. 투르크군을 본질적으로 유능한 군대가 아니라고—전형적인 중세의 방식으로— 판단한 보에몽은 보병들에게 짐을 내리고 군영을 설치하라는 명령을 내렸다. 그 군영은 어느 정도 보호 효과가 있는 늪지 근처에 설치될 예정이었지만, 그것이 설치되는 중, 그리고 기병이 배치되고 있을 때 투르크군이 나타나 십자군을 포위하고 활을 쏘았다. 현장에 있었던 『프랑크인의 업적Gesta Francorum』의 저자는 '우리가 정돈을 마치자, 투르크군이 사방에서 나타나 작은 충돌을 일으키며 투창을 던지고 놀랄 만큼 먼 거리에서 활을 쏘면서 우리에게 달려들었다.'라고 기록했다.[3] 그 투르크군은 술탄이었던 킬리지 아르슬란 이븐 술레이만이 직접 지휘했다. (십자군에게는) 새로운 그 방식의 전투는 기사로 하여금 보병에게 의지하지 않을 수 없게 했다. 후에 예루살렘 왕국의 왕인 보두앵의 궁정 신부가 되며, 또한 이 전투의 목격자이기도 했던 프랑스 신부 푸세는 이렇게 말했다.

> 한편 투르크군은 늑대처럼 울부짖으며 화살을 맹렬하게 구름같이 쏘아댔다. 우리는 이에 어리벙벙해졌다. 죽음과 직면한 데다 많은 자들이 부상당한 우리는 곧 도주했다. 이러한 전투방식에 대해 전혀 아는 바가 없던 우리에게 이런 사태는 놀랄 만한 것이 아니었다.[4]

그 후 사방을 에워싸면서 활을 쏘아대는 투르크군에 의해 십자군은 기병과 보병 모두 압박을 받아 한 덩어리가 되었다. 대여섯 시간 동안 화살 세례를 견뎌낸 것을 보면 기사의 갑옷은 다행히도 투르크의 화살을 방어할 수 있었던 것으로 생각된다. 그러나 기사들의 말들에는 갑옷을 입히지 않았고, 그 결과 사람들보다 말들이 더 많이 희생되었다. 그럼에도 저항 한번 못해 보고 그런 응징을 받은 십자군의 사기는 점점 더 저하되었을 것이며, 그런 상황이 계속되었다면 그들은 틀림없이 무너져서 투르크군의 접근 공격에 참패를 당하고 학살이 뒤따랐을 것이다. 그러나 보에몽은 운이 좋았다.

보에몽이 수시간 전에 보낸 전령들은 마침내 약 10킬로미터 떨어진 곳에 진을 친 다른 십자군 부대를 발견했다. 그 부대의 기병들은 고드프루아의 지휘 아래 보에몽의 부대를 구하기 위해 질주했고, 그 과정에서 저항을 전혀 받지 않았다. 그 이유는 놀랍게도 술탄이 고드프루아의 기병대를 발견하지 못했거나 아니면 그들이 위협적이지 않을 것이라고 생각했기 때문이었다. 고드프루아와 그의 부하들은 높은 지대에 올라 투르크군의 왼쪽 측면과 후미를 내려다보는 위치에 이르게 되었다. 그들이 투르크군의 측면에 돌격기습을 감행하자 기습을 받은 투르크군은 급히 퇴각했고, 그들은 투르크군 후미를 공격할 기회를 얻게 되었다. 다른 기사 부대들도 뒤따라와 혼란에 빠진 투르크군을 공격하자 투르크군은 싸우지도 않고 도주했다. 결국 전투는 십자군의 승리로 끝났다. 십자군은 갖가지 커다란 실수를 저지르고 적에 대해 전혀 몰랐음에도 도릴라이움 전투에서 요행으로 이겼다. 만약 투르크군이 정찰을 했었더라면 고드프루아는 그러한 구조 작전을 해낼 수 없었을 것이다.

투르크군에게는 안된 일이었지만, 도릴라이움 전투의 패배로 투르크군은 동요했고 안티오크로 가는 길이 열렸다. 십자군은 포위당한 자와 포위한 자 모두가 굶주림으로 곤란을 겪었던 몇 주 동안의 포위 공격 끝에 그곳의 주민 한 명의 배반을 틈타 안티오크를 점령했다. 십자군의 말들 중 칠백 마리만이 온전하게 살아남았다는 이야기는 물론 과장이겠지만, 실제로 많은 기사들이 말을 잃었다. 포위 공격 중에 십자군은 안티오크를 해방시키려는 셀주크족의 두 번에 걸친 노력을 무산시켰다. 투르크군이 실패한 이유는 부분적으로는 그들의 전투방식이 그 지역 지형에 적합하지 않았기 때문이었다. 첫 번째 시도에서 투르크군은 좁은 골짜기에 빠져 중무장한 십자군 기사들을 피할 수 없었으며, 두 번째 시도에서는 안티오크의 북쪽 성벽을 따라 흐르는 오론테스 강을 배후로 하여 궁지에 몰렸다. 궁지에 몰려 배수의 진을 치게 된 셀주크족은 어쩔 수 없이 십자군의 파괴적인 돌격을 감당해야 했다.

십자군은 원정을 성공적으로 수행해나갔지만, 그들의 성공은 전술 덕분이라기보다는 투르크군이 부주의로 자신들의 가장 커다란 자산인 기동성을 버린 데 대한 반대급부였다. 투르크군은 마침내 십자군 기사들이 편 전술, 즉 돌격에 능숙하다는 사실을 알게 된다. 더욱이 당시의 돌격이란 기사들이 일단 돌격을 감행하면 돌격 전의 원상태로 돌아갈 수 없었던 돌격이었다. 돌격 후에 부대를 재편성하는 훈련을 받은 근대 기병과 달리 중세의 기사가 돌격을 하면 그 대형은 적과 접촉 후에 허물어지게 되어, 기사가 개인 전투를 벌일 수 있지만 더 이상 한 부대 단위로서 기능할 수 없었다. 간단히 말해 기사는 기병처럼 보일지 모르지만 진정한 기병은 아니었다. 투르크 기마병은 곧 십자군이 돌격하기를 기다렸다가 그들의 돌격에 앞서 흩어진 후 돌격한 기사들이 대형을 잃고 흩어져 힘을 잃으면 다시 부대를 재편성하는 법을 체득했다. 그러나 십자군 기사들은 아직 그런 방법을 알지 못했다.

1098년 6월 3일, 안티오크는 함락되었으며, 십자군은 그곳에 눌러 앉았다. 그러나 그 도시에는 오랜 포위 공격으로 비축 물자가 별로 남아 있지 않았던 탓에 굶주린 상황이 계속되었고, 결국 십자군의 상황도 크게 개선되지 않았다. 게다가 투르크군의 사령관인 카르부카가 대군을 이끌고 십자군을 향해 진격해오고 있었다. 안티오크에서 3주 동안 머무른 후 더 지체하면 보다 많은 말들이 희생될 것을 염려한 유럽인들은 카르부카를 향해 출격하기로 결정했다. 연대기 편자의 진술과 달리, 십자군은 아마 여전히 2천 5백에서 3천 마리 정도의 상태가 양호한 말을 보유하고 있었을 것이다. 그들은 몰랐지만 그에 못지않게 중요했던 점은 투르크의 불화였다. 후에 그 불화는 투르크군에게 심각한 문제를 야기하게 된다. 십자군은 물론 위험에 처하여 단결했고, 십자가에 매달린 그리스도의 옆구리를 찔렀던 창이라고 믿어지는 실물을 발견하고는 더욱 고무되었다. 그들은 그 성스러운 창을 상징으로 사용할 준비를 했다.

안티오크에는 북쪽 가장자리로 오론테스 강이 흘렀는데, 북쪽 성벽에서 강을 가로지르는 다리로 이어지는 성문이 열렸다. 십자군은 문 바로 안쪽의 길에 병력을 집결시키고 밖으로 진군할 준비를 했다. 병력은 다수의 기병과 보병이 섞인 조로 편성되었다. 그 여단의 수는 확실하지 않지만 아마 12개

정도였을 것으로 추정된다. 그 조들은 아데마르 주교, 위그 백작, 보에몽, 그리고 부용의 고드프루아—1099년에 예루살렘이 함락된 후 '남작이자 성스러운 무덤의 수호자'로 선출된다—가 지휘했다.

안티오크 전투는 중세 유럽 군대에서 기병과 보병이 서로를 지원하도록 한, 최초로 두 가지 형태의 병력을 결합하는 시도가 이루어진 전투로 생각된다. 그런 결정은 필요에 따라 이루어졌다. 많은 기사들이 말을 잃은 탓에 군대의 대다수 병력이 보병이 되어버렸기 때문이었다. 그럼에도 그런 전투방식은 얼마 안 가 투르크군과 맞설 때 표준적인 전투방식으로 이용된다. 말에서 내린 기사는 경험 많은 전사들이었고 따라서 착실한 보병이 될 수 있었다. 그래도 십자군 중에서 가장 중요한 병사들은 궁노수와 궁수들이었는데, 그 이유는 그들의 활이 기마궁수들의 활보다 더 멀리 쏠 수 있기 때문이었다. 특히 양팔로 시위를 당기고 무겁고 보다 공기 역학적인 형태의 투사물을 쏘는 석궁은 말 탄 사람 같은 큰 목표에게는 위협적인 무기였다.

십자군은 한 번에 한 조씩, 보병이 앞서고 기병이 뒤를 따르는 형태로 도시 밖으로 나갔다. 첫 번째 조가 오론테스 다리 위로 전진하여 강을 건넌 뒤 오른쪽으로 꺾어 투르크군이 정렬해 있던 동쪽으로 향했다. 두 번째 조도 첫 번째 조를 뒤따라 강을 건너 역시 동쪽으로 향했다. 전선 뒤에 남겨진 보에몽 휘하의 예비부대만 제외하고, 나머지 조들도 앞 조들처럼 행동할 예정이었다.

카르부카는 십자군 부대 전체가 방해받지 않고 그 도시를 떠나도록 내버려두었다. 카르부카가 십자군들이 다리에서 벗어날 때 그들을 공격하지 않은 이유, 또는 십자군 병력의 일부만이 출격했을 때 그들을 공격하지 않았던 이유는 명확하지 않다. 만약 카르부카가 위와 같은 상황에 십자군을 공격했었다면 그는 수적으로도 십자군을 압도했을 것이며, 그들을 강과 다리 쪽으로 몰아내 혼란에 빠뜨려 베어 죽일 수 있었을 것이다. 또한 성에 남아 있는 일부 십자군도 수가 상당히 줄어들어 더 이상 위협적인 존재가 되지 못했을 것이고, 공격을 가하지 않더라도 기근 때문에 얼마 지나지 않아 굴복했을 것이다. 카르부카는 십자군이 그곳에 얼마나 많이 있는지를 알지 못했을 가능성이 있다. 그는 단번에 침략군 전체를 격파할 수 있도록 십자군 전체와 평원에서 교전하기를 원했다고 한다. 십자군의 수를 파악했을 때 카르부카는 당황했다.

당황했든 하지 않았든, 카르부카는 십자군의 후미를 남서쪽으로부터 위협하기 위해 십자군의 좌익 쪽에 강력한 부대를 보냈다. 그 부대의 병력은 1만 5천 명(또 하나의 과장이 분명하다)에 달했다고 하며, 룸 술탄국의 킬리지 아르슬란과 알레포의 리드완이 이끌고 있었다. 그 분견대는 언덕 기슭에 있던 십자군 전열의 최북단을 내습하여 아데마르 주교가 지휘하는 부대와 교전했다. 아데마르의 부대는 안티오크에서 빠져 나온 마지막 부대였으며, 십자군 전열의 가장 좌측에 위치를 잡으려 하고 있었다. 아데마르 주교의 부하들은 필사적으로 싸우면서 십자군 전열로 가는 길을 만들었고, 이를 통해 공격하는 투르크군의 측면 부대들을 카르부카의 본대와 효과적으로 분리시켰다. 나머지 십자군이 카르부카의 본대와 싸우는 동안, 보에몽은 예비부대 이끌고 투르크군의 측면 부대들을 공격했다. 이때 불행히도 카르부카는 알레포의 리드완에게 사주를 받은 자신의 투르코만 부대에게 배신당한다. 이 투르코만 부대는 도주하면서 전열을 혼란하게 만들었다. 나머지 투르크군은 군영으로 후퇴하여 대형을 다시 갖추었지만, 평원을 장악한 십자군으로 인해 그들에게는 더 이상 기동작전을 펼칠 만한 공간이 없었다.

또 한 번 십자군은 객관적인 관점에서 볼 때 가능할 것 같지 않던 승리를 거두었다. 그 전투에서 십자군이 도릴라이움에서 저지른 것과 같은 실수를 범하지 않은 것도 영향을 끼쳤지만, 카르부카의 판단 실수와 투르크 동맹자들의 불화 덕을 본 것은 분명하다.

한편 십자군들 중 일부는 전투를 승리로 이끈 것은 기사지만, 그 유일하고 결정적인 돌격이 감행될 때까지 기사들을 지원하고 보호한 것은 보병의 힘이라는 것을 깨닫고 있었다. 보병, 특히 궁노수들은 투르크 기마궁수들의 사격 효과를 줄이기 위해 적들을 충분한 거리 밖에 묶어 놓으려고 애썼고, 기사들이 실제로 공격할 수 있을 때까지 그들을 보호했다. 또 투르크군이 창과 검을 휘두르며 보병들에게 돌격하는 경우에는 기사들이 그들을 쫓아버릴 수 있었다. 그러나 이런 전술이 마법의 공식은 아니었다. 기마궁술과 함께 적의 돌격에 앞서 산개하는 전법은 여전히, 특히 방심하는 자에 대해서는 어느 누구에게나 효과적이었다.

최초의 승리를 거둔 후 십자군은 예루살렘 왕국, 에데사 백국, 트리폴리 백국, 안티오크 공국과 같은 일련의 소국을 세우고 자리를 잡았다. 그러나 만성적으로 병사가 부족했던 이 국가들은 이슬람 세계로부터 끊임없는 압박을 받았다. 십자군은 언제나 승리를 거둔 것이 아니라 오히려 그 반대로 많은 패배를 겪었으며, 싸움터보다는 성과 요새를 이용하여 영토를 지킨다는 방어적 정책에 안주했다. 십자군은 인원이 많지 않았으므로 단 한 번의 심각한 패배로도 돌이킬 수 없는 피해를 입을 수 있다는 것을 알고 있었다. 도릴라이움과 안티오크에서 우연히 승리를 거둔 지 백 년이 지난 후에 그것은 적나라하게 입증되었다.

당시 서양에는 살라딘(재위 1169~1193년)으로 잘 알려져 있는 쿠르드족 살라흐 앗 딘 유수프 이븐 아이유브가 자신의 삼촌인 시르쿠의 계승자로서 권력을 잡고 이집트와 시리아의 술탄으로 군림하고 있었다. 독실한 이슬람교도였던 살라딘은 십자군이 세운 국가들을 항복시키는 업무를 스스로 맡았고, 거기다 그 업무를 실행하기에 매우 좋은 입장에 있었다. 그가 지배하던 이집트는 투르크족 병력을 더하여 이전보다 더 뛰어난 대규모의 군대를 보유한 부유한 국가였다. 전통적으로 이집트인들은 아랍인들이 그랬듯이 말을 타고 싸웠지만, 기마궁수들은 아니었다. 수 세기 동안 계속된 비잔틴 제국과의 투쟁으로 이집트인들은 비잔틴 제국의 중장기병과 같은 쇠미늘 갑옷을 입은 창기병과 그들을 지원하는 보병 궁수들을 배합하여 사용하게 되었다. 그러나 십자군은 이집트 기마병들이 서양 군대의 돌격에 견딜 수 없다는 것을 알았고, 1099년의 아슈켈론(아스칼론. 이스라엘의 남부에 위치-옮긴이) 전투에서 일어났던 것처럼 이집트 궁수들을 쉽게 패주시킬 수 있었다. 그 전투에서 고드프루아와 탕크레드는 예루살렘을 탈환하려고 시도한 이집트군을 궤멸시켰다.

십자군은 투르크군보다 이집트군을 상대적으로 경시했으며 이집트군의 능력에 대해 지나치게 경멸한 결과, 1102년에는 라믈레(이스라엘의 중부에 위치-옮긴이)에서 가까스로 승리했지만, 이듬해에는 다시 라믈레에서 패배했다. 그러나 살라딘은 시리아에서 두각을 나타내기 시작했고, 그의 군대에는 통상적인 창기병과 보병 궁수들뿐 아니라 상당히 많은 수의 투르크족 병력이 포함되어 있었다. 1187년, 십자군은 적의 수중에 빠져 초원의 전술에 당하는 엄청난 실수를 저질렀다.

1187년에 살라딘은 대군을 거느리고 십자군 국가들에 대한 출정을 계속했다. 역사가들은 살라딘 군대의 병력 수는 의심할 여지없이 큰 규모였으며, 분명 십자군 국가들이 전투에 배치시킬 수 있던 병력보다 뛰어났을 것이라고 한다. 같은 해 6월에 살라딘은 갈릴리 공국의 수도이며, 갈릴리 해안(이스라엘 북부에 위치-옮긴이)에 있는 도시인 티베리아스로 진격했다. 그 성시는 곧 항복했지만, 수비군과 트리폴리의 여백작인 에스키베는 성채로 후퇴하여 끝까지 저항했다. 십자군과 싸우기를 바랐던 살라딘은 에스키베가 예루살렘의 왕 기 드 뤼지냥에게 도움을 청하는 전갈을 보낼 수 있도록 해주었다.

그 구원 요청과 성전기사단에게 좋지 않게 진행되었던 이전의 갈릴리 침략에 응하여, 기독교도들은 학문의 중심지인 갈릴리의 세포리스에 집결했다. 그 수는 전에 없는 대군으로 1,200명의 기사, 수백 명의 투르코폴(기독교도와 이슬람교도의 혼인으로 태어난 후예들 중에서 징집된 경무장한 기병-옮긴이),

그리고 1만 8천 명의 보병으로 이루어졌던 것으로 추정된다. 이 야전군은 십자군이 보유한 영토 전체에 걸쳐서 도시와 성의 수비군이 차출된 것이었는데 각각의 도시와 성의 안전이 위험할 정도로 많은 병력이 소집되었다.

그 군대를 어떻게 이용할 것인지에 대해 상당한 논의가 있었다. 포위당한 여백작 에스키베의 남편인 트리폴리의 레몽은 불모지를 지나 티베리아스로 진격하여 이슬람교도와 싸우는 것은 어리석은 짓이라고 현명하게 주장했다. 그 대신 레몽은 그 도시를 무한정 지킬 수 없는 살라딘을 기다려야 한다고 판단했다. 그러면 십자군은 지쳐버린 적과 맞서게 되어 자신들이 유리할 것으로 보았기 때문이다. 그러나 그의 판단과는 대조적으로 성전기사단원들은 보다 호전적으로 새로 집결한 군대는 이전의 그 어떤 십자군 군대보다도 규모가 컸기 때문에 진격하여 적과 맞서는 것이 더 낫다고 생각했다. 기 왕은 마침내 진격하기로 결정했다.

7월 3일에 그 군대는 세포리스를 출발하여 행군하기 시작했는데, 대략 16킬로미터 정도 진군한 후에 투르크군 기마궁수들에게 포위되어 화살 공격을 받기 시작했다. 십자군은 그렇게 시달리면서도 계속 진군했고, 부대의 선두는 적이 차지하고 있어서가 아니라 단지 건조한 지대를 행군하느라 물이 절실하다는 이유로 중요한 목적지가 되었던 티베리아스와 갈릴리 해의 5킬로미터 이내로 진격했다. 불행하게도 목표에 그렇게 가까워졌지만, 십자군이 해안으로 내려가기 위해서는 아직도 약 300미터 높이의 작은 산들을 넘어야 했다. 투르크군은 그들을 저지하기 위하여 산꼭대기를 따라 배치되어 있었다. 툴루즈의 백작 레몽 4세는 피로와 위험에도 기 왕에게 길을 재촉하기를 주장했다. 이때 십자군의 앞에는 두 개의 통로가 있었고, 어느 곳을 통해서도 갈릴리 해안으로 갈 수 있었다. 만일 싸우면서 길을 가야 한다면, 그들은 그럴 작정이었다.

투르크군이 활을 쏘는 바람에 진군 속도가 떨어진 십자군은 전열에 틈이 생겼고, 구호기사단(순례자 보호를 위하여 1048년에 예루살렘에서 조직된 기사단-옮긴이)과 함께 종대의 후미를 형성했던 성전기사단은 부대의 다른 병력들과 분리되고 말았다. 성전기사단원들은 다른 병력들이 통로로 진격하면 뒤처질까 봐 염려했다. 군사들은 지친 데다 갈증에 시달리고 있었으며, 5킬로미터 거리 안에서는 물을 얻을 데도 없었다. 그런 이유로 기 왕은 어쩔 수 없이 군대로 하여금 멈춘 곳에 진을 치라고 명령을 내렸다.

병사들은 갈증에 시달리며 사기가 꺾인 데다 투르크군이 그들 한가운데로 활을 쏘고 연기로 그들을 자극하기 위하여 바람을 등지고 마른 풀에 불을 질렀기 때문에 밤새 잠을 못 자고 꼬박 새웠다. 아침이 왔을 때 대부분의 병사들, 특히 보병들은 싸울 의지를 모두 잃어버렸다. 기 왕은 다시 진군을 계속했으나, 이번에는 티베리아스가 아니라 그 통로의 최북단에 위치한 와디 엘 함맘과 물을 구할 수 있는 가장 가까운 마을인 하틴을 향해 갔다. 그때 살라딘의 투르크군이 십자군을 둘러쌌고, 기사들이 돌진하자 보병은 완전히 무너져 하틴의 뿔이라고 불리는 두 개의 작은 산으로 기어 올라갔다. 기 왕은 그 보병들에게 전령을 보내 산에서 내려와 싸우라고 명령했지만, 보병들은 그렇게 할 수 없다고 응답했다. 한편 성전기사단과 구호기사단은 왕에게 자신들은 이미 적과 격렬하게 교전을 벌였기 때문에 더 이상 진격할 수 없다는 말을 전했다. 기 왕은 병력 중에서 가장 뛰어난 기사단의 병사들을 본대와 분리하고 싶지 않아 싸움을 멈추라고 다시 명령했다. 그러나 그 부대의 파멸은 오로지 시간문제였을 뿐이었다. 레몽 백작은 앉아서 기다리기를 거부했다. 그 대신 레몽은 자신의 기사들을 재편성하여 북쪽 구릉으로 필사적으로 돌진해 투르크군의 기마궁수들을 돌파하여 탈출했다.

투르크 병사들은 구릉 위에 있는 기 왕의 보병들을 어렵지 않게 상대하여 그들을 패주시켰으며, 일부는 죽이고 나머지는 포로로 잡았다. 왕과 남아 있던 기사들은 구릉 위에서 저항할 때 화살 세례를 받았고, 두 번이나 아래로 돌진해 이슬람교도들을 돌파하려고 했지만 매번 격퇴당했다. 두 번째 시도가 실패한 후 기사들은 말에서 내려 항복했다. 예루살렘 왕국의 기 왕도 직에게 사로잡혔으며, 두 번 다시 소집할 수 없을 정도로 대규모였던 십자군은 괴멸되었다. 사실 기사들에게 가장 불리하게 작용했던 요인은 극도의 피로와 갈증이었으며, 그들의 갑옷은 오히려 투르크군의 활로부터 그들을 잘 보호했었다.

하틴 전투의 결과는 치명적이었다. 찰스 오만은 그에 대해 다음과 같이 썼다.

> 왕국은 하틴의 언덕 중턱에서 전멸한 군대에 병력을 공급하느라 남자들이 부족했고, 마을과 성들은 순전히 방어자들이 없는 바람에 이슬람교도들에게 힘없이 함락당했다. 이교도들의 공격에 8년이나 용감하게 맞서 왔던 곳이 그 안에 성직자와 여자들 외에는 아무도 없었기 때문에 첫 번째 항복 권고에 문을 열었다. 예루살렘도 단 12일 동안의 포위 끝에 굴복했다.[5]

영국의 '사자심왕' 리처드 1세(재위 1157~1199년)는 살라딘으로부터 예루살렘을 탈환하기 위해 4년 후 보다 더 국제적인 제3차 십자군 원정에 참여했다. 리처드는 결국 예루살렘을 수복하지는 못했으나, 하틴 전투를 염두에 두어서였는지 진군을 준비할 때 더욱 신경을 썼다. 그런 준비는 1191년 자파(지중해 연안에 위치한 도시로 오늘날 이스라엘의 텔아비브 지역-옮긴이)로 진군할 때 가장 잘 드러났다. 당시 리처드는 아크레를 점령했으며, 예루살렘을 탈환하기를 원했다. 지형 때문에 그는 먼저 자파로 가서 그곳에서부터 행군할 필요가 있었다. 그러나 아크레에서 자파까지는 해안을 따라 130킬로미터 정도를 가야 하는데, 살라딘 휘하의 이슬람군이 행군하는 리처드의 군대에 벌 떼처럼 몰려들 것은 틀림없었다. 그 행군은 쉽사리 재앙이 될 수도 있었으나, 리처드가 특히 좋아했던 석궁으로 무장한 보병들에게 크게 의지했던 그 행군은 전술적으로 볼 때 오히려 걸작이 되었다. 리처드는 영국군이 석궁을 사용하기를 권장했는데, 아이러니하게 그는 1199년 프랑스에서 한

성을 포위 공격하다가 궁노수가 쏜 화살에 목숨을 잃게 된다.

투르크군은 특히 행진 중의 군대, 그것도 적의 종대 후미를 집중적으로 공격하기를 좋아했다. 그 공격이 성공하면 후미를 제외한 나머지 부대가 계속 전진하는 동안 투르크군은 화살 세례로 적의 후미 속도를 늦추거나 정지시켜 처참했던 하틴 전투에서처럼 적의 전열을 흐트러뜨릴 수 있는 이점을 이용할 수 있었다.

그러나 리처드는 신중했으며 훌륭한 행군 대형을 생각해냈다. 해안을 따라 이동할 때 리처드는 병참부대가 바다에서 가장 가깝게 종대로 이동하게 했다. 보병은 종대로 바다에서 좀더 떨어져 병참부대와 나란히 행진한 반면, 기사들은 무리를 지어 그 두 종대 사이를 말을 타고 가는 방식을 취해 기사들과 그들의 말이 오른쪽 측면에 있는 보병들의 보호를 받았다. 병사들은 적이 접근하지 못하도록 석궁을 사용했고, 기사들은 투르크군이 너무 가까이 접근하면 그들에게 돌격할 준비가 되어 있었다. 그 세 개의 평행한 열들은 서두르지 않고 앞바다의 배에서 보급품이 내려지는 동안 자주 휴식을 취하면서 지중해 연안을 따라서 19일 동안 행군했다. 투르크군은 최선을 다해 십자군을 괴롭혔지만, 그들을 동요시킬 수 없었다. 십자군의 궁노수들은 행군 중에 조직적으로 활을 쏘면서, 패드를 넣은 갬버슨을 맞히는 투르크군의 화살에 개의치 않고 뚜벅뚜벅 걸어갔다. 그 두꺼운 의복은 투르크군의 화살로부터 십자군을 적어도 투르크군이 활을 쏘고자 한 거리에서는 보호했으며, 보병들이 걷거나 활을 쏠 때 다수의 화살이 그들의 등에 삐져 나와 있는 것이 종종 목격되었다.

그 행진은 1191년 8월 27일에 시작되어, 9월 10일 자파에서 끝이 났다. 그러나 7일째에 십자군이 아르수프라는 마을에 접근했을 때, 살라딘은 몸소 전위부대에 합류하여 십자군 부대에 총공격을 가하면서 기사들의 말을 쳐서 넘어뜨릴 수 있도록 그들에게 더 가까이 접근하기를 촉구했다. 리처드는 자신의 명령이 있을 때만 돌격하라고 지시했었지만, 어느 때처럼 전열의 가상 위험한 부분인 후미에서 말을 타고 가던 구호기사단은 그들의 말이 희생되고 병사들이 부상에 시달리자 점점 좌절하게 되었고, 돌격을 허락해달라는 그들의 요청이 거부되자, 기사 두 명이 이슬람군 보병을 돌파했고 나머지 기사들도 그 뒤를 따랐다.

그다음의 기사 부대인 프랑스인들도 그들을 똑같이 따랐고, 열을 따라 있던 모든 무리의 기사들이 종대의 후미에서 전위로 돌진했다. 그 행동은 자발적으로 일어났지만 마치 계획된 작전이었던 것처럼 잘 작용했고, 기사들은 적절한 시기를 기다리던 리처드의 예상보다도 뛰어난 효과를 거두었다. 당연하겠지만 이슬람교도들은 공격이 신중하게 계획되었다고 생각했으며, 그 돌격 앞에서 무너졌다. 십자군은 후퇴하는 이슬람교도들을 단 1.6킬로미터 정도만 추격했을 뿐, 더 이상 추격하는 실수를 저지르지 않고 자신들의 자리로 다시 돌아갔다. 투르크군은 부대를 재편성하여 다시 유럽인들을 에워쌌으나 십자군의 두 번째 돌격에 패주했다. 그들은 다시 한 번 돌아왔고, 또 다시 돌격을 당했으며, 결국은 싸워보지도 못하고 달아났다.

그러나 리처드가 아르수프에서 거둔 성공에도 불구하고, 살라딘은 이미 십자군 국가들에게 돌이킬 수 없는 피해를 입혔다. 십자군이 소멸하는 것은 단지 시간문제에 지나지 않았다.

전략적 관점에서 볼 때 십자군은 적과 마찬가지로 영토 보호라는 동일한 문제에 직면해 있었지만, 인력 부족으로 인한 어려움도 겪었다. 십자군 국가의 백성 대다수는 이슬람교도였으며, 적극적으로 종군할 기독교도와 투르코폴의 수는 충분하지 않았다. 비록 매번 새로운 십자군이 조직되어 유럽으로부터 기사가 유입될 때마다 새로운 전술이 습득되겠지만, 전술적 관점에서 볼 때 그런 방법들은 적절하지 않았다. 그리고 십자군은 자신들의 전술이 어느 정도 작용하도록 하는 방법, 즉 돌격의 중요한 순간까지 보병이 기병을 지원하는 방법에 대해 깨닫게 되었고, 그 방법에 전적으로 의지했다. 십자군에게는 초원 양식의 기동 작전 능력이 없었으며, 갑주 덕분에 보호를 잘 받았더라도 투르크군이 자유롭게 행동할 수 있는 바람에 피할 수 없이 일부 기사들은 화살을 맞고 많은 말들이 불구가 되었다. 투르크군이 맞붙어 싸우기로 작정한다면 십자군을 더욱 약화시키거나 혹은 완전히 패배시킬 수 있는 취약한 상태로 만들 수 있었다.

결국 셀주크족은 초원 지대로부터 등장했을 때 자신들의 전술 덕분에 중동 지방의 많은 부분을 지배하게 되었다. 유럽인들은 오직 셀주크족의 분열과 그들이 이따금 저지르는 실수로 인해 이집트 북동쪽의 지중해 연안을 따라서 잠시나마 기지를 얻을 수 있었던 것이다.

헝가리
키예프
블라디미르
러시아
흑해
사라이
킵차크 칸국
카스피 해
아랄 해
대칸
몽골
카라코룸
차가타이 칸국
부하라
사마르칸트
바그다드
일칸국
메르프
니샤푸르
발흐
이스파한
페르시아
시라즈
티베트
델리 술탄국
아라비아 해
베이징
카이평
중국
청두
광저우

제7장

몽골족의 등장

몽골족은 초원의 전사들 중에서 가장 성공했던 종족으로 몽골, 중국, 한국, 러시아, 이란, 이라크, 아프가니스탄, 트란스옥시아나, 시리아, 카프카스 등을 포함하는 제국을 건설했다. '몽골 호르드'란 표현이 대중적으로 통용되게 된 것도 그 때문이다. 그럼에도 몽골족이 다른 초원의 종족과 다른 점은 그렇게 많지 않았다. 그들은 거의 순수한 유목 생활을 영위했고, 문자를 사용하지 않았으며, 씨족과 부족으로 결합되어 있었다. 또 포위, 엄습, 거짓 후퇴, 매복 공격이라는 전통적인 초원의 전술을 사용하며 말을 타고 복합궁을 이용하여 싸웠다.

모든 점에서 몽골족은, 그들보다 수가 많으며 혈연관계에 있는 투르크족이나 그들의 선행자인 인도-아리안계의 스키타이족과 다르지 않았다. 또한 몽골족은 특별히 인구가 많은 것도 아니었다. 13세기, 그들이 세력을 얻기 시작할 때 그들의 수는 기껏해야 백만여 명에 지나지 않았다. 그럼에도 불구하고 1260년, 몽케 칸이 사망할 무렵 몽골족은 역사상 가장 넓은 영토를 가진 제국을 보유했고, 그 제국은 정주민들의 기준에서는 길지 않지만 초원의 종족 제국으로서는 상당한 기간인 대략 3세대 동안 지속되었다. 문제는 아주 간단히 말하자면, 몽골족이 정주민에 대해 분명히 군사적 이점을 가지고 있었다고 생각되지만, 다른 초원의 부족들도 마찬가지인 데도 불구하고 왜 초원의 다른 어떤 부족들보다 훨씬 더 성공적일 수 있었는가 하는 것이다.

그 문제에 대한 해답은 바로 한 사람, 칭기즈 칸의 역사와 긴밀하게 얽혀 있다. 몽골족의 성취가 오로지 그의 노력을 통해서 이루어진 것만은 아니지만, 칭기즈 칸은 확실히 초원의 족장에게 생기는 천부적 이점을 이용하고, 당시 초원 지대의 정치적 · 군사적 경향을 최대한 활용하기에 적합한 성격을 가지고 있었다.

본래의 몽골족과 그들과 혈연관계에 있는 타타르족, 메르키트족, 나이만족은 몽골 고원과 오늘날의 러시아와 중국의 일부를 이루는 인접 지역에 살았다. 보르치긴 씨족의 예수게이라는 이름의 몽골족 수령은 오논 강(러시아와 몽골을 흐르는 강으로 헨티 산맥의 동쪽에서 발원–옮긴이) 근처에 야영지를 가지고 있었다. 그는 타타르 부족과 싸웠고, 1160년대 중반 어느 날, 한 명의 타타르족 추장을 포함하여 약간의 포로들을 데리고 자신의 진영으로 돌아왔다. 예수게이의 아내 호엘룬이 막 아들을 낳았는데 포로로 잡힌 타타르족 추장의 이름을 따서 예수게이는 아들의 이름을 테무친이라고 지었다. 또 다른 설로는 예수게이가 씨족 내의 철을 다루는 전통 때문에 '철'을 뜻하는 '테무'라는 단어를 사용해 이름을 지었다고도 한다. 그 설은 테무친의 형제 중 한 명은 테무게, 누이는 테물룬이라고 이름붙였다는 점에서 설명할 수 있다. 그러나 이 테무친이라는 아들의 이름은 1206년 쿠릴타이 즉, 족장회의에서 얻게 된 칭기즈 칸이라는 칭호로 더 알려지게 된다.

예수게이는 타타르족과 싸웠을 뿐 아니라 투르크족인 케레이트 부족의 추장 토그릴이 권력에서 밀려났을 때 그를 도왔었고, 그와 '안다'라고 불리는 초원 지대에서는 흔한 의형제 관계를 맺었다. 예수게이는 또한 강력한 부족인 옹기라트족과의 동맹을 추진하여, 당시 여덟아홉 살이었던 아들 테무친에게 아내를 얻어주기 위해 길을 떠났다. 그는 옹기라트족인 보스쿠르의 데이 세첸이라는 사람을 방문하게 위해 멈췄고, 그의 딸 보르테가 마음에 들어서 테무친이 데이 세첸의 가족과 함께 사는 조건으로—아마 요구받은 비싼 신부 값을 지불하는 데 도움이 되도록—그녀와 자신의 아들을 약혼시키는 데 성공했다. 그러나 상황은 계획대로 전개되지 않았다. 자신의 야영지로 돌아오는 중에 예수게이는 일단의 타타르인들을 만났고 그들의 환대를 받기 위해 그들과 합류했다. 그때 예수게이를 알아본 타타르인들은 그의 음식에 독을 넣었다. 예수게이는 자신의 야영지로 돌아갈 수는 있었으나 자신의 아들을 도로 데려오려고 부하를 보낸 후에 그곳에서 사망했다.

예수게이가 사망하자 테무친은 아버지의 부하들이 곁에서 서서히 떠나는 것을 지켜보게 되었다. 몽골의(그리고 투르크의) 사회 조직이 유동적이라는 것은 주지의 사실이었으며, 부족의 안정과 보호는 그 지도자에게 달려있었다. 초원의 유목민들은 자신이 위대한 전사라고 여기는 다른 지도자에게 기꺼이 합류했다. 예수게이의 부하들은 자신들을 보호해주거나 전리품을 제공할 능력이 없었던 어린 테무친과 그의 형제들을 위해 남아 있고 싶어 하지 않았다. 그렇게 예수게이의 사망은 처음에는 테무친에게 위기로 작용했지만, 결국 야망을 가진 젊은 귀족에게는 또 다른 이점을 제공했다. 초원에서 정치적 권력이란 정주민들의 경우처럼 확립된 제도에서 발생하기보다는 개별적 지도자들의 인물 됨됨이에서 나왔고, 지도자의 사망과 더불어 권력도 사라질 수 있었다. 테무친은 아버지의 사망으로 그것을 직접적으로 경험했다.

그러나 아버지에서 아들에게, 혹은 형제에서 형제에게로의 승계가 성공적인 절차를 거쳐 이루어지더라도, 전임자의 측근이었던 부하들은 계승자에게 껄끄러운 존재가 되었으며 그 권력을 억제하는 요소였다. 그러므로 칸이 자신의 부족과 다른 부족들을 절대적으로 통치할 수 있는 높은 위치에 오르기 위해서는 오로지 자신에게만 확실히 충성하는 부하들에게 의존하여 절대적인 전제 군주가 될 필요가 있고, 또한 그렇게 되지 않으면 안 된다. 그것을 성취하기 위해서 그는 깨끗한 경력을 가지고 출발해야 하는데, 계승자는 보다 높은 곳에서 시작할지는 모르지만 결코 완벽하게 깨끗한 상태에서 출발할 수 없고 궁극적으로는 그리 높게 올라갈 수 없다. 그러한 상황에서 당연히 비롯되는 결과가 바로 초원의 제국에서 나타나는 불안정성이었다. 조셉 플레처는 다음과 같이 주목했다.

> 제국이 여러 세대에 걸쳐 살아남았다면, 그것은 매 계승자가 농경 제국에서 의미하는 계승자가 되려고 애쓰기보다는 오히려 재창건자가 되려고 노력했기 때문이다. 전임자의 부하들을 물려받기보다는 갖가지 투쟁을 통해 자신만의 가신과 관리자와 동맹자들을 데려온 재창건자가 없었다면, 그 제국은 오래 견디지 못했을 것이다.[1]

그러나 그러한 염려는 훗날의 일이다. 예수게이가 죽은 뒤 소년 테무친과 그의 형제들, 그리고 이복형제들은 여가장女家長 호엘룬을 중심으로 뭉쳐서 수 년 동안 마멋(몸은 작은 토끼만 하고 온몸이 회갈색 털로 덮인 포유동물-옮긴이), 쥐, 새, 물고기 등을 잡아서 초원에서 근근이 생활을 해나가지 않으면 안 되는 극심한 어려움을 겪어야 했다. 테무친이 열다섯 살 정도였을 때 이복형제인 벡테르, 벨구테이와 심한 갈등에 빠졌다. 벡테르와 벨구테이는 예수게이의 또 다른 아내의 아들들이었으며, 테무친과 그의 다른 형제들이 잡은 사냥감과 생선을 계속해서 빼앗은 것으로 보아 틀림없이 테무친보다 나이가 더 많은 형제였을 것이다. 그에 대한 대응으로 테무친과 그의 동생 카사르는 벡테르와 벨구테이를 죽이기 위해 추적 끝에 사로잡았다. 그 둘 중에서 형이었던 벡테르는 무슨 일이 일어날지 알고는 저항하지 않고 자기가 있던 곳에 그대로 앉아있었다. 벡테르는 그저 동생 벨구테이의 목숨을 살려달라고 요청했다. 그러나 테무친과 카사르는 벡테르를 활로 쏘아 죽였다. 벡테르를 살해한 것은 물론 그의 절도에 의해 정당화되었다고 생각되지만, 실제로는 왕조에서 흔히 일어나는 정적의 제거였다고 할 수 있다. 테무친은 예수게이 본

부인의 맏아들이었지만, 심지어 당시와 같이 열악한 상황에서도 요행으로 가족을 지배하기를 바라지 않았던 것이다.

우리는 또한 여기서 처음으로 테무친의 두드러진 특성을 볼 수 있다. 그는 자신의 이익을 위해 폭력적으로 행동하지만 언제나 어떤 도덕적 구실—종종 상당히 미덥지 못한 핑계로 그 행동을 정당화한다. 그 살인 사건의 여파로 테무친은 살인에 대한 처벌로서 목에 칼(머리 양쪽으로 손을 묶는 무거운 원형의 목제 깃)을 쓴 채 타이치우트 씨족에게 얼마 동안 감금되었다. 그러나 테무친은 이미 추종자들을 끌어당기고 붙드는 흡인력을 보이던 자신의 개성 덕분에 자기편으로 끌어들일 수 있었던 일부 타이치우트 부하들의 도움을 받아 탈출했다. 테무친을 도운 그 사람들은 후에 그와 합류하기 위하여 타이치우트 씨족을 버렸다.

테무친의 구금과 탈출에 관한 상세한 사항은 여러 가지 자료들에 뒤섞여 있는데, 그것은 테무친이 한 번 이상 잡혔었다는 것을 의미하는 것으로 볼 수 있다. 그런 식으로 젊은 남자들이 납치되는 일은 몸값을 받아내거나, 하인으로 봉사시키거나, 혹은 복수할 목적으로 초원에서 흔히 발생했다. 복수를 해야 할 의무는 초원에서는 심각하게 받아들여졌고 세대에서 다음 세대로 전해지기까지 했는데, 그런 점은 후에 테무친에게도 영향을 주게 된다.

테무친은 적정한 나이가 되자 자신의 약혼녀 보르테를 요구하기 위해 데이 세첸을 찾아갔다. 그는 그녀와 결혼하고 당시로서는 대단히 비싼 물건인 검은담비 가죽으로 만든 외투를 지참금으로 내놓고 신부를 데리고 자신의 야영지로 돌아왔다. 테무친이 취한 다음 조치는 후원자에게 보호를 구하는 것이었다. 그는 오래전에 자신의 아버지로부터 도움을 받았던 케레이트 부족의 토그릴에게 합류하기로 결정했다. 테무친은 자신의 형제와 보오르추(테무친이 도둑맞은 말을 찾는 것을 도와주었고 훗날 그의 부하 장수가 된다)를 포함한 최초의 추종자들과 그에게 합류하기 시작했던 다수의 젊은이들을 동반했다. 테무친은 토그릴에게 검은담비 가죽으로 만든 외투를 신물하면서 자신의 아버지가 그에게 베풀었던 호의를 상기시켰다.

토그릴은 그의 아들까지 포함한 모든 친척들이 자신의 왕위를 거스르는 책략을 펴고 있었기 때문에 또 다른 지지자를 얻는다는 기대에 기뻐했다. 그 둘의 관계는 부하가 적었던 테무친에게 단순한 가신이 아니라 한 명의 지도자, 즉 노얀으로서 토그릴을 섬길 수 있게 되었기에 더욱 소중했다. 더욱이 테무친은 노얀으로서 토그릴의 관대함을 함께 나누는 것을 기대할 수 있었다. 토그릴은 중국인의 봉신이었기 때문에 그들로부터 칸으로서 자신의 노얀들에게 나누어줄 선물을 상례로 받았다.

얼마 지나지 않아, 일단의 메르키트 부족이 테무친의 야영지를 습격하여 그의 아버지가 오래전에 호엘룬을 납치한 것에 대한 복수(테무친의 어머니는 예수게이가 그녀를 훔쳐가기 전에 어떤 메르키트 남자와 약혼을 했던 상태였다)로 그의 아내를 납치했다. 테무친은 토그릴에게 도움을 청했고, 그의 도움을 받게 되었다. 토그릴은 케레이트 부족의 대군을 보냈으며, 자지라트 부족의 칸인 자무카에게 같은 수의 병력을 보내라고 명령했다. 자무카는 테무친의 어릴 적 친구이자 의형제였다. 이 덕분에 테무친은 메르키트 부족을 물리치고 보르테를 되찾을 수 있었다. 보르테는 그 후 테무친의 장남 주치를 낳았는데, 테무친은 주치를 다른 자식들과 결코 다르게 취급하지 않았으나, 보르테의 납치 사건 등의 정황으로 주치의 부계는 항상 의심을 받았다.

메르키트 부족을 격파한 후 테무친과 자무카는 매우 가깝게 지냈고, 서로 갈라서기 전에는 약 일 년 반 동안이나 함께 야영을 했었다. 그 둘 사이에서 점점 커진 불만은 커다란 권력을 갈망하는 각자의 야망으로 생긴 자연스러운 결과였다. 자무카는 자지라트 부족의 칸이라는 자리를 통해서 그의 야망을 이루려고 시도한 반면, 테무친은 비록 귀족 혈통이었지만 많은 다른 부족 출신과 보다 하위 계층 출신의 사람들에게 마음을 끌었다. 그래서 그 두 젊은이의 분열이 뚜렷해졌을 때 자무카는 몽골 부족들 중에서 가장 중요한 귀족들을 포함한 전통적인 초원의 귀족 계층에게 지지를 받았던 반면, 테무친의 권위는 사회적 지위는 낮지만 보다 광범위한 계층의 사람들에게 미쳤다. 그런 상황은 당장은 아니더라도 시간이 지나면서 유용하게 작용했다. 테무친은 자신의 추종세력을 형성할 때 출생의 우열에 의해서가 아니라 테무친 개인의 덕으로 지위를 얻은 사람들을 주축으로 했다. 그러므로 의식적이든 아니든 또는 계획에 의해서든, 단지 그에게 주어진 기회를 붙잡았던 것이든, 테무친은 독립적인 귀족들은 자신에게 은혜를 입지 않을 것이기 때문에 그들보다는 자신에게 은혜를 입은 사람들로 권력 기반을 만들기 시작했다. 그러나 한마디로 말하자면, 자무카의 동맹이 테무친의 조직보다 더 많은 몽골족을 포함했으며 더 강력했다.

그럼에도 메르키트족을 상대로 거둔 성공 후에 테무친은 몽골족의 떠오르는 별로, 그리고 그들이 보다 강했던 수 세대 전 시절에 소유했던 영광을 몽골족에게 돌려줄 수 있는 가능성을 가진 인물로 널리 알려졌다. 그런 견해는 신이 전 세계를 테무친과 그의 아들들의 영토로 챙겨두었다는, 테무친의 부하였던 무당 코코추의 주장으로 더욱 힘을 얻었다. 미신을 쉽게 믿는 경향이 있는 몽골족 사이에서 그런 주장은 테무친의 성공에 기여하였을 가능성이 있다. 그러나 테무친의 성공으로 그와 자무카의 분열은 악화되었고 곧 전쟁이 일어날 듯했다. 1186년, 테무친은 몽골족의 칸으로 선출되었고, 그때까지 자무카를 지지하던 테무친의 친척들 중 일부도 그의 편에 붙었다.

테무친과 토그릴은 둘 다 이러한 사실에 흡족해했다. 테무친은 이제 케레이트족의 칸과 명목상 동등한 존재가 되었기 때문이었고, 토그릴은 자신의 동맹자가 더욱 강력하게 됨으로써 보다 유력한 지지자로 자신의 정권에 도움을 줄 수 있을 것으로 기대했기 때문이었다. 그것은 의심할 여지없는 사실이었지만, 몽골족의 칸은 자무카만큼 강력하지는 않았다. 자무카는 1187년 이를 이용하여 부족원이 말을 훔치려다 몽골인에 의해 살해당한 데 대한 복수를 한다는 표면적인 이유를 들어 테무친을 공격했다. 자지라트 부족의 칸은 3만 명의 기마군을 전투 배치하여 신속히 공격을 시작했고, 이에 대해 미리 경고를 받았던 테무친은 공격에 맞서기 위한 병력을 13개의 '진영'으로부터 조달하기 위해 급히 움직였다. 몽골족 칸은 달란 발주트 전투에서 패배했고, 그 전투 후에 자무카는 다수의 귀족 포로를 큰 솥에 넣고 삶아 죽였다. 이 비위에 거슬리는 행위는 죽은 귀족 포로들의 유령이 되돌아오는 것을 방지할 의도로 행해졌지만, 그로 인해 많은 부하들이 자무카에게 등을 돌린 것으로 보인다.

이 시점의 기록은 분명하지 않으며, 그로부터 십 년간 테무친은 중국인들 사이에서 피난처를 찾은 듯하다. 그것은 테무친 역시 중국의 봉신인 토그릴 칸의 봉신이었다는 것을 생각하면 상당히 일리가 있다. 테무친이 없는 동안 그의 이전 보호자인 토그릴은 권좌에서 쫓겨나 몽골리아 남쪽에 살던 한족화한 초원의 종족 카라키타이족에게 몸을 의탁했다. 토그릴은 그로부터 일 년 뒤 테무친이 귀환하여 타타르족 무리를 공격하여 승리했다는 것을 알고 나서야 돌아왔다.

테무친은 그다음 타타르족에 대한 공격에 합류하지 않았다는 이유로 자신의 친척인 주르킨 씨족 사차-베키를 공격했다. 이후에 테무친과 토그릴은 예전에 토그릴을 칸의 권좌에서 몰아냈던 고故 이난치 칸의 아들 부이룩 칸을 공격했다. 당시 이난치 칸이 죽자마자 그 부족은 서로 다투던 두 아들에 의해 분열되었고, 테무친과 케레이트족의 칸은 그 기회를 이용하여 부이룩 칸을 그와 적대 상태였던 형제의 묵인하에 공격했을 것이다.

그 전투는 두 동맹자(테무친과 토그릴)에게 유리하게 진행되어, 부이룩 칸과 그의 부하들은 도주했다. 그러나 침략을 마치고 돌아오던 테무친과 토그릴은 나이만족과 마주쳤다. 테무친과 토그릴은 전투 준비를 함께 했으나 밤중에 토그릴이 몰래 사라졌고, 결국 테무친 홀로 나이만족에 맞서게 되었다. 토그릴의 배신 행위는 자무카가 유발했을 가능성이 있다. 자무카는 그에게 테무친이 잠재적으로 충성스럽지 못하다고 비방했었다고 한다. 아마 토그릴은 점점 커지는 테무친의 권력과 명성을 불편하게 느끼기 시작해, 테무친이 강력한 나이만족에게 패배하도록 유도함으로써 약해질 기회를 잡으려고 생각했을 것이다.

그러나 상황은 토그릴에게 유리하게 끝나지 않았다. 테무친은 신중하게 부하들과 함께 후퇴했고, 나이만족은 그 대신에 토그릴을 공격하여 그의 아들 셍군과 셍군의 아내, 그리고 케레이트 칸의 백성 절반과 양 떼들을 탈취했다. 이렇게 상황의 반전에 직면한 토그릴은 자신의 아들을 구출하는 것을 도와달라고 자신의 명목상의 봉신에게 호소하지 않을 수 없었다. 테무친은 그 요청을 거절하지 않았고, 자신의 가장 뛰어난 부장들 중 네 명이 지휘하는 병력을 보내 셍군과 그의 아내와 아이들, 그리고 양 떼들을 구출했다. 토그릴의 행위에 비춰볼 때 이 사건은 그들의 새로운 관계 즉, 테무친이 보다 강력한 동업자의 위치로 서는 관계의 증거로 볼 수 있다.[2] 또는 테무친은 케레이트족의 칸이 되기로 결심했기에 보다 미묘한 방법으로 케레이트족에게 깊은 인상을 주고 싶었을지도 모른다.

토그릴은 테무친의 목표를 1200년에야 알게 되었고, 같은 해 그는 테무친을 사로잡을 계획으로 그와 회의를 요청했지만, 몽골족 칸은 이미 경고를 받았었기 때문에 결국 아무 일도 일어나지 않았다. 이 케레이트와 몽골 사이의 관계뿐 아니라 외부에서도 테무친에 대항하기 위해 카타긴족, 살지우트족, 두르벤족, 타타르족, 그리고 옹기라트족을 포함하는 투르크－몽골 동맹이 형성되었다. 이 연합체는 테무친과 싸워서 그를 패배시켰을 것이다. 왜냐하면 테무친은 중국의 영토로 퇴각한 반면, 토그릴은 만주의 경계에서 겨울을 났기 때문이다.

테무친에 대한 저항은 그 후 더 많이 발생했다. 1201년, 자무카는 몽골족 칸에게 저항하기로 결정한 나이만족, 메르키트족, 오이라트족, 그리고 타이치우트족이 결성한 또 다른 연맹의 구르칸(사해의 군주)으로 선출되었다. 코룰라스 부족원에게 이에 대한 경고를 받은 테무친은 토그릴에게 그 말을 전했고, 토그릴은 테무친을 지원하기 위해 병력을 일으켰다. 사실상 토그릴에게는 선택의 여지가 없었다. 그는 이제 실질적으로 테무친의 봉신이나 마찬가지였으며, 적이었던 부족 동맹은 토그릴 역시 파멸시킬 대상으로 점찍었기 때문이다.

두 군대는 할하 강에서 마주쳤고, 테무친과 토그릴은 그 동맹을 쳐부술 수 있었다. 자무카는 부하들 일부를 약탈한 후에 토그릴의 추격을 받으며 도주했다. 반면 테무친은 오논 강 쪽으로 타이치우트족의 아우추-바가투르를 쫓았다. 오이라트족은 강 건너편의 먼 쪽에 정렬되어 있었는데 테무친이 강을 건너자 그와 맞섰다. 테무친은 그들을 처참하게 패배시켜 대부분의 전사들을 몰아냈고, 사로잡은 모든 남자 포로들은 나이에 상관없이 죽였다. 이 전투 중 혹은 그 직후에 적의 전사 중 한 명이 테무친의 말을 활로 쏘아 죽였다. 그 전사는 나중에 잡혔을 때 이 사실을 인정했고 그에 대해 용서를 받아 '제베', 즉 '화살촉'이라는 별명을 얻어 칸을 섬기게 되었다. 제베는 나중에 테무친의 가장 위대한 부하 장수 중 하나가 된다.

이 성공적인 대결 후 1202년, 타타르족에 대한 출정도 역시 성공을 거두었다. 그 원정 중에 오래전 테무친의 아버지 예수게이를 독살한 것에 대한 보복으로 타타르족의 대부분이 살해되었다고 한다. 당시 전투에서 살아남은 생존자들은 몽골 전체로 분산되었다. 몽골의 시 〈몽골족 비사The Secret History of the Mongols〉는 테무친의 부하들이 한 말을 다음과 같이 기술하고 있다.

> 이제 모든 패배에 대한 복수를 위하여,
> 우리의 할아버지와 아버지의 죽음에 대한 보상을 위하여,
> 우리는 수레바퀴의 바퀴 멈추개보다 키가 큰 타타르 남자는 모두 죽일 것이다.
> 우리는 그들의 부족이 멸망할 때까지 그들을 죽일 것이다.[3]

그러나 몽골족이 특히 서양에서는 타타르족이나 타르타르족으로 알려진

데다 러시아와 흑해 지역의 몽골족 후계자들이 오늘날까지도 그 이름을 유지해온 것으로 보아 실제로는 타타르족에 대한 완전한 파괴가 일어난 것 같지는 않다. 이런 점에서 보면, 다른 부족의 경우와 달리 테무친은 타타르 귀족들이 자신에게 자발적으로 합류해오는 것을 허용하지 않고 모두 처형했던 듯하다. 이것이 타타르라는 이름이 존속하는 것과 일치하지 않는 듯 보이는 위의 이야기를 설명해줄 수 있을 것이다. 그러나 분명한 것은 테무친이 타타르에 대해 거둔 성공은 절대적이었다는 점이다.

케레이트 권좌에 대해서는 여전히 토그릴과 갈등이 있었다. 테무친은 케레이트 권좌에 대해 어떠한 주장이라도 확고히 하려고, 자신의 아들들 중 하나와 토그릴의 딸을 결혼시키려고 했다. 토그릴은 마지못해 동의했지만, 셍군은 예측한 대로 그 혼인에 반대하여 동맹자들을 모아 테무친을 기습했다. 테무친은 중국의 국경 지방으로 도망가서 할하 강과 울친 강 근처에서 전투를 벌였지만 크게 패배를 당했다. 그는 여진족에게 도움을 얻기 위해 수천 명의 부하를 거느리고 몽골리아의 경계로 탈출했다. 테무친의 이런 처지에도 다수의 몽골인들이, 심지어는 자무카의 동맹 출신까지도 그에게 합류했다. 이는 테무친이 사람들에게 발휘한 매력을 보여준다.

한편 토그릴은 아들의 승리를 확고하게 굳히려 하지 않았는데, 오히려 실제로는 자신의 이전 봉신이었던 테무친을 완전히 파멸시키고 싶어 하지 않았을 가능성이 있다. 몽골의 칸은 발주나라고 하는 늪이 많은 지역에 몸을 숨겼다. 발주나는 금 제국의 국경 근처, 몽골리아 동남부에 있었을 것으로 추정되지만, 그 위치가 명확하지는 않다. 거기서 테무친은 사태의 진전을 기다렸고, 당연하겠지만 새로이 추종자들을 모으려고 애썼다. 점진적으로 상승하고는 있었지만 불운이 가득했던 그의 경력에서 이때가 아마 가장 절망적인 시기였을 것이다. 테무친이 발주나에서 세월을 보내는 동안, 셍군과 토그릴의 연합은 통상적으로 자연히 나타나는 원심성의 정치 경향에 의해 해체되었고, 토그릴은 자신이 살해음모의 대상이 되었다는 것을 알았다. 그는 이전의 동맹자들을 약탈하고 쫓아버렸다.

1203년, 테무친은 자신의 병력을 재건하고 발주나를 떠나 오논 강을 향했다. 그는 마치 협상을 위한 것처럼 토그릴에게 전갈을 보냈지만, 그것은 계략이었고 케레이트군을 기습 공격하여 패배시켰다. 토그릴은 서쪽 나이만족을 향해 도주했지만, 그를 알아보지 못한 자에게 살해되었다. 케레이트족은 패배한 후 칸이 죽자마자 테무친에게 굴복했다.

토그릴이 죽자, 몽골의 칸에게 도전하는 초원의 유일한 세력은 나이만 부족뿐이었다. 이 강력한 부족은 테무친에게 파멸당한 부족들의 잔존자들을 동맹자로 모아서 1204년에 그와 마지막 전투를 벌였다. 테무친에 대항해 싸운 자들 중에는 자무카도 포함되어 있었다. 그는 초원의 최고 권력을 얻기 위해 몽골의 칸을 방해하려는 시도를 마지막으로 하게 된다. 그러나 나이만 동맹은 패배했으며, 테무친은 마침내 중앙아시아 초원의 확고부동한 주인이 되었다. 1206년의 쿠릴타이에서 테무친은 검은 펠트로 만든 천조각에 앉아서 '펠트로 만든 텐트에 사는 모든 자들의 칸', 즉 모든 투르크계와 몽골계 사람들의 칸으로서 갈채를 받았다. 이때 그는 자신의 보다 잘 알려진 이름, 칭기즈(혹은 징기스) 칸을 얻었다. 그 의미에 대해서는 논란이 있으나 아마 '모든 것을 포옹하는 지도자'라는 의미로 생각된다.

칭기즈 칸은 마침내 초원 지역에서 최고의 권력을 차지했지만, 잘 알다시피 초원의 제국들은 그 지도자의 힘과 총명의 결과로서 존재했기에 본질적으로 불안정했다. 그러나 칭기즈 칸은 자신의 유목민 선임자들 중 그 누구보다도 성공적이었다. 왜 그랬을까? 칭기즈 칸은 초원의 부족들이 가진 유동적인 성질, 그들이 존경하는 사람이 이끄는 보다 큰 단위로 자발적으로 융합하려는 성질을 알았으며, 또 그 결과 패배한 부족도 문화적으로 크게 다르지 않기 때문에 초원의 제국에 효과적으로 통합될 수 있다는 것을 알았다. 따라서 칭기즈 칸은 그에게 기꺼이 합류한 사람들, 나중에 자진해서 굴복한 사람들, 그에게 패배한 사람들을 주축으로 기반세력을 구축할 수 있었다. 그러나 그는 단순히 하나의 패거리를 만들기 위해 모든 다른 부족들을 자신의 군대로 받아들이지는 않았다. 대신에 칭기즈 칸은 십진법을 사용하여 조직을 정돈했다. 이 방식은 기원전 3세기의 흉노족에게서도 찾아볼 수 있을 만큼 초원 지대에서는 친숙한 것이었고,[4] 군기를 확보하기 위해서뿐 아니라 정치적 통제를 확립하기 위해서도 효과적으로 이용될 수 있었다.

이 제도 하에서 모든 병사는 아르반(십호)이라고 불리는 열 명으로 이루어진 조에 속했다. 아르반 중의 한 명이 그 조의 지휘자였으며, 열 개의 아르반은 야군(백호)이라는 백 명으로 구성된 단위를 구성했다. 열 개의 야군은 밍한(천호)이라는 천 명으로 이루어진 단위를 구성했고, 열 개의 밍한은 만 명으로 이루어진 투멘(만호)을 구성했다. 칭기즈 칸은 단위 전체가 같은 부족 출신으로 이뤄지지 않도록 주의하면서 다양한 부족 출신의 병사들을 부대 단위들로 나누었다. 물론 그에게 초기부터 자발적으로 충성한 부족들의 경우에는 예외적으로 그들 국가의 투멘을 구성하도록 허용했지만, 흔하지는 않았다. 가구들도 역시 십진법으로 나뉘었고, 그런 일련의 조치를 통해 칭기즈 칸은 단순히 옛날의 몽골 부족 이상을 포함하며, 융합된 유목 민족들이 속하게 되는 몽골이라고 불리는 새로운 인위적인 제국을 건설하려고 애썼다. 사실 투멘은 언제나 정원 미달이었고, 그 최소의 실제 병력은 7천 명, 5천 명, 그리고 3천 명인 3개의 범주로 나누어졌지만, 역사적으로 대부분의 군대에서 그런 공통적인 상황을 인정하고 수용했다는 점에서 알 수 있는 것은 그 공식적인 조직이 사회적 안정과 군사적 능력 모두에 중요했다는 것이다.

칭기즈 칸은 그 후 두 번째 과업을 실행했다. 그는 자신의 도움으로 지위를 얻은 자들을 권력의 자리에 앉혔다. 아버지의 죽음으로 전통적이라면 자신의 부하들이 되었을지도 모르는 자들을 잃었기 때문에, 그것은 칭기즈 칸에게 자연스러운 일이었다. 수부타이, 제베, 젤메, 그리고 보오르추 같은 장수들은 초원의 유목민이지만 진정한 몽골족이 아니었음에도 칭기즈 칸에게 변함없이 충성을 바쳤다.

군사조직의 일부로서 칭기즈 칸은 '캐식'이라고 하는 호위대를 만들었는데, 캐식은 초원의 귀족들로만 구성된 인원이 1만 명인 친위대였다. 보통 다른 부대 단위에서 지휘를 한 후에야 이 부대에서 근무를 할 수 있었으며, 친위대원에게는 높은 지위가 보장되어 캐식의 보통 병사는 천 명을 거느리는 지휘자(천호장)보다 높다고 여겨졌다. 이런 사람들이 장교로서 몽골군 전체에 골고루 배치되었을 때, 그들이 주축이 되어 칸에 대한 부하들의 충성심을 강화할 수 있었다.

칭기즈 칸이 총애하던 무당 코코추는 칭기즈 칸과 그의 가족이 세상을 지배하는 것은 하늘의 뜻이라고 오래 전에 예언했었는데, 이것 역시 미신적인 유목민들에게 이용되었다. 이 모든 수단과 방법으로 칭기즈 칸은 자신의 사후까지 살아남을 가능성이 있는 일종의 민족국가 건설을 모색했고, 자신과 후예들이 사용할 수 있게 거대한 군사력을 가진 정치조직을 만드는 데도 어느 정도 성공을 보았다. 그 정치조직의 중요한 부분은 '야삭'이라고 하는 법전이었다. 칭기즈 칸은 이 법전의 기초를 마련한 공로자로 생각되지만, 사실 내용의 대부분은 유목민이 기존에 갖고 있던 미신을 성문화한 것에 지나지 않았다. 그러나 야삭은 여기서 더 나아갔다. 그 중에서도 특히 몽골족 간의 노예를 금지하고, 끊임없이 서로를 죽이는 싸움의 원인을 제공한 아내 훔치기를 불법으로 규정했다. 따라서 야삭은 불안정성을 초래하는 일부 원인들을 제거함으로써 몽골 제국을 안정시켰다.

그러나 몽골 제국에서 무엇보다 가장 중요한 제도는 바로 군대였다. 칭기즈 칸과 그의 가까운 후계자들의 시대에 군대는 두 집단, 즉 경기병과 중장기병으로 나뉘어져 있었는데, 경기병이 약 2 대 1 정도의 비율로 수가 많았다. 경기병은 적어도 한 개의 활, 종종 두 개 혹은 세 개의 활과 한 개나 두 개의 전통으로 무장했다. 그들은 갑주를 그다지 착용하지 않았다. 경기병은 투구, 가죽으로 덮은 둥근 고리버들 세공 방패와 때때로 제법 방어 능력을 갖춘 패드를 넣은 누빔 외투를 착용했다.[5] 그들은 추가로 가벼운 전투 도끼나

갈고리 달린 철퇴, 올가미 밧줄, 그리고 때로는 기병도를 휴대하기도 했다. 중장기병들은 목을 보호하기 위해 가죽 덮개가 머리 뒤와 양옆으로 늘어진 철제 투구를 썼고 라멜라 갑옷의 흉갑을 입었다. 라멜라 갑옷은 각 판이 옆의 판에 부분적으로 겹치게 하고, 이 판들의 열이 위의 열을 부분적으로 겹치는 형태로 함께 묶어지도록 여러 군데에 구멍이 뚫린 직사각형 모양의 판, 즉 판금(얇은 금속 조각)으로 만들어졌다. 이 판은 단단해진 가죽이나 철로 만들 수 있었다. 이 갑옷은 유연하여 몸을 자연스럽게 구부릴 수 있었다. 이런 형태의 갑옷은 동양에서 오랜 역사를 갖고 있으며, 일례로 일본 사무라이의 장비에서도 볼 수 있다. 단단하고 평평한 가죽 띠를 함께 묶어서 만든, 라멜라 갑옷보다는 덜 유연하지만 어느 정도 유연성을 제공했을 것으로 짐작되는 단순한 형태의 가죽 갑옷이 있었다는 증거도 있다. 13세기의 지오반니 디 플라노 카르피니는 그것을 다음과 같이 묘사했다.

> 그들의 흉갑(가슴받이)과 말의 갑옷은 가죽제였고 다음과 같이 만들어졌다. 손 하나의 폭만큼의 너비로 쇠가죽이나 다른 동물 가죽의 작은 조각 서너 개를 풀로 접착하여 끈이나 줄로 그것들을 서로 묶는다. 맨 위의 조각에는 모서리에 줄을 놓고, 그 아래의 조각에는 중앙에 줄을 놓는 형태로 이런 작업을 끝까지 한다. 이렇게 하면 병사가 몸을 구부릴 때 아래쪽의 조각이 위쪽의 조각 위로 미끄러져 올라가서 그것들이 몸 위에서 두 겹이 되거나 세 겹이 되기도 한다.[6]

이 갑옷은 철이 아닌 가죽으로 만들어졌지만, 1세기 로마 제국에서 사용되던 판금 갑옷의 상의(로리카 세그멘타타이)와 어느 정도 비슷했을 것이다. 카르피니보다 몇 년 후에 몽골족의 대칸을 방문했던 마르코 폴로는 몽골의 무기와 갑옷에 관해 정확하지는 않지만 카르피니와 비슷하게 다음과 같이 기술했다.

그들은 무기로 활과 철퇴, 그리고 때로는 창도 사용하였으나, 그들이 가장 능숙하게 다루는 것은 어릴 때부터 사용하는 데 익숙해진 활이다. 그들은 불에 말려서 매우 단단하고 튼튼해진 들소와 다른 짐승들의 두꺼운 가죽으로 만든 방어용 갑옷을 입었다.[7]

몽골족의 흉갑은 앞의 판과 뒤의 판으로 이루어졌고, 어깨 부분과 팔 부분의 갑주는 통상 아래쪽이 터져 있었다. 게다가 기병은 방패를 휴대했고, 자신이 라멜라 갑옷을 입은 것처럼 말에도 갑옷을 입힐 수 있었다. 그렇듯 기병의 갑옷은 매우 완벽했지만 특히 가죽으로 만들어졌을 때는 서양 기사의 갑옷만큼 무겁지 않았으며, 결과적으로 몽골의 중장기병은 서양의 중장기병보다 훨씬 더 민첩했다.

카르피니는 몽골족의 투구에 대해서도 다음과 같이 묘사했다.

'타타르족의 투구에는 철이나 강철로 만든 꼭대기가 있지만, 목과 인후 주위는 부분은 가죽으로 만들어졌으며, 이 모든 가죽 조각들은 위에서 기술한 것처럼 만들어진다.'[8]

이러한 몽골 기병은 창과 기병도로 무장했지만, 또한 활과 화살로도 무장하여 전투에서 대단히 다재다능한 실력을 발휘할 수 있었다. 중국의 북부를 정복한 뒤로는 몽골족 군사들에게 그들의 옷 아래에 받쳐 입도록 비단 내의가 지급되었다. 비단은 질겨서 잘 찢어지지 않고, 몽골족 전사가 화살에 맞을 경우 화살촉을 따라 상처 속으로 들어가게 된다. 그러면 상처로부터 비단을 부드럽게 당겨서 상처 범위를 넓히지 않고 화살촉을 뽑아낼 수 있다.[9] 중국인들로부터 습득한 것 중에서 비단보다 더 중요성을 띤 것은 바로 공성 포열(성을 공략하기 위한 병기의 열-옮긴이)이었다. 몽골족은 도시들을 점령하기 위하여 필요한 공성 기계와 공성 장치들을 만들기 위해 중국인 기술자들을 고용하였는데, 이는 그때까지 초원의 그 어떤 군대도 해낼 것으로 예상하지 못한 일이었다.

도시 점령의 어려움은 중국인과 같은 정주민들에 대해 몽골족이 벌인 최초의 원정 중에 칭기즈 칸이 당면한 문제였다. 당시 중국은 두 국가로 분열되어 남쪽에는 송나라, 북쪽에는 금나라가 있었다. 금의 북서쪽에는 투르키스탄과 접경하여 서하 왕국(한족화된 탕구트족의 국가)이 있었다. 칭기즈 칸은 몽골에서 벌어진 근래의 전쟁 중에 다양한 초원의 부족들이 입은 가축의 손실을 보충하기 위하여, 그 나라들 중에서 가장 작고 약한 서하와 전쟁을 벌일 것을 결정했다.

칭기즈 칸은 1205년에서 1207년, 그리고 1209년에 벌인 출정에서 서하의 지방은 쳐부술 수 있었지만, 수도인 닝샤寧夏(현 닝샤후이족자치구 인촨銀川-옮긴이)와 링저우靈州(현 닝샤후이족자치구 링우靈武-옮긴이)를 점령할 수 없었다. 아바르족이나 마자르족이 수 세기 전에 유럽에서 그랬던 것처럼 몽골족도 성과 성벽을 성공적으로 공격하지 못했다.

그러나 상황은 서하의 왕 이안전李安全에게 위험해졌고, 결국 이안전은 전쟁을 끝내기 위하여 자신을 칭기즈 칸의 가신이라고 선언했다. 하지만 전쟁은 일시적으로 멈췄을 뿐이었다. 1209년 몽골족은 다시 닝샤를 침략했고, 닝샤를 함락하기 위해 황허 강 물줄기를 그 방향으로 돌릴 댐을 만들기까지 했다. 그러나 몽골족에게 토목기술이 능력 밖의 일이었거나 혹은 탕구트족 병사들이 댐을 파괴할 수 있었거나 어떤 이유였든지 이 댐은 무너져 몽골족 진영을 물바다로 만들었다. 결국 몽골족은 닝샤 점령에 실패했으나, 세월이 지난 후 그들은 토목기술자들의 도움을 받아 다른 도시들을 점령하기 위하여 그곳을 물바다로 만들게 된다. 이안전은 이에 깊은 인상을 받았고 자신의 딸을 칭기즈 칸에게 아내로 바쳤다.

서하가 몽골의 속국이 되자, 칭기즈 칸은 관심을 금나라로 돌렸고, 1227년 8월 18일에 죽을 때까지 금나라와 격렬하게 싸우게 된다. 반항적인 사람들을 지배하기 위하여 칭기즈 칸은 그들에게 전리품(이득)을 제공해야 했는데(이는 부하들에 대한 칸의 주요 의무들 중 하나였다), 이런 이유 때문에 그는

1210년 금나라와 싸우기로 결정했다. 1211년에 칭기즈 칸은 자신이 통치하게 된 케레이트 부족의 공물을 금나라에 보내는 것이 토그릴로부터 물려받은 의무인데도 금의 황제에게 보내기를 거부했다. 칭기즈 칸은 그 순간을 신중하게 선택했다. 칭기즈 칸은 토그릴과의 관계뿐 아니라 그 자신이 권력을 잡기 전에 피난처를 중국에서 찾지 않으면 안 되었기 때문에 가신으로서 금나라 황제를 섬겼었는데, 이 황제의 죽음으로 인하여 당시 금나라는 다소 혼란한 상황에 빠져 있었다.

죽은 황제(장종)의 보위는 그의 아들 영제永濟에게 계승되었는데, 몽골족의 칸은 그를 경멸했다. 더욱이 본래의 중국인(한족)과 그들의 지배자들인, 여러 해 전에 초원 지대에서 벗어나 권력을 잡았던 여진족 사이에도 내부 분열이 있었다. 게다가 금나라는 남쪽의 송나라로부터 위협을 받고 있었다. 모든 상황은 표면상으로 훨씬 더 강력한 국가를 공격하기로 결정한 칭기즈 칸에게는 유리하게 작용했다. 당시 일부에서는 금의 군대가 공식적으로 12만 명의 기마궁수들과 50만 명의 보병을 가지고 있었다고 추정한다.[10] 사실 금의 군대는 그렇게까지 크지 않았을지도 모르며, 또한 금 제국 전체에 걸쳐 배치되어 있었을 것이고, 당연하겠지만 그 중 많은 수가 송에 대항하여 주둔했을 것이다. 그래도 그 수는 전 병력이라 해야 대략 6만 5천 명 정도고, 일부 병력은 반란을 방지하기 위하여 몽골에 두어야만 했던 칭기즈 칸에게는 여전히 커다란 위협이었을 것이다.[11]

그런 병력의 불균형에도 불구하고 칭기즈 칸은 가신의 지위를 부인하고 전쟁을 시작했다. 그는 당시 금의 군사적 상황으로 인해 유리한 위치에 있었다. 몽골과의 북쪽 국경을 따라 이루어진 행군은 금의 동맹자였던 옹구트 투르크족이 감시했다. 옹구트 투르크족의 칸들 중 하나인 알라키쉬는 몽골에서 벌어지는 사태 전개에 관심을 가지고 있었으며, 칭기즈 칸이 권력을 잡아가는 것을 알고 지원했었다. 그는 계속해서 몽골에게 호의를 보였고 금에 대한 침공로를 열어주었으며, 심지어 자신의 병사들 일부를 몽골족과 함께 싸우도록 그들에게 넘겨주기까지 했다. 그러나 알라키쉬의 아미르들은 그렇게 호의적이지 않았고, 결국 알라키쉬를 살해했다. 그러나 이 전쟁에서 금은 피해를 입었다. 칭기즈 칸은 더 나아가 남서쪽(남동쪽을 착각한 듯함-옮긴이)의 만주 국경 지방을 따라 살던 몽골어를 쓰는 사람들인 키탄(거란)족이 반란을 일으키도록 선동할 수 있었다.

몽골족은 금의 동맹자들이 저지른 배신으로 비교적 쉽게 금의 영토로 진입할 수 있었음에도 불구하고, 다시 한 번 금의 요새화된 장소들을 점령하는 것이 어렵다는 것을 깨닫게 된다. 이 문제는 금에는 유능한 한족 기술자들뿐 아니라 훌륭한 병사들까지 있다는 사실로 더욱 어려워졌다. 그러나 금에서는 수많은 탈주 사건이 발생했고, 심지어는 금의 궁정 관리들조차 도망을 쳤다. 이런 모습은 금나라가 몰락해가는 상태를 더욱 두드러져 보이게 했다. 옹구트족의 도움으로 금의 영토로 진격한 칭기즈 칸은 쉬안더푸宣德府(허베이성河北省 서북부 장자커우張家口 남쪽-옮긴이)와 푸저우復州(허베이성 서북부-옮긴이)를 점령했다. 이에 영제는 평화를 간청하였지만, 칭기즈 칸은 이를 거부했다. 그 뒤 제베는 중요한 거점인 쥐융관居庸關(베이징 북서쪽 60km 지점-옮긴이)을 점령했다. 한편 이전에 금의 관리였던 다른 몽골 지도자 일라 아하이는 자신의 병력을 거느리고 금의 말들이 사육되는 지역을 내습하여 그 말들을 끌어가 금이 말을 보충받을 수 없게 했다.

그러나 상황은 칭기즈 칸이 원하는 식으로 완전히 진행되지는 않았다. 그는 시징西京에서 화살에 맞아 상처가 회복되는 동안 지휘권을 아들인 톨루이에게 넘겨주어야 했다. 이 시기에 금은 쥐융관을 되찾을 수 있었지만, 몽골족은 금으로 보낸 자신들의 이슬람교도 사절(실제로는 첩자)인 자파르의 도움으로 그 통로를 다시 차지할 수 있었다. 자파르는 금의 궁정에 있는 동안 궁전의 비밀 통로에 대해 알게 되었고, 몽골군은 은밀히 그 통로로 접근해 자고 있던 금의 수비대를 도살할 수 있었다. 그 후 여진족에 대항하여 야율유가耶律留哥라는 자의 반란이 일어났다. 그는 몽골의 지원을 받아 속국인

요遼 제국을 수립했다.

여진족 지배자들은 몽골로 인한 외부의 위협에 못지않게 내부 분열로 계속 고생했다. 사병을 거느린 유력한 지휘관이자 여진족 장군인 후사후胡沙虎는 칭기즈 칸이 여진군을 격퇴하는 것을 도왔다. 여기에서 그치지 않고 후사후는 금의 수도인 종두中都(현 베이징–옮긴이)로 진격하여 황제 영제를 살해하고, 그의 조카 오도보를 황제 선종宣宗으로 옹립했다. 후사후의 가증스러운 처신은 그를 위협적인 존재로 생각한 동료 지휘관 슈후가오치朮虎高琪가 그의 집을 포위하여 살해함으로써 마침내 끝났다.

1213년에서 1214년 즈음 몽골족은 황허 강의 북쪽 영토 대부분을 지배하게 되었고, 비록 점령할 수는 없었지만 종두를 침략했다. 몽골족이 기근과 질병으로 고통을 겪게 되자 칭기즈 칸은 황제와 평화회담을 시작했는데 이때 금의 황제는 그에게 여진족 공주를 신부로 보내고 비단, 금, 그리고 말 3천 마리를 함께 보냈다. 그럼에도 불안감을 느낀 황제는 남쪽의 난징南京으로 이동했다. 칭기즈 칸은 그 행동을 원병을 모으려는 교활한 술책으로 여기고 황제를 공격했다. 1214년 겨울, 다시 한 번 전쟁이 벌어졌다.

그 출정 중에 칭기즈 칸의 부하 지휘관 키타이인 예센(금나라의 무장 출신으로 투항하였음–옮긴이)은 랴오양遼陽을 점령하기로 마음먹었다. 새로운 군 지휘관이 그곳에 부임할 것을 알고 있었던 예센은 소수의 부하들을 데리고 길을 따라 매복해 있다가 새로 임명되어 부임해오는 지휘관을 살해했다. 예센은 살해된 지휘관의 임명장을 가지고 랴오양에 입성하여 새로운 지휘관인 것처럼 가장했다. 그는 이렇게 가장하고 3주를 보내면서 도시의 방어를 효과적으로 무력화시켰다. 이후 몽골 장군 무칼리가 그곳에 도착하여 힘들이지 않고 도시를 점령했다.

원군이 패배한 후에 1215년 종두는 점령되었고, 몽골족은 수천 명의 시민들을 살해하며 그곳을 한 달 동안이나 약탈했다. 칭기즈 칸은 금의 황제에게 모든 영토에 대한 권리를 자신에게 양도하고, 황제의 영토가 후난湖南省 지방 정도의 크기로 줄었으므로 이후로는 황제가 아니라 '후난의 왕'으로 칭하도록 요구했다. 황제가 거절하자, 칭기즈 칸은 군사 행동을 한족인 쉬티아니史天兒의 수중에 맡겼다. 그는 자신의 아버지처럼 몽골로 귀순했던 사람이다. 칭기즈 칸은 1216년에 몽골로 돌아가서 메르키트 부족과 불만을 품고 카라키타이족의 땅으로 도망친 나이만 족장이 일으킨 반란을 진압하느라고 시간을 보냈고, 또한 삼림에 사는 부족들을 복종시키려고 전쟁을 치렀지만 전적으로 성공하지는 못했다. 칭기즈 칸은 이제 몽골뿐 아니라 서하와 북부 중국의 주인이었으며, 그곳으로부터 정주민들에 대해 벌일 장래의 어떤 군사 행동에서도 그를 도울 만한 기술자들과 식자들을 징집할 수 있었다.

정복 과정 중에 칭기즈 칸은 수도를 카라코룸(몽골 중북부에 있는 오르혼 강 상류에 위치-옮긴이)으로 삼고 어느 정도 정착한 초원의 투르크계 종족인 위구르족의 왕국을 점령했다. 몽골족과 달리 위구르족은 문자를 사용했는데, 칭기즈 칸은 그들의 문자를 몽골족의 글자로 채택하는 중요한 조치를 취했으며, 또한 자신의 아들들로 하여금 글을 배우도록 했다. 위구르 왕국은 도망친 한족 왕자가 세운, 한족화한 초원의 종족인 카라키타이족, 즉 흑거란족의 왕국 근처에 위치했다. 흑거란족 왕국 역시 몽골족의 수중에 떨어졌고, 이제 몽골족의 국경은 서쪽으로부터 팽창해오고 있던 호라즘과 맞닿게 되었다.

호라즘과 정확하게 부합하는 현대 국가는 없다. 호라즘은 이슬람 세계의 동쪽 부분이었으며, 대략 오늘날의 이란과 이라크의 일부를 포함하는 것으로 생각되는데, 북쪽과 서쪽으로는 카스피 해를 지나 투르크메니스탄, 우즈베키스탄, 카자흐스탄의 일부로, 그리고 동쪽으로는 오늘날의 파키스탄이자 이전에 트란스옥시아나로 알려졌던 지역을 포함하여 팽창했었다. 오늘날에도 유명한 바그다드, 사마르칸트, 부하라, 메르프, 그리고 호라산 등이 호라즘의 주요 도시들이었다.

호라즘은 술탄 무하마드 2세가 이룩한 정복의 결과로 신생국이었음에도 몽골 제국과 경계를 접하기 시작한 때 이미 대제국이었으며 배우 부유했다.

비록 호라즘은 훨씬 더 안정적이지 못한 국가였지만, 정복의 결과로서 대제국이 된 점에서는 몽골 제국과 그렇게 다르지 않았다. 공평히 말하자면 무하마드에게도 대군이 있었지만, 그의 정복은 상대적으로 약한 이웃국가들을 대상으로 이루어졌는데도 그는 자신의 군사적 능력에 대해 어느 정도 과장된 견해를 가지게 되었다. 그 군대는 주로 초원 지대로부터 모집된 캉글리 투르크족으로 구성되었는데, 이는 무하마드의 혈통으로 볼 때 당연한 결과였다. 무하마드의 어머니는 캉글리족 족장의 딸이었다. 불행하게도 캉글리족은 제국의 백성들과는 매우 다른 군사적 특권계급을 형성했고, 백성들로부터 호감을 얻지 못했다. 더욱이 무하마드는 커다란 정치적 권력을 지니고 있던 자신의 어머니와 충돌했고, 바그다드의 칼리프를 잘못 대우하여 서쪽의 동료 이슬람교도들과도 관계가 소원해지는 바람에 자신이 제대로 이용할 수도 있었을 동맹자들을 상실했다.

1218년, 몽골 제국으로부터 이슬람교도 약 백 명으로 구성된 대상隊商이 몽골의 특사 우쿠나와 함께 시르다리야 강가의 국경 근처에 있는 중앙아시아의 오트라르에 도착했다. 교역관계가 한 해 전부터 확립되었으므로 대표단이 오가는 것은 당연한 일이었다. 그러나 오트라르의 총독이며 카디르 칸이라는 지위로도 알려진 이날칙은 무하마드의 묵인 아래 그 방문객 모두를 첩자라는 이유로 살해했다. 몽골족의 일반적인 행동을 생각하면 상인들 중 일부는 실제로 첩자로서 활동하기 위해 그곳에 있었을 가능성도 있지만, 무하마드가 이를 묵과했다는 것은 대단히 어리석은 행동처럼 보인다. 자기 자신의 힘에 대해 어떻게 느꼈던지는 둘째 치고, 무하마드가 자신의 이웃이 거둔 군사적 성공을 알지 못했을 리 없다. 그리하여 그에 따른 결과가 따르게 된다.

칭기즈 칸은 사절단을 통해 몽골의 처벌을 합리적으로 받을 수 있게끔 이날칙을 인도하라고 요구했다. 무하마드는 이를 거부했다. 그는 칭기즈 칸의 특사 중 두 명을 살해하고, 나머지 한 명은 수염을 깎아 돌려보냈다. 필연적으로 전쟁이 일어나게 되었고, 무하마드는 곧 모든 것을 잃게 된다.

호라즘에 대한 이 군사 행동은 전장에서 대치했던 군대들이 서로 비슷한 방식으로 싸웠기 때문에(호라즘의 군대는 몽골족처럼 싸운 투르크족을 주축으로 구성되었다) 전략적으로 흥미롭다. 거기다 몽골군에게는 중국 북부에서 벌인 군사 행동과 정복의 결과로 이제 한족 공성 기술자들이 있었다. 그 결과 이 전쟁에 몽골족 이전의 초원 종족들이 치른 전투에서는 찾아볼 수 없었던 광범위하고 성공적인 공성 기술이 포함되었다.

1219년 여름, 칭기즈 칸은 병력을 이르티슈 강 상류에 집결시켜 카얄릭(발하쉬 호 남쪽 오트라르 지방-옮긴이)에 도착했고, 그곳에서 발하쉬 호의 남동쪽에 있는 자신에게 복속한 왕들로부터 동맹군을 더 모았다. 일부에서는 당시 몽골군 병력이 10만 명에서 15만 명 사이였다고 추정하기도 한다.[12] 몽골군은 여전히 호라즘군보다 병력 수는 적었지만, 훈련이 잘되어 있었으며 사기도 높았다. 무하마드는 자신의 병력을 몽골 제국과의 국경 지방을 따라 위치한 전략적 지점에 배치했다. 그의 군대는 병력 수는 엄청났지만 위험할 정도로 드문드문 분산 배치되었고 그만큼 돌파당하기 쉬웠다.

칭기즈 칸은 시르다리야 강가에 있는, 호라즘의 도발이 발생했던 근본지인 오트라르 근처의 국경으로 침투했다. 그는 군대를 나누어서 두 아들 차가타이와 오고타이가 지휘하는 병력으로 오트라르를 포위 공격하여, 오랜 공성전 끝에 그 도시를 점령했다. 오트라르를 방위했던 자는 다름 아니라 대상들을 살해하고 전쟁의 불씨를 당겼던 이날칙이었고, 몽골군은 은을 녹여 그의 눈과 귀 속에 쏟아부어 그를 살해했다. 여기서 중요한 점은 몽골족이 이전의 훈족, 아바르족, 그리고 마자르족과 달리 성공적으로 공성작전을 수행할 수 있었다는 사실이다. 이로 인해 몽골군은 정주민들에게 훨씬 더 위협적인 존재가 되었다. 몽골족은 초원의 군사적 기술에다 문명의 가장 중요한 군사적 기술 중 하나인 공성술을 결합했다.

이 공성 중에 칭기즈 칸은 그의 장남 주치 휘하의 나머지 병력을 시르디리야 강 하류로 보냈고, 그 강을 따라 주치는 시그나히(오늘날 투르키스탄시의 건너편-옮긴이)와 젠드(오늘날 페로브스크 부근-옮긴이)를 점령했다. 그보다 적은 5천 명의 몽골군은 시르다리아강 상류로 파견되어 바나카트(타시켄트 서쪽-옮긴이)를 점령하고 호젠트(오늘날 타지키스탄에 위치-옮긴이)를 포위했는데, 그곳의 수비군은 작은 배를 타고 시르다리야 강을 따라 겨우 탈출에 성공했다. 한편 칭기즈 칸과 그의 막내아들 톨루이는 곧장 부하라로 진격하여, 1220년 2월 그곳에 도달했다. 약 2만 명의 투르크족 병사들로 구성된 그곳 수비대는 탈출하려고 시도하던 중에 대부분 살해되었다. 부하라는 항복했고 주민들이 쫓겨난 후 도시는 며칠 동안 약탈당했으며 사원과 약간의 벽돌로 지은 궁전들을 제외하고는 모두 불태워졌다. 그 후 칭기즈 칸은 공성작업을 하려고 부하라에서 잡은 포로들을 데리고 사마르칸트로 진군했다. 두 아들 차가타이와 오고타이는 오트라르를 접수한 후 사마르칸트에서 칭기즈 칸과 합류하기 위해 독자적으로 진군했다. 여기서 여러 몽골군들이 각자 독자적으로 작전을 펼쳤다는 것에 주목하지 않으면 안 된다. 그것은 몽골군 전략의 특징으로 볼 수 있는데 통신이 어려웠던 시대에 대단히 성공적이었으며, 이후에도 반복해서 나타나게 된다.

사마르칸트의 투르크족 수비군은 탈영해 몽골군에게 합류했고, 그 도시는 닷새 만에 항복했다. 주민들이 도시 밖의 벌판으로 강제 퇴거당한 후에 사마르칸트는 며칠 동안 보다 조직적으로 약탈당했다. 또 많은 주민들이 살해당했지만, 장인들은 대부분 몽골로 강제 이송되었다. 사마르칸트의 인구는 사분의 일만 살아남아 다시 도시로 돌아갔다. 몽골군은 투르크족 배반자들에게 의심을 가라앉히기 위하여 몽골군 제복을 지급하고는 그들을 기습하여 살해했다. 칭기즈 칸은 과거에도 배반자들을 이용했지만, 그는 사마르칸트의 수비군을 못마땅하게 보았던 것 같다.

그다음으로는 이전에 호라즘의 수도였던 우르겐치(우즈베키스탄 아무다리야 강 하류에 위치-옮긴이)가 함락되었다. 우르겐치는 차가타이와 주치와 오고타이가 사마르칸트에서 잡은 포로들을 이용하여 지휘하는 장기간의 공성(포위 공격)에 저항했다. 그곳이 함락된 후 몽골군은 댐을 무너뜨려 도시를 아무다리야 강에 수장시켰다.

무하마드는 트란스옥시아나에서 벌어진 일에 충격을 받아 보다 남쪽에 위치한 도시 발흐(아프가니스탄 북부에 위치-옮긴이)로 도주했다. 그는 자신의 투르크족 군대의 충성심을 의심해 매일 밤 다른 텐트에서 잠을 잤다. 무하마드는 칭기즈 칸 휘하의 가장 위대한 장군으로 꼽히던 두 명, 제베와 수부타이가 지휘하는 두 개 투멘의 집요한 추격을 받으면서, 서쪽의 호라산(이란 북동부를 중심으로 아프가니스탄과 투르크메니스탄에 걸쳐있는 지방-옮긴이)으로, 그다음에는 니샤푸르로, 다시 이라키 아잠 지방의 카즈빈(이란 북서부에 위치-옮긴이)으로 계속 이동했다.

그 추격 중에 소수의 마을들이 약탈당했지만, 주가 되는 일은 결국 추격이었다. 왜냐하면 몽골족은 패배한 적군의 왕을 살려두기를 미신적일 정도로 싫어했기 때문이다. 무하마드는 카룬(이란 남서부를 흐르는 강-옮긴이) 근처에서 거의 사로잡힐 뻔했지만, 몽골군은 그의 종적을 놓치고 만다. 몽골군이 잔잔(이란 북서부에 위치-옮긴이)과 카즈빈을 초토화시키는 동안, 무하마드는 카스피 해의 아주 작은 섬, 아마 오늘날의 구미쉬 테페 반도(아베스쿤 맞은편-옮긴이)로 생각되는 곳에 몸을 숨겼다가 피로에 지쳐 사망했다.

그러나 몽골의 군사 행동은 여기서 끝나지 않았다. 칭기즈 칸은 1221년 봄에 호라즘군의 잔존 병력과 싸우면서 아프가니스탄과 호라산을 정복하기 위해 나아갔다. 발흐가 항복했지만, 그는 그곳의 주민을 학살하고 도시 전체를 잿더미로 만들었다. 톨루이가 근처의 호라산에서 농부들을 끌고 와 메르프(투르크메니스탄 마리 주 마리 시 근처에 있던 고대 도시-옮긴이)를 포위 공격했고, 그곳 역시 항복했지만 주민 전체가 학살당했다. 그다음 톨루이는 니샤푸르(이란 호라산주에 있는 도시-옮긴이)를 기습 공격했는데, 이곳에서 몽골의 장군인 토쿠차르(칭기즈 칸의 사위-옮긴이)가 공격 중에 전사했다. 다시 한 번 그 도시의 주민 전체가 살해당했다. 이때 토쿠차르의 미망인이 시 외곽의 평원에서 벌어진 처형을 주재했다. 그다음에 톨루이는 헤라트(아프가니스탄 서부에 위치-옮긴이)로 이동했는데, 그곳에서는 수비군이 저항했음에도 주민들이 성문을 열어버렸다. 이번에는 주민들은 목숨을 부지할 수 있었지만, 수비군은 살육되었다. 공포, 특히 목적을 지닌 공포는 공성술만큼이나 유용하고도 효과적인 수단이었고, 이를 통해 몽골군의 손실을 줄일 수 있었다.

칭기즈 칸은 다음으로 탈레칸을 점령했고, 힌두쿠시 산맥을 넘어 바미안(아프가니스탄 중부에 위치-옮긴이)을 포위 공격했는데, 여기서 총애하던 손자(차가타이의 아들 무투겐-옮긴이)가 전사했다. 바미안이 점령되자 그곳에서는 개와 고양이를 포함하여 모든 생명이 살육되었다. 몽골군은 한 점의 전리품도 취하지 않고 그 도시를 초토화시켰다.

무하마드의 원기왕성한 아들 잘랄 앗 딘은 이 와중에 아프카니스탄 산중의 가즈니(바미안 동남쪽 500km에 위치-옮긴이)로 몸을 피했고, 그곳에서 군대를 일으켜서 시기-쿠투쿠(칭기즈 칸의 양자-옮긴이)가 지휘하는 몽골군을 격파했다. 칭기즈 칸은 즉시 잘랄 앗 딘에게로 진격하여 인더스 강안을 따라 그를 함정에 몰아넣어 그의 군대를 격파했다. 젊은 왕자는 갑옷을 벗어버리고 몽골군이 빗발치듯 쏘는 화살 속에서 말을 달려 6미터나 되는 절벽에서 말과 함께 인더스 강으로 뛰어들어 가까스로 탈출했다. 그는 말과 함께 건너편 둑으로 헤엄쳐 가서 델리 술탄국의 궁정으로 망명했다. 그 대단한 행동을 본 칭기즈 칸은 자신의 아들들에게 잘랄 앗 딘을 용기의 본보기라며 칭찬했다. 몽골군은 그들이 파괴한 제국의 지역에 대해서 별 관심을 보이지 않았다. 잘랄 앗 딘은 나중에 돌아와 제국의 일부를 되찾고 몽골군과 다시 한 번 맞서게 되었다. 그는 분전하였지만 결국 패배했고, 나라를 잃어버린 왕자는 아프가니스탄에서 산적이자 모험가가 되었다. 잘랄 앗 딘은 나중에 그곳에서 살해당했다.

몽골군의 원정 중에 일어난 파괴는 지독했다. 발흐에서는 아직까지 그 침략의 흔적을 찾아 볼 수 있고, 르네 그루세의 말에 의하면 이란의 동부는 결코 완전히 회복되지 못했다.[13] 제국의 일부 지역들은 더 이상 그 땅에 적절하게 물을 댈 주민이 충분하지 않았기 때문에 불모지가 되었다. 수 세기 동안의 정성들인 노력이 수포로 돌아갔다.

몽골군의 군사 행동에서는 특히 그들이 취한 전략의 일정한 특징들이 두드러진다. 그들은 성벽으로 둘러싸인 도시를 점령하기 위하여 공성술을 사용했고, 그 후에 다른 도시들은 공성전을 치르지 않고 항복시키기 위해서 공포를 계획적으로 이용했으며, 그리고 얼마 안 되는 몽골군이 함락하기에는 너무 강했을지도 모르는 도시를 공격하기 위해서 공성전에 포로들을 이용했다. 거기다 몽골군은 공격당하는 도시가 몽골군의 수를 실제보다 많다고 오인하도록, 그리고 같은 수의 몽골군 생명을 위태롭게 하지 않으면서 방어자들을 더욱 질려버리게 하기 위해, 공격할 때 포로들로 하여금 몽골군의 깃발을 들고 전선의 맨 앞에 서게 했다. 전 군을, 게다가 보다 적은 병력을 아주 독립적으로, 그러나 성공적으로 운용하는 것은 현대적인 군대를 연상케 하며, 그 작은 부대가 군사 행동의 일부를 수행하기 위하여 필요하다면 더 큰 부대로 합쳐지게 한 것은 '분산해서 행군하되, 집중해서 싸워라'라는 나폴레옹의 금언을 떠올리게 한다.

제8장

몽골족 서양에 도달하다

1227년 칭기즈 칸이 사망하자 카간, 즉 대칸의 자리는 그가 바란 대로 삼남인 오고타이에게 돌아갔다. 칭기즈 칸은 오고타이가 형제들에게 호감을 얻고 있는 데다 조정자로서 일을 잘할 것으로 평가했기 때문에, 그가 가장 훌륭한 통치자가 될 것이라고 생각했다. 칭기즈 칸의 장남 주치는 부계가 확실하지 않았으며(그의 어머니가 납치되었을 때 메르키트인이 임신시켰을 가능성이 있었다), 칭기즈 칸과 사이가 좋지 않던 상태에서 1227년 칭기즈 칸보다 먼저 사망했다. 주치의 아들 바투는 몽골 제국의 가장 서쪽 지역에 위치한 아버지의 속령을 상속했다.

칭기즈 칸의 막내아들 톨루이는 만주의 북부와 멀리 시베리아의 북동쪽까지를 영지로 받았고, 차가타이는 아래로는 몽골의 남부와 트란스옥시아나를 포함하는 땅을 받았다. 자신들의 거대한 속령, 즉 울루스를 각자가 소유했음에도 불구하고, 이 황금 씨족의 구성원들과 그들의 땅은 모두 대칸 오고타이에게 종속되었다. 사람과 영토뿐 아니라 양 떼와 소 떼를 포함하는 아버지의 모든 재산을 분할하는 것은 물론 정상적이며 예상되었던 일이다. 그러나 칭기즈 칸의 희망은 자신의 제국이 지속적으로 널리 확대되는 것이었다. 그는 자신의 아들들에게 분명히 그들은 전 세계를 정복할 운명을 가졌고, 그 세계는 텝 텡그리, 즉 푸른 하늘에 의해 그들에게 주어졌다고 말했다고 한다. 그러므로 그의 아들 각자가 오고타이의 패권을 인정하는 것과 그 쿠릴타이(족장회의)에 참석하는 것이 중요했다. 이를 따르지 않는 자는 그 누구라도 '갈대밭 속에 쏜 화살'처럼 사라지곤 했다. 그 정복자는 초원 국가들이 붕괴하는 경향을 잘 알고 있었고, 자신의 국가가 튼튼하게 유지되도록 부지런히 노력했다.

칭기즈 칸이 원한 대로 그의 아들 모두가 오고타이가 대칸으로 선출된 쿠릴타이에 참석했고, 자신들의 아버지가 희망한 대로 제국을 확대한다는 결정이 그 뒤에 내려졌다. 가장 작은 속령이었던 바투의 영역이 러시아와 헝가리를 포함하도록 확대되어야 한다는 결정이 내려졌고, 칭기즈 칸 휘하의 위대한 장군인 수부타이가 명목상으로 지휘자였던 어린 바투를 위하여 그 원정을 계획하고 이끌도록 선택되었다.

러시아에 대한 몽골족의 군사 행동은 호라즘 원정에서 보인 것과 같은 특징을 많이 보였다. 그러나 러시아인들은 호라즘의 술탄보다도 훨씬 준비가 되어 있지 않았고, 그만큼 강력하지도 못했다. 더구나 러시아인들은 일반적으로 서로 화합하지 못하던 다수의 공Prince들의 지배하에 분열되어 있었다. 그런 상황은 중세 러시아의 독특한 수평적 계승방식 때문에 더욱 악화되었다. 그 방식에 따르면 강력한 왕자가 사망할 경우, 일반적으로 그의 아들이 계승하지 않았다. 그 대신 죽은 왕자의 형제가 자기가 왕자로 있던 곳으로부터 와서 더 중요한 곳의 지배권을 접수하게 된다. 새로 지배권을 획득한 왕자가 이전에 지배하던 공국의 빈자리는 그다음 순서에 있는 왕자, 보다 나이가 어린 왕자가 승계했다. 그 왕자의 아들들은 상속할 차례가 올 때까지 모스크바 같은 조그만 도시를 받아 다스려야 했다.

일부 학자들은 러시아인들의 이 이상한 관습을 페체네그족 같은 초원의 유목민으로부터 얻었다고 주장한다. 실제로 몽골족도 그런 관습을 행했다. 칭기즈 칸의 뒤를 이어 아들 오고타이가 왕위를 계승했고 오고타이의 후위는 아들 구유크가 계승했지만, 구유크의 뒤는 사촌 형제인 몽케가 계승했다. 러시아인들은 이 관습을 초기의 유목 민족들로부터 습득했을 가능성이 있다.[1] 그 근원이 무엇이든, 이 관습은 분열을 촉진했다. 13세기의 러시아는 많은 국가들로 구성되어 있었다. 북서쪽의 수즈달(모스크바 동북방으로 러시아 북동부 오카 강과 볼가 강 상류지역 사이에 위치하던 공국-옮긴이), 네 명의 왕자들로 분할된 작은 나라 랴잔(모스크바 남동쪽 180km 지점-옮긴이), 더 남쪽의 체르니코프(우크라이나 북부의 데스니 강가에 위치-옮긴이), 노브고로트(러시아 북서부에 위치-옮긴이), 페레야슬라프, 스몰렌스크, 키예프(우크라이나 드네프르 강 중류에 위치-옮긴이), 볼리니, 갈리치, 그리고 플로츠크가 그것들이다.

그 한 무리의 국가들을 정복하기 위하여 몽골군은 북쪽에 있는 공국들과 남쪽에 위치한 공국들을 분리하여 개별적으로 공격하는 것이 최선이라고 판단했다. 수부타이는 이전에 제베와 함께 호라즘의 술탄 무하마드 2세를 추적하다가 그가 카스피 해의 조그만 섬에서 죽자, 중앙아시아 초원에 있던 칭기즈 칸과 합류하기 위해 곧장 동쪽으로 향하지 않고 카스피 해의 서쪽 가장자리를 따라 답사를 하고는 우랄 산맥을 지나 돈 강을 따라 갔었기 때문에 러시아 초원 지대에 대하여 어느 정도 알고 있었다. 어떻게 보면 터무니없지만, 1223년의 원정은 몽골군이 했던 가장 먼 서쪽으로의 정찰이 되었다.

단 두 개의 투멘, 즉 명목상으로 2만 명의 병력을 인솔하였지만, 제베와 수부타이는 코티얀 칸이 이끄는 킵차크군과 싸워 이겼고, 포로들 중 많은 자들이 몽골군에 편입되었다. 몽골군은 그 뒤 러시아군과 킵차크군의 연합군을 상대로 대단히 성공적인 작전을 펼쳤고, 볼가 강 상류에서 카마 불가르족과 싸워 승리를 거두며 고향으로 돌아왔다. 몽골군은 분명 그 지역의 주민과 지리, 정치적 상황에 대해 상당한 정보를 가지고 있었으며, 러시아 군대에 관해서도 알고 있었다. 이와 대조적으로 러시아인들은 자신들을 패배시킨 몽골군에 대해 많이 알지 못했으며, 실제로 그들은 몽골군의 힘은 말할 것도 없고 그 정체에 대해서도 제대로 알지 못했다. 노브고로드의 연대기는 1224

년의 기록에서 이렇게 쓰고 있다.

동년에 우리의 업보로 미지의 부족이 들이닥쳤다. 어떤 사람들은 그들을 타타르족이라 했고, 또 어떤 사람들은 타우르멘족이라 했으며, 페체네그족이라 하는 사람도 있었지만, 그들이 누구인지, 또 그들의 기원과 신앙, 언어가 어떤 것인지 아는 사람은 아무도 없었다. 오직 신만이 그들이 누구인지, 또는 그들이 어디에서 왔는지를 알고 있다. 성서를 이해하는 현자들은 그들이 누구인지 알지만, 우리는 알지 못한다. 여기에 우리는 그들(타타르족)의 손에 의해 일어났던, 러시아 공들이 겪은 불행을 기억하며 그들에 대해 기록한다.[2]

1224년의 불행은 러시아인과 킵차크(쿠만이라고도 불림)인 동맹군과 몽골군 사이에 벌어진 칼카 강가(흑해 북쪽 크림 반도 부근에 위치-옮긴이)의 비참한 전투에서 절정에 달했다. 투르크어를 사용하는 초원의 종족인 다수의 킵차크족이 전위부대로서 몽골군과 전투를 벌였지만, 패배하여 막사를 구축하고 있던 러시아군에게로 도망쳐왔다. 서두름과 혼란 속에서 러시아군은 조직을 정비할 수 없었고, 많은 병사들이 죽었다. 러시아 공들 중의 하나인 키예프의 므스티슬라프는 간신히 칼카 강의 기슭으로 후퇴하여 요새화된 막사인 방책을 세웠다. 그곳에서 그의 군대는 항복하면 몽골군이 그들을 죽이지 않고 몸값을 받고 풀어줄 것이라는, 몽골군에 합류한 일부 러시아 무법자들의 말을 확신할 때까지 방어했다. 그러나 므스티슬라프의 군대는 항복했음에도 모두 살해되었다.

다른 러시아인들은 몽골군의 추격을 받으며 드네프르 강(벨로루시와 우크라이나를 흐르는 강으로 키예프를 지나 흑해로 들어감-옮긴이) 쪽으로 도주했다. 연대기는 그 상황을 다음과 같이 기술하고 있다.

다른 공들은 드네프르 강으로 추격을 받았고, 그들 중 야네프 공국의 스뱌토슬라프, 이고리의 아들 이자슬라프, 숨스크 공국의 스뱌토슬라프, 체르니고프 공국의 므스티슬라프와 그의 아들, 그리고 네스비즈 공국의 게오르게 등 여섯 명이 그곳에서 살해당했다. 그러나 갈리치 공국의 왕자인 므스티슬라프 므스티슬라비치는 드네프르 강을 건너 탈출했고, 탈출을 확실히 하기 위하여 강기슭에 묶여있는 다른 배들의 줄을 끊어버렸다. 러시아 병사 열 명 중 오직 한 명만이 전투에서 살아남았으며, 고향으로 돌아가는 도중에 그들 중 많은 자들이 말과 의복을 뺏으려는 쿠만족에 의해 살해되었다.[3]

러시아는 많은 공과 병사들을 이 미지의 '타타르족'에게 잃었고, 그들이 동쪽으로 사라졌을 때 틀림없이 다행이라고 여겼을 것이다. 그러나 불행하게도 이 미지의 타타르족은 12년 후에 다시 돌아와서 훨씬 규모가 큰 파괴를 자행했고, 마침내 러시아를 200년 동안 지배하게 된다.

몽골군은 침입에 관해 계획적이었고, 전형적으로 예측을 하고 실질적으로 행동했다. 그들은 1235년에 러시아인이 아니라 그 이웃인 카마 불가르족과 킵차크족에 대해 작전을 시작했다. 카마 불가르족은 카마 강가에 불가르라고 불리는 모피와 꿀을 교역하는 부유한 도시를 건설했다. 앞에서 보았던 것처럼 그들 중 일부는 6세기에 서쪽으로 이주하여 오늘날 불가리아로 알려진 땅에 정착했다.

몽골군의 공격은 두 전선에서 동시에 시작되었다. 1236년, 수부타이와 칭기즈 칸의 손자 바투는 불가르를 공격하러 북쪽으로 갔고, 반면에 바투의 사촌 몽케와 장군 부젝은 남쪽으로 가서 볼가 강 하류에 있던 킵차크족을 공격했다. 불가르는 철저히 파괴되었고, 킵차크족은 드네프르 강을 따라 있는 숲으로 도망가 숨었다. 몽케와 부젝은 병력을 거대한 원으로 만들어서 숲을 둘러싸고 사냥할 때 하듯이 킵차크족에게 접근했다. 킵차크족의 칸 바치만과 그의 동맹자인 알란족의 지도자 카차르는 한 섬에서 잡혀 두 조각이 나버렸다. 많은 킵차크족이 몽골군에 편입되어 훈련을 받기 시작했다. 또 다른 자들은 흑해 지방으로 보내져 노예로 팔렸다. 나중에 드러나게 되겠지만 이 킵차크족 중 많은 자들이 이집트의 용병 노릇을 하게 되었으며, 일부는 후에 시리아에서 벌어진 아인잘루트 전투에서 몽골군과 다시 싸우게 된다. 다른 자들은 이전의 칸 코티안(쿠단)을 따라 헝가리로 도주하여 보호를 받았다. 이렇게 몽골군의 준비 작업은 완료되었다. 불가르가 사라졌으므로 몽골군의 통신과 보급선은 안전해졌고, 킵차크족은 무력화되거나 또는 그들을 위해 싸우게 됨으로써, 몽골은 남부 러시아의 초원 지대를 마음만 먹으면 언제라도 차지할 수 있었다. 이제는 그들의 주의를 러시아 자체로 돌릴 때였다.

수부타이는 러시아의 남부가 북부를 도와주는 것을 막기 위하여 러시아 공국들의 한가운데를 돌파하기로 결정했다. 1237년 겨울, 수부타이는 볼가 강을 건너 러시아 영토로 들어서 랴잔이라는 작은 공국을 지나갔는데, 그곳의 서로 사이가 좋지 않던 네 명의 왕자들은 수부타이를 막을 수 없었다. 랴잔은 수즈달 공국의 속국이었지만, 수즈달의 대공 유리는 랴잔인들을 돕기를 거부했다. 왕자들은 자신들의 본거지로 철수하여 방어 준비를 했다. 당시의 러시아 도시들은 성벽을 포함하여 주로 목재로 이루어졌었다. 트란스옥시아나와 호라즘의 돌로 만든 성벽이 몽골군을 막을 수 없었던 것처럼 러시아 도시들의 목재로 만든 성벽 역시 몽골군을 막는 데 실패했다. 목재로 된 성벽은 튼튼하지 않을 뿐 아니라 불에 탈 수도 있었다. 더욱이 당시의 몽골군 공성 부대에는 한족 출신의 공성 기술자뿐 아니라 아랍인 공성 기술자들도 있었다.

로만 왕자가 얻어내지 못할 도움을 요청하러 유리 대공에게 간 사이, 몽골군은 여성 사절을 랴잔으로 보내며 접근했다. 몽골군의 사절은 시민들에게 항복하고 그들 재산의 십분의 일과 용역을 몽골족에게 제공할 것을 제안했다. 사절로 보내진 여자는 아마 러시아어를 하는 킵차크족이나 다른 초원의 종족이었을 것이다. 그러나 시민들은 그녀를 마녀로 생각해서 성문을 열지 않았고, 몽골군의 제안을 거절했다. 그러자 몽골군은 랴잔 공국의 도시들인

이스테스라웨츠와 프론스크를 약탈하고, 시골 지방을 황폐화시켰다. 랴잔의 방위군은 몽골군과 평원에서 맞섰지만 패배하고 성안으로 퇴각했다. 랴잔에 대한 포위 공격이 시작되었다.

몽골군은 성안으로부터의 농성 부대의 출격과 성 밖으로부터의 구원병을 막기 위하여 아흐레에 걸쳐 시 주위를 완전히 둘러싸는 목제 방책을 세우고, 닷새 동안 노포로 그곳을 맹렬히 포격했다. 중세 러시아 연대기인 『랴잔 파괴의 이야기The Tale of the Destruction of Riazan』는 랴잔의 함락과 그 소름끼치는 결과를 다음과 같이 기술하고 있다.

> 그 저주받은 바투는 랴잔 공국의 영토에 대한 정복을 시작했고, 곧 랴잔에 접근했다. 그의 군대는 랴잔을 포위하고 닷새 동안 끊임없이 싸웠다. 바투는 자신의 공격 부대들을 새로운 병력으로 자주 교체한 반면, 랴잔 시민들은 휴식도 없이 싸웠다. 많은 시민이 죽고 다쳤으며, 다른 많은 시민들이 극도의 피로와 상처로 기진맥진했다. 엿새째 새벽에 이교도 전사들은 어떤 자들은 횃불을 가지고, 어떤 자들은 공성 망치를 가지고, 또 다른 자들은 셀 수 없을 정도로 많은 사다리를 가지고 랴잔을 강력히 공격하기 시작했다. 그들은 마침내 12월 21일 랴잔시를 점령했다. 타타르족은 성모 마리아 몽소승천 성당으로 와서 아그리피나 대공주와 그녀의 며느리들, 그리고 다른 공주들을 난도질했다.
>
> 그들은 주교들과 신부들을 불태워 죽이고 성스런 교회에 불을 질렀다. 그리고 타타르족은 여자와 아이들을 포함해 많은 사람들을 베어 죽였다. 또 다른 사람들은 강에서 익사당했다. 그들은 예외 없이 수사와 신부들을 모조리 죽였다. 그들은 아름답고 부유했던 성스런 도시를 잿더미로 만들었으며, 랴잔 왕자들의 친척들과 키예프, 체르니고프의 왕자들은 생포되었다. 천주의 교회들은 파괴되었고, 많은 피가 신성한 제단을 적셨다. 도시의 그 누구도 살아남지 못했다. 모든 사람이 죽었다. 모든 사람이 한 방울도 남기지 않고 똑같이 쓰디쓴 잔을 삼켰다. 죽은 자를 위해 슬퍼해줄 사람도 없었다. 죽은 아이들을 위해 슬퍼할 아버지나 어머니도 없

었고, 죽은 아버지나 어머니를 위해 슬퍼할 아이도 없었다. 형제의 죽음을 슬퍼할 형제도 없었고, 친척의 죽음을 슬퍼할 친척도 남아 있지 않았다. 모두가 죽었다. 이 사태는 모두 우리의 업보로 일어났다.[4]

도시는 불탔고, 주민은 대부분 학살당했으며, 그 공포가 퍼지도록 소수의 사람만 겨우 도망칠 수 있었다. 그 후 몽골족은 콜롬나로 향했다. 이제야 그 위협을 절실히 느낀 유리 대공은 콜롬나를 방어하는 로만 왕자에게 에르메이 글레보비치가 이끄는 증원군과 함께 자신의 아들 브세볼로드 왕자를 보냈다. 유리 대공은 콜롬나에서 겨우 80킬로미터 떨어진 모스크바의 방어를 돕기 위해 그곳으로 자신의 또 다른 아들 블라디미르를 보냈다.

몽골군은 콜롬나에 입성하기 전에 로만 왕자와 브세볼로드 왕자, 그리고 글레보비치 장군 휘하의 군대와 교전했고, 그들을 언덕 중턱으로 밀어내 수세로 몰아넣었다. 브세볼로드와 몇몇 부하들은 몽골군을 돌파해 탈출했지만, 로만 왕자와 에르메이 글레보비치, 그리고 나머지 병력의 대부분은 그곳에서 함께 전사했다. 콜롬나가 함락되었고, 그다음에는 모스크바가 함락되었으며, 유리의 아들 블라디미르는 그곳에서 생포되었다. 이들 도시들에서의 살육은 랴잔에서만큼 광범위하게 벌어지지는 않았지만, 수많은 사람들이 수즈달 공국의 수도인 블라디미르 공성의 인부로 끌려갔다.

유리 대공은 몽골군에 저항할 만큼 튼튼하다고 생각했던 블라디미르를 떠나 다른 곳에서 군대를 일으키기 위해 자신의 형제들과 조카들을 만났다. 몽골군은 그 특유의 속도로 신속하게 모스크바로부터 160킬로미터 정도 떨어져 있는 블라디미르로 이동했다. 그들은 포로가 된 블라디미르 왕자를 보이고, 그의 목숨에 대한 대가로 도시의 항복을 요구했다. 이 요구는 당연히 거부되었고, 블라디미르 왕자는 가족이 보는 앞에서 처형당했다. 그런 다음 몽골군은 랴잔에서 가져온 목재로 블라디미르 주위에 울타리를 세우고, 성을 공격하기 시작했다.

블라디미르에 대한 공성이 시작된 후 수부타이는 자신이 거느린 병력의 반을 수즈달 공격에 투입했다. 수즈달은 첫 공격에서 함락되었고, 수부타이의 병력은 블라디미르 공성을 돕기 위해 많은 포로들을 데리고 닷새 후 돌아왔다.

블라디미르는 1238년 2월 7일 토요일에 공격을 받기 시작했고, 일요일 새벽에는 네 개의 성문 모두에 대한 공격이 동시에 이루어졌다. 도시의 방어는 지리멸렬하고 효과적이지 못했다. 몽골군은 그 도시로 쇄도했으며, 유리 대공의 두 아들의 주검을 발견했다. 유리의 아내 대공작부인은 자녀들과 손자, 손녀들을 데리고 성당—수백 명이 그곳으로 도망쳤다—으로 피신했다. 그녀와 가족들은 성가대의 위층으로 올라가서 몽골군이 요구해도 내려오기를 거부했다. 성당은 화염에 휩싸였고 곧 무너졌다.

블라디미르가 함락되자 몽골군은 두 부대로 나뉘었다. 수부타이는 유리 대공과 그의 군대를 추격하러 북쪽으로 향했고, 바투는 노브고로트를 향해 북서쪽으로 갔다. 양 군은 가는 도중에 있는 도시들을 약탈했다. 수부타이는 유리에프, 로스토프(모스크바 북동쪽 약 200km 지점-옮긴이)와 야로슬라프를 점령했고, 바투는 드미트로프와 트베르를 점령했다. 유리 대공은 자신의 형제, 조카들과 함께 그때까지 군사를 모았지만, 오지 않는 노브고로트로부터의 병력을 2월까지 기다렸다. 유리는 대규모 정찰대를 내보냈지만, 자신이 포위되었다는 사실만 발견했다. 1238년 3월 4일, 교전이 이루어졌고 러시아군은 패배했다. 한편 몽골군 병력의 나머지 반을 거느린 바투는 2주일간 토르조크라는 성읍의 완강한 저항을 받았다. 거기다 봄이 되어 눈이 녹자, 몽골군은 수천 마리의 말을 거느리고 노브고로트로 가는 도중에 위치한 숲과 늪을 통과한다는 것이 너무도 어려운 일임을 알게 되었다. 결국 토르조크는 살아남게 되었다. 바투는 후퇴하여 돈 강의 서쪽에 위치한 러시아 초원에서 수부타이와 합류했다. 이렇게 하여 러시아 정복의 반이 이루어졌다.

몽골군은 1240년 여름에 정복 전쟁을 재개하여, 페레야슬라프 공국과 체르니고프 공국의 시골 지역을 약탈하고, 두 도시를 파괴했다. 체르니고프의 미하일 왕자는 동유럽으로 도주했다. 1240년 11월, 칭기즈 칸의 손자 몽케가 이끄는 몽골군이 러시아의 가장 큰 도시인 키예프에 도착했다. 키예프의 지배자 다니엘은 이미 자신의 형제 바실코 왕자와 함께 폴란드로 도주하고 없었다. 그 도시는 다니엘이 임명한 귀족 드미트리가 지휘하고 있었다. 많은 시민들이 몽골군의 자비를 기대하며 몽골군에게 도시를 넘겨야 한다고 생각했지만, 드미트리는 저항하기로 결정했다. 몽골군의 사절들이 항복을 요구하러 왔을 때 드미트리는 그들을 처형시켜 성문 위에 전시함으로써 적과 협상하려는 어떠한 노력도 미리 무산시켰다.

바투가 키예프에 도착했고, 몽골군은 나무로 만든 방어 구역인 폴란드식 문을 노포로 격렬하게 공격하기 시작했다. 문이 무너지자 기병이 거리로 돌진했고, 몽골군은 성벽을 손에 넣었다. 다음 날, 몽골군은 격렬한 전투 끝에 키예프를 정복했다. 수백 명의 사람들이 요새화된 성모 마리아의 교회로 도망쳤지만, 너무나 많은 사람들이 지붕 위로 올라가는 바람에 교회 건물이 안에 있던 사람들 위로 무너졌다. 드미트리는 생포되었는데, 이상할지 모르지만 목숨을 건졌다. 바투는 자신을 그러한 상황에 빠뜨리고 도망가버린 왕자에게 드미트리가 보인 충성심에 감탄했다. 나중에 바투는 러시아인들에 대해 호의적이라는 평판을 받게 된다.

비록 그 후 얼마 안 가 다수의 보다 작은 도시들이 함락되고 파괴되었지만, 키예프의 함락은 몽골군에 대한 러시아의 심각한 저항이 이미 끝났다는 것을 보여주는 결과였다. 바투는 도주하지 않았던 상대적으로 중요하지 않은 러시아 왕자들의 항복을 받기 시작했다. 러시아 원정은 이렇게 끝이 났다.

우리는 이 원정에서 다시 한 번 몽골군의 특징들을 보게 된다. 굉장히 먼 거리도 순식간에 이동할 수 있는 속도, 전략적 목적을 달성하기 위해 별개의 병력들이 수행하는 조화로운 작전 행동, 성공적인 공성술, 그리고 계산된 공포의 이용 등이 바로 그것이다. 또한 우리는 다른 종족들, 이 경우에는 킵차크족이 몽골 군단에 융합된 것을 볼 수 있다. 패배한 부족들이 위협이 되지 않도록, 그리고 시간이 지나면 몽골을 자신들이 복종해야 할 실체로 생각하게 하도록, 패배한 부족을 해체하여 충성스러운 부대들 속으로 신중히 분산해 배치함으로써 다른 종족을 융합하는 것은 칭기즈 칸이 그의 병력을 늘리기 위하여 중앙아시아에서 일관되게 실행했던 방법이었다. 여러 저술가들이 지적한 것처럼, 칭기즈 칸은 본래의 몽골족과 그들이 흡수한 수많은 초원의 종족들로 이루어진 인위적인 부족을 창조했다. 칭기즈 칸의 인종 통합은 대단히 성공적이었으며, 초원의 기준에 비춰볼 때 대단히 인상적으로 그의 제국이 견고하고 장수했던 것은 바로 이 성공적인 인종 통합을 통해서 이루어졌다고 할 수 있다.

바투의 무리는 텐트의 색깔 때문에 서양에서는 금장 칸국Golden Horde으로 알려졌지만, 동양에서는 그가 러시아 초원의 많은 킵차크 투르크족을 자신의 무리 속으로 흡수하였기에 킵차크 칸국으로 알려졌다. 실제로 킵차크 투르크족은 몽골족보다 수가 훨씬 더 많았고, 금장 칸국의 동전에는 몽골의 명각 외에도 투르크의 명각이 보인다. 그럼에도 이 투르크족 무리는 그 뒤섞인 혈통에도 칭기즈 칸의 후손들에게 항상 충성스러웠고, 200년 동안 러시아인들에게 '타타르의 멍에'를 지웠다.

충분히 예상할 수 있지만, 몽골에 대한 종속의 결과로 러시아인들은 몽골의 전투방식을 받아들였다. 러시아인들은 말 탄 채 복합궁을 사용해 싸웠고, 몽골식 갑옷을 입었으며, 짧은 등자를 사용하여 말을 탔다. 어떤 역사가는 이에 대해 다음과 같이 주목한다.

> 전장에서 몽골군은 선봉, 중군(본대), 좌익과 우익, 그리고 후위로 배열되었다. 무속 전통에서 오른쪽이 우월했으므로, 우익이 좌익보다 위쪽 자리를 차지했다. 모스크바군은 우익을 위에 놓는 점까지도 몽골군과 똑같은 대형으로 출전했다.[5]

그 뒤 1241년의 중부 유럽 원정에서는 몽골군들이 가장 일반적으로 사용하는 전략뿐 아니라 또 다른 전술들이 러시아 원정 때보다 더 분명하게 보인다. 몽골군이 폴란드와 헝가리를 침입할 무렵 유럽은 혼란 상태에 있었다. 교황 그레고리 9세와 신성로마 제국의 황제 프리드리히 2세는 서로 전쟁 중이었고, 폴란드는 혈연관계인 네 명의 공작들로 분할되어 있었으며, 헝가리는 왕인 벨라 4세와 귀족들의 사이가 좋지 않았다. 벨라의 개인적 적수인 오스트리아 공작 프리드리히 2세 또한 헝가리 왕을 희생시켜 이용하려는 마음이 있었다. 그럼에도 몽골의 척후병들이 폴란드와 헝가리에서 발견되자 유럽의 귀족들은 군사를 모으기 시작했다.

몽골의 척후병들은 1241년 2월에 러시아를 떠나 얼어붙은 강을 건너 동유럽으로 진군한 약 6만 명 병력으로 구성된 군대의 선두 병사들이었다. 몽골군은 헝가리를 점령하려 했는데, 그렇게 하기 위해서 그들은 헝가리가 이웃 국가들의 도움을 받지 못하도록 고립시키려고 했다. 이 점에서 몽골군의 접근방식은 러시아 정복에서 불가르족과 킵차크족에 대해 선제공격을 가했던 것과 흡사하다.

몽골군은 둘로 나뉘어 진군했다. 규모가 더 작은 부대는 두 개의 투멘으로 구성되었고, 3월 초에 먼저 출발하여 북쪽을 향해 폴란드로 갔다. 몽골군은 동유럽의 귀족이 혈연과 혼인 관계로 연결되어 있다는 것을 알았으며, 원정을 계획했던 수부타이는 폴란드 귀족들이 헝가리 왕을 지원하는 것을 원하지 않았다. 북쪽으로 간 부대는 폴란드군의 주의를 끌기 위한 것이었고, 적절한 시기에 헝가리 정복을 지원하기 위해 북쪽에서 휘몰아쳐 내려올 계획이었다. 칭기즈 칸의 두 손자, 바이다르와 카아단이 북쪽으로 향하는 부대를 지휘했다. 그들은 카르파티아 산맥의 가장자리를 지나 폴란드를 향해 북쪽으로 호선을 그리면서 나아가서 저항군을 찾기 시작했다.

며칠 후, 수부타이와 바투는 4만 명의 대군을 세 개의 군단으로 나누었다. 각 군단은 헝가리로 가는 도중 각기 다른 경로를 통해 카르파티아 산맥으로

들어섰다.

유럽인들은 이 위협에 대해 모르고 있지는 않았다. 러시아에서 벌어졌던 약탈 행위에 관한 소식은 특히 러시아와의 사이에 지형적으로 장애물이 거의 없던 폴란드에 전율을 불러일으켰다. 그러나 유럽인들은 서로 간의 분열로 인해 군사를 효과적으로 동원하지 못했다. 자신이 폴란드의 왕이라고 주장했던 남작 볼레슬라프 4세는 폴란드 기사들과 프랑스 및 독일 출신을 일부 포함한 외국인 기사들, 그리고 기사단의 구성원들로 이루어진 군대를 일으켰다.

우리가 보았던 대로, 기사단은 이미 셀주크족에 대한 십자군 전쟁에서 정예의 전사들이라는 것이 입증되었다. 이 성전기사단Knights Templar, 구호기사단Knights of the Hospital of Saint John of Jerusalem, 독일기사단Teutonic knights, 그리고 검의 형제기사단Brothers of the Sword 같은 무장한 수도사들의 조직은 교회를 보호하기 위해 싸웠다. 그 수는 많지 않았지만 유럽에서 가장 잘 훈련받은 전문적인 군인으로서 기사단은 폴란드군에 중요한 보탬이 되었다. 기사단은 충격 전투에 대한 훈련을 받았다. 그들은 갑옷을 완전히 갖추고, 무거운 창을 가지고 적에게 돌진했다. 그 후의 교전은 폭이 넓은 검broad sword, 도끼, 그리고 갈고리 달린 철퇴 등을 사용한 근접 전투에 의해 결정되었다. 기사단 사람들은 세속의 기사들과 달리 자신의 지도자에게 대단히 복종적이었고 매우 용감했지만, 기마궁술에 대처하는 데 도움이 될 만한 훈련을 받지 못했으며 전장에서 복잡하거나 융통성 있는 기동전을 펼치는 능력도 가지고 있지 않았다. 기사단의 말도 당연히 무거웠다. 당시 유럽의 전술은 최초의 충격에서 승리한다는 생각에 기초하고 있었다. 기사단의 병력은 약 3만 명이었다.

당시 폴란드의 일부였던 슐레지엔의 군주 하인리히 공작은 이와 비슷하지만 약간 더 큰 규모의 군대를 모았다. 한편 헝가리에서는 벨라 왕이 병력을 모았지만, 귀족들로부터 그다지 협력을 받지 못했다. 귀족들은 벨라의 권위를 의심했고, 몽골군의 위협이 심각하다는 것을 이해하지 못했다.

북쪽에 있던 바이다르와 카아단 휘하의 몽골군은 폴란드에서 적을 찾았다. 눈으로 인해 그들의 진군 속도는 느려졌지만, 3월 18일 그들은 볼레슬라프와 갈리치아의 러시아 왕자 므스티슬라프의 연합군과 조우했다. 몽골군은 이 군대를 격파하고 폴란드군을 남쪽으로, 슬라브군을 서쪽으로 몰아냈다. 그런 다음 몽골군은 버려져 있던 크라코프로 진군해서 도시를 불태웠다. 그후 몽골군은 오데르 강 위에 다리를 놓아 브레슬라우를 점령했는데, 그곳에서 그들은 하인리히 공작이 리그니츠(오늘날의 레그니차) 근처에 군대를 집결시켰다는 것을 알게 되었다. 하인리히의 군사는 약 4만 명이었고, 보헤미아의 웬체슬라스 왕 휘하의 5만 명에 달하는 군대의 지원을 기다리고 있었다. 몽골군은 하인리히 공작의 병력보다 수가 적은 상태인데 거기에 지원군인 웬체슬라스가 접근하고 있다는 것을 알고는 두 군대가 합류하기 전에 공격하기로 결정했다.

한편 남쪽에서는 수부타이와 바투의 병력이 카르파티아 산맥의 방어준비를 갖춘 헝가리 통로에 접근했다. 벨라 왕은 산의 통로에 걸쳐진 나무를 자름으로써, 그리고 그 통로를 지키는 요새 수비대를 강화함으로써 몽골군의 진격을 막으려고 생각했다. 벨라는 몽골군의 공격에 대비할 시간을 얻었다고 이성적으로 판단했고, 귀족들과 다투어서라도 그들이 자신의 저항 노력을 지원하도록 설득할 시간이 필요했다. 벨라의 아버지는 상당한 권력을 귀족들에게 양도했었는데, 벨라는 왕위에 오르자마자 유능한 통치자가 되기 위해 그것을 되찾겠다고 결심했었다. 귀족들은 대체적으로 벨라의 이런 의도에 저항했고, 몽골군의 침입에 직면해서도 위험할 정도로 비협조적이었다. 바로 이때 등장한 사람이 코티얀(쿠단) 칸이었다.

몽골군이 러시아에서 최초의 학살을 자행하는 중에 코티얀 칸은 많은 킵차크족과 함께 안전을 도모하기 위해 헝가리로 도망쳤었다. 그는 기독교 세례를 받았고(벨라가 그의 대부였다), 몽골군에 대항하여 4만 명의 킵차크군을 전투에 배치할 것을 제안했다. 벨라는 당연히 이 제안에 기뻐했으며 킵차크족을 헝가리에 정착하게 했지만, 그곳 농민들은 킵차크족을 귀찮은 존재로 여겼다. 그럼에도 벨라는 몽골군과 대적한 경험을 가진 초원의 전사들이 매우 귀중한 도움을 제공할 수 있다는 사실을 알았기에 코티얀을 지지했다. 그러나 귀족들은 이를 다르게 보았다. 그들은 킵차크족을 자신들이 어떻게 해볼 수 없는 왕위에 대한 지지 세력으로 여겼다. 그래서 벨라는 귀족들을 달래기 위해 코티얀을 가택 연금시키지 않으면 안 되었다. 한편 벨라의 개인적 적수인 오스트리아의 프리드리히 2세 공작은 귀족들을 지원할 생각을 지니고, 자신의 군대를 거느리고 도착해서는 곧 귀족들의 편을 들었다. 이런 상황에서 벨라는 몽골군이 카르파티아 산맥의 통로들을 공격하기 시작했다는 소식을 3월 10일에 받았다. 나흘 뒤 그 통로의 지휘자가 부다에 도착해서 통로들이 함락되었다고 알렸다.

이렇게 되자 프리드리히 공작은 킵차크족에 대한 헝가리 귀족들의 적의를 부추겼지만, 벨라는 킵차크족이 몽골군과 공개적으로 기꺼이 싸우려는 유일한 병력이었기에 그들의 편을 들었다. 프리드리히와 몇몇 귀족들은 코티얀과 그의 킵차크족 부관들이 가택 연금된 집으로 가서 그들을 살해했고, 그들의 머리는 군중들의 환호를 받으며 길거리로 던져졌다. 열화처럼 노한 킵차크족은 헝가리 각지를 약탈하면서 불가리아로 도주했다. 벨라는 귀중한 동맹자를 잃었고, 프리드리히는 오스트리아로 돌아갔다.

통로가 빨리 함락되었기에 몽골군은 현대의 기준에서 보아도 믿을 수 없을 정도로 빠른 속도로 진군했다. 그들은 눈이 내리는 날씨 속에서도 하루에 64킬로미터를 진군했다. 이는 현대 군대도 하기 어려운 것이다. 몽골군의 별동대들은 모두 예정에 따라 부다 외곽에 집결했다. 벨라는 자신의 군대를 부다로부터 다뉴브 강 건너편에 위치한 페스트라는 게르만족 마을에 정렬시켰다.

이와 거의 동시에 폴란드에서는 하인리히 공작과 그의 폴란드—게르만 연합군이 리그니츠를 떠났다. 4월 9일 아침의 일이었다. 그들의 목표는 하루 정도 거리에 떨어져 있는 웬체슬라스가 거느린 대규모 보헤미아군과 합류하는 것이었다. 그러나 그 대신에 이 폴란드-게르만 연합군은 리그니츠 남쪽의 평원에서 몽골군과 맞닥뜨렸다. 그 장소는 이후 '발슈타트', 즉 선택된 장소라고 알려졌다. 하인리히의 군대는 말 탄 병사들을 선봉에, 보병을 뒤에 두고 평지에 자리를 잡았다.

전투가 시작되자 유럽인들은 몽골군이 함성이나 나팔 소리를 내지 않고 깃발 신호를 이용해 움직인다는 것을 알아차렸다. 한편으로는 그 기병 대형이 기사들의 대형보다 더 조밀하여 그 수가 기사들의 반밖에 안 되어 보였기 때문에 몽골군의 규모를 판단하기는 어려웠다.

하인리히 공작의 부대 중에서 제1대가 돌진했지만 몽골군의 화살 세례를 받고 격퇴당했다. 중장 기사들은 경장한 기마궁수들과 맞붙어 싸울 수 없었다. 하인리히는 두 번째 돌격을 감행했고, 이 공격은 첫 번째와 달리 몽골군을 도망치게 했다. 기사들은 환호하며 공격을 밀어붙였고, 적은 이에 대항하지도 못하고 계속 무너져버렸다.

그러나 불행히도 상황은 기사들에게 보이는 것과 달랐다. 몽골군은 거짓 후퇴라는 초원의 전술을 사용하여 기사들을 보병에게서 분리된 전선으로 유인한 것이다. 이런 기동 작전은 마르코 폴로가 몇 년 후에 몽골의 전술에 관해 쓴 다음과 같은 글을 상기시킨다.

> 이 타타르족은 전투를 벌이게 되면 결코 적과 섞이지 않고 적 주위를 계속 맴돌면서, 처음에는 한쪽에서 다음엔 그 반대쪽에서 화살을 쏘고, 때때로 도망치는 것처럼 가장하며 도주 중에 마치 적과 대면하여 싸우는 것처럼 뒤를 향해 추격자에게 화살을 쏘아 사람과 말을 죽인다. 이런 종류의 전투에서 적은 자신들이 승리했다고 생각하게 되지만, 실제로는 패배 상태에 놓이게 된다. 왜냐하면 타타르족은 그들이 적에게 준 피해를 관찰하면서 군의 방향을 바꾸어, 적들이 설사 전력을 다하

여 저항한다 할지라도 그들을 모두 포로로 잡아버리기 때문이다. 이 타타르족의 말은 움직임을 빨리 바꿀 수 있도록 길이 잘 들여져서 신호를 주면 즉시 어느 방향으로든 방향을 전환할 수 있으며, 이러한 신속한 기동 작전으로 그들은 많은 승리를 거두었다.[6]

그다음 몽골군은 기사들이 일렬로 정렬했을 때 그들의 좌·우 측면을 가리지 않고 어느 쪽으로든 내습하여 복합궁을 사용하여 화살을 쏘았다. 다른 몽골군은 기사들이 함정에 걸려들면 공격하려고 매복해 있었다. 몽골군은 자신들의 화살이 기사들의 갑옷에 효력을 발휘할 수 없다는 것을 알고는 그들의 말에다 화살을 쏘았다. 말에서 떨어진 기사들은 몽골군에게는 별다른 위험 없이 창이나 칼로 죽이기 쉬운 존재였다. 그리고 몽골군은 또 다른 전술을 사용했다. 그들은 하인리히의 보병과 돌진하는 기사들 사이에 있는 전장에 연기를 피워 양쪽 병력을 서로 차단했다. 몽골의 기마궁수들은 연기 너머로 전진하여 하인리히의 보병들을 활로 쏘아 완전히 궤멸시켰다.

이 무서운 전투에서 몽골군은 그들의 방식으로 유럽인들을 완전히 패배시켰고, 사실상 전멸시켰다. 하인리히 공작은 소수의 부하들과 탈출하려다 살해되었고, 몽골군은 그들이 거둔 승리의 규모를 보여주기 위해 시체에서 귀를 잘라 아홉 개의 커다란 포대에 담아 헝가리에 있는 바투와 수부타이에게 보냈다. 당시의 기록에는 유럽인의 손실이 2만 5천 명에서 3만 명이라고 적혀 있다. 하인리히 공작의 머리는 창에 꽂혀 시민들이 성채로 물러나면서 태워버렸던 리그니츠의 성벽 앞에 전시되었다. 몽골군은 웬체슬라스의 보헤미아군을 고려하여 공격을 중지했다.

하인리히가 패배한 소식을 듣고, 웬체슬라스가 거느린 보헤미아군은 신중하게 그들의 접근을 멈추고 방어 위치로 후퇴했다. 바이다르와 카다안도 자신들의 병력이 수적으로 너무 열세라고 느껴 방어태세를 갖춘 웬체슬라스를 공격하지 못했지만, 폴란드가 헝가리를 더 이상 지원할 수 없다는 상황에 만족했다. 그들은 바투와 수부타이에게 합류하기 위해 남쪽으로 향했다.

유럽인들은 '발슈타트'에서 몽골군이 수적으로 월등하게 우세했기에 패배했다고 생각하며 스스로를 위로했다. 그 전투의 무서운 결과는 차치하고, 몽골군이 수적으로 실제보다 몇 배나 많다는 통념이 더욱 그렇게 생각하게 했는데, 몽골군은 빠른 진군 속도 때문에 그 수가 실제보다 더 많게 여겨졌다. 같은 군대 또는 부대라 하더라도 그들이 이동할 때면 그 수를 반복적으로 세게 된다. 관찰자에게는 분명히 다른 몽골군으로 보였던 그 부대가 멀리 떨어져 있는 다른 지점에서 반복적으로 목격된 부대와 같은 부대일 것이라는 생각이 떠오르지 않았을 것이다.

벨라 왕은 1241년 4월 9일, 리그니츠의 전투가 벌어진 바로 그 날에 그 사실을 모른 채 페스트를 떠났다. 그의 군대는 약 8만 명 정도의 병력으로 구성된 대규모였으며, 적어도 유럽의 기준에서 볼 때는 매우 훌륭했다. 벨라는 대단히 많은 용병을 보유하고 있었으며, 더 이상 몽골군을 무시할 수 없었던 그의 귀족들도 싸움에 동의했다.

헝가리군이 전진하자 몽골군은 며칠 동안 그들보다 앞서 천천히 후퇴했다. 초원의 전사들은 헝가리군을 그 특유의 선견지명으로 전투를 위해 이미 선택해 놓았던 사조 강과 티소 강이 합류하는 근처의 모히 평원으로 성공적으로 유인했다. 모히에 도달했을 때 몽골군은 사조 강을 건널 수 있는 유일한 다리를 통하여 강을 건넌 뒤 숲 속으로 사라져, 그로부터 약 16킬로미터 떨어진 곳에 진지를 구축했다. 헝가리의 척후병은 단지 몽골군의 말발굽 흔적만 발견할 수 있었다.

벨라는 모히 평원에 진을 쳤고 방어를 위해 마차들을 진지 주위로 모아서 서로 연결시켰다. 몽골군이 어디에 있든 그들이 공격하고자 한다면 벨라의 정면으로 강을 건너야 했으며, 그곳에는 강을 건널 수 있는 단 하나의 돌다리만 있었다. 벨라는 자신의 형제이자 유능한 군인인 콜로만을 부하 천 명과 함께 그 다리를 지키도록 보냈다.

날이 밝기 전에 수부타이는 기마병 부대를 사조 강 상류의 기슭 멀리로 헝가리군이 볼 수 없도록 이동시키기 시작했다. 수부타이의 의도는 헝가리군이 바투가 거느린 나머지 몽골군과 교전하는 동안 헝가리군의 배후에서 강에 다리를 놓아서 공격하려는 것이었다. 바투가 돌다리를 공격했지만 콜로만과 헝가리군이 그를 물리쳤고, 그러자 몽골군은 노포를 준비해서 다시 다리로 돌아왔다. 몽골군은 노포들로 섬광 단지와 연기를 내는 단지를 쏘아서 헝가리군을 교란했고, 결국에는 그들을 다리에서 쫓아버렸다. 곧 몽골군 수천 명이 몰려들어 다리를 점령했다.

그 후 벨라는 몽골군에 돌격을 감행했다. 기마궁수들은 움직일 수 있는 공간이 별로 없어서 그 돌격으로 인해 상당한 피해를 입었다. 싸움은 치열했고 바투는 시간이 지남에 따라 점점 불안해졌지만, 몽골군은 맹렬히 활을 쏘며 두 시간 동안 헝가리군의 공격에 저항했다. 그때 바투는 갑자기 자신의 부하들을 이끌고 헝가리군의 왼쪽 측면으로 움직였고, 적의 전열은 방향을 바꿨다. 그 순간 수부타이가 헝가리군의 후미에 나타났다. 유럽인들은 완전히 허를 찔렸지만 혼란에 빠지지 않고 자신의 군영으로 퇴각했고, 몽골군은 그곳을 완전히 포위했다. 그러나 마차로 보호시설까지 갖춘 강한 군대를 공격하는 것은 합리적이지 않았다. 그 대신에 몽골군은 노포를 사용하여 불타는 타르와 나프타를 발사하면서 다시 한 번 공격했다.

불과 연기가 군영 전체에 퍼졌고, 그곳에 남아 있기란 더 어려워지게 되었다. 몽골군은 서쪽으로 틈을 내주었다. 몇몇 헝가리인들이 조심스레 군영을 떠나 그 틈을 통해 탈출을 시도했다. 첫 번째 무리가 무사히 통과하자 다른 자들도 그 뒤를 따랐는데, 그들 중 상당수는 자신들의 말이 부담하는 짐을 덜어주기 위해 무기와 장비들을 내던졌다. 보다 많은 사람들이 도망치면서 도주는 통제불능 상태가 되었고, 그 도주자들은 사흘 거리에 떨어져 있는 페스트로 달아나려고 했다. 헝가리인들이 말을 달리자, 그들은 폴란드에서 거짓 후퇴하는 바이다르와 카다안의 군대를 추격했던 그 기사들처럼 일렬로

서게 되었고, 몽골군은 그때와 유사한 방법으로 헝가리인들을 다루었다. 그들은 헝가리인들의 측면을 따라 달리면서 그들에게 활을 쏘거나 창과 기병도로 찔러 떨어뜨렸다.

살육이 이틀 동안 계속되었다고 하는 사람들도 있다. 전투가 끝난 후 약 6만 5천 명이나 되는 많은 사람이 죽었다. 벨라는 아무도 알지 못하게 탈출하여 아드리아 해안으로 도주했다. 몽골군은 농부들에게 수확물을 바치면 보호해주겠다고 약속하고는 일단 일이 끝나자 그들을 죽이는 식으로, 체계적으로 일정 지역의 주민을 절멸시키기 시작했다. 몽골군은 또한 그들의 수중에 떨어진 벨라의 옥새를 이용하여 헝가리 당국에 저항하지 말라는 위조된 포고문을 발포했고, 화폐를 주조하기 시작했다. 그로부터 8개월 후 몽골군은 손을 떼고 떠났으며, 다시는 대규모의 군대를 이끌고 중부 유럽으로 돌아오지 않았다. 그 철수는 서양에게는 대단히 중요했다. 만약 또 다른 공격이 있었더라면, 그것은 첫 번째 공격만큼이나 재난이 되었을 것이다.

몽골군은 칭기즈 칸의 아들이자 계승자인 대칸 오고타이가 수천 킬로미터 떨어진 카라코룸에서 사망했기 때문에 새로운 칸을 선출하기 위한 쿠릴타이에 황금 씨족이 참여해야 한다는 이유로 헝가리에서 철수했다. 이미 황금 씨족 내에서는 머지않아 몽골 제국의 해체 및 다수의 자치적인 칸국의 성립으로 이어질 분열이 생기고 있었지만, 쿠릴타이에 참석하기 위해 철군했다는 것은 어느 정도까지는 사실이었다. 바투는 그 분열에 대해 알고 있었으며, 자신에게 냉담한 칸이 선출되어 카라코룸에서 자신의 정치적 영향력이 감소하게 된다면 더 이상 자신의 정복사업을 확대하거나 유지하기 위해 필요한 제국의 투멘을 아시아로부터 지원받을 수 없게 되리라고 느꼈을 것이다. 결국 그는 헝가리에서 철수했고, 제국의 투멘들은 몽골로 돌아갔으며, 바투 본인은 러시아에 만족했다. 나중에 논의되겠지만, 실제로는 다른 사항들도 고려했었을 가능성이 있다.

중부 유럽 원정에서는 백병전을 벌이려고 접근하기 전에 적의 패배가 거의 확실할 때까지 적을 서서히 파괴하기 위한 몽골의 초원 방식의 전투가 가진 모든 특징들인 거짓 후퇴, 매복, 포위, 투사 무기(즉, 화살)의 사용이 드러났다. 이런 종류의 전투에 관하여, 그리고 그 배후의 이론에 대해 전혀 알지 못하는 상태에서 유럽의 중무장한 기사와 지원을 받지 못하는 보병은 몽골군의 적수가 되지 못했다.

대칸으로 몽케를 선출한 것은 유럽에 대한 적대감 회복으로 귀착되지 않았을지 모르나, 이슬람 세계에는 엄청난 타격을 가했다. 칭기즈 칸이 1219년에서 1221년까지의 원정에서 호라즘 샤 무하마드 2세를 패배시킨 이후, 페르시아의 영토는 불안정한 상태에 놓여있었다. 페르시아의 영토는 내정에 관한 권력을 가지고 있는 장군들이 행군하는 도중에 위임 통치했지만, 그 지역에 대한 과세는 다른 관리들이 맡았다. 조지아 왕, 아르메니아의 실리시아 왕, 그리고 모술의 영주들은 부하에 지나지 않았을 뿐 정치와 과세 전체에 대해 전반적인 권위를 가진 자는 아무도 없었다. 몽케는 1251년, 자신의 동생 훌라구를 페르시아의 섭정으로 임명하여 그에게 정치적 살인 및 해시시의 사용으로 '어새신Assassin'이란 단어를 낳게 한 유해한 시아파 이슬람교 분파인 이스마일리파 암살단을 근절하는 임무를 맡김으로써 그 상황을 바꾸었다. 몽케는 더 나아가서 이슬람의 최고 종교지도자인 바그다드의 칼리프를 복종시키고 시리아를 합병했으며, 근동에 남아 있는 마지막 세력인 이집트의 맘루크 술탄 영지를 정복했다.

훌라구는 몽골을 출발하여 1256년 1월 아무다리야 강을 건너 트란스옥시아나에서 페르시아로 들어섰고, 그곳에서 헤라트의 왕과 파르스(이란 중남부 지역-옮긴이)의 군주, 그리고 셀주크 투르크족 족장들로부터 신하로서의 예를 받았다. 그다음 훌라구는 마잔데란(카스피해를 접하고 있는 이란 북부-옮긴이)과 마이문디즈, 그리고 알라무트(이란 중북부에 위치-옮긴이)에 있는 이스마일리파 암살단의 산성들을 공격하러 갔다. 이 원정 중에 훌라구는 임실단의 요새들을 쳐부수기 위하여 한족 기술자들이 제작한 노포들을 사용했다. 훌라구가 사용했던 노포의 탄약으로 쓰인 둥근 돌 포탄은 아직도 그 공성이 벌어졌던 장소들에서 발견할 수 있다. 마지막 산성이었던 알라무트 요새는 1256년 12월 20일 항복했고, 마이문디즈 요새를 내주었던 암살단의 단주인 루큰 앗 딘 쿠르샤는 몽골의 몽케 칸에게 포로로 압송되는 도중에 살해되었다. 자신들을 근절시키려는 다른 이슬람 국가들의 시도를 잘 견뎌왔던 이스마일리파 암살단은 초원에서 왔지만 문명화된 기술을 사용한 유목민에 의해 마침내 분쇄되었다. 이것이 바로 몽골군이 성공을 거두게 된 열쇠 중 하나였다. 즉, 몽골군은 봉쇄 이외의 방법으로 성벽으로 둘러싸인 성과 요새들을 점령하기 위해 필요한 기술들과 초원의 전투방식을 결합했다.

훌라구가 이스마일리파를 분쇄한 것은 이슬람 세계의 입장에서는 그가 은혜를 베푼 것처럼 보였을 수도 있었지만, 그의 다음 움직임은 그렇지 않았다. 훌라구는 칼리프 알 무스타심에게 그가 가진 세속의 권력을 몽골에게 넘기라고 요구했다. 몽골군이 내포하는 위험을 제대로 이해하지 못했던 것으로 생각되는 칼리프는 그 요구를 거절했다. 훌라구는 몽골군이 다수의 세력들, 예컨대 이전에 칼리프의 영지에 대해 권한을 행사했었던 호라즘인과 셀주크족을 파멸시켰으며 현재라고 해서 달라진 것이 없다는 점을 칼리프에게 상기시켰다.

칼리프는 마음을 바꾸지 않았고, 오히려 훌라구가 공격한다면 이슬람 세계가 커다란 봉기를 일으킬 것이라고 그를 위협했다. 훌라구는 이에 끄덕도 하지 않았다. 1257년 11월, 몽골의 장군 바이주는 모술 가도를 따라 바그다드로 진격했다. 훌라구 휘하의 가장 위대한 장수인 나이만족 출신 키트부가는 루리스탄 가도(이란 서부 산악지방–옮긴이)를 따라서 진격했고, 훌라구 자신은 하마단으로부터 세 번째 부대를 이끌었다. 칼리프의 작은 군대는 1258년 1월 17일 몽골군과 교전하기 위해 출동했지만, 완전히 파괴되었다. 다음 날, 몽골군은 바그다드 외곽에 총집결했다.

1월 22일에 세 장군들 휘하의 몽골 병력이 티그리스 강 서쪽 교외에 자리를 잡았고, 훌라구와 키트부가는 다른 쪽에서 바그다드 포위를 완료했다. 그제야 칼리프는 협상하기를 원하며 자신의 고관과 네스토리우스교회 주교를 보냈지만 효과는 없었다. 2월 5일과 6일의 공격으로 바그다드는 점령되었고, 그 수비군은 살해당했다. 2월 10일, 칼리프 알 무스타심은 훌라구에게 왔고, 그의 명령에 따라 주민들에게 무기를 지니지 말고 시에서 나오라는 명을 내렸다. 그들은 명령에 따랐지만 살해당했고, 그런 다음에 몽골군은 시에 입성하여 명령에 복종하지 않았던 자들을 모두 학살했다. 이 도살로 죽은 자들의 수는 전부 합쳐 9만 명에 달했다고 한다. 훌라구는 두 명의 네스토리우스교도인 아내를 둔 불교도였다. 그의 어머니 또한 네스토리우스교도였기에 그는 그들에게 호의를 가지고 있었고 다른 곳에서 했던 것처럼 바그다드의 기독교인들의 목숨을 살려주었다. 그러나 이슬람교도의 운명은 비참했다. 칼리프도 그때 살해되었는데, 전투 중을 제외하면 왕족이 피를 흘리는 것에 대해 미신적으로 꺼림칙하게 생각했던 몽골군은 칼리프를 양탄자에 말아 짓밟아 죽였을 것으로 생각된다.

이슬람 세계가 칼리프 영지의 파괴에 동요했을 때, 훌라구는 북쪽 아제르바이잔으로 이동했다. 그가 아제르바이잔을 떠날 때 그의 군대는 기독교도 지원군으로 훌라구의 가신 중 한 명인 실리시아의 왕 하이톤 1세의 아르메니아군을 포함했다. 훌라구의 궁전은 보통 타브리즈(이란 북서부에 위치-옮긴이)와 마라게(이란 북서부 아제르바이잔 지방에 위치-옮긴이) 근처에 있었지만, 유목민이었기 때문에 그 위치가 정해져 있지는 않았다. 그 도시들에서 훌라구는 모술(이라크 북부에 위치-옮긴이)과 파르스의 군주들, 셀주크 투르크족 술탄들의 축하를 받았다. 그가 다음으로 할 일은 시리아와 이집트를 정복하는 것이었다.

시리아 원정은 마이야파리킨(이라크에 위치-옮긴이)의 왕자가 몽골군의 보호 아래 여행을 하던 네스토리우스교 신부를 처형한 것에 대한 보복을 구실

삼아 그곳에 대한 공성과 함락으로 시작되었다. 마이야파리킨이 함락되자, 왕자는 고문 끝에 죽었다. 이로부터 니시빈(지금의 터키 누사이빈-옮긴이)의 함락과 하란(지금 터키의 우르파주에 위치, 로마 시대의 카르하이-옮긴이)과 에데사의 항복이 이어졌다.

그다음으로 훌라구는 유프라테스 강을 건넜고, 여기서 추가로 기독교도 지원군과 합류하여 알레포를 포위 공격했다. 이때 안티오크와 트리폴리의 왕자인 보에몽 6세가 병력을 이끌고 훌라구에게 합류했다. 알레포는 함락된 후 며칠 동안 계속된 대학살을 겪었고, 훌라구는 보에몽과 하이톤 1세에게 이슬람교도들이 여러 해에 걸쳐서 그들에게서 빼앗아갔던 영토를 돌려주었다.

공포에 질린 시리아의 다른 지배자들은 제 스스로 훌라구에게 굴복했다. 1260년 3월 1일, 키트부가가 보에몽과 하이톤 1세를 동반하고 접근하자 다마스쿠스가 항복했는데, 방어자들이 하나도 없었다. 오직 다마스쿠스의 성채만이 겨우 한 달 동안 저항했고, 성채가 함락된 후 키트부가는 명령받은 대로 다마스쿠스의 사령관을 참수했다.

그로부터 3주 동안 지속된 작전으로 시리아 정복은 완료되었고, 이집트만 남게 되었다. 기독교도든 이슬람교도든 서양의 그 어떤 세력도 몽골군에게 효과적으로 저항하지 못했다. 훌라구는 이제 페르시아의 일칸이 되었다. 이 '일'이라는 접두사는 몽골어로 그가 카간, 즉 대칸인 망구를 추종한다는 것을 암시한다. 일칸은 바야흐로 다음 군사 작전 지역인 이집트를 바라보게 되었다.

제9장

맘루크

십자군은 투르크족을 상당히 잘 알았다. 아기에의 레몽은 이런 글을 남겼다.

'투르크족은 그 수가 아무리 적어도 언제나 습관적으로 적을 포위하려 했다.'[1]

이 전술은 적에게 활을 쏘거나 자신들의 수가 실제보다 많아 보이게 하는 데 효과적이었다. 또한 투르크족은 적이 돌진하기 전에 도주했다가 돌진이 실패하면 적을 공격하기 위해 부대를 재편성했다. 두이의 오도는 투르크족의 전술에 대해 이렇게 말했다.

"그들은 도망치는 것을 배웠고, 또 능숙했다."

그는 루이 7세에 대한 말도 남겼다.

"그는 평화와 전쟁 그 어느 것도 얻을 수 없었다."[2]

유럽인은 투르크족의 이런 전술에 익숙해졌다. 십자군은 이슬람군과 싸우면서 초원의 전술을 자주 목격하게 되었다. 이슬람군의 아랍인 부대는 십자군의 방식과 비슷한 전법을 사용했지만, 이슬람군의 전투 집단에는 보통 투르크족 부대가 포함되어 있거나 투르크족으로만 구성된 부대도 있었기 때문이다. 비잔틴 제국의 황제 알렉시우스 콤네누스의 딸이자 당시 제1차 십자군의 연대기 작가인 안나 콤네나 역시 투르크족 전술을 알고 있었다.

> 알렉시우스 콤네누스는 오랜 경험을 통해 투르크족의 전열이 다른 종족들의 전열과는 다르다는 것을 알았다. 투르크족의 좌익과 우익, 그리고 중앙은 그 열들이 서로 독립적으로 별개의 집단을 형성했다. 좌익이나 우익에 공격이 가해질 때면 나머지 군을 뒤로 한 중앙군이 폭풍 같은 맹공격을 가해 적의 전통적인 전투방식을 혼란에 빠뜨렸다. 창과 칼로 싸우기보다 오히려 적을 완전히 포위한 후 그들을 향해 화살을 쐈으며, 적과 거리를 두고 화살로 자신들을 방어하기도 했다. 투르크족은 추격전에서도 활을 사용해 포로들을 잡았으며, 도주할 때조차 자신의 추적자들을 활로 압도했다. 그들이 추적자들을 향해 활을 쏘면 화살은 말을 탄 사람이나 말을 맞추는데 화살은 상대의 몸을 깨끗이 관통했다. 투르크족 궁수는 재주가 굉장히 뛰어났다.[3]

투르크족에 대한 그녀의 지식은 놀라운 것이 아니다. 알프 아르슬란 휘하의 셀주크 투르크족은 이런 전술을 사용해 1071년 만지케르트 전투에서 로마누스 디오게네스를 패배시킨 후 아나톨리아 반도 대부분을 비잔틴 제국으로부터 탈취했고, 이때의 패배로 비잔틴 제국은 두 번 다시 회복하지 못할 정도로 타격을 입었다. 족장 오스만 휘하의 다른 투르크족은 셀주크 세력이 해체되자 후에 오스만 투르크가 되는 국가를 수립하기 위해 아나톨리아로 들어왔다. 그동안 아랍인과 이집트인은 자신들의 군대에서 쓸 병사를 훈련하기 위해 투르크족 노예를 사는 관행을 계속해왔다. 이 관행으로 아랍인과 이집트인은 로마 제국 말기의 로마인처럼 초원의 전투방식을 자신들의 전법에 도입했다. 로마인은 훈족 무리 전체를 고용해 그들의 전법을 받아들였지만, 이것과 대조적으로 아랍인과 이집트인은 유목민을 한 명씩 개인별로 구입해 훈족에게는 당연히 없었던 로마에 대한 충성심을 유목민 노예에게 주입했다. 이런 방식으로 아랍인과 이집트인은 비잔틴 제국의 군대, 라틴 세계의 십자군, 다른 초원의 유목민에게 대항할 초원의 전술을 준비했고 능숙한 기마궁수로 이루어진 군대를 배치했다. 이 정착 문명국들은 일정 수준까지 초원의 전술을 제도화했다.

맘루크[4]라고 불리는 노예들이 아랍인 군대에 편입되기 시작한 것은 8세기부터였다. 이슬람교의 가르침과 예언자 무하마드 사망 후 이슬람 세계가 분열하자, 9세기경에는 이 현상이 하나의 제도로 확립되었다. 칼리프, 즉 무하마드의 후계자 선정과 선출 방법은 논쟁거리가 되었는데 여기에서 파급된 영향은 아직까지 계속되고 있는 시아파와 수니파 사이의 분열에서 볼 수 있다. 이슬람 국가 간의 영토 싸움이 전개되자 군사적 해결이 요구되었다. 그러나 무력으로 해결하는 방법은 코란이 이슬람교도 사이의 전투를 용납하지 않는다는 것과 보통 독실한 신자는 같은 신자와 싸움을 피할 의무가 있다고 느낀다는 것이 문제였다.

결국 이슬람교도들이 해결책으로 선택한 것은 군사적 노예제도였다. 그들은 남부 러시아와 흑해 연안의 초원에 사는 투르크족 유목민들한테 군인으로 고용할 소년과 젊은이를 사들였다. 특히 1236년에서 1238년 사이 몽골군이 러시아를 침략한 후 투르크족은 대규모로 유입되었다. 몽골족은 초원의 킵차크 투르크족을 정복하고 그들 중 다수를 자신들의 군대에 흡수했지만 많은 사람들을 이집트와 아랍 국가에 노예로 팔았다. 노예로 팔려간 투르크족은 흔히 근동에서 직업군인으로 살았다.

이 노예들은 매우 귀중했다. 그들은 일칸국(1258년 칭기즈 칸의 손자 훌라구가 이란과 소아시아를 중심으로 세운 왕조-옮긴이)의 몽골군을 상대로 대등하게 싸웠으며, 자신들의 중동 영토에서 십자군을 몰아내는 일도 계속했다. 시리아와 팔레스타인의 십자군 국가들이 아랍 땅에서 마침내 사라지게 된 것은 전적으로 맘루크들의 공적이었다. 그러나 초원 출신의 그 유목민들은 자신들의 약탈 행위를 이슬람 세계까지 확대하지는 못했다. 끊임없이 동쪽으로 향하던 몽골군은 아인잘루트(예루살렘 근방-옮긴이)에서 저지되었는데, 그 후로도 몽골군이 십 년 동안이나 이집트와 시리아를 압박했지만 맘루크들은 굳건히 저항해 결국 그들을 막아냈다.

맘루크들은 이슬람교로 개종한 후에도 다른 이슬람 군대와 싸웠다. 같은 이슬람교도 사이의 전쟁을 금한다는 코란의 딜레마를 어떻게 해결했는지 명확하지는 않지만, 중세 유럽에서 전사면서 동시에 성직자였던 자들이 피 흘리는 것을 피하기 위해 철퇴를 사용했던 것과 같은 얄팍한 속임수가 쓰였을 가능성은 있다.[5] 어쨌든 이슬람 세계 곳곳은 초원과 맞닿아 있기에 유목민의 전투 기술을 알 수밖에 없었다. 게다가 초원에서 사들인 소년과 젊은이들은 어른만큼은 아니더라도 아주 강했으며, 목동이었을 때부터 이미 충분히 살생을 경험했기에 뛰어난 기마인과 숙련된 궁수로 단련되었다. 그들은 군인이 되기에 완벽한 재목이었으며 이슬람교도 받아들였다.

군사적 의무를 지닌 군인으로서 기술을 갈고 닦도록 훈련된 노예를 이해하기란 쉽지 않다. 그러나 맘루크들은 달랐다. 그들은 노예였지만 이집트와 시리아에서 높은 지위를 차지했다. 그들은 최고의 병사였으며 스스로도 그런 사실을 잘 알았다. 맘루크의 중요성을 보여주는 흔적으로 아랍인이 맘루크 언어를 배울 수 있도록 쓰인 투르크어-아랍어 문법책이 있다. 일부 문법책은 현재까지 남아 있는데, 책의 어휘를 살펴보면 맘루크는 일부는 투르크멘족이었지만 대부분은 킵차크 혈통이었다. 군사적 관점에서 더 흥미로운 것은 '푸루시야(기사 훈련 교본)'다. 푸루시야는 말 탄 병사들이 숙달해야 하는 무예를 말하며, 이 교본에는 맘루크에게 필요한 기술과 훈련 방법이 자세히 기술되어 있다. 맘루크에게 이 교본은 상당히 유용했다. 천부적인 재능을 지녔고 경험도 풍부했지만 정주민과 같은 훈련을 거의 받지 못했던 이들은 이 교본으로 정식 훈련을 받을 수 있었다.

성공은 권력으로 이어졌다. 맘루크는 실력이 입증된 군인이었기 때문에 이집트와 시리아의 술탄들은 군대의 중추적인 역할을 그들에게 맡겼다. 지위가 상승한 맘루크는 술탄에게 직접 군사문제를 조언했고, 시간이 지나면서 자신의 주인보다 더 강력해졌다. 서양에 살라딘으로 더 잘 알려진 술탄 살라흐 앗 딘 유수프 이븐 아이유브가 세운 아이유브 왕조가 전복된 뒤 1250년 아이바크는 이집트 최고의 권력을 차지한 최초의 맘루크가 되었다. 술탄국에 대한 맘루크의 지배는 그로부터 몇 세기 동안 지속되었다. 이 혁명의 주역은 자신의 계층에서는 전형적인 혈통이었던 바이바르스 알 분두크다리였다. 그는 나중에 술탄의 지위까지 오르는데 그의 지위 상승은 맘루크가 살았던 삶의 모습 대부분을 보여준다.

바이바르스 알 분드크다리는 1228년 남부 러시아 초원에서 킵차크 투르크족으로 태어나 14세가 될 때까지 그곳에서 살았다. 그가 14세였을 때 몽골군이 중앙아시아에서 남부 러시아 초원 지대로 진출했다. 1223년 수부타이와 제베 휘하의 무장 정찰대가 킵차크족을 공격해 그들을 공포로 몰아넣었으며, 1236년에 이뤄진 몽골군의 본격적인 침입으로 킵차크족은 몽골 제국에 복종, 통합되었다. 투르크족은 몽골군에 강제 편입되었는데, 워낙 수가 많아 유럽에 파견된 몽골 침략군의 대부분을 차지할 정도였다. 그들은 삶과 전쟁 방식이 몽골족과 닮았기 때문에 몽골군과 잘 융화될 수 있었다. 그러나 오래지 않아 '요람의 복수'로 인해 금장 호르드(바투 휘하의 몽골군이 금색 텐트를 사용한 데서 유래한 것으로 13세기 중엽부터 15세기 말까지 러시아를 지배했던 킵차크 칸국의 별칭-옮긴이)는 변하게 되었다. 금장 호르드는 킵차크 칸국으로 알려졌으며, 칭기즈 칸 후예에게 지배를 받았지만 투르크어가 칸국의 언어로 이용되었다.

그러나 바이바르스는 칸국의 백성이 되지 않았다. 수천 명의 다른 사람들처럼 노예로 팔려 소아시아에 위치한 시바스로 갔는데, 그곳에서 다시 한 번 팔렸다. 바이바르스는 시리아의 알레포로 끌려갔고, 그곳에서 8백 다람에 금세공인 이마드 알 딘에게 팔렸지만 한쪽 눈에 백내장이 있다는 이유로 되돌려 보내졌다. 바이바르스는 백내장 때문에 알 말리크 알 만수르 공주에게도 거부당했다.

한편 이집트의 술탄 알 말리크 알 살리흐는 자신의 맘루크 중 하나인 알 분두크다리를 투옥했었다. 알 분두크다리는 킵차크족 출신인 바이바르스에 대해 알게 되었고, 그를 샀다. 그것은 알 분크다리가 같은 맘루크로서 자신 역시 킵차크족 출신이었기 때문에 그랬던 것으로 생각되며, 바이바르스는 알 분두크다리로부터 자기의 이름들 중 하나를 취했다. 사면된 알 분두크다리는 그를 카이로로 데려갔지만, 다시 한 번 불명예를 입고 투옥되는 바람에 바이바르스를 포함한 자신의 모든 재산을 술탄에게 몰수당했다. 또 다른 이야기에 따르면 술탄이 장래가 촉망되던 바이바르스를 자신의 맘루크로 삼으려고 데려갔다고도 한다. 이런 일은 틀림없이 바이바르스가 맘루크로서 훈련을 마치고 난 후에 일어났을 것이다.

맘루크가 되기 위한 훈련은 엄격했다. 기마인, 궁수, 창술가 그리고 검사가 지녀야 할 기술을 완벽하게 연마해야 했다. 젊은 맘루크들은 함께 훈련을 받았는데 여러 해 동안 연마를 한 후에야 훈련에서 해방되어 동기로 졸업을 했고 자신들 주인의 가정에 소속된 사병이 되었다. 훈련받은 맘루크는 술탄에게 배속되는 왕실 맘루크가 되거나 그보다 낮은 귀족계급인 아미르의 맘루크가 될 수도 있었다. 왕실 맘루크 훈련은 아미르 맘루크보다는 더 나은 것이었지만 둘 다 조직적인 연습으로 유명했다.

전투 훈련은 다양했는데 우리에게는 운이 좋게도 『무냐툴-구자트』, 즉 '믿음의 전사들의 희망'과 같은 다수의 푸루시야 교본들이 남아 있다. 14세기 것들이지만 교본에서 취급하는 기술은 예전부터 맘루크에게 요구되는 것이었을 것이다. 그 기술들은 기마술, 마상창술, 방패 사용법, 검술, 궁술, 그리고 폴로(격구)였다. 마지막 기술인 폴로를 사소한 것으로 여겨서는 안 된다. 기병들이 기마술을 연마하는 것을 돕는 일종의 훈련이었던 폴로를 제대로 하기 위해서는 각종 유용한 기술이 필요했다. 『무냐툴-구자트』에는 다음과 같이 기술되어 있다.

> 폴로 경기를 하는 것이 기마술의 가장 유익한 기술 중 하나라는 것을 주지하라. 폴로는 기마술의 특정 기술, 특히 창과 검과 활을 사용하는 모든 기술을 익히기 위한 필수적인 경기다. 폴로에는 돌진하기, 공 잡아채기, 방향 전환, 방어하기, 주위 돌기, 서로 맞서기, 말 타기, 그리고 말 훈련하기 등이 모두 포함되기 때문이다. 내 생각에 말과 기수는 전쟁을 위한 준비와 연습, 즉 훈련 과정을 통해 심적으로 전쟁에 익숙해진다. 폴로는 전쟁을 위한 진지한 연습이다.[6]

폴로 이외의 다른 기술 중에서는 말을 타고 말 탄 적을 향해 창을 겨누는 마상창술이 유난히 자세하게 취급되고 있다. 유목 투르크족인 맘루크가 이미 궁술에 익숙했다고 생각하지 않으면 마상창술을 자세히 다룬 이유를 설명하기 어렵다. 『무냐툴-구자트』에 실린 기록 중 궁술에 관한 부분 일부가 빠졌을 수도 있지만, 실제로 그 나머지 부분에는 성벽 위로 활 쏘는 방법이나 성벽 아래로 공격자들에게 활 쏘는 방법처럼 초원에서는 좀처럼 사용하지 않지만 정착 지역에서는 필수적인 기술들을 설명하는 데 상당한 분량을 할애하고 있다.

창은 아랍 군대에서 중요한 것이었다. 아랍인들은 자신들이 마주쳤던 비잔틴 제국의 중장기병을 모방했고, 서양의 기사처럼 창과 폭이 넓은 검에 의존했기 때문이다. 그러나 아랍군의 장비는 가벼웠기 때문에 일반적으로 아랍 군대의 기병은 프랑크족의 돌진을 쉽게 방어하지 못했다고 한다. 푸루시야 교본에서 마상창술이 두드러지는 이유는 아랍인이 마상창술을 좋아했고 맘루크에게도 그것을 전하려 했기 때문일 것이다. 중세 시대의 학자인 데이비드 아얄론은 2년마다 벌어지는 군사 행진 중 군중에게 창술을 시범으로 보여주었기 때문이라고 말한다. 이것도 사실이지만 맘루크 전체가 창술에 능숙했던 반면 오직 소수의 맘루크만 그 행진에서 말을 타고 달리며 창술 시범을 보였다. 그러므로 창이 주 무기가 아니었더라도 맘루크는 창을 잘 사용하는 방법, 특히 전투에서 잘 사용하는 법을 알아야만 했을 것이다.

『무냐톨-구자트』에는 구 호라산 방식, 신 사그르 방식, 다마스쿠스 방식, 다일람(혹은 야만) 방식 등 네 가지 다른 방식의 창술이 기술되어 있다. 구 호라산 방식과 신 사그르 방식은 양손을 사용하는 창술이다. 구 호라산 방식에서 기수는 오른손으로 창의 아래쪽을 쥐고, 왼손으로 창의 머리 뒤쪽을 잡아 말한테서 보호받기 위해 몸을 약간 왼쪽으로 틀어서 기울인다. 창날은 말의 오른쪽 볼 근처에 가깝게 들려 있어야 한다.

신 사그르 방식은 호라산 방식과 반대로 기수는 왼손으로 창의 아래쪽을 잡고, 오른손으로 창의 머리 뒤쪽을 잡아 상대방을 날카롭게 찌른 후 창을 뒤로 빼낸다. 이런 방식으로 창을 쓰면서 동시에 어떻게 방패를 유용하게 사용하는지 이해하기는 어렵다. 『무냐톨-구자트』에 따르면 창술에 방패는 방해물일 뿐이라고 한다.

다마스쿠스 방식의 창술은 서양인에게 친숙한 방식이다. 창을 오른손으로 잡되 단단히 고정하기 위해 창을 겨드랑이 밑에 누인다. 이 방식은 서양의 기사들이 선호했고, 등자의 도입으로 더 유용해졌다.

다일람, 혹은 야만 방식에서는 창을 오른손으로만 잡는다. 손바닥을 창 밑으로 잡아 창이 오른쪽 손목에 놓이도록 잡아야 한다. 이 방식은 적이 기수에게 가하는 충격을 고려하지 않은 것이지만 가장 섬세한 방법이었으며, 약한 목표물을 노릴 경우 유용했다. 창에 대해 『무냐톨-구자트』에는 다음과 같이 기술되어 있다.

창은 두께가 중간치여야 하는데 너무 두꺼우면 손에 잡고 있기가 쉽지 않다. 그리고 손가락으로 창을 꽉 움켜쥐지 말아야 한다. 당신이 아무리 힘이 좋더라도 창은 되도록 가벼운 것을 택해야 한다. 가볍지만 단점이 있는 창이 무겁고 단점이 없는 창보다 더 좋기 때문이다. 당신이 힘이 세어 무거운 창을 휘두를 수 있다면, 가벼운 창 역시 잘 다룰 수 있으며 바라는 대로 창을 쓸 수 있을 것이다. 아무리 힘이 세다고 해도 무기, 특히 창은 가벼운 것을 택해야 한다.[7]

다양한 창술과 사용하기 쉽게 가벼운 창을 쓸 것을 강조한 것은 동시대 서양 기사들의 창술보다 더 세련된 접근법이며, 『무냐톨-구자트』가 창을 이용하는 일정한 요령을 기술하고 있다는 사실과도 일맥상통한다. 그 예로 '적이 쫓아오면 창을 불시에 적의 말 양 앞다리 사이에 놓고 적이 확실하게 말에서 떨어지도록 창을 약간 아래로 굽혀라.' 라는 구절이 기술되어 있다. 이런 방법은 서양의 충격 기병의 전법과 연관된 움직임이 아니며, 한 방식에서 다른 방식으로 바꿀 때 창을 다루는 법을 설명한 이 책에서 발견되는 다양한 변형 요령들이 그렇듯 가벼운 창을 요구한다.

자세하지는 않지만 푸루시야 교본은 말을 탄 채 활을 쏘는 방법도 다룬다. 기마궁수는 자신의 왼쪽과 오른쪽에 각각 표적 다섯 개를 두고 전속력으로 말을 타고 지나면서 그것들을 활로 쏜다. 능숙해지면 활 쏘는 간격이 말 걸음으로 몇 발자국밖에 되지 않도록 목표물을 더 가깝게 놓는다. 교본에는 목표물을 놓는 최소 거리가 말 걸음으로 일곱 걸음이라고 씌어 있다.

기마술, 마상창술, 궁술, 검술, 방패 사용, 폴로는 바이바르스 같은 맘루크의 관심거리였다. 그들은 군인으로서 자신의 지위에 어울리는 장비를 잘 갖췄다. 쇠미늘 코이프(투구 밑에 쓰는 금속제 쓰개)가 있는 원뿔형 철제 투구 외에도 사슬 갑옷 상의 혹은 브리건딘(판금을 안감에 리벳으로 박은 짧은 상의)을 착용했다. 그들의 방패는 작았고 원형이었다. 맘루크의 검은 유럽인의 검처럼 검신이 곧고 양날이었으며, 때때로 안장 띠 아래 철퇴 손잡이를 넣어 가지고 다녔다.

군대 병력용으로 초원에서 투르크족을 사는 관습은 몇 세기 전부터 시작되었지만, 1240년 이집트의 술탄은 자신이 특히 자랑스럽게 생각한 맘루크 부대인 바흐리 연대를 창설했다. 카이로 근처 나일 강 로다 섬에 있던 요새 이름을 딴 이 부대는 전적으로 킵차크족으로 이루어졌다. 이 부대가 창설된 것은 중동에서 몽골족의 세력이 점점 확장되는 것을 보고 알 말리크 알 살리흐가 그들의 위협을 정확하게 인지했기 때문이다. 그러나 바이바르스 생애 최초의 주요한 전투는 몽골군과의 접전이 아니라 1250년 2월 만수라에서 있었던 십자군과의 전투였다.

만수라 전투는 1249년 11월, 프랑스 루이 9세가 다미에타(이집트 북부의 나일 강 삼각주 북동부 지중해 연안-옮긴이)에 상륙한 뒤에 일어났다. 루이 9세는 여러 해 전부터 이슬람에게 점령된 예루살렘을 탈환하려고 십자군을 이끌었다. 교황은 프랑스에서 일어난 십자군 주창에 동의했다. 루이 9세는 사이프러스로 향해 그곳에서 자신의 군대를 정렬하면서 상당한 시간을 보냈지만, 너무 오래 지체하는 바람에 함대 중 많은 배가 폭풍으로 파괴되었다. 그러나 그는 예루살렘을 회복하려면 이집트를 패배시키는 것이 중요하다고 확신해 나일 삼각주에 있는 다미에타로 향했다.

많은 배들이 항해 중 뿔뿔이 흩어졌지만 루이 9세와 프랑스군은 이집트군의 저항에도 불구하고 다미에타를 점령했다. 이집트 장군 파크르 알 딘은 싸우지도 않고 그곳에서 철수했다. 루이 9세는 자신의 승리를 확대하지 않았는데 그 이유는 흩어졌던 군대가 다미에타까지 와서 본대에 합류하는 것을 기다려야 했기 때문이다. 그러나 루이는 다미에타에서 필요 이상으로 꾸물거렸다. 그는 무려 6개월을 기다렸는데 이집트군이 그사이 다시 집결했다. 더욱이 해마다 일어나는 나일 강의 범람 때문에 이전에는 쉽게 건넜을 강을 (카이로로 돌진하기 위해서는 강을 빠르게 건널 필요가 있었다) 프랑스군은 건널 수 없게 되었다. 그래도 루이 9세는 운이 좋았다. 1249년 11월 22일에서 23일 사이의 밤에 술탄 알 말리크 알 살리흐가 사망했다. 그가 사망하자 지도력의 공백 상태가 일어났다. 공백을 채우려고 그의 아들 투란샤를 호출했지만, 그는 아이유브 왕국 북쪽에 총독으로 있었기 때문에 빨리 도착할 수가 없었다. 술탄의 죽음은 프랑스군과 이집트군 모두에게 비밀로 지켜졌다. 여왕 샤자르 알 두르는 파크르 알 딘 장군과 자말 알 딘 무신 장군의 지지를 받으며 상황을 매듭지었다.

루이 9세와 프랑스군은 남진을 계속해 만수라 건너편에 있는 부라문에 도착했지만 나일 강 지류의 넘칠 듯 한 수량 때문에 곤란한 처지에 빠졌다. 그들은 그곳에서 2월까지 머물렀는데 한 이집트인 혹은 베두인족 배신자가 대가를 요구하며 프랑스인에게 얕은 여울을 알려주었다. 루이 9세는 동생 아르투아의 로베르에게 기사들과 성전기사단원들로 이루어진 분견대와 강을 건너 본대가 도착할 때까지 그곳을 지키라고 했다. 여기서 십자군에 규율이 없다는 것이 드러났다. 로베르는 이집트 진영을 기습할 기회를 엿보고는 얕은 여울에서 자리를 지키는 대신 이집트 진영을 습격해 당황한 이집트군을 몰아냈다. 로베르는 상황을 더욱 악화시켰다. 나머지 군대가 오기를 기다리자는 성전기사단원들의 충고에도 불구하고 도망가는 이집트군을 만수라 성벽까지 계속 추격했고, 그곳에서 열려 있는 성문을 하나 발견했다.

규율로 유명한 성전기사단원들은 자신들의 지도자 로베르를 따랐고 분견대는 마침내 그 성에 침투해 성채까지 나아갔다. 그러나 그곳에서 그들은 당황하지 않는 병력들, 바흐리 맘루크들과 자마다리 맘루크들하고 마주쳤다. 무거운 장비와 말을 갖춘 라틴 기사들은 만수라 거리와 골목에서 제대로 기동할 수 없었고, 대부분 민첩한 적들에게 살해당했다. 로베르도 약 300명의 기사, 80명의 성전기사단원들과 함께 살해되었다.

한편 루이 9세는 나머지 병력을 이끌고 그 여울을 건너 4천 명의 기마 병력이 감행한 역습을 물리쳤다.[8] 상대방이 다수였음에는 틀림없지만 4천 명이라는 숫자는 확실히 과장된 것이다. 만성적으로 인원이 부족했던 십자군에게 이 전투는 굉장한 희생을 초래했고, 프랑스군은 만수라를 공격할 만큼 더 이상 강하지 않았다. 루이 9세와 부하들은 군영에서 이집트군의 공격을 방어하는 처지에 놓이고 말았다. 강을 통해 보급품을 조달받으려 했지만 이집트군이 배치한 소함대가 보급품을 가로챘다. 군대에서 자주 일어나는 골칫거리인 질병마저 발생하자 결국 루이 9세는 혼란에 빠진 군대를 이끌고 다미에타를 향해 뒤돌아섰고, 그림자처럼 뒤따라 붙은 이집트군은 피리스쿠르에서 프랑스군을 괴멸시켰다. 포로로 잡히는 신세가 된 루이 9세의 몸값은 다미에타의 반환이었다.

바이바르스는 종종 만수라에서 맘루크군을 지휘한 공로자로 잘못 여겨졌지만(그는 그 당시 약 21세 정도밖에 안 되고, 지휘권을 가질 만큼 높은 계급도 아니었다), 분명한 것은 그도 장교였을 것이라는 점과 만수라에서 바흐리 맘루크군과 함께 싸웠다는 점이다.

새로운 술탄 투란샤는 루이 9세의 십자군 원정보다 오래 살지 못했다. 투란샤는 게으르고 분열적이라고 비난받았다. 바흐리 맘루크 입장에서 볼 때 그가 저지른 가장 큰 잘못은 투란샤가 바흐리 맘루크를 희생시키고 자신의 히슨 카이파 출신 맘루크를 권력의 자리에 두려고 한 것이었다. 투란샤는 중요한 지지자인 샤자르 알 두르를 소원하게 대했고, 자신의 아버지가 거느린 맘루크에게 의존하지 않으려고 루이 9세와 빨리 강화를 맺기로 결정했다. 그는 대체적으로 너무 빨리 움직였고, 결국 1250년 5월 2일 바흐리 맘루크들에게 살해당했다. 이 사건의 음모자 중에서 가장 두드러진 사람이 바이바르스였다. 그는 최초로 투란샤에게 검으로 일격을 가했으며, 또한 투란샤가 나일 강으로 투신하자 그를 신속히 처리했을 것으로 생각된다.

그 살인을 현장에 정박 중인 갤리선(노를 주로 쓰고 돛을 보조적으로 쓰는 반갑판半甲板 · 단갑판單甲板의 군용선-옮긴이)에 포로로 잡혀 있던 루이 왕의 전기 작가인 장 드 주앵빌이 목격했다. 바흐리 부대의 맘루크인 아이바크가 샤자르 알 두르 여왕과 함께 왕으로 취임했다. 정권의 정통성을 확보하기 위해 아이바크는 어린 아이유브 왕자와 함께 통치했다. 아이바크는 바흐리 부대의 힘을 견제하기 위해 자기만의 맘루크를 다수 사들였으며, 마침내 바흐리 아미르들을 이집트에서 축출하는 데 성공했다. 축출당한 바흐리 아미르들 중 다수는 바이바르스를 지도자로 하여 알레포와 다마스쿠스의 지배자인 알 나시르한테 도망쳤다.

그러나 아이바크 역시 살인적인 이집트 정치의 희생자가 되었다. 그는 여

왕 샤자르 알 두르에게 살해당했다. 왕위는 또 다른 맘루크인 쿠투즈가 차지했다. 그는 불안정한 상황을 이용해 카이로를 공격한 바이바르스와 소수의 기마병들을 물리쳤다. 바이바르스는 그 후 여러 해 동안 용병과 모험가로 지냈다. 1259년, 쿠투즈는 몽골의 위협에 경각심을 느끼고 바이바르스와 바흐리 맘루크들이 이집트로 돌아오는 것을 기꺼이 환영했다. 결과적으로 몽골군은 다시 한 번 바이바르스의 삶에서 중요한 역할을 하게 되었다.

몽골인 훌라구의 피비린내 나는 페르시아 정복은 암살단의 산중 거점을 공격하는 것으로 시작되었다. 훌라구는 대부분의 이슬람교도가 좋아하지 않았던 그 분파를 근절시켰지만 거기서 진격을 멈추지 않았다. 1258년, 그는 페르시아 전체를 점령했으며 그에게 굴복하지 않았던 바그다드의 칼리프를 죽였다. 1259년에는 훌라구가 이집트와 시리아를 정복할 것이 명백해졌고, 쿠투즈는 바이바르스에게 몽골군에 대항해 맘루크 왕국을 방어할 임무를 맡겼다.

1260년 몽골의 사신들이 항복을 요구하면서 쿠투즈를 "그는 우리의 검 앞에 이 나라로 도망쳐 위안을 얻고는 그 지배자를 살해한 킵차크족 출신의 맘루크 종족이다."[9]라고 모욕하는 훌라구의 편지를 가지고 그를 방문했다. 쿠투즈는 단호하게 행동했다. 그는 자신이 거느린 아미르들의 동의를 얻은 후 사신들을 살해함으로써(몽골인에게는 용서할 수 없는 행위였다) 전쟁에 대한 전국적인 결의를 굳혔다. 몽골 사신들의 목은 카이로에 전시되었다. 쿠투즈는 시리아 병력, 투르크멘족, 베두인족, 쿠르드족들로 보강된 군대를 조직하기 위해 카이로에서 북동쪽으로 120킬로미터 정도 떨어진 살리히야로 출발했다. 쿠투즈 군대의 규모를 정확히 측정하기는 어렵지만 말기의 아이유브 왕조 군대는 1만 명에서 1만 2천 명 정도의 기마병을 포함했다고 추정되며, 여기에 위에서 언급된 다른 병력이 합쳐지면 그 규모는 키트부가가 지휘하는 몽골군보다 더 컸을 것이다.

홀라구가 대다수의 병력을 이끌고 새로운 칸 선출을 위해 몽골리아의 카라코룸으로 되돌아가는 사이, 키트부가는 전보다 줄어든 약 1만 명의 병력으로 경계를 지켜야 했다. 남 보기에 부러운 것이라고는 하나도 없는 입장이었다. 몽케가 사망하자 그 이후의 결과에 대해 홀라구는 굉장한 관심을 보였다. 홀라구 자신이 대칸으로 선출될 기회는 희박했기 때문에 그에게는 누가 대칸의 자리를 차지하는지가 중요했다. 홀라구는 사촌인 킵차크의 칸 베르케와 사이가 좋지 않았고, 전쟁이 발발했을 때 자신의 적에게 카라코룸이 우호적으로 되는 것을 원하지 않았다. 몽골군의 중동 침입은 20년 전 유럽 침공처럼 수천 킬로미터 떨어져 있는 군주의 죽음으로 불리한 영향을 받았다.

키트부가의 군대는 몽골족으로만 이루어지지 않았다. 다수의 킵차크족, 타타르족, 그리고 다른 초원의 종족들이 포함되어 있었다. 키트부가는 시리아에서 실리시아의 하이톤 왕이 제공한 약간의 아르메니아 병력과 더 이상 말을 듣지 않는 부하들인 아미르들, 알 아시라프 무사와 알 사이드 하산이 지휘하는 시리아 출신으로 구성된 아이유브 왕조의 아랍인 군사들도 다수 얻었다.

쿠투즈는 시리아에 있는 몽골군을 향해 진격하기로 결정했다. 그러나 그의 휘하 아미르들은 반대했다. 오히려 살리히야에서 몽골군과 싸울 것을 주장하며 몽골군이 이집트로 진격해올 때까지 기다리자고 했다. 이집트로 진격하는 동안 불모지를 통과하느라 지친 몽골군보다 맘루크군에게 이로운 점이 많을 것이기 때문이었다. 몽골군이 실제로 공격하지 않을 가능성도 있었다. 쿠투즈는 부하들을 질책하고 몽골군과 홀로 싸우겠다고 선포했는데 결과적으로 보면 협력을 유발시킨 계략이었다. 쿠투즈는 몽골군의 병력이 크게 줄었으므로 그들을 상대로 승리할 가능성이 있다고 믿었다. 아니면 자신의 술탄 지위를 강화할 수 있을 것으로 믿고 도박을 감행했을 것이다. 자신의 군대가 몽골군이 행동하기를 기다리면 기다릴수록 더욱 몽골군에게 저항할 마음을 잃게 될지도 모른다는 것을 두려워했을지도 모른다. 쿠투즈는 선봉으로 바이바르스를 분견대와 함께 앞서 보냈다.

키트부가는 베카 계곡에 있을 때 맘루크군이 시리아로 갔다는 사실을 알았다. 그는 후퇴를 고려했지만, 결국 그들과 교전하기로 결정했다. 키트부가는 아인잘루트, 즉 '골리앗의 우물'이라고 알려진 장소에 접근했다. 바이바르스는 가자에 도달했고, 그곳에서 이집트군을 보자마자 철수하는 몽골 전위대를 발견했다. 몽골 전위대의 지휘자 바이다르는 바알베크에 있던 키트부가에게 이집트군을 발견했다는 소식을 전했고, 키트부가는 바이다르에게 물러나지 말고 위치를 고수하라고 했다. 쿠투즈가 바이다르를 그 지역에서 아인잘루트 근처의 아시 강으로 몰아낸 것에 대한 이야기는 분명하지 않은데, 이 이야기는 아마 쿠투즈가 나중에 본대를 거느리고 전장으로 접근하는 것에 관해 기술했던 것으로 보인다.

쿠투즈는 본대를 거느리고 가자에 도달한 뒤 십자군 국가들 중 하나인 아크레로 갔다. 아크레의 라틴인들은 어려운 입장에 처했다. 이슬람교도의 공공연한 적이었던 몽골군이 맘루크 왕조의 위협을 효과적으로 제거해줄 것이라고 바랄 수도 있었지만 십자군은 몽골군의 잔인성과 냉정한 이기심에 대해 잘못 생각하지는 않았을 것이다. 십자군은 분명 20년 전 몽골군 수중에 떨어졌던 폴란드와 헝가리에서 무슨 일들이 벌어졌었는지를 상기했을 것이다. 그들은 중립을 지켰지만 맘루크군의 편을 살짝 들어주면서 쿠투즈 군대에 보급품을 제공했다.

바이바르스는 아인잘루트 근처에 진을 치고 있는 몽골군을 발견했다. 그는 높은 곳에 올라가 정찰을 하다가 몽골군에게 발각되었다. 몽골군이 언덕을 포위하고 그를 함정에 빠뜨리기 위해 신속하게 움직였지만, 바이바르스는 언덕을 내려와 탈출했다. 그는 쿠투즈에게 적과 마주쳤다는 소식을 전하고, 쿠투즈의 본대와 합류할 때까지 후퇴했다.

전투는 맘루크군이 북서쪽으로부터 예즈레엘 계곡을 지나 말을 타고 온 후인 1260년 9월 3일 아침에 시작되었다. 몽골군은 이미 자리를 잡았다. 그들의 수를 감안하면 북에서 남으로 폭넓은 전선을 따라 정렬되었을 것이다.

맘루크군이 진격하자 몽골군도 공격해 맘루크군의 좌익을 짓밟았다. 곧 맘루크의 좌익은 무너졌다. 전투가 시작되자마자 알 아슈라프 무사는 자신의 부하들을 거느리고 맘루크군에게 도망갔다. 사실 이 시리아 병력은 그다지 신뢰받지는 못했으나 몽골군에게는 분명히 걱정거리였다. 맘루크군은 반격을 가하여 좋은 효과를 얻었지만 몽골군의 두 번째 공격으로 거의 패배할 뻔했다.

바로 이때 쿠투즈는 전통에 따라 '오 이슬람이여!' 라는 함성으로 맘루크군의 사기를 북돋우며 몽골군에게 돌진했다. 군사 역사가인 한스 델 부루엑은 사람의 목소리는 전투의 소음이 있는 경우 그리 멀리까지 들리지 않으며, 지휘자들이 목소리로 부하들을 고무하고 불러 모은다는 이야기는 일반적으로 널리 퍼져 있지만 전혀 사실일 수 없다고 지적했다. 그러나 어쨌든 쿠투즈는 두 번째 반격을 이끌었고 전투를 맘루크군에게 유리한 방향으로 유도했다.

1,500명이나 되는 많은 몽골군과 함께 키트부가도 전사했다. 패잔군은 전장에서 도망치다 흩어졌으며, 그 지방 농민들이 몽골 패잔병들을 많이 죽였다. 맘루크군은 몽골인들이 숨었다고 알려진 갈대밭에 불을 질러 그들을 산채로 태워 죽였다. 나머지 몽골 패잔병들은 후퇴하여 그들의 동맹자인 아르메니아의 하이톤 왕 영토에서 보호를 구했다. 몽골군은 호라즘 제국의 샤의 아들이 약 80년 전 산악 지역에서 소규모의 몽골군에 대해 짧은 승리를 거두었던 이후 처음으로 결정적인 저지를 당했다. 몽골군에게는 결코 성공적으로 저항할 수 없다는 견해는 비록 그 상대방 역시 몽골군과 비슷한 방식으로 전투를 수행하는 병력이었지만 잘못되었다는 것이 경험적으로 증명되었다.

아인잘루트 전투에 대해 어떻게 맘루크군이 중국인, 호라즘인, 러시아인, 유럽인, 그리고 페르시아인도 할 수 없었던 일을 해낼 수 있었는지에 대한 분석과 함께 상당한 논의가 있었다. 각각의 경우는 물론 특별했다. 중국인은 유럽인처럼 내부적으로 분열되어 있었고, 호라즘 왕국은 불안정했고, 러시아인의 국가들은 소국이었으며 서로 다투느라 바빴다. 칭기즈 칸은 의심할 여지없이 제때 등장했던 것이다. 그럼에도 유목민들은 역사적으로 항상 기회주의적이었으며 이웃들의 약점은 어떤 것이라도 이용했다. 여러 세기에 걸쳐 수백 명의 유명하지 않았던 칸들에게도 그런 기회가 많이 있었겠지만 칭기즈 칸과 그의 가까운 후계자들이 거둔 성공은 어느 누구의 것보다도 훨씬 대단했다. 몽골족은 분명히 유목민 무리 중 가장 가공할 만한 존재였으며, 맘루크군 이전에는 어느 누구도 그들에게 대항해 별다른 승리를 거두지 못했다. 맘루크군은 다른 전투에서도 승리를 거두게 되었는데 십 년 후 홈스 전투는 그들의 승리가 요행이 아니었다는 것을 보여주었다.

맘루크군이 초원에서 벗어난 몽골군보다 단순히 장비를 더 잘 갖추고 있었다는 의견도 있다.[10] 이것이 특정한 경우거나 일반적으로 사실이었다 하더라도 그 차이는 그다지 뚜렷하지 않았을 것이다. 당시 몽골 제국은 페르시아를 포함하고 있었으며 그곳에서 상당한 양의 무기와 갑옷을 얻을 수 있었다. 제국은 군대를 위해 엄청난 세금을 걷을 수 있는 권력을 지닌 잘 확립된 하나의 실체였다. 대칸은 전쟁 시에 나눠줄 창과 검 등의 무기들을 보관하는 무기 창고까지 가지고 있었다. 아무리 장비가 시원치 않더라도 모든 몽골군 병사에게는 적어도 자신의 주 무기인 활이 있었다. 몽골 병사는 원거리 또는 근거리 발사용으로 서로 다른 길이의 수많은 화살뿐 아니라 보통 두세 개의 활을 휴대했다는 것을 많은 출처들을 통해 확인할 수 있다.

무기의 질적 차이 하나만으로 한쪽 군대가 우세할 수 있는 결정적인 이점을 얻지는 못한다. 무기들이 질적으로 비슷하다 하더라도 군사들의 사기, 훈련 정도, 역대 전적과 같은 무형적 요소에 따라 한쪽 군대의 우세함이 결정된다. 제임스 더니간은 20세기에 발생한 유사한 경우를 다음과 같이 들고 있다.

1941년의 소련 군대는 역사상 가장 사치스러운 장비를 갖추었던 군대였다. 그러나 불행히도 제대로 된 지휘나 훈련을 받지 못했고 동기부여도 잘 되지 않았던 소련군은 독일군의 맹공격에 무너졌다. 당시 독일군은 수적으로도 열세였을 뿐 아니라 무기도 상대적으로 성능이 떨어지는 것이었다.[11]

위의 문제에 대한 해답은 보다 단순했다. 우선 몽골군과 마찬가지로 맘루크군은 기마궁수들이었으며, 전문적으로 훈련도 받았다. 맘루크군은 기술과 기법에 관해 몽골군과 거의 대등한 조건에서 싸울 수 있었다. 두 번째로 맘루크군은 쿠투즈와 바이바르스의 단호한 지휘를 받았고, 그들 자신이 최대한 노력을 기울여야 할 만큼 필사적인 상황에 놓여 있었다. 맘루크군은 몽골군보다 수적으로 우세했다. 규모가 더 큰 군대라고 해도 초원에서 등장한 군대를 상대로 승리할 수 있다는 보장은 결코 없다. 그러나 이 경우에는 병력 수가 결정적인 역할을 했을 수도 있다. 아인잘루트 전투는 일련의 돌격으로 승패가 결정되었기 때문이다.

그 돌격은 분명 목표를 무력화하기 위해 서로 접근하면서 활을 쏜 기마궁수들이 앞장섰을 것이다. 그러나 기마궁수로 이루어진 두 군대가 서로 맞섰던 이 전투는 접근해서 백병전을 치러야만 승패가 결정될 수 있었다. 몽골군은 자신들의 적이 무너지거나 약화되었을 경우에 한해서는 백병전을 할 준비가 되어 있었다. 그러나 키트부가도 알았던 것처럼 맘루크군도 몽골군에게 그들 나름대로 공격을 할 수 있었다. 또한 키트부가는 화살 공격에 상관없이 결국 승패는 백병전에서 결정된다고 보고, 평소 충격 전술을 쓰는 기병대를 상대할 때보다 더 빨리 맘루크군에게 접근하기로 했는지도 모른다.

기병이 수비 입장에서 적의 충격을 받아들일 수 없다는 것은 자명한 이치다. 그런 일은 오직 보병만이 할 수 있다. 수비를 하다 적에게 충격을 받게 되면 보병과는 대조적으로 기병은 격퇴당해 지리멸렬해질 것이다. 이 점은 요즈음에는 일반적으로 상기되지 않지만 전투수단으로 기병에 의존했던 산업화 이전 군대에서는 상식이었다. 기병의 돌격에 대응해 그 의도된 목표가 보이는 반응은 역 돌격이다. 맘루크군은 분명 몽골군에게 역 돌격을 가했을 것이다. 기본적인 기병 전술의 규칙에서 보면 맘루크군의 반응이 다른 것일 수 없다. 만약 그들의 반응이 몽골군에게 역으로 돌격하는 것이 아니었더라면 아무리 소규모의 몽골군이었다 할지라도 맘루크군 사이를 누비고 나가 그들을 혼란시켰을 것이다. 보병과 달리 기병은 돌격할 때 서로를 지원하지 않기 때문에 공격하는 종대의 길이를 연장하는 것이 기병의 돌격 효과를 높이지 않는다. 이론상으로는 기마병이 횡대를 이뤄 연속적으로 파상 돌격을 하는 것이 순수한 돌격에서 기병을 사용하는 최선의 방법이다. 그러므로 기병 돌격을 활용하는 전투에서는 가장 큰 병력이나 최후의 예비군을 가진 군대가 커다란 이점을 가진다. 쿠투즈가 몽골군을 무너뜨렸던 마지막 돌격에서 생각했던 것은 바로 이 점이었을 것이다.

맘루크군과 초원의 전사들이 통상적인 전투를 하지 않았다는 것은 아니다. 맘루크군이 병력의 수, 훈련 정도, 그리고 어쩌면 장비 등에서 유리한 입장을 차지하고, 전술적 수준에서 초원의 전투기법을 완벽하게 활용함으로써 몽골군이 아인잘루트(그리고 나중에 다른 곳에서)에서 어쩔 수 없이 싸우도록 강요할 수 있었다는 것이다.

바이바르스는 그런 훈련의 가치를 잊지 않았다. 일 년도 지나지 않아 쿠투즈가 죽었는데, 바이바르스는 그 죽음의 주요한 음모자 중 한 명이었고 곧 이집트와 시리아의 술탄 자리를 차지했다. 그는 몽골군과 십자군 모두에 대해 적극적인 자세를 취했으며, 푸루시야 훈련(바이바르스는 자신이 일주일에 두 번 훈련을 해서 다른 사람들도 연마하도록 격려했다)의 편의를 도모할 목적으로 카이로에 두 개의 경기장, 알 마이단 알 자히리와 알 마이단 알 카바크를 지었다. 정착 문화의 군인이었지만 맘루크는 초원 전투의 전술적 요점과 기법에 대한 훈련을 잘 받았으며, 제도적 접근을 통해 그 누구도 맞서지 못했던 적으로부터 이집트와 시리아를 구했다.

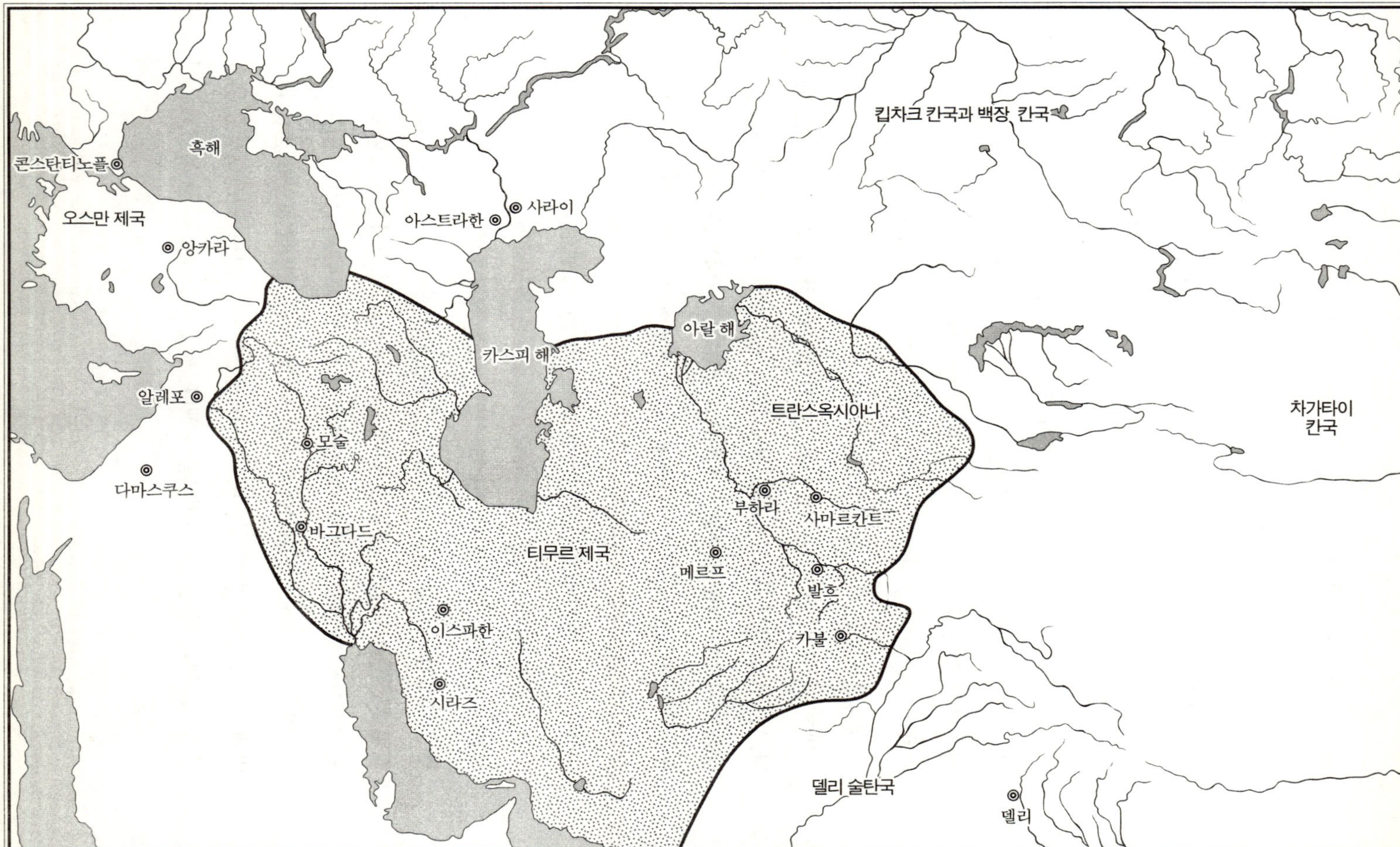

킵차크 칸국과 백장 칸국
흑해
콘스탄티노플
오스만 제국
앙카라
아스트라한
사라이
카스피 해
아랄 해
트란스옥시아나
차가타이
칸국
알레포
모술
다마스쿠스
바그다드
티무르 제국
메르프
부하라
사마르칸트
발흐
이스파한
카불
시라즈
델리 술탄국
델리

제10장

티무르

1227년 칭기즈 칸이 죽고 몽골 제국은 속령으로 나뉘어 그의 네 아들이 물려받았다. 살아남은 아들 중 장남인 차가타이는 아랄 해 남쪽에서 인도 국경까지, 몽골리아 국경에서 중국 국경까지 해당하는 중앙 지역을 통치했다. 이 칸국은 카라코룸에 있는 대칸의 궁정과 가까웠기 때문에 한동안은 칸국 중에서 가장 독립적이지 못했으나 나중에는 대칸의 자리를 놓고 아리보거와 전쟁을 벌인 쿠빌라이를 지지함으로써 자유를 얻었다. 분쟁에서 승리한 쿠빌라이가 수도를 중국으로 옮겼기 때문에 차가타이 칸국은 마음대로 행동할 수 있었다.

차가타이 칸국은 제국을 구성하는 칸국 중 가장 전통적이었으며 원시적이기까지 했다. 그 속령 북쪽 초원에 사는 몽골인들은 칭기즈 칸 시대와 거의 같은 삶을 살았다. 그들은 목축을 했고 정령을 숭배했다. 도시를 좋아하지 않았기 때문에 때때로 문명화된 남쪽을 침공해 약탈했다.

이와 대조적으로 남부 영토와 도시에는 주로 이슬람교도인 투르크족이 거주했다. 차가타이 칸국은 킵차크 칸국이 그랬던 것처럼 남부에서부터 투르크 색조를 띠기 시작했다. 1334년, 차가타이 칸국은 북쪽 초원과 산의 땅인 모굴리스탄 영토(동차가타이 칸국)와 남쪽의 트란스옥시아나 영토(서차가타이 칸국)로 분열되었다. 차가타이 가문의 칸이 각각의 칸국을 통치했는데 트란스옥시아나 칸은 그 지역의 투르크화된 몽골 귀족 사회에서 선출되었다. 트란스옥시아나 칸인 야사우르의 아들 카잔은 귀족을 통제하려는 자신의 노력에 맞서 반란을 일으킨 아미르 카즈간에 의해 1346년에서 1347년 사이에 최후를 맞이했다. 카즈간은 또 다른 칭기즈 칸의 혈통인 다니쉬멘디야라는 이름을 가진 오고타이의 후예를 칸으로 앉혔지만, 곧 그 결정을 후회하고 그를 살해한 다음 차가타이 가문의 부얀 쿨리를 1348년에 왕좌에 앉혔다. 카즈간의 마음에 들었던 이 칸은 십 년 동안 통치했다.

모굴리스탄 칸 티무르 투글룩은 자신의 사촌들보다 더 성공적이었다. 티무르는 트란스옥시아나를 회복하기 위한 한 방법으로 기민하게 이슬람교를 받아들였고 차가타이 칸국 개혁을 단행했다. 이 일을 통해 그는 자신이 주장하는 권리에 맞서는 종교적 반대를 제거했다. 티무르는 남부 침략 준비를 마쳤다.

타라가이의 아들 티무르는 이런 격변 중에 태어났다. 그가 죽은 지 한 세대가 지난 후 아랍의 역사가 아메드 이븐 아랍샤는 그의 출생에 관해 다음과 같이 썼다.

> 그가 태어난 날 밤, 갑자기 투구 같은 것이 나타나 공중에 퍼덕거리더니 평원 한가운데 땅에 떨어져 산지 사방으로 흩어져버렸다고 한다. 불타던 석탄 조각들도 달아오른 재처럼 흩날리더니 평원과 도시들을 가득 채울 것처럼 쌓였다고 한다. 이 사악한 사람이 그 빛을 보자 새로 흘린 피로 손바닥이 가득 찼다고 한다.[1]

물론 이 이야기를 있는 그대로 받아들일 수는 없다. 그 당시 사람들은 위인이 태어나거나 죽을 때 나타나는 징조들을 믿었다. 그러나 허구라 해도 이런 표현에서 우리는 티무르가 생전 어떻게 여겨졌는지 짐작할 수 있다. 투구는 분명 군인을 상징하고, 달아오른 석탄은 광범위한 파괴를 예언하며, 어린 아이의 손에 있는 피는 칭기즈 칸의 탄생 설화를 상기시킨다. 최초의 카간(칭기즈 칸)은 주먹에 핏덩이를 움켜쥐고 태어났다고 했다. 티무르는 칭기즈 칸 가문 출신이 아니었지만 칭기즈 칸을 모방했고 능가하려 애썼다. 사실 그는 칭기즈 칸보다 더 많은 영토를 정복했지만 단지 철저한 잔인함과 피에 굶주린 마음을 가졌다는 점에서만 몽골의 칸을 능가했다.

티무르는 1336년 4월 8일 트란스옥시아나 사마르칸트 남부에서 태어났다. 그는 서양에 일반적으로 태멀레인으로 알려졌는데 이는 티무르 렝크, 즉 '절름발이 티무르'라는 말이 잘못 전해져 굳어진 것이다. 티무르는 권력을 굳혀가던 중 팔과 다리에 화살을 맞아 상처를 입었다. 상처가 제대로 낫지 않아 일생동안 절룩거리다가 말년에는 거의 불구가 되었다. 그러나 말년에도 그는 여전히 멈출 줄 몰랐으며, 젊었을 때에는 걸음걸이 따위는 전혀 방해가 되지 못했다. 티무르는 바를라스 씨족에게서 태어난 귀족 가문의 투르크인이었다. 이 씨족은 칭기즈 칸의 초기 추종자들이었던 몽골 부족에서 파생되었을 가능성이 있다. 티무르는 자신이 세계의 정복자와 혈연관계라고 주장했는데 이에 대해 아랍샤는 다음과 같이 말했다.

> 그리고 나는 천지창조부터 티무르 시대까지 정말로 감탄할 만한 노력을 기울여 기록된 '문타카브'라고 불리는 페르시아 연대기의 부록에서 악마의 덫인 여성들을 통해 칭기즈 칸으로 끊임없이 거슬러 올라가는 티무르의 가계를 보았다.[2]

티무르는 자신의 가계에 그렇게까지 의존하지는 않았다. 그는 자신을 '위대한 아미르'라 칭하며 칭기즈 칸 혈통의 꼭두각시 칸들을 통해 통치했다. 20세 때 티무르는 꼭두각시에 불과했던 트란스옥시아나 칸의 배후 실권자인 아미르 카즈간 밑에서 일하기 시작했다. 카즈간은 티무르의 자질을 높게 인정해 자신의 손녀와 결혼시켰고 한 군부대의 지휘를 맡겼다. 그러나 카즈간은 무정하고 위험한 사람이었다. 결국 그는 1357년 그에게 불만을 품은 가신에게 살해당했다. 그 후 트란스옥시아나는 아미르들이 서로 전쟁을 벌이면서 혼란 속에 빠졌다. 모굴리스탄 칸인 티무르 투글룩은 자신에게 기회가 다가온다고 생각했다.

타라가이의 아들 티무르는 케시(사마르칸트 근처-옮긴이)에 돌아와 자신의 숙부인 하지 바를라스가 씨족장이 된 것을 알았다. 씨족을 직접 이끌고 싶었던 티무르와 자신의 지위를 잃고 싶지 않았던 하지의 재회는 결코 따뜻할 수 없었다. 그렇지만 두 사람은 싸울 기회가 없었다. 1360년, 티무르 투글룩이 트란스옥시아나를 침략해 케시로 진군해왔다. 하지는 싸우면서 호라산으로 도망쳤지만, 타라가이의 아들 티무르는 티무르 투글룩을 자신의 주인으로 인정해 케시를 약탈에서 보호하고 자신이 바라던 바를라스 씨족의 지도자 자리를 얻었다.

그러나 티무르 투글룩은 모굴리스탄에서 일어난 불안을 진정시키기 위해 곧 돌아가야만 했다. 그 틈을 타 하지 바를라스가 케시로 진격해왔다. 티무르는 처음엔 그를 물리쳤지만 자신의 병력이 도망치는 바람에 숙부와 화해해야만 했다. 1361년 티무르 투글룩이 몽골군 지휘자로 돌아오자 상황은 역전되었다. 하지는 또다시 호라산으로 도망쳤고, 티무르는 예전 지위를 회복했다. 티무르 투글룩은 하지 바를라스를 포함한 아미르들에게 신하의 예를 보일 것을 요구했다. 또한 자신의 권력을 과시하기 위해 아미르 중 한 명인 미르 바예지드를 처형했다. 이 일은 하지 바를라스를 겁먹게 했다. 하지는 사브제와르국(동부 이란의 도시 국가-옮긴이)의 속령인 불루키주빈의 호라샤라는 마을로 도망쳤다가 그곳에서 자신의 형제 이데구와 함께 도둑들에게 살해되었다.[3] 티무르에게 더 이상 경쟁자는 없었다.

티무르는 차가타이 가문에 충성을 다했다. 몽골 칸은 그를 자기 대신 트란스옥시아나를 통치하던 아들 일리아스 호자의 자문대신으로 임명했다. 그러나 티무르가 이를 통해 최고의 권력을 행사할 거라고 생각했다면 분명 실망했을 것이다. 티무르 투글룩은 아미르 벡직을 일리아스 호자와 권력을 공유하도록 임명했다.

실망한 티무르는 티무르 투글룩을 섬기는 일을 그만두고 발흐와 쿤두즈와 카불의 군주인 자신의 처남 미르 후세인과 동맹을 맺었다. 그들은 병사를 이끌고 함께 떠나 페르시아와 세이스탄에서 용병 노릇을 했다. 티무르와 후세인의 군대는 반란 진압을 위해 세이스탄의 왕자에게 고용되어 임무에 성공했지만, 그들을 위협적이라 생각했던 데다가 대가를 지불하고 싶지 않았던 왕자의 군대에게 매복 공격을 당했다. 티무르는 월등히 많은 적과 열심히 싸웠지만 어깨와 허벅지에 화살을 맞아 상처를 입었다. 이 상처로 티무르는 그 유명한 별명인 '티무르 렝크'를 얻게 되었다.

불행한 모험에서 돌아온 티무르와 그의 처남은 바흐쉬 강으로 갔다. 반대쪽 강안에서 자신들의 군대보다 훨씬 규모가 큰 몽골군을 목격했다. 그들은 곧 교묘한 계책을 생각해냈다. 후세인이 군사 대부분과 함께 근처에 있는 유일한 다리를 지키는 동안 티무르가 적은 수의 군사를 이끌고 몰래 다리를 건너 몽골군 위쪽에 위치한 언덕으로 올라갔다. 일단 자리를 잡자 티무르의 부하들은 수많은 횃불을 밝히고 전통적인 투르크 군악기인 북을 두드리기 시작했다. 몽골군은 자신들의 측면이 대군에게 포위당했다고 생각해 다리를 빼앗지 못했다. 포위를 피하려고 아수라장이 된 몽골군이 강안을 따라 도망치기 시작했다. 티무르와 후세인은 도망치는 몽골군의 후미를 공격해 몽골군에게 심각한 피해를 입혔다.

티무르와 후세인은 군대를 이끌고 케시로 향했다. 티무르는 또 다른 계략을 생각해냈다. 그는 자신의 전위 병사들에게 말 뒤에 덤불과 잔가지 묶음을 땅에 닿도록 매달아 끌라고 명령했다. 그로 인해 발생한 먼지 구름은 엄청나게 큰 군대가 다가오는 것처럼 보였다. 케시의 주민들은 저항 없이 성문을 열고 항복했다.

그 후 또 다른 전투인 카바 마탄의 전투가 이어졌다. 일리아스 호자는 트란스옥시아나에서 축출되었고, 티무르와 후세인이 주인이 되었다. 칭기즈 칸의 혈통만이 칸국을 지배할 수 있다는 관습을 지켜 티무르와 후세인은 차가타이 가문의 카불샤를 트란스옥시아나 칸으로 선택했다. 그 지역은 황금 씨족이 지배한다는 것을 선전해 일리아스 호자의 트란스옥시아나에 대한 권리 주장을 약화시키려는 행동이었다. 1364년, 일리아스 호자는 트란스옥시아나의 지배자가 되려는 마지막 시도를 해서 티무르와 후세인을 격퇴했다. 티무르와 후세인은 몽골군이 사마르칸트를 포위 공격하는 동안 숨어 있었다. 사마르칸트의 방어는 강력했으며, 갑자기 전염병마저 돌았다.[4] 일리아스 호자와 몽골군은 포위를 풀고 모굴리스탄으로 퇴각했다. 그들은 멀리 타시켄트까지 티무르와 후세인에게 추격을 받으며 괴롭힘을 당했다. 트란스옥시아나는 이제 확실히 티무르와 후세인의 것이 되었다.

그러나 티무르와 후세인, 두 사람 모두 야심가였기 때문에 트란스옥시아나를 순조롭게 공유할 수 없었다. 후세인은 티무르보다 강력했던 것으로 보인다. 그는 트란스옥시아나의 아미르 위에 군림했다. 티무르는 재빨리 귀족 편을 들고 후세인이 그들에게 매긴 세금을 내도록 돈을 빌려주기까지 했다. 후세인의 여동생인 티무르의 아내가 죽자 티무르와 후세인의 관계는 완전히 끊어졌다. 상당한 외교와 미묘한 이중거래 후 1370년, 티무르는 후세인이 자리 잡고 있던 발흐(아프가니스탄 북부-옮긴이)로 진격했다. 아무 준비도 없이 기습당한 후세인은 그 도시를 티무르에게 넘겨주고 메카로 순례를 떠나기로 했다. 그러나 후세인은 티무르도 모르게 살해당했고, 발흐의 주민들 대부분이 학살당했다.

트란스옥시아나의 명목상 영주인 칸 카불샤는 후세인을 지지했다. 티무르는 그를 살해하고 또 다른 칭기즈 칸의 혈통인 소유르가트미쉬를 칸으로 앉혔다. 겉으로는 칭기즈 칸의 먼 혈통이라고 주장했지만, 티무르는 자신을 칸으로 확립할 만큼의 자신감이 없었다. 지위가 올라 나중에 중앙아시아의 확실한 주인이 되었지만 티무르는 1388년에 취한 '술탄'보다 높은 칭호를 취하지 않았고 계속해서 황금 씨족의 후예를 통해 지배했다.

이제 티무르는 트란스옥시아나의 유일한 지배자가 되었다. 그는 수도를 사마르칸트로 옮겼다. 당시 사마르칸트는 아취가 있었고 케시보다 전략적으로 좋은 위치에 있었다. 티무르는 끝없는 원정을 준비했다. 티무르의 원정은 그가 흉내낸 칭기즈 칸의 그것과는 확연히 달랐다. 티무르의 원정은 계획을 세운 어떤 흔적도 보이지 않는다. 칭기즈 칸은 여러 해 동안 몽골 지배를 달성하려 애썼고 조직적으로 호라즘 왕국을 제압했으며 중국에서 얻은 것을 통합하려 싸웠지만, 티무르는 상황을 예상하지 않았다. 단지 즉흥적으로 자신의 세계 한 쪽 끝에서 다른 쪽 끝으로 떠들썩하게 뛰어다녔을 뿐이다. 칭기즈 칸이 그랬던 것처럼 티무르도 초원의 전사들 또는 그들을 모방한 자들로 구성된 기병대로 싸웠지만, 칭기즈 칸이 한 지역에서 단 한 번만 작전을 펼쳤던 반면 티무르는 같은 영토에 대해 반복적으로 원정을 벌여야 했다.

티무르는 다양한 상황에 반응했기 때문에 그의 군사 이력은 혼란스럽고 전략적 관점에서 볼 때 형태가 확실치 않다. 그의 원정이 무정형이라는 특성을 지니는 바람에 일부 역사가들은 그의 여러 활동을 연대보다 지리를 기준으로 기술하기도 한다.[5] 모굴리스탄과 호라즘에 대한 그의 출정은 말 그대로 계획 없이 되는 대로 실시한 출정의 예다. 그는 이 출정에서 초원의 방식으로 조직되고 장비를 갖춘 군대를 사용했다. 티무르의 군대는 모든 투르크-몽골 군대처럼 기마궁수 군대였다. 이것은 충분히 예상 가능한 것이며, 그가 자신의 제국을 확립한 속도로부터도 추정할 수 있다. 말을 타고 얻은 제국은 넓고 신속하게 형성되는 경향이 있기 때문이다. 티무르는 병사가 지녀야 하는 것을 자신이 직접 확립했고, 법전에 기록했다.

> 나는 사병들을 위해 다음과 같이 정한다. 원정 시에는 18명이 텐트 하나를 갖는다. 각 병사에게 말 두 마리, 활 한 개, 전통, 검, 톱, 도끼, 송곳, 실, 바늘 열 개, 가죽 배낭을 지급한다.[6]

여기서 다시 기수가 말을 타는 동안 다른 말은 쉴 수 있도록 말을 한 마리 이상 지급한 초원의 전사들의 특징을 알 수 있다. 그들이 착용했던 갑주에 대한 내용은 없고 최초로 언급된 무기는 활이다. 보통의 병사를 위해 상술된 유일하게 다른 무기는 검이다. 이것은 적과 직접 싸울 때 사용할 용도였을 것이며, 틀림없이 기병도였을 것이다. 이런 장비는 경기병이 이용하던 무기로, 이를 통해 티무르의 병력 대다수가 경기병들로 구성되었을 것이라고 짐작할 수 있다. 티무르는 정예군은 투구와 갑옷을 착용할 것을 규정했고, 자신의 법전에서 일정한 계급의 군인들이 철퇴, 곤봉, 창을 휴대하는 것도 언급했다. 티무르의 병력 일부는 중기병으로 생각할 수 있으며, 십진법을 따른 조직체계까지 고려하면 몽골군의 중기병과 닮았다. 티무르의 군대는 '투멘'이라고 하는 병사 만 명의 부대, '빈릭'이라고 하는 병사 천 명의 부대, '코슌'이나 '유즈릭'이라고 하는 병사 백 명의 부대로 나뉘었다.

티무르군의 갑주는 둥근 방패, 투구, 사슬 갑옷이나 판막으로 만든 갑옷으로 구성되었다. 판막으로 만든 갑옷은 판이 옆에 위치한 판들 및 그 위의 판들과 부분적으로 겹친다는 점에서 라멜라 갑옷과 비슷하지만, 라멜라 갑옷이 서로 끈으로 묶은 판들이나 라멜라를 사용했던 반면, 티무르가 선택한 갑옷은 부분적으로는 겹치지만 면하고 있는 직물과 뒤쪽으로 고정되어 있는 판들로 구성되었다. 사마르칸트의 티무르를 방문한 스페인의 사절 루이 곤살레스 데 클라비호가 투구와 함께 이 갑옷에 대해 묘사했다. 당시 티무르는 병기공들이 한 일을 검사하고 있었다.

> 그 외의 것들과 함께 그들은 티무르에게 3천 벌의 새 판금 갑옷을 보여주기 위해 가져 왔는데, 그것은 빨간 범포의 안감 위에 꿰맨 것 같았다. 갑옷은 아주 잘 만든 것처럼 보였지만 판금 자체가 충분히 두껍지 않았는데, 이곳에서는 강철을 제대로 담금질하는 법을 몰랐던 것 같다. 같은 시각 엄청나게 많은 수의 투구도 같이 진열되었다. 이 투구와 판금 갑옷을 전하가 그날 참석한 영주와 귀족에게 선물로

> 골고루 나눠주었다. 요점으로 돌아가면 투구는 둥글고 높게 만들어졌으며, 앞부분에는 손가락 두 개 넓이의 판금이 얼굴과 코를 보호하기 위해 턱 아래까지 내려와 있었다. 이 판금 부분은 원하면 위로 올리거나 내릴 수도 있었으며, 칼의 옆찌르기를 방어하는 역할도 했다. 판금 갑옷은 우리 스페인의 방식과 매우 비슷하게 제작되었으나 그들은 판금 갑옷과는 다른 재료로 만든 긴 치마를 입었으며 이것이 우리의 상의처럼 아래로 길게 내려왔다.[7]

클라비호가 '우리 스페인의 방식과 매우 비슷하게'라고 말한 것은 겹쳐진 판금을 나란히 리벳으로 직물에 고정해 만든 상의인 브리건딘을 의미했다. 이 상의는 각종 예증에서 리벳 머리가 직물 밖으로 관통하는 방식이라는 점을 기준으로 확인할 수 있다. 이런 갑옷은 유럽에서 특히 보다 덜 부유한 자들에게 인기가 있었는데 판금 갑옷보다 가볍고 유연한 것이 특징이다. 그런 갑옷이 동양 기마병에게도 인기 있다는 사실은 이해할 만한 일이다. 동부 터키에서 발견된 쇠미늘 갑옷 상의는 네모 조각 같은 금속판 줄들이 앞뒤로 고정되어 있었다. 티무르의 병사 중 많은 자들이 이 갑옷을 입었던 듯하다.

잔존하는 티무르 시대의 투구들은 귀족과 왕족의 것들로 양식이 굉장히 우아한데 이스탄불 군사박물관, 뉴욕의 메트로폴리탄 미술박물관, 런던탑 등에 그 견본이 있다. 투구 표면에는 종교와 관련해 세련되게 양각된 명각이 있고, 꼭대기에는 앞의 챙 부분에 수직 또는 곡선으로 이어지는 장식용 홈이 있다. 일반 병사들의 투구는 덜 정교하지만 이것과 비슷했을 것이다.

티무르가 자신의 영토 밖으로 감행한 원정들 중 최초의 원정은 모굴리스탄 칸 카마르 웃 딘에 대해 펼친 원정이다. 티무르는 카마르 웃 딘 칸과 여러 차례 교전을 벌여 어느 정도 성공했지만 그를 궁지에 몰아넣을 수 없었다. 그가 후퇴해 초원의 광활한 공간을 이용해 숨어버렸기 때문이다. 이 교전 후에 호라즘에서 활동들이 이어졌다. 호라즘의 왕 후세인 수피는 트란스옥시아나에서 벌어진 혼란을 틈 타 키아트와 히바를 점령했다. 1371년, 그는 이

두 곳을 넘겨달라는 티무르의 요구를 거부했다. 티무르는 호라즘의 수도 우르겐치로 진격해 포위 공격했다. 후세인 수피는 그 공성전 중에 사망했고, 그의 동생 유수프 수피가 그 자리를 계승했다. 유수프는 공성을 그만두는 대가로 티무르에게 키아트와 히바를 넘겨주기로 합의했다.

티무르가 물러나자 유수프는 넘겨준 성을 다시 점령하려고 시도했다. 티무르는 카마르 웃 딘과 상대하기 위해 모굴리스탄으로 돌아갔지만 다시 유수프와 맞서기 위해 급히 돌아왔다. 유수프는 자신의 아름다운 딸 한자데를 티무르의 아들 자항기르와 약혼시켜 자신의 목숨과 지위를 겨우 보존했다. 결혼식이 끝나자 티무르는 모굴리스탄 초원으로 돌아갔다. 그는 갑작스럽게 출정을 중단했는데, 자신의 아들이 죽을 것이라고 예감했기 때문이라 한다. 그의 예감은 곧 사실이 되었다. 자항기르는 사마르칸트에서 갑자기 죽었다. 애도 기간이 끝나자 티무르는 다시 모굴리스탄으로 돌아갔고, 그 틈을 탄 유수프는 키아트와 히바를 점령할 적기라고 판단했다.

티무르는 다시 한 번 초원에서 급히 돌아와 호라즘 왕을 우르겐치에서 궁지로 몰아넣었다. 티무르는 허세를 부리며 유수프에게 단독으로 싸우자고 도전했다. 티무르가 무장을 한 채 말을 타고 도시 앞에 나타나자 유수프는 갑자기 공포에 질려 싸움을 거부했다. 몇 주 후 유수프는 절망하며 죽었지만, 불행하게도 우르겐치 주민들에게는 상황이 끝난 것이 아니었다. 이때 티무르는 처음으로 계산된 공포를 사용했다. 항복하면 대부분 목숨을 살려주겠지만, 무거운 배상금을 부과할 것이며, 주민들은 티무르의 종주권을 인정해야 한다는 조건을 달았다. 도시가 항복을 거부하자 티무르는 공격할 준비를 하고 다시 한 번 항복을 요구했다. 이번엔 보다 모진 조건을 내세웠다. 주민 중 일부는 용서하겠지만 상당한 살육이 있을 것이고 대대적인 약탈이 이루어질 것이며, 성벽은 무너뜨리겠지만 가옥은 불태우지 않겠다는 조건을 제시했다. 그러나 주민들은 다시 항복을 거부했다. 도시는 무력으로 점령당했고 대량 학살이 일어났다. 가옥은 불탔고, 생존자는 노예가 되었다. 호라즘은 마침내 티무르의 영역 안으로 들어왔다.

위대한 아미르는 서로 다투기에 바빴던 공국들이 위치한 동부 이란으로 관심을 돌려 1382년에서 1385년 사이에 그곳을 정복했다. 1386년에는 서부 이란과 오늘날의 아제르바이잔 지역을 정복했다. 1386년에서 1387년 사이의 겨울에는 조지아 왕국과 '성전'을 벌였는데 조지아 왕국 사람들이 기독교도였기 때문에 이 전쟁은 '성스럽다'는 별칭이 붙었다. 겨울에 산악 지역에서 전투를 치렀음에도 불구하고 그의 다른 군사 행동들처럼 출정은 성공적이었다. 조지아의 왕 바그라트 5세는 강제로 이슬람교를 개종해야 했다.

티무르는 남쪽에 위치한 카라바흐에서 겨울을 보내다가 킵차크 칸 토크타미시가 자신을 향해 진군해온다는 놀라운 소식을 받았다. 두 사람의 관계는 여러 해 전으로 거슬러 올라가는데 티무르는 그 칸에게 감사 이외에 다른 어떤 것도 받을 것이 없었다. 1376년 토크타미시는 보호를 받기 위해 티무르에게 도망쳐 왔다. 당시 토크타미시는 삼촌이 칸으로 있던 백장 칸국White Horde에서 온 피난민이었다.

몽골 제국이 여러 국가로 나뉘기 시작하자 트란스옥시아나와 접경하는 킵차크 칸국의 남동부 영토는 킵차크에서 떨어져 나와 백장 칸국을 형성했다. 티무르는 자신의 영토와 백장 칸국의 국경인 시르다리야 강을 따라 있는 세 개의 요새화된 성시를 토크타미시에게 주며 궁지에 빠진 그를 도왔다. 1377년, 백장 칸국의 칸이 죽자 그의 아들 티무르 말리크가 지위를 계승했다. 그는 자신의 아버지 그랬던 것처럼 토크타미시를 미워했다. 그는 티무르의 지원을 받은 토크타미시와 간헐적으로 전투를 벌였는데 토크타미시가 마침내 자신의 사촌에게 이겨 백장 칸국의 칸 자리를 차지했다. 티무르는 자신의 계획이 멋지게 성공했다고 생각했다. 자신의 도움으로 그 자리를 차지한 칭기즈 칸 가문의 칸을 이웃으로 두게 되었으니 그 지역에 대해 과거보다 더 안전하다고 느꼈기 때문이다.

그 믿음은 토크타미시가 1381년 킵차크 칸국을 격파했을 때 더 굳건해졌다. 킵차크 칸국은 그 얼마 전인 1380년 9월 8일 돈 강과 네프랴드바 강가의 쿨리코보 평원에서 러시아의 드미트리 왕자가 이끄는 군대에게 최초의 패배를 당했다. 드미트리 왕자는 이 승리 후 '돈스코이'라는 별칭으로 불렸다. 이 패배로 킵차크 칸국은 혼란에 빠졌고, 이어진 토크타미시의 공격으로 무너졌다. 토크타미시는 킵차크 칸국의 칸이 되었고 창건자 바투가 지배했을 때처럼 킵차크 칸국의 모든 영토를 통일했다. 토크타미시는 러시아 왕자들에게 자신에게 굴복할 것과 돈 강에서의 전투 이후 그들이 거부하던 공물을 다시 바칠 것을 요구했지만, 러시아 왕자들은 자신들이 거둔 전례 없는 승리에 우쭐하여 요구를 거절했다. 토크타미시는 러시아군을 격파하고, 1382년 8월 13일 드미트리 왕자의 도시인 모스크바를 불태웠다. 그 후 러시아인에게는 타타르의 멍에가 백 년 동안 씌워지게 되었다.

토크타미시의 별은 분명히 떠오르고 있었다. 그는 더 이상 '벼락출세한 투르크인'이라고 생각했던 티무르에게 자신이 신세를 졌다고 느끼지 않았다. 게다가 그에게서 몇 개의 지역을 빼앗을 때가 찾아온 것처럼 보였다. 1386년에서 1387년 사이의 겨울, 티무르는 카스피 해 서안에 위치한 데르벤트 협로를 통해 카라바흐로 진군해온 자신의 피후견인과 맞서게 되었다.

티무르는 군대의 기동성을 완벽하게 이용해 타타르족이 건너리라고 예상되는 여울을 지키도록 소규모 분견대를 보냈다. 동시에 그의 아들 미란샤는 군대의 다수를 거느리고 토크타미시의 측면을 공격했다. 타타르족은 기선을 빼앗겨 카프카스를 지나 물러났다. 일시적으로 위기는 끝났다.

이때 티무르는 물러나는 적을 추적하지 않았다. 이란에서 발생한 어려움도 해결해야 했고, 토크타미시는 칭기즈 칸의 혈통이었으므로 그에 대한 어느 정도의 경의도 표시해야 했다. 토크타미시에게 화해하자고 요청하는 편지와 함께 포로로 잡은 병사들을 돌려보내기까지 했다. 그러나 이런 제안이 무색하게 토크타미시는 티무르에게 대항할 대군을 준비했다.

한편으로 티무르는 서로 적대적인 다수의 투르크멘 영주들이 싸우느라 분할되어 있던 아르메니아에 주목했다. 투르크멘 영주 중 하나인 에르진잔(터키 동부 유프라테스 강 북쪽 유역-옮긴이)의 타헤르텐은 자신의 도시 에르주룸(터키 동부에 위치-옮긴이)을 티무르에게 단 하루 만에 잃었다. 항복한 그는 티무르를 자신의 대군주로 받들었다. 티무르는 그의 자리를 승인했으며 타헤르텐의 보호자로 몇 년 뒤 오스만 투르크 술탄 바예지드 바야제르트와 역사상 가장 위대한 전투 중의 하나를 치르게 된다.

티무르의 원정이 항상 그랬듯 한 가지 일은 또 다른 일로 이어졌다. 아르메니아 원정에서 티무르는 깃발에 검은 양을 그려 흑양파 투르크멘이라 불리는 자들과 충돌했다. 이 충돌은 그들의 칸 카라 무하마드 투르무시와의 격렬한 싸움으로 이어졌다. 그러나 티무르나 그의 아들 미란샤도 그들을 완전히 격퇴할 수 없었다. 흑양파 투르크멘은 초원을 가로질러 도주해 깊은 삼림 속으로 숨어들곤 했기 때문이다. 그러나 아르메니아는 반(오늘날 터키 동부 반주州의 주도-옮긴이)을 점령함으로써 확보되었다.

그 후 페르시아의 파르스(시라즈)에 대한 행동이 이어졌다. 아버지와 달리 파르스의 새 군주는 티무르에게 복종하지 않았다. 티무르는 무력시위를 벌이고 불복종에 대한 무거운 배상금을 거둘 의도로 이스파한으로 진격했다. 실제로 배상금은 합의되었지만 그것을 징수하던 중 이스파한 주민들이 트란스옥시아나 병사들에게 저항하며 3천 명을 살해하고는 성문을 닫아버렸다. 티무르는 도시 외곽에 주둔하고 있었다. 몇몇 시민들은 살아남은 병사 일부를 숨겨주고 결과를 기다렸다. 결과는 대살육이었다. 티무르는 도시를 습격해 이슬람교 성직자와 자신의 병사를 보호해준 자들을 제외한 거주민 모두를 죽이라고 병사들에게 명령했다. 자신이 내린 명령을 확인하기 위해 각각의 병력에게 할당된 적의 머리를 가져오게 했다. 모두 합쳐 7만 명의 머리가 잘렸고, 다른 곳에서 일어날 반란을 막기 위해 베어진 머리들을 도시 외곽에 쌓았다. 이어서 티무르는 시라즈로 진격했는데 그가 온다는 소식을 들은 도시의 주민들은 티무르가 도착하기도 전에 성문을 활짝 열고 그를 맞았다.

시라즈에 머무는 동안 티무르는 토크타미시의 최근 행동에 대해 듣게 되었다. 그 킵차크 칸은 이제 막 트란스옥시아나를 공격한 후 모굴리스탄 병사들의 지원을 받아 타시켄트로 진격하고 있었다. 티무르의 아들 오마르 시크는 북쪽에서 자신이 모을 수 있는 병력을 모두 모았지만 역부족이었고, 격퇴당해 아르디잔으로 후퇴했다. 토크타미시는 성시를 점령하지는 못했지만 주변을 유린하고 부하라를 봉쇄했다. 티무르는 사마르칸트로 돌진했고, 이에 토크타미시는 초원으로 철수했다.

그렇지만 토크타미시의 행보는 끝나지 않았다. 1388년 겨울, 그는 러시아군, 불가리아군, 체르케스인의 지원을 받으며 타타르군을 이끌고 티무르를 향해 다시 한 번 진군했다. 모굴리스탄의 칸 카마르 웃 딘도 그에게 병력을 빌려주었다. 대군을 맞아 티무르의 대신들은 일단 후퇴해 타타르군에 맞설 군대를 모으자고 제안했다. 그러나 티무르는 즉시 모을 수 있는 소규모 군대를 거느리고 눈발을 헤치며 적에게 달려갔다. 티무르의 척후병이 호젠트 근처에서 토크타미시의 전위대와 맞닥뜨렸다. 티무르의 아들 오마르 시크 왕자가 북쪽에서부터 진격해오고 있었다. 그와 연락을 취하던 티무르는 공격 명령이 있을 때까지 적의 뒤를 따르면서 가만히 있으라고 했다. 전투가 일어난 날 아침, 티무르는 토크타미시의 선봉을 물리치며 중앙으로 돌진했다. 위대한 아미르의 대담함에 타타르군은 동요했다. 유혈이 낭자한 싸움이 일어났고, 이어서 오마르 시크가 타타르군의 후미를 공격하자 타타르군은 더욱 혼란에 빠졌다. 결국 토크타미시의 병력은 시르다리야 강을 건너 초원으로 도주했다.

이 전투 후 티무르가 킵차크 칸을 끝장내기로 결심한 것은 당연한 일일 것이다. 자신의 측면을 보호하기 위해 티무르는 1389년 봄 모굴리스탄으로 진군해 자신의 뒤가 안전하도록 그곳을 무력화시켰다.

1391년 1월, 티무르는 군대를 거느리고 타시켄트를 출발했다. 토크타미시가 백장 칸국의 영토로 갔다는 소식이 들려오자 티무르는 진로를 바꿨다.

그런데도 적의 모습은 보지도 못하고 석 달 동안 초원을 가로질러 돌아다녀야 했다. 보급품이 떨어지고 군대가 굶어죽을 위험에 처하자, 티무르는 칭기즈 칸의 몽골군이 했던 것처럼 대수렵 즉, 몰이사냥을 조직했다. 사냥은 군사들에게 먹을 것을 공급했고, 지속적인 훈련에도 도움이 되었다. 티무르는 사마르칸트에서 했던 것처럼 열병식을 했는데 군대 규모가 커서 모든 병력을 열병하는 데는 이틀이 걸렸다.

초원 사방으로 척후병이 보내졌다. 시베리아 토볼 강가에서 야영 흔적을 발견한 티무르의 척후병들은 토크타미시의 척후병들을 추격해 사로잡았다. 그들을 고문해 그들의 칸이 우랄 산맥 건너편에 있다는 사실을 알아냈다. 티무르는 토크타미시를 찾아내기 위해 서쪽으로 출발했다. 그의 군대는 끊임없이 매복 공격과 괴롭힘을 당했지만 신속하게 진군해 마침내 토크타미시의 후미 부대와 교전했다. 다음 날 1391년 6월 13일 전투는 본격적으로 시작되었다.

전투는 우랄 강 근처인 오늘날 러시아 오렌부르크 근처에서 벌어졌을 것이다. 토크타미시는 티무르를 포위할 생각으로 자신의 군대를 전통적인 초승달 대형으로 정렬시켰다. 티무르는 병력을 7개 분대로 나눠 독립적으로 움직이게 했다. 타타르군의 양익은 티무르군을 제대로 포위할 수 없었고, 티무르의 중앙군은 토크타미시의 중앙군을 향해 돌진했다. 중앙군이 무너지자 토크타미시는 약간의 병력을 모아 도주했다. 티무르군의 전술적 예비대였던 제7의 분대가 전장에서 도주하는 토크타미시를 추격했다.

킵차크 칸의 부하들은 토크타미시가 죽은 줄 알고 사기가 떨어져 약 650킬로미터 떨어진 볼가 강까지 쫓기다 죽거나 포로가 되었다. 그런 긴 추격으로 전투가 사흘 동안 계속되었다는 말이 생겼는데, 인간과 동물의 힘에 좌우되는 현대 이전의 전투는 하루 이상 진행되었던 경우가 거의 없다는 점을 감안하면 과장된 말이라고 할 수 있다. 그러나 그 정도 거리를 추적하는 데는 분명 며칠이 걸렸을 것이나. 이것은 산업화 이전의 군대보다 오히려 기계화된 현대 군대의 움직임을 생각나게 한다. 당시 어떤 정주민 군대도 도망치거나 추격할 때 그 거리의 극히 일부라도 갈 수 없었고, 이런 면에서 보면 초원 전투의 특징이 다시 한 번 드러났다고 할 수 있다. 주목할 만한 일은 토크타미시가 만약 계속 도주했다면 티무르의 군대는 궁핍으로 고통을 겪고 기진맥진해 반격을 당하면 파멸할 가능성이 컸는데도 교전에 응했다는 것이다.

과업이 달성되자 티무르는 볼가 강가에서 야영을 하며 26일 동안 축제를 벌였다. 그러나 자신이 얻은 것을 통합하고 확고하게 하기 위한 별다른 조치를 취하지는 않았다. 그는 킵차크 칸국을 칭기즈 칸 가문의 세 왕자들에게 나눠주고(그들 중 두 명은 곧 티무르에게 적대감을 보이게 된다) 사마르칸트로 돌아왔다.

킵차크 칸국 원정 후 반란을 일으킨 이란의 일부 속주들에 대한 군사작전이 중동에서 일어났다. 이것은 사실상 징벌 원정이었다. 티무르는 자신의 군대를 이끌고 부하라를 지났는데, 다리에 염증이 생겨 진군을 계속할 수가 없었다. 죽음을 맞을 준비까지 했지만 6주 후 다시 진군했다. 1393년 한 해 동안 환갑의 나이에 가까웠던 이 전사는 계속하여 이란에서 군사작전을 펼쳤고 늘 승리했다. 그가 바그다드 술탄을 호출했을 때 그 술탄은 너무나 겁이 나서 시간을 끌다가 이집트로 도주해 맘루크 왕국 술탄 바르쿡의 보호를 받았다. 그 뒤 쿠르디스탄(터키, 시리아, 이란, 이라크에 걸친 산악 지대-옮긴이)에서 전투를 치렀고, 조지아(오늘날 그루지아-옮긴이) 반란을 진압했다.

그러는 한편으론 굴복할 줄 모르는 토크타미시가 자신의 근거지를 되찾았기 때문에 또 다른(결국은 마지막) 북쪽 원정이 불가피해졌다. 1395년 봄, 티무르는 자신의 군대를 이끌고 데르벤트 고개를 넘어 4월 15일 토크타미시와 마지막 전투를 벌였다.

전투 중 토크타미시의 타타르군 한 무리가 티무르와 그의 가까운 수행인들을 포위하고 위협했지만 티무르 부하들의 노력으로 적은 격퇴되었다. 티무르에게 유리한 상황이 되자 토크타미시는 북쪽으로 도주해 리투아니아 대공 비토프트에게 피난처를 구했고, 토크타미시 군대는 파괴되었다. 티무르는 전리품을 호위부대와 함께 사마르칸트에 보내는 한편, 킵차크의 두 수도인 아스트라한(러시아 볼가 강 하류에 위치-옮긴이)과 사라이(볼가 강 하구 약간 위쪽 볼고그라드시 부근에 위치-옮긴이)를 약탈하고 파괴했다. 결국 킵차크 칸국이 무너졌고, 이로 인해 모스크바 주민의 지휘 아래 러시아인이 점진적으로 융성하게 되는 데 더이상의 장애요소는 없었다. 러시아인의 융성은 1480년 오카 강에서 이반 3세 공작이 적을 물리침으로써 러시아인이 해방을 맞게 되었을 때 절정에 달했다.

티무르는 휴식을 취한 후 자신이 오랫동안 마음에 품었던 인도 델리 술탄국에 대한 군사행동을 실시했다. 델리의 술탄국은 이슬람 국가였지만 백성 중 많은 자들이 힌두교도였다. 티무르는 이런 상황을 이용했다. 자신의 원정에 우상 숭배자를 묵인한 자에 대한 성전이라는 속이 빤한 구실을 붙였다. 그 술탄국은 수십 년 전 인도의 대부분을 지배했던 때보다 훨씬 약화된 상태였다. 대부분 지역이 이미 독립했기 때문에 영토는 펀자브와 도아브 지방으로 축소되어 있었다.

1398년 초, 티무르는 자신의 손자 피르 무하마드가 지휘하는 선발대를 보냈다. 피르는 인더스 강을 건너 물탄(파키스탄 펀자브 남서부에 위치-옮긴이)을 6개월 동안 포위 공격해 마침내 함락시켰다. 티무르는 주력군을 거느리고 9월에 인더스 강을 건너 탈람바를 점령한 후 자신의 손자와 합류했다. 군대는 델리를 향해 나아갔고, 도중에 여러 요새를 함락하고 포로를 잡았다. 10만 명에 달했다는 포로는 방해물로 취급되어 대부분 학살당했다.

1398년 12월 17일, 티무르는 델리 술탄국의 군대와 줌나 강가에서 맞서 싸웠다. 인도군은 술탄 마흐무드 샤아 재상 말루 이크발이 지휘했다. 전투는 인도군의 패배로 끝났다. 그들의 전쟁용 코끼리는 티무르 기병대 앞에서 전혀 효과가 없었다. 술탄과 재상은 구자라트(인도의 서부에 있는 주-옮긴이)로 도주했다.

델리 시민은 학살을 면했지만 곧 티무르 군사들의 잔인함에 맞서 봉기했다. 델리는 피할 수 없는 약탈, 살인, 불더미 속에 빠지는 처참한 운명을 맞았다. 수많은 잘려진 머리들이 도시 구석구석에 쌓였다.

티무르는 불타버린 델리에서 보름을 보낸 후 막대한 양의 전리품을 가지고 고향으로 향했다. 도중에 그는 키라지를 점령하고 힌두교도 포로들에게 끔찍한 고문을 가해 수많은 사람들이 산 채로 가죽이 벗겨졌다. 성전이라고 주장했을지는 몰라도 티무르는 이슬람교 국가에 돌이킬 수 없는 피해를 입혔고, 그 왕국의 어떤 미래도 생각하지 않아 대혼란 속에 빠뜨렸다. 성전을 수행했다는 티무르의 주장은 자신의 행위가 얼마나 철저하게 어리석은지 강조하는 것에 불과했다. 그 원정은 어떤 초원의 칸이라도 힘만 있다면 할 수 있는 단순한 약탈을 목적으로 하는 거대한 습격에 지나지 않았다. 티무르는 습격을 습격 그 자체로 받아들이고 위선 없이 그것을 얘기했던, 단순하고 거칠었던 초원의 선조들과 달리 자신이 저지른 짓을 문화의 겉치장으로 덧씌웠다.

그다음 티무르의 주목을 받은 곳은 맘루크 왕조였다. 이집트와 시리아를 통치한 이 군사적 귀족사회 국가는 오랫동안 티무르와 사이가 좋지 않았다. 술탄 바르쿡은 바그다드 술탄에게 피난처를 제공했을 뿐 아니라 위대한 아미르에게서 도망친 다른 자들도 보호했고, 바르쿡의 아들이자 후계자인 술탄 파라즈도 그의 아버지와 마찬가지로 티무르에게 호의적이지 않았다. 당시 맘루크 왕조는 아미르들이 토지 소유를 두고 서로 싸웠기 때문에 내부적인 불화로 고통을 겪고 있었다. 비록 군사 국가로 명맥을 유지했지만 13세기 일칸국 몽골군의 공격을 견뎌냈던 때만큼 강력하지 않았다.

티무르는 1400년 10월 시리아에 들어섰고, 10월 30일 전투에서 시리아 총독을 격파했다. 위대한 아미르 티무르는 알레포, 하마, 홈스, 바알벡을 점령했다. 맘루크 술탄 파라즈는 1400년 12월 25일 티무르 군대가 군영을 옮길 때 그들을 공격했지만 실패했다. 파라즈는 이집트로 퇴각했고, 티무르는

1401년 3월 19일 다마스쿠스를 점령했다. 많은 주민들이 노예가 되었고 기술공, 직공, 병기들이 사마르칸트로 강제 이송되는 것 외에도 이전의 수많은 도시들처럼 약탈과 방화를 당했다. 티무르는 시리아를 떠나며 어떤 통치 체제도 남기지 않았기 때문에 맘루크 왕조는 그가 폐허로 만든 영토를 다시 차지할 수 있었다. 그러나 티무르가 그곳에 왔었던 사실을 말해주는 유적이 그로부터 몇 년 후 스페인의 사절 루이 곤살레스 데 클라비호에 의해 발견되었다. 그는 1406년 사마르칸트로 임무를 띠고 가던 중 시리아를 통과하면서 사람의 머리로 쌓은 탑을 보았다. 클라비호는 이에 관해 다음과 같이 썼다.

> 담간(이란 북부에 있는 도시-옮긴이) 외곽 활의 사거리 정도 떨어진 거리에서 우리는 사람이 돌을 던져 쌓아올릴 정도의 높이로 세워진 탑 두 기를 목격했는데, 그것은 전부 진흙으로 고정된 사람들의 두개골로 만들어진 것이었다. 이것 외에도 그곳에는 비슷한 탑이 두 기 더 있었지만 이미 부패해 땅에 넘어진 듯 보였다.[8]

이 섬뜩한 구조물들은 티무르가 정복해 시리아에 다시 정주시켰던 수천 명의 백양파 투르크멘족(깃발 표상을 흰 양으로 하였던 수니파 부족-옮긴이)의 유해로 세워진 것이었다. 백양파 투르크멘족은 고향으로 돌아가려고 결심했지만 근처에서 주둔하고 있던 위대한 아미르에게 잡혔던 것이다. 담간의 주민들은 클라비호에게 "종종 불꽃이 등잔을 태울 때처럼 타타르인들의 두개골 꼭대기 위에서 깜빡이는 것이 보이기도 한다."[9]고 말했다. 공포를 심어주려는 티무르의 노력은 성공했다. 이후에는 초자연적인 현상까지 모두 그 대량 학살 탓으로 돌려졌다.

일 년 후 티무르는 마침내 그와 대등하다고 생각될 만한 적수 오스만 투르크 술탄과 교전하게 되었다. 1402년 여름, 서양 세계는 콘스탄티노플이 함락되기를 기다렸다. 로마 제국의 마지막 정치적 흔적이었던 그 도시는 서로마 제국 붕괴 후 거의 천 년 동안 주권 국가로 존속했다. 콘스탄티노플은 비잔틴 제국의 수도로 아나톨리아, 그리스, 마케도니아, 발칸 반도, 시실리, 이탈리아와 잠시 동안이었지만 북아프리카까지 지배하는 유럽에서 가장 강력한 국가였다. 그곳은 문명을 전파하는 중심지 역할을 해 비잔틴의 선교사들은 기독교를 러시아인과 슬라브인에게 전파해 그들을 서양의 우리 안에 끌어들였고, 그들이 쓸 수 있도록 키릴 문자를 만들기까지 했다. 세계에서 가장 아름다운 건축물로 꼽히는 성 소피아 성당 같은 걸작의 본고장으로, 경제적으로도 부유한 도시였다.

그러나 이 제국은 1071년 만지케르트 전투에서 황제 로마누스 디오게네스가 투르크의 알프 아르슬란에게 처참한 패배를 당한 후 점차 쇠퇴하고 있었다. 그 패배에 이어 비잔틴 제국은 아나톨리아 반도의 영토를 투르크족에게 잃었는데 병사 모집을 이 지역에 크게 의존했던 비잔틴 제국에게는 감당할 수 없는 손실이었다. 베니스나 제노바 같은 이탈리아 도시들이 유력한 무역도시로 성장하면서 콘스탄티노플은 경제적으로 압박받게 되었고 용병을 고용하는 것도 어려워졌다.

그래서 기독교계는 모두 '일디림Yildirin' 혹은 '벽력 왕'이라는 별명을 지닌 터키의 술탄 바예지드 손에 비잔틴 제국이 멸망되는 것을 보기 위해 1402년 여름 보스포루스 해협을 주시했다. 바예지드는 원정에서 보인 속도와 능력 때문에 그런 별명을 얻었는데 그 시대 위대한 두 명의 지도자 중 하나였다. 유럽인은 이미 그와 대치한 적이 있었다. 1396년, 교황 보니파키우스 9세는 콘스탄티노플에 대한 압박을 덜기 위해 오스만 제국에 대항할 십자군을 모집했지만 니코폴리스 전투에서 이 다국적군은 처참한 패배를 당했다. 기사 수천 명이 포로로 잡혀 바예지드 앞에서 참수되었다.

6년 후 바예지드는 콘스탄티노플 앞에 진을 치고 일 년 이상 도시를 포위했다. 콘스탄티노플의 함락은 불을 보듯 뻔한 일이었고, 단지 몇 주 혹은 며칠 만에 함락되느냐가 문제였다. 황제 마누엘 2세 팔라이올로구스는 병력과 돈을 청원하기 위해 프랑스인 최고사령관 부시코의 후원 하에 프랑스로 도주했다. 콘스탄티노플이 무사할 가능성은 거의 없었다.

그러나 1402년 6월, 술탄 바예지드는 급히 콘스탄티노플 공성을 중단하고 동쪽에서 출현한 탐욕스러운 정복자인 위대한 아미르 티무르 렝크로부터 자신의 영토를 지키기 위해 출정중인 병력을 배에 실었다. 덕분에 콘스탄티노플은 50년간 더 존속하게 된다.

티무르와 바예지드 간의 싸움은 피할 수 없는 일이었을 것이다. 셀주크 권력의 쇠퇴와 바예지드의 아버지인 무라드가 이끄는 오스만 투르크족의 성장으로 그들만이 티무르와 트란스옥시아나의 투르크족에게 제대로 도전할 수 있었다. 유럽인은 이것을 알고 있었다. 바예지드가 나머지 셀주크 국가들에 대한 지배를 확대하고 발칸 반도에서 오스만 세력을 통합하자, 비잔틴의 황제 마누엘 2세는 콘스탄티노플이 바예지드에게 바치려 했던 공물을 티무르에게 바치려고 한다는 것을 설명하기 위해 프란시스라는 도미니크회 신부를 티무르의 궁정에 사절로 보냈다.

티무르는 유럽인 가신을 두게 되었다는 생각에 마음이 움직였을 것이다. 더욱이 위대한 아미르는 자신에게 대항하는 바예지드가 지원하는 모굴리스탄 칸국 지도자 카라 유수프와 계속 사이가 좋지 않았다. 1400년 티무르가 시리아 원정에서 맘루크군과 상대하느라 바쁠 때 바예지드가 에르진잔을 탈취해 그곳 영주였던 티무르의 신하 타헤르텐을 강제로 복종시킨 일은 티무르를 더 화나게 했다. 그 사태를 알게 되자 티무르는 병력을 모아 바예지드에 맞설 준비를 했다. 그럼에도 티무르는 알레포를 점령할 만큼 오랜 기간 동안 시리아 출정을 계속했으며, 알레포 점령은 티무르가 아나톨리아로 진출하는 길을 열어주는 데 도움이 되었다. 모든 상황을 이해한 바예지드는 위대한 아미르와 전쟁을 벌일 준비를 시작했다.

군대를 정렬시키는 동안 바예지드는 보스포루스 해협의 유럽 쪽에 있는 자신의 영토로 가기 위해 그 해협을 건너게 될 필요가—특히 위대한 아미르와의 싸움에서 질 경우에—있을 수도 있다는 것을 깨달았다. 불쾌한 생각일지라도 유럽으로 도망쳐야 할 상황이 올 수도 있었다. 이탈리아 도시들과 콘스탄티노플은 전개되는 갈등 속에서 티무르를 지지했다. 사실상 그것은 이탈리아와 그리스의 배들이 보스포루스 해협을 지켜 오스만 제국을 양분할 준비가 되어 있음을 뜻했다. 그러나 콘스탄티노플의 군대는 성벽을 벗어나 위험을 무릅쓰고 전투를 치를 정도의 입장이 되지 못했다.

바예지드는 9척의 갤리선과 다수의 보다 작은 함선들을 유럽 쪽 겔리볼루에 남겨두고, 아야솔루크(지금의 터키 셀주크-옮긴이)와 발라트(아나톨리아 서부에 위치-옮긴이)에 아테시라는 이름의 그리스인 지휘 아래 있는 20척의 배를 무장시켰다. 이어서 그는 티무르와 평화협상을 하기 위해 티무르의 신하였던 에르진잔의 타헤르텐을 보냈다. 그것이 진정한 평화 제의였는지 단순히 시간을 벌기 위한 책략이었는지에 관해서는 다소 논란이 있다.[10] 그 시기 외교에서 속임수가 가졌던 가치를 생각하면 바예지드의 제안은 단순한 책략이었을 수도 있다. 혹은 자신의 생애에서 가장 위험한 적을 만난 바예지드는 조건이 지나치게 모욕적이지 않다면 기꺼이 평화를 고려했을 수도 있다. 바예지드는 협상이 진행되는 동안 티무르의 군대와 달리 영토 전체에 흩어져 있던 자신의 군대를 집결시킬 시간을 벌 수 있었을 것이다. 티무르는 그 평화 제안에 어느 쪽으로도 약속을 하지 않아 바예지드가 확신을 갖지 못하게 했다. 양쪽은 계속해서 전쟁 준비를 했다.

티무르도 바예지드가 위험한 적이라는 것을 알았기에 원정은 경솔하게 시작되지 않았다. 그는 1401년 가을을 조지아 산맥에서 자신의 군대를 거느리고 사냥(항상 인기 있는 기병 훈련)을 하면서 보냈다. 티무르는 병력을 위해 막사를 짓고, 허위로 봄에 킵차크 칸국을 침략할 것이라고 공표했다. 사마르칸트에서 티무르가 총애하는 손자인 무하마드 술탄이 지휘하는 증원군이 도착했다. 증원군은 호화롭고 생기가 넘쳤으며 다른 병력과 대조적으로 각 부대마다 서로 다른 색깔의 장비를 갖추고 있었다. 흉갑(가슴막이), 망토, 방패, 안장,

안장덮개, 혁대, 전통, 창은 각각 흰색, 녹색, 보라색, 혹은 붉은색이었다.[11]

바예지드의 군대는 티무르의 초원 기병군과 매우 대조적이었다. 오스만 제국의 세계주의적 성격이 그의 군대에도 반영되었다. 오스만 함대는 단지 한 예에 지나지 않았으며 지상군 역시 달랐다. 역사적으로 투르크족은 언제 어디에서나 초원의 종족이었다. 투르크족은 그들 자체로, 칭기즈 칸의 세계 제국의 일부로, 이집트인과 아랍인의 치열한 전쟁에서 그들을 대신해 싸웠던 맘루크 병사로, 십자군으로부터 이슬람 세계를 지키는 방어자로, 기수이면서 기마궁수였다. 그러나 오스만 투르크족과 더불어 이들에게도 변화가 일어났다. 그들은 초원을 벗어나 자신들의 족장 오스만(혹은 오토만으로 불리는)의 지휘 아래 아나톨리아 반도의 조그만 지역에 정착했고, 점점 그 지배 범위를 넓혀 나갔다. 이런 변화가 일어나면서 투르크족은 스스로 군사적 힘을 키웠지만 사람을 통치하는 데 장애가 되는 유목민 생활방식은 파기하려 했다. 투르크족은 정착하도록 권장되었지만, 그래도 여전히 그들은 유능한 기마궁수들을 전투에 배치시킬 수 있었다.

바예지드의 아버지 무라드 시대에 오스만인은 유럽까지 확대된 제국을 지배했다. 이것은 무라드의 '새로운 병사', 즉 예니체리Yeni Ceri의 도움을 통해서 가능했다. 예니체리는 투르크 군대의 새로운 부대로 전문적인 보병 즉, 정예병이었다. 이들은 목 뒤를 가리는 축 늘어진 덮개가 있고 그 절단면이 정사각형인 독특한 형태의 긴 모자를 썼고, 빨간 망토를 걸쳤으며, 헐렁하고 푸른 바지를 입었다. 그들은 복합궁과 화살을 주 무장으로 했지만 기병도, 단도, 둥글고 작은 방패, 양날 전투용 도끼를 휴대했다. 이들의 술탄에 대한 헌신은 대단했다. 각각의 예니체리는 투르크어로 데브시르메라고 하는 절차에 따라 납치당한 기독교도의 아이들이나 오스만인에게 복종했던 기독교도로부터 데려온 아이들로 구성되었는데, 이 아이들은 어릴 때부터 오스만인에게 투르크어를 배우고 독실한 이슬람교도이자 전문 군인으로 정성들여 키워졌기 때문이다. 전투방식은 좀 다르지만 이들에게는 맘루크가 진쟁에 접근하는 방법과 비슷한 흔적을 찾아볼 수 있다.

예니체리는 엄격한 규칙에 따라 사회에서 분리되었다. 결혼할 수 없었고, 군사 기술을 배우고 가르치며 시간을 보내야 했다. 군인 이외의 다른 직업을 가질 수 없었으며, 데브시르메를 통해 선택되지 않은 자는 어느 예니체리에 합류할 수 없었다. 유럽인은 그들을 무적이라고 생각했는데 그 생각처럼 예니체리는 강하고 충성스럽고 신뢰할 수 있었다.

투르크군에는 물론 기병도 있었는데 두 종류로 나뉘었다. 경기병은 일반적으로 척후 활동과 적을 괴롭히는 데 이용되는 비정규군이었다. 시파히(봉토를 받은 기병 즉, 봉건 기병-옮긴이)는 중무장을 했다. 쇠미늘 갑옷, 투구, 창, 방패, 전투용 도끼, 철퇴, 기병도, 단도, 복합궁, 화살을 가졌다. 또한 이들은 아랍어로 '이크타'라고 하는 땅을 군주에게 받았는데 이크타에서 나오는 모든 수입을 가지는 대신 군역의 의무를 졌다. 이 제도는 중세의 기사 제도와 닮았다. 시파히는 자신이 보유한 땅의 가치에 상응하는 수의 기병을 공급할 의무가 있었다.

오스만 투르크는 수많은 보병과 비정규군인 경보병뿐 아니라 정복한 국가에서 징발한 병력도 전투에 배치했다. 그중 세르비아의 기병은 이 전쟁에서 중요한 공헌을 한다.

1402년 봄, 원정이 본격적으로 시작되었다. 티무르는 자신의 아들 무하마드 술탄에게 투르크의 도시 케마흐를 점령하도록 보냈다. 자신은 에르주룸을 점령한 후 시바스를 점령했고, 그곳에서 바예지드의 사절단을 맞았다. 사절단은 선물을 바치면서 평화를 요청했다. 티무르는 자신의 팔목에 잠깐 올려놓았던 매 이외의 다른 선물에는 관심조차 보이지 않고 바예지드가 카라 유수프를 자신에게 넘기든지 직접 죽이라고 요구했다. 그 요구를 바예지드가 받아들이지 않을 것이 확실했기에 전쟁은 틀림없이 일어날 운명이었다. 티무르는 바예지드의 사절단 앞에서 자신에게 복종하는 20명의 술탄들이 지휘하는 군사들의 인상적인 열병식을 열고 이들이 관람케 했다. 열병식은 새벽부터 정오까지 계속되었다.

한편 바예지드는 자신의 주력 부대를 콘스탄티노플 공성전에서 철수시켰다. 콘스탄티노플은 함락이 불가피할 것 같던 상황에서 벗어났다. 그는 자신의 여러 영토 즉 아나톨리아, 루멜리아, 카라만, 겔리볼루 출신의 병사들로 이뤄진 군대를 보강했다. 지원군도 소집했다. 남부 러시아 타타르족 기마병과 바예지드가 총애하는 부인의 형제인 스테판 라자레비치 왕자가 이끄는 기독교도인 세르비아 기병들이 집결했다. 스테판은 검은 갑주(대장간에서 불리지 않은 거친 쇠로 만든 갑주)를 착용한 기사들을 배치했다.[12] 그러나 정확한 숫자는 알 수 없지만 티무르의 군대가 더 대규모였다. 바예지드의 분견대 중에는 그에 대한 복종을 좋아하지 않았던 투르크멘으로 구성된 부대도 있었는데 티무르는 그들에게 자신과 동맹하면 그들만의 칸을 선출할 권리를 주겠다고 약속했다.

바예지드는 티무르가 앙카라에서 싸우기로 결정할 것이라고 판단해 자신의 군대를 소집하면서 그곳으로 진군했다. 그러나 밀정들이 티무르가 토카트(터키 중북부에 위치-옮긴이)를 공격하고 있다고 알리자 작전을 변경했다. 앙카라의 수비대를 보강하도록 일정 병력을 남기는 한편 자신은 신속하게 키질이르마크 강으로 전진했다. 바예지드는 토카트와 시바스 서쪽 구릉이 많은 삼림 지역에 자리를 잡았다. 이런 지형은 보병을 많이 포함한 오스만군에게 유리했다. 기마궁수는 숲과 언덕 때문에 작전에 방해를 받거나 강력한 무기를 지니고 지형을 이용해 공격하는 보병궁수에게 당할 위험이 있었다.

티무르는 그곳에서 싸우지 않았다. 남서쪽의 카이세리(터키 중부에 위치-옮긴이)로 돌진해 엿새 만에 도착했고, 군대는 휴식을 취하며 약탈도 했다. 이어서 티무르의 군대를 며칠 전 티무르 때문에 바예지드가 떠날 수밖에 없었던 앙카라에서 멀지 않은 키르세히르를 향해 나흘 동안 진군해 울타리와 방어물로 둘러싸인 군영을 설치했다. 두 사람 모두 모르고 있었지만 티무르의 군영은 바예지드의 군영에서 기마군에게는 가까운 거리인 56킬로미터 가량 떨어져 있었다. 티무르는 바예지드가 처음 추측했던 대로 앙카라 근방에서 싸울 작정이었지만 오스만군이 그 도시를 떠났다가 다시 돌아오도록 우회 행군을 하게 만들어 그들의 심신을 지치게 했다. 게다가 본대에 앞서 앙카라로 가는 여정을 따라 우물을 파도록 공병들을 보냈다. 일단 그곳을 떠나면 더 이상 자기가 지키지 못할 우물을 적들이 이용할 수 없도록 파괴했다. 오스만군은 피로뿐 아니라 갈증으로도 애를 먹었다.

티무르와 바예지드 군영은 거리상 멀리 떨어져 있지 않았고, 척후병 사이의 작은 접전으로 바예지드는 티무르가 자신의 후미에 있다는 사실을 알았다. 1402년 7월 28일, 앙카라 전투가 벌어졌다. 전투는 아침 9시 티무르의 선봉대가 오스만군의 좌·우익과 마주쳤을 때 시작되었다. 티무르는 자신이 좋아하는 방식대로 군대를 7개로 나누어 배치했다. 자신은 좌익과 우익을 이루는 2개 부대로 편성된 중군을 지휘했다. 각각의 앞에는 선봉대가 위치했고, 이들은 오스만군의 좌·우익과 처음으로 마주쳤다. 티무르는 사마르칸트에서 온 생기 넘치는 병력을 중군 뒤에 예비대로 남겨두었다.

바예지드도 예니체리에 둘러싸여 자신의 군대 중군을 지휘했다. 기병이 그의 우익과 좌익을 이루고 병력은 뒤에 위치했는데, 기병을 자신의 양익 앞에 위치시킨 티무르의 병력 배치와는 정반대였다. 시파히들은 후위 또는 예비대로 정렬했다.

티무르의 선봉대가 바예지드의 좌·우익과 대치하자 오스만군의 좌익은 밀려났다. 세르비아의 기병을 포함한 오스만군의 우익은 티무르의 왼쪽 선봉대를 물리쳤지만 티무르군의 후퇴는 세르비아군을 자신들 쪽으로 유인하려는 거짓 후퇴일 수도 있었다. 세르비아군은 얼마 동안 위험할 정도로 오스만군 본대와 떨어지게 되었다. 티무르는 다른 기마 병력을 붕괴의 조짐을 보이는 오스만군의 좌익으로 보냈다. 오스만군의 좌익에는 바예지드의 투르크멘 지원군도 포함되어 있었다. 그들은 오스만 군주에 의해 권력에서 밀려났던 투르크멘 족장들이 자신의 적들을 지휘하는 것을 보았다. 이들은 자신들이 직접 칸을 선택하도록 허용하겠다는 티무르의 약속을 떠올리고 곧바로 변절하여 오스만군을 상대로 싸우는 옛 지도자들에게 합류했다. 티무르는 전장에서와 마찬가지로 정치적으로도 영민했다.

맹렬한 싸움이 계속되자 티무르의 조카 후세인 왕자는 병력을 이끌고 예니체리 정예병 속으로 저돌적인 돌격을 감행했다. 예니체니는 화살 세례를 퍼부어 후세인에게 큰 피해를 입혔다. 양측 모두 보병궁수의 이점이 있었기 때문에 그들이 후세인의 부하들에게 어떤 피해와 파괴를 주었는지는 상상할 수밖에 없지만, 그 보병궁수들은 두 발로 굳건히 서서 활을 정확하게 쏘고 기마병보다 더 강력한 활을 사용했을 것이다. 예니체리 정예병은 예전 니코폴리스 전투에서 프랑크군 기사들의 돌격 때도 대단한 침착성을 보였다. 그들은 대형을 무너뜨리지 않고 기사들을 안장에서 끌어내렸다. 말은 위치를 고수하는 보병에게 돌진하지 않는다는 것(보병은 위치를 고수하는 훈련을 받아야만 했지만 당시에는 그런 훈련이 드물었다)[13]을 고려하면 예니체리 정예병이 니코폴리스 전투에서와 같은 행동을 했을 경우 폭풍 같은 화살 세례를 견뎌낸 후세인의 부하들이 적의 전열에서 약간 못 미쳐 멈춰버린 말의 안장에서 끌려내려져 살해된 것을 상상할 수 있다.

그러나 오스만군의 좌익은 계속 무너졌다. 티무르의 최초 공격과 잇따른 투르크멘의 도망, 뒤이은 혼란에 따른 당연한 결과였다. 바예지드의 아들 무하마드의 노력으로 다행히 붕괴는 중단되었고, 좌익은 가까스로 안정을 찾았다. 바예지드는 양익을 지원하기 위해 남겨둔 예비군을 사용해야만 했다. 반면 티무르에게는 최후의 예비군이 있었다. 일반적으로 전투에서는 최후의 예비군을 가진 자가 승리했다. 사마르칸트에서 온 티무르의 예비 병력은 그의 손자 무하마드 술탄의 지휘 아래 오스만 중앙 본대로 보내졌다. 병사들은 적이 죽거나 도주할 때까지 싸우면서 적의 본대를 산산조각 냈다.

시파히들은 왕세자와 함께 전장을 떠나 보스포루스 해협을 건너 유럽 쪽의 투르크로 갔다. 바예지드는 구릉으로 퇴각해 자신의 예니체리 정예병과 함께 공격에 계속 저항했다. 오스만 군대의 나머지 병력은 고급 장교들이 도망치는 것을 보고 무너졌지만, 스테판 라자레비치 휘하의 세르비아군은 남아서 맹렬하게 싸웠다. 스테판은 바예지드에게 도주하기를 탄원했지만 바예지드는 거절했다. 예니체리 정예병이 전멸하고 나서야 그는 말을 탔다. 그러나 바예지드의 말이 도주 중 발이 걸려 넘어지는 바람에 티무르의 꼭두각시 지배자 마무드 칸과 그의 병사들에게 사로잡혔다.

바예지드는 사람의 머리로 피라미드를 쌓고 살아있는 사람들을 가두기 위해 탑을 세운 것으로 알려진 아미르 티무르가 당연히 자신을 처형할 것이라고 예상했다. 그러나 티무르는 오스만의 지배자를 죽이지 않았다. 그를 정중하게 맞이해 포로로 잡고는 패배한 오스만 제국에 입성하지도 않고 사마르칸트를 향해 떠났다. 사마르칸트로 향하는 도중 바예지드는 텐트 아래 땅을 파서 탈출을 시도했다가 빗장을 건 가마로 이송되었는데 이 사건이과장되어 '굴욕당한 술탄의 철창' 이야기가 생겨났다. 목숨은 건졌지만 바예지드는 오래 살지 못했다. 완전히 낙담한 그는 1403년 3월 9일 사망했다.

이 전투에서는 두 가지 요소를 주목해야 한다. 첫 번째는 전술적으로 중요한 요소고, 두 번째는 정치적으로 중요한 요소다. 동맹군인 타타르족, 투르크멘 부대, 시파히의 기마궁술에 크게 의존하긴 했지만 오스만군은 당시 아나톨리아나 지배받는 민족 출신인 예니체리 정예병과 비정규 경장보병을 포함한 이종적인 병력이었다.[14] 오스만군에는 중장기병도 포함되었는데 이 중장기병은 스테판 라자레비치의 세르비아군처럼 실제로 중무장을 했거나 필요하다면 창이나 철퇴로 싸울 준비가 되어 있던 시파히처럼 가벼운 장비를 갖춘 충격 전술에 적합한 기병을 뜻한다.

이것은 이론상으로는 바예지드가 순수한 초원의 방식을 사용한 티무르의 군대에 대항해 효과적으로 병력을 배합하는 전술을 사용했다는 것을 시사한다. 그러나 실제로는 그렇지 않았다. 여기에는 여러 가지 이유가 있다. 앙카라 근방 지형은 바예지드가 처음 티무르와 교전하려고 생각했던 키질이르마크 강 근처 지형만큼 구릉이 있거나 삼림이 있지 않아 기마궁술에 더 잘 어울렸다. 게다가 바예지드의 분견대 모두 신뢰할 수 있는 병력이 아니었다. 투르크멘 병력이 도망쳤는데 그들의 변절은 오스만군을 약화시켰을 뿐 아니라 군대에 혼란을 일으켰다. 티무르는 이런 어려움을 겪지 않았다. 그는 자신의 군대를 완벽하게 장악했고 규모도 컸다. 수적 우세가 전부는 아니지만 나폴레옹이 말한 대로 전투에서 승리는 규모가 더 큰 군대에게 돌아간다는 것은 반쯤은 진실이다. 수적 우세는 매우 중요하며, 모든 조건이 동등하다면 수적으로 우세한 쪽이 이기게 된다. 어떤 역사가들은 상당히 자신 있게 교전을 벌인 두 군대의 숫자를 오스만군은 8만 5천 명, 티무르군은 14만 명이었다고 말한다.[15]

그러나 현대 이전 군대의 정확한 병력 수를 확인하기란 실질적으로 불가능하며, 당시의 기록은 과장된 것이기 쉽다. 굉장한 전투였고 추정된 군사의 수가 두 군대 사이의 불균형을 의미한다는 것은 분명하지만 위와 같은 추정치들은 다소 지나치다. 수적 불균형으로 티무르의 군대는 기동성과 궁술에 완전히 의존하지 않고도 세르비아 기사에게 받은 충격을 견뎌냈을 것이다. 예니체리 정예병 궁술이 기마병 궁술보다 더 효과적이었다 해도 무너진 오스만군의 양익에 기병 예비군을 투입해 티무르에게 마지막 일격을 가할 힘을 준 것은 치명적이었다. 모든 병사가 기마병인 티무르의 군대는 포위에 적합했기 때문이다. 이 전투는 순수한 초원의 방식으로 벌어진 전투가 아니었다. 전투에 참여한 병력의 구성을 봐도 그렇다. 백 년 후 예니체리 정예병이 머스켓 총병(근대 유럽의 보병-옮긴이)이 되었다면 다른 결과가 나왔을지도 모르지만 그것도 확실하지는 않다.

정치적으로 티무르는 언제나 같은 행동을 했다. 그는 오스만군과 제국을 파괴했지만 50년 후인 1453년, 바예지드의 증손자 메메드 2세 일명 '정복자'가 이끄는 오스만군은 세상에서 가장 큰 대포로 콘스탄티노플의 성벽을 때려 부쉈다. 괴물 같은 대포들은 지름 60센티미터, 무게 540킬로그램 이상

나가는 돌 포탄을 퍼부어 천 년 동안 공성을 견딘 거대한 성벽을 무너뜨렸다. 50년이 지난 후에야 메메드는 바예지드가 시작한 숙원 사업을 완성했던 것이다. 오스만 제국은 제1차 세계대전 후까지 지속되다가 그것을 계승한 국가인 터키로 대체되었다. 그러나 티무르와 그의 국가는 거의 잊혔다.

오스만인에게 별로 관심이 없었던 티무르는 자신이 이전에 정복했던 많은 국가들에 대해 그랬던 것처럼 오스만인을 못 본 체했기 때문에 콘스탄티노플의 일시적인 구제는 철회되었다. 통합이 결여된 티무르의 위대한 승리는 아무것도 성취하지 못했다. 티무르는 전투에서 얻은 어떤 승리에서도 통합을 생각하지 않았다. 트란스옥시아나와 호라즘을 중심으로 한 자신의 제국에 만족하고 보잘것없는 수천 명의 칸이 벌인 기억되지 않는 수천 건의 전쟁처럼 단지 이웃과 싸우며 여기저기를 습격했을 뿐이다.

티무르가 지니는 유일한 의의는 규모에 관한 것이다. 그는 참으로 웅대한 규모로 행동했지만 결과적으로는 전혀 의미가 없었다. 그는 자신처럼 오락이나 약탈을 목적으로 전쟁을 벌였던 반쯤 잊히거나 완전히 잊힌 대단찮은 모든 칸들처럼 별다른 변화를 꾀하지 않았다. 이런 면에서 티무르는 실제보다는 더 커 보이지만 초원 전사의 완벽한 표본이었다. 티무르는 분명 잔인했으며 전술적으로 성공적인 작전을 폈지만, 자신이 죽자 제국도 함께 무너졌던 아틸라보다 더 중요한 의미를 갖지는 않았다. 티무르가 이룬 정복은 규모가 컸고 스스로 역사를 문서화하기 위해 노력을 기울였지만 제국 해체 후에는 상당히 모호한 인물로 남았다. 활동의 규모와 기록에도 불구하고 티무르는 오늘날 거의 잊힌 인물이다. 사람들이 왜곡된 이름을 떠올리고 티무르의 방법에 대해 막연한 불쾌감을 가지게 했을 뿐이다.

사망이 임박했을 무렵 티무르는 중국 침략을 생각했는데 대부분 역사가들은 이 침략이 실행되었다면 한족 국가에 굉장한 피해를 주었을 것이라고 믿는다. 역사가들은 티무르가 중국을 군사적으로 패배시켜 중국인에게 이슬람교를 강요했다면 중국 문화에 돌이킬 수 없는 피해를 입혔을 것이라고 말한다. 그러나 자신이 달성한 정복지 대부분을 적절히 처리하지 못한 것과 그의 죽음 뒤에 드러난 제국의 불안정성에 비추어보면, 전장에서의 무자비한 살육은 둘째로 치더라도 이전에 몽골족이 그랬던 것만큼 동양 문화에 영향을 주었을지는 의문이다.

1405년 1월 19일 71세의 나이로 '태멀레인'은 북부 트란스옥시아나에 있는 킵차크 칸국과 차가타이 칸국의 국경 근처에 있는 오트라르에서 사망했다. 당시 그는 중국을 침략하기 위해 군대를 집결시키고 있었다. 티무르는 절대적 존재였다. 대칸 오고타이가 죽자 유럽에서 몽골 작전이 중단되고, 몽케가 죽자 몽골 근동에 대한 군사 작전이 끝났던 것처럼 그가 사라지자 더 이상의 출정도 없었다. 티무르는 도회지에서 살았고 그곳에서 통치했지만 그와 그의 군대, 그의 국가에는 초원의 필수적 특징이 모두 있었다. 먼 거리 이동 능력과 속도가 결부된 위대한 군사력이 있었지만, 이 모든 것은 오직 단 한 명의 지배자를 위한 것이었다. 티무르가 죽자 왕국은 피할 수 없는 내전과 붕괴의 희생물이 되었다. 결과는 얄궂게도 티무르의 교양 있는 후예 바부르의 패배였다. 바부르는 인도에 정착해 위대한 타타르-몽골 국가의 기억을 불러일으키는 무굴 왕국을 세웠다.

누구보다 커다란 규모로 군사작전을 펼쳤지만 티무르에게는 칭기즈 칸이나 그의 가까운 계승자들이 지녔던 지도자로서의 중요한 의미가 없다. 오히려 유일한 기쁨을 약탈과 싸움에서 찾았던 하찮은 칸과 더 많은 공통점이 있을 뿐이다.

제11장

크림 타타르족

러시아 공국들, 특히 모스크바는 몽골족이 자신들의 가장 커다란 약점인 분열에 시달리던 15세기까지 때로는 승리를 거두었지만 일반적으로는 큰 성과를 보지 못하면서 타타르의 멍에에 대항하여 싸웠다. 킵차크 칸국, 즉 황금 호르드에 대해 거두었던 최초의 대승리는 14세기 말에 모스크바 대공국의 대공 드미트리가 거둔 것이었다. 그러나 그의 승리가 즉시 몽골의 압제를 떨어버리지는 못했다.

1359년 베르디벡 칸이 사망하자, 킵차크 칸국은 주치의 다양한 후예들이 왕좌를 탐냈기 때문에 대단히 동요하게 되었다. 결국 마마이라는 자가 칸국을 지배하게 되었지만, 여러 해가 지나 1371년부터 러시아인들은 언제나 내던 공물을 바치기를 거부했다. 대공 드미트리는 1373년 몽골의 징벌 원정을 격퇴하고, 1376년에는 그들에 대해 출정까지 하여 1378년 8월 11일 마마이의 군대를 볼가 강가에서 격퇴했다. 1380년 돈 강 너머에서 또 하나의 보다 중요한 승리가 이어졌고, 여기서 드미트리는 '돈스코이'라는 별명을 얻었다.

이 전투에서 드미트리는 러시아군을 이끌고 마마이 칸과 돈 강에서 맞섰고, 초원의 군대로부터 당연히 예상되는 포위 공격에서 자신의 측면을 보호하기 위해 지형을 이용했다. 드미트리의 군대는 몽골군처럼 기마궁수들로 이루어졌지만, 그들이 유목민처럼 기마궁술에 능숙하리라고 기대할 수는 없었기 때문에 조심하는 것이 현명했다. 전투는 9월 8일, 돈 강과 네프랴드바 강이 만나는 쿨리코보 평원에서 일어났다. 전투는 격렬했으며, 마마이는 결국 자신이 이길 수 없다는 것을 알아차리자 그만두었다.

마마이는 나아가 크림 반도에 무역 식민지를 가지고 있던 제노바인들을 공격했지만, 그들을 복종시키지 못했고 크림 반도에 대한 그들의 소유를 인정하지 않으면 안 되었다. 그 당시 킵차크 칸국은 곧 붕괴될 것처럼 보였지만, 그 붕괴의 나락으로 미끄러지는 것은 사마르칸트의 위대한 아미르, 티무르의 피보호자이자 백장 칸국의 칸인 토크타미시에 의해 저지되었다. 토크타미시는 킵차크에서 일어나는 사태를 예의주시하고 있었으며, 마마이가 러시아인들과 제노바인들과의 관계에서 불운을 겪은 후 토크타미시는 아조프해 근방 칼카 강가에서 킵차크 칸국을 공격하여 쳐부셨다. 마마이는 제노바인들에게 도망갔지만 그들에게 살해당했고, 토크타미시는 바야흐로 킵차크와 백장 칸국 양국의 칸이 되어서 바투가 다스리던 위대한 시절의 금장 호르드(킵차크 칸국)의 영토를 복원했다.

토크타미시는 부활된 몽골 금장 호르드의 선두에 서서 즉시 러시아인들에게 공납을 요구했지만 러시아인들은 이를 거부했다. 그러자 토크타미시는 러시아인들의 땅을 약탈하여 수즈달, 블라디미르, 유리엘, 모자이스크, 모스크바 공국들을 철저히 파괴했다. 또 같은 시기 리투아니아 대공 비토프트가 러시아에 간섭하곤 했는데, 토크타미시는 리투아니아군도 폴타바(우크라이나 북동부에 위치-옮긴이)에서 격파했다. 타타르의 멍에는 또 다른 백 년 동안 계속될 운명이었다.

그러나 쿨리코보 평원에서 거둔 승리는 러시아인들에게 몽골군이 무적이 아니라는 것을 가르쳐주었고, 시간이 지나 그들은 기회를 얻었다. 토크타미시는 자신의 예전 보호자인 사마르칸트의 티무르(티무르는 때때로 러시아 병력을 자신의 군대로 징집했었다)와 전쟁을 시작했는데, 위대한 아미르 티무르는 1395년 그에게 치명적인 패배를 안겨주었다. 이에 토크타미시는 자신의 옛날 적수인 비토프트 대공에게로 도망쳐서 그를 섬기려 했다. 한편 티무르는 토크타미시처럼 칭기즈 칸의 혈통인 백장 칸국의 티무르 쿠틀룩을 킵차크 칸국 왕위에 앉혔다. 토크타미시가 비트포트에게 더욱 간섭할 것을 설복하자, 티무르 쿠틀룩은 또 다른 리투아니아군을 보르스클라 강(드네프르 강의 지류–옮긴이)가에서 격파했다.

티무르 쿠틀룩이 사망하자 킵차크 칸국은 붕괴하기 시작되었다. 티무르 쿠틀룩의 형제 샤디베그는 본래의 킵차크를 지배하게 되었고, 반면에 동부의 초원 지대는 사마르칸트의 티무르에게 보호를 받고 있던 백장 칸국의 코이지락이 지배했다. 이런 통치 형태는 궁극적으로 러시아를 복종으로부터 해방시키게 되는 분열의 출발점이 되었다. 샤디베그는 강력했지만, 이전의 선임자들만큼 강하지는 않았다. 그의 아들 쿠추크 무하마드 칸의 통치와 더불어 킵차크 칸국은 크림 칸국과 카잔 칸국이 각각 1430년과 1445년에 세워지자 완전히 무너졌다.

그러나 이 칸국들은 모스크바 대공 바실리 2세가 1445년 수즈달 전투에서 알게 된 것처럼 여전히 위험한 존재였다. 대공은 울루 무하마드(킵차크 왕위를 주장했지만 실패한 자)와 그의 아들 마무텍이 카잔 칸국을 세웠던 먼 동쪽뿐 아니라 리투아니아와의 국경을 따라 성가심을 당하고 있었다. 바실리는 이 방면으로부터 이뤄지는 타타르의 습격을 알아채고 대처할 준비를 했다. 그러나 그에 따라 소집한 귀족들은 그리 만족스러워하지 않았다. 리투아니아와의 경계 지역에 영지를 가지고 있어 그쪽으로부터 공격을 받기 쉬운 귀족들은 오직 형식적인 병력만 보냈고, 결국 바실리는 단 1,500명의 병력을 이끌고 행군했다. 그럼에도 바실리에게 이 병력은 타타르인들을 저지하기에는 충분해 보였던 듯하며, 거기다 그는 동맹을 맺은 타타르 왕자 '차레비치' 베르디단으로부터 증원 병력을 기대했던 듯하다. 타타르 세력의 소멸과 더불어 러시아 군대는 종종, 심지어 다른 타타르인과 싸우기 위해서도 티타르인 부대를 포함하곤 했다. 그러나 베르디단은 결코 나타나지 않았다. 그는 리투아니아 국경 근처의 주둔지에서 자신의 영역을 방어하고 있던 것이 분명했다.

1445년 7월 7일 아침, 수즈달 외곽의 군영에 있던 모스크바 군대는 그들이 맞서게 될 타타르족이 단순한 습격대 이상이라는 것을 알게 되었다. 타타르족의 수는 3,500명에 달했으며, 이는 러시아군보다 상당히 많은 수였다. 그럼에도 러시아군은 타타르군을 맹렬히 공격했고, 기분 좋게도 타타르군을 물리쳤다. 타타르군은 러시아군의 공격에 무너져서 퇴각했고, 러시아군은 그들을 추격했다. 그러나 이 후퇴는 물론 거짓 후퇴였다. 러시아군이 혼란에 빠지자 타타르군은 방향을 바꿔 러시아군을 공격해 완전히 패배시켰다. 더군다나 바실리 대공이 타타르군에게 사로잡히는 바람에 그 패배는 더욱 치명적이었다.

그러나 시대는 이미 변했다. 카잔 칸국의 타타르족은 자신들이 거둔 승리의 기세를 계속 유지할 만큼 강하지 못했다. 킵차크의 예전 칸들은 자신들에게 반대한 왕자들을 별로 주저하지 않고 죽이고 그들의 땅과 백성을 완전히 종속시켰다. 그러나 이 전투의 경우에 타타르족은 모스크바의 정치에 간섭하기를 시도하며 지체하다가, 결국은 몸값을 받고 바실리를 풀어주었다. 타타르족은 더 이상 자신들의 조상들이 했던 것처럼 러시아인들을 복종시킬 수 없었고, 그저 오래된 초원의 방식대로 기회를 이용하여 그들을 약탈할 수 있었을 뿐이었다.

러시아인들도 타타르족의 이런 상황을 파악하고는 1450년대에 킵차크 칸국에게 공물을 바치는 것을 멈추었고, 일반적으로 쿠추크 무하마드의 아들 아흐메트 칸 치세에 이르러 타타르의 멍에가 소멸되었다고 생각된다. 1480년 모스크바의 대공은 이반 3세였는데, 그는 현명한 정치가로 킵차크 칸국의 적이었던 크림 칸국의 칸 멩글리 기레이와 우호적 관계를 유지했다. 이런 식으로 대공은 킵차크 칸국에 맞설 수 있었고, 동시에 다른 타타르인들과 함께 배후로부터 킵차크 칸국을 위협할 수 있었다. 이반은 시종일관 공물을 바치지도 않았고, 아흐메트 칸을 자신의 종주로 인정하지도 않았다. 이에 대응하여 아흐메트는 모스크바로 행군하여 먼저 오카 강으로 진격하였으나, 이반은 아흐메트가 통과하지 못하도록 그곳을 지키고 있었다. 그러자 양군은 우그라 강으로 철수하여 서로 마주보는 강둑에 대치했다.

그 대치하던 두 군대는 몇 주 동안 서로를 지켜보았지만 어느 쪽도 감히 먼저 교전을 벌여 누가 우월한지를 해결하지 못했는데, 이는 각자 지게 되면 잃을 것이 너무 많았기 때문이었다. 10월이 되면서 날씨는 점점 추워졌고, 아흐메트 칸은 자신이 러시아군과 교전을 벌이는 동안 멩글리 기레이 칸이 자신의 영토를 습격할까 봐 두려워 자신의 땅으로 철수했다. 타타르국이 더 이상 공물을 거둬들일 수 없다는 것이 확실해졌다.

일 년 후 아흐메트 칸은 시베리아 호르드의 칸에 의해 살해되었고, 1502년 크림의 칸 멩글리 기레이는 킵차크 칸국의 수도 사라이를 약탈했고, 킵차크 칸국은 멸망했다. 이로 인해 소수의 조그만 칸국과 호르드들만이 남았지만, 그들 중 다수는 여전히 러시아, 폴란드, 우크라이나, 리투아니아에게 위험스러운 존재들이었다. 특히 카잔, 아스트라한, 크림 칸국들은 더 중요했다. 이들 칸국들은 모두 이슬람 국가였고, 그것은 타타르족과 슬라브족이 서로에게 느끼는 반감을 증대시켰다.

이반 3세는 자신의 영토를 보호하기 위해 다른 많은 일들을 했다. 그는 직접 타타르 칸 카심을 위하여 카시모프라는 도시 주변에 카시모프 칸국을 건설했다. 이 칸국은 처음부터 모스크바의 속국이었고, 다른 칸국들의 내부 정치에 영향을 미치기 위해 이용되었다. 이반은 그 이외에도 많은 일을 했다. 그의 치세 중에 모스크바는 이웃들의 영토를 외교, 위협, 구매, 혹은 정복을 통해서 접수하면서 그 영토가 대단히 확장되었다. 이반은 러시아 군대를 확대하고 자신이 획득한 영토의 사람들에게 군무를 요구했다.

이 확대된 군대는 이반의 전임자들 군대와 다르지 않아서, 자신들이 내항해 싸운 타타르군처럼 기마궁수들이었다. 독일의 귀족 지그문트 폰 헤르베르스타인이 이반 3세가 통치한 지 몇 년이 지난 후 모스크바를 방문했을 때 목격한 대로, 그것은 여전히 1500년대 초의 현실이었다. 폰 헤르베르스타인은 모스크바의 기병이 쇠미늘 갑옷과 화살이 뚫지 못하도록 양털로 두텁게 속을 채운 비단 옷을 입고 원뿔형의 투구를 썼다고 기록했다. 모스크바 기병은 작고 강인한 말을 탔고, 활을 어느 방향으로든 쉽게 쏘기 위해 몸을 돌릴 수 있도록 짧은 등자 가죽이 있는 조그만 안장을 사용했다. 그들은 활과 함께 구리나 철, 사슴의 가지뿔로 덮인 목제 자루가 달린 일종의 철퇴뿐 아니라 꽤 부유한 경우에는 창, 도끼, 기병도도 휴대했다. 철퇴에는 긴 가죽 끈이 달려있었고, 이 가죽 끈은 상대방을 '세게 치기 위해' 사용되었다.[1]

그 시기의 러시아 기병은 물론 겉으로는 매우 타타르인 같은 병사였다. 군대의 상당 부분이 장비나 전술 면에서 유목민 적수와 크게 다르지 않았지만, 모스크바는 이전보다 훨씬 더 큰 규모의 군대를 전투에 배치할 수 있었고 그 자체만으로도 타타르족에게는 위협이 되었다. 왜냐하면 당시 타타르족은 킵차크 칸국처럼 대규모의 군대를 일으킬 수 없는 작은 칸국들과 호르드들로 쪼개져 있었기 때문이다.

자신보다 앞선 바실리 2세처럼 이반도 킵차크 칸국이 붕괴되면서 일어난 내부 투쟁 중 초원으로부터 쫓겨난 타타르 병력을 고용했다. 대공은 타타르족 적들과 맞서기 위해 미리 계획을 세웠다. 그는 원병이 오는 동안 타타르군과 교전하고 그들의 진군 속도를 늦추기 위해 자신의 영토에 접근하는 통로들에 소규모의 부대들을 배치하곤 했다. 실례로 1469년 카잔 근방에서 벌인 싸움에서 이반은 300명으로 구성된 전초 부대를 배치했는데, 이 전초 부대에게는 다른 것과 함께 300개의 활, 6천 개의 화살과 겨울의 추위에 대비하여 300필의 양가죽이 지급되었다.

당시 국경 거주자들로 이루어진 전초 부대의 규모가 크지 않았다 해도, 이런 방법은 상당히 효과적이었다. 타타르 습격자들에게 위험을 증가시킴으로써(달리 말하면 습격으로 타타르인이 입게 될 피해를 증가시킴으로써) 1472년의 실례가 보여주듯 이반은 습격을 다소 막을 수 있었다. 그해 고로데츠로부터 온 타타르인들이 오카 강가의 알렉신이라는 성 근처의 모스크바 영토를 습격하려 했다. 그곳의 수비대는 비록 보급과 무장이 적절하게 이뤄진 상태는 아니었지만, 성을 포기하기 전 얼마 동안은 그 침입자들을 막을 수 있었다. 그 동안에 모스크바군은 집결하여 타타르군과 맞설 준비를 할 수 있었다. 모스크바군이 집결했다는 것을 알게 되자 칸은 초원으로 돌아갔다.

이반의 방어체계는 게르만 황제들이 예전에 마자르족에 대항하여 확립했었던, 야만인들과의 국경에 성을 많이 건설했던 것과 비슷했고, 시간이 지나면서 그것은 점점 더 유용해진다.

게다가 이제는 화약이 있었다. 이반은 도시와 요새들을 방어할 때 대포 사용을 권장했다. 잘 닦인 도로가 없다는 것은 대포를 육상에서 옮기기 어렵다는 것을 의미했다. 그래서 당시에는 공성전을 제외하면 대포는 교전에서 그렇게 중요한 위치를 차지하지 못했다. 더욱이 러시아군은 어쨌든 초원의 전술을 사용했기 때문에 폰 헤르베르스타인이 확인한 바로는 여건이 아무리 좋더라도 전장에서 대포를 사용하기 어려웠을 것이다. 폰 헤르베르스타인은 전장에서는 병력(여기서 그는 기병을 뜻한다)이 너무 빨리 움직였기 때문에 대포는 군영에 보관된다는 사실에 주목했다. 사실 그는 기병이 공격을 하든 꿋꿋이 위치를 고수하든 도망을 치든 워낙 신속하게 수행했기 때문에, 심지어 보병과 화승총으로 무장한 병사들조차도 전장에서는 그리 사용되지 않는다는 것을 관찰했다.[2] 그럼에도 대포는 성시와 도시들을 강화하는 데 사용되었고, 타타르족은 그 요새들을 상대하기가 점점 더 어려워졌다는 것을 알게 되었다.

전략이나 전술보다 정책에 더 관심을 가졌던 이반은 자신의 장교들이 능력을 입증할 때까지 그들에게 사소한 지휘를 맡겨서 경험을 쌓도록 하고, 능력이 입증된 자들을 군사적으로 승진시키는 경향을 보였다.

이 모든 것들이 크림 칸국의 칸 사이의 우호적인 관계와 결합되어, 이반은 이전의 어떤 통치자도 하지 못했던 식으로 여러 칸국들과 호르드들을 다룰 수 있었다. 그러나 타타르족은 여전히 심각한 위협이었고 사실상 그들은 한 번 더 모스크바를 불태우게 되지만, 다시 러시아를 지배하지는 못하게 된다. 조직, 외교, 그리고 화약으로 인해 점진적이지만 마침내 타타르족은 보잘것 없는 존재가 되어버린다.

이반이 킵차크 칸국에 대항하는 데 이용한 크림 칸국은 바투의 동생의 후예인 하지 기레이가 1430년경에 세웠으며, 1771년 러시아에 의해 정복당할 때까지 그의 가문이 통치했다. 크림 칸국은 남쪽의 박체사라이에 수도를 두고, 드네프르 강 하류와 돈 강 사이에 자리하고 있었으며, 북으로는 옐레츠(모스크바 남쪽 약 400km 지점에 위치-옮긴이)와 탐보프까지 그 영토가 미쳤다. 크림인들의 일부는 크림 반도의 성시들에 정착했지만, 그 대부분은 여전히 유목 생활을 하며 초원 지대에 살았다. 그럼에도 그들은 자신들의 유목민 뿌리와 계속 접촉을 유지했고, 위협적인 군대를 배치했다. 크림 타타르족이 주는 이 위협으로 인해 폴란드는 1490년대에 상비군을 창설했다.

하지 기레이가 사망하자 그의 아들들이 칸국의 왕위를 두고 다투었다. 하지의 여섯 째 아들 멩글리 기레이가 크림의 성시 카파(흑해 연안의 제네바 통상의 근거지-옮긴이)의 제노바 상인들이 그의 경쟁자이자 형제를 그 투쟁 중에 포로로 잡는 바람에 결국 부분적으로 왕위 쟁탈전에서 이겼다. 그러나 카파는 오스만 투르크군에 의해 포위 공격을 당했고, 이탈리아인들을 지지했던 멩글리 기레이는 오스만 투르크의 포로로 잡혔다. 투르크인들은 그를 2년간 억류했다가, 그가 투르크의 가신이 되기로 합의하자 풀어주었다. 이 상황으로 인해 멩글리 기레이와 그의 후계자들의 입장은 약화되기보다는 오히려 강화되었다. 그 이유는 크림 타타르족이 강력한 투르크 제국의 속국이 됨으로써 모스크바인들과 폴란드인들은 그들을 상대할 때 어느 정도 조심해야만 했기 때문이었다. 투르크인들에게 의존한 직접적인 결과로서 크림 타타르족은 다른 칸국들이 러시아에게 패배를 당하고 합병당한 후에도 독립국으로서 살아남을 수 있었다. 러시아의 뇌제 이반 4세는 포병으로 카잔을 포위 공격하여 1552년 10월 2일 점령했으며, 그 뒤 대단한 살육이 있었다. 1556년 그는 자신이 앉힌 꼭두각시 칸이 반란을 일으키자 아스트라한 칸국을 점령했다. 그러나 크림 타타르족은 러시아, 폴란드, 리투아니아를 습격하면서 또 다른 200년간 존속하게 된다. 심지어 크림 타타르족은 1571년에 크렘린 요새를 제외한 모스크바 전체를 점령하여 불태우기까지 했다.

그 이전 1502년에서 1503년 사이에 위대한 호르드는 크림 칸에게 항복하여 볼가 강 근처에 있던 자신들의 영토로부터 크림 반도로 이주했다. 노가이 타타르인들이 그들이 떠난 땅으로 옮겨갔고, 이 노가이 부족 중 많은 자들 또한 크림 칸에게 굴복했다. 크림 타타르족은 투르크인들의 보호를 받았고 인구도 있었으며, 흑해 연안의 항구들을 통해서 다른 나라들과 무역관계도 맺고 있었다. 그들은 자신의 이웃들을 괴롭히기 좋은 입장에 있었다.

이제 다수의 성시들과 소도시들을 가지고 있음에도 불구하고, 타타르족 대부분은 여전히 유목 생활을 하며 여기저기로 옮겨다니는 마을들을 이루고 살았다. 그 마을들에서 타타르인들은 군역의 의무를 위해 소집되었고, 소집되면 그들은 옛날 몽골족처럼 십진법에 따라 조직되었다. 모든 병사는 코스 Kos라고 불리는 열 명의 분대에 속했고, 각각의 코스에 속하는 타타르인들은 소집이 되면 보통 자신의 말과 호루라기, 해시계, 송곳, 부싯돌, 바늘을 포함하는 장비들을 갖추고 나타나야 했다. 코스의 한 사람은 그 무리의 요리도구와 북을 책임졌다. 이 코스들은 모여서 백 명, 천 명, 혹은 만 명까지의 부대가 되었다. 종군할 때 타타르군 병사들은 오로지 기장(벼과에 속하는 곡식의 일종-옮긴이)과 분말 상태의 고기와 마늘 등으로 끼니를 때웠다. 그들은 또한 행군하다가 불구가 되거나 죽은 말의 고기를 안장 밑에서 따듯하게 보관했다가 날로 먹기도 했다. 자신들의 전임자들처럼 그들 역시 강인한 사람들이었다.

타타르의 칸들은 천 명이 넘는 수행원을 거느렸고, 궁정 대신들과 하급 귀족들은 보다 적은 수의 수행원을 보유했다. 이 수행원들은 직업적인 군인과 비슷한 것으로서 출정을 위해 전 백성으로부터 징집된 국민군을 보강했다. 그러나 일반 타타르인은 칸에게 직접적으로 충성하는 것이 아니라 자기들의 귀족이나 왕자들에게 충성을 바쳤다. 이것이 의미하는 바는 칸이 전쟁을 시작하기 전에 자신의 귀족들의 지지를 얻어야 했다는 것으로서 칸에게는 더 이상 위대한 몽골의 칸들이 가졌던 절대 권력이 없었다.

야전군의 규모는 그 목표에 따라 상당히 다양하게 변화했으며, 부대의 규모가 다르면 지휘하는 자도 달랐다. 칸이 군대를 이끌 경우에는 그 병력 수가 8만 명 또는 그 이상에도 달했다. 칼가(일반적으로 칸의 형제)는 5만 명을 지휘하고, 반면에 칼가의 부장인 누르 알 딘은 일반적으로 4만 명을 지휘한다. 그러나 크림 타타르족의 공격은 대부분 약탈하기 위한 목적으로 이루어졌기 때문에 그들의 병력은 흔히 그보다는 적었다.

초원에서 활약했던 자신의 전임자들처럼 타타르 군대는 기병으로 이루어졌고, 진보에 발맞추어 화승총으로 무장한 병사들도 편입되었다. 칸은 그들 6백 명의 화승총 병력을 20개 중대로 나누었고, 출정을 나갈 경우에는 그만큼을 다시 모집하곤 했다. 화승총병은 도보로 싸웠지만, 이동은 틀림없이 말을 타고 했을 것이다. 왜냐하면 그렇게 하지 않고서는 기마군을 따르지 못했을 것이기 때문이다. 오스만 제국의 부하로서 크림 타타르족의 칸은 때때로 투르크인들을 위한 출정을 하게 되면 다수의 예니체리 정예병들을 제공받았다.

각 타타르인은 출정할 때는 말 세 필을 가져와야 했다. 프랑스 여행가인 기욤 보플랑은 1630년대의 저술에서 그 말들에 대해 '추하게 생겼다'고 기술했는데, 이런 평은 훈족의 말에 대해 로마인들이 가졌던 견해를 연상케 한다. 그는 계속해서 그 말들은 온순하고 전쟁용으로는 최고의 말들이라고 기술했는데, 이 또한 훈족이 타던 초원의 조랑말에 대한 로마인의 견해와 비슷하다. 같은 시기의 또 다른 여행가인 피에르 슈발리에는 다음과 같이 관찰했다.

그들이 바크마테스라고 부르는 말은 몸체가 길고 추하게 생겼으며, 야윈 데다 갈기는 무성하고 꼬리는 길게 땅까지 늘어졌으나, 자연은 오묘하여 그것들은 추한 대신에 빨랐고, 이동 시에는 지칠 줄 몰라 자신을 타고 있는 자를 온종일 속도를 늦추지 않고 나를 수 있었다. 또 먹이로는 타타르족이 겨울에 땅이 눈으로 덮인 곳에서 침입 작전을 펼치는 경우에 눈 밑에 있는 것, 나무가지나 싹, 소나무 어린 잎, 짚 등 발견할 수 있는 것은 어떤 것이든지 먹고 산다.[3]

즉, 이 비교적 후기의 초원 전사들도 여전히 시간을 초월하여 오랫동안 유목민들에게 봉사해왔던 강인하고 추하게 생긴 조랑말을 탔다. 슈발리에는 귀족들의 말에 관해서는 '타타르 족장은 투르크와 아라비아 말들을, 그들의 칸은 매우 좋은 경주마들을 가지고 있다.' 고 했다.[4]

보통의 타타르인은 별다른 갑주를 착용하지 않고 싸웠지만, 부유한 타타르인은 투구를 쓰고 사슬 갑옷을 입었다. 라멜라 갑옷이나 브리건딘(사슬 갑옷의 일종) 같은 갑옷 대신에 사슬 갑옷을 사용한 것은 서양의 영향을 받아서였다.

타타르인의 주 무기는 복합궁이었고, 보플랑은 타타르인 각각이 18개에서 20개의 화살이 들어 있는 전통을 휴대했다고 말했지만, 13세기의 몽골인과 투르크인이 통상적으로 40개에서 60개까지를 지녔던 것을 생각하면, 출정할 때에는 20개보다는 더 많이 지녔을 것이다. 타타르인의 무기는 굽은 기병도와 허리에 찬 단도, 또는 굽은 단도를 갖추면 완전하게 된다. 그들은 창과 방패를 휴대하기도 했으며, 혹은 드물지만 권총이나 화승총 같은 화기를 휴대했을 수도 있다. 왜냐하면 슈발리에가 17세기 중엽에 '그들이 화기를 사용하기 시작했다' 고 언급했기 때문이다.[5]

타타르족은 자신들 스스로는 화약을 널리 사용하지 않으면서 그것을 생산하여 투르크에 수출했다. 이것이 이상하게 보일 수도 있지만, 그 시기의 원시적인 화기는 무겁고 부정확하고 재장전이 느렸으며 사거리도 그리 길지 않았다. 특히 화승총은 활과 달리 서있을 때만 유용했다. 타타르의 기마 전투에는 활이 여전히 더 적합한 무기였다.

타타르의 귀족은 염색된 무명으로 만든 길고 품이 넓은 겉옷을 입었던 반면, 대부분의 타타르 병사들은 양가죽으로 만든 소매 달린 짧은 윗옷을 입고 모자를 썼다. 그들은 날이 덥거나 비가 올 때에는 양털 부분을 바깥쪽으로, 날이 추울 경우에는 안쪽으로 뒤집어 입었다. 이 때문에 보플랑은 다음과 같이 기술하고 있다.

> 평민들은 어깨 위에 그저 양가죽 상의만을 걸치는데 뜨거울 때나 비가 올 때에는 양털을 바깥쪽으로 두고 입는다. 그렇게 입고 있을 때 시골 지역에서 예기치 않게 그들과 마주치면 그들을 말을 탄 백곰으로 오인하기 때문에 공포를 느끼게 되기도 한다. 날이 추운 겨울이 되면 그들은 상의를 뒤집어 양털을 안쪽으로 두고, 같은 재료로 만들어진 모자도 마찬가지로 뒤집어 썼다. 그들은 기병도와 활로 무장하고, 전통에는 화살이 18개 내지 20개가 들어 있으며, 허리띠에는 단도를 찼다.[6]

타타르 칸과 그의 수행원들의 천막은 몽골족이 사용했고 오늘날에도 여전히 중앙아시아의 초원에서 볼 수 있는 전통적인 게르형이었는데, 그것은 원형의 뼈대 위에 펠트나 다른 직물을 덮어서 만들었다. 칸이 출정한 경우에는 60여 개의 천막이 있었다.

귀족들은 자기 말의 발굽을 보호하기 위해 가죽으로 만든 긴 양말을 사용하는 경우도 있었지만, 타타르의 말들은 보통 편자를 박지 않았다. 그래서 타타르족은 눈으로 말굽을 보호할 수 있는 겨울에 원정을 하기를 선호했다. 그 때문에 그들은 건조한 겨울을 싫어해, 눈이 없으면 원정을 벌이지 않았다. 더구나 겨울에는 얼어붙은 강을 더 쉽게 건널 수 있었다. 1241년 몽골군이 굳이 겨울에 중부 유럽으로 진격한 이유도 바로 이 때문이었다. 그러나 크림 타타르족은 강의 폭이 얼마나 넓든지 혹은 어떤 계절이든지 상관없이 대담하게 강을 건너는 것으로 유명했다. 병사들은 갈대로 뗏목을 만들어 그 위에 장비들을 놓는다. 이 갈대 뗏목은 말꼬리에 묶여지고, 말들은 그 갈기에 매달린 주인들의 인도하에 강 건너편으로 헤엄쳐 간다. 원리는 이삼백 년 전에 몽골군이 사용한 것과 마찬가지였다. 그러나 칸과 귀족들은 가능한 경우에는 배를 이용했다.

중요한 습격을 행할 경우에는 타타르족은 크림 반도로 들어가는 입구 근처의 북쪽에 있는 페레코프 요새에서 집결했다. 콜린스에 따르면, 아조프와 쿠반에서 온 자들 같은 다른 지방의 병력은 타타르족의 군대가 본토에 들어갔을 때 그들과 합류했다.[7] 그는 일단 그 군대가 본토에 도달하면 전통에 따라 반드시 군사행동을 수행해야 했다고 부언한다.[8]

타타르족은 자신들의 말을 아끼기 위해 하루에 약 29킬로미터 정도로 우크라이나와의 국경 지방으로 접근하는 행군을 했다. 타타르군이 국경을 넘어야 할 때 그들은 몇 개의 부대로 나뉘어 적에게 발각당하지 않도록 계곡을 통과해서 이동해 들어갔다. 같은 이유로 밤에는 어떠한 불도 허용되지 않았다. 타타르족은 자신들이 계속해서 발각되지 않기를 바라면서도, 여전히 그 지방에 대해 얻을 수 있는 정보는 어떤 정보든지 얻기를 원했다. 따라서 그들은 그 지방에 대해 조사할 목적으로 코사크인(남부 스텝 러시아 국경 지대에 살던 슬라브 민족이 이 지역의 투르크계 민족들과 혈통적·문화적으로 융합되면서 형성된 민족–옮긴이)이나 농부들을 잡기 위해 병사들을 파견했다. 이렇게 불행히 잡혀온 자들은 심문당한 후 살해되었다.

개별적인 부대로 적의 영토에 계속하여 침입할 수 있었지만, 적의 병력이 존재한다면 그들은 단일 병력으로 부대를 재편성하여 진격한다. 8만 명에서 10만 명에 달하는 타타르군은 전열이 100명이고, 길이가 800명 혹은 1,000명인 대오를 이루고 진격한다. 보플랑은 이에 관하여 상당히 생생하게 기술하고 있다.

> 따라서 타타르족은 100마리의 말, 앞에서 말했던 대로 각각의 타타르인이 갈아탈 말로 두 마리를 더 이끌기 때문에 300마리의 말들이 전열을 이루어 전진한다. 그들의 전열은 말의 걸음걸이로 800~1,000걸음 정도고, 길이로는 800~1,000마리의 말에 해당되어, 정렬된 경우 그 길이는 14~19킬로미터를 차지하며, 정렬되지 않으면 48킬로미터 이상의 종대를 이루게 된다. 이런 광경은 그런 것을 보지 못한 사람에게는 놀라운 것이다. 왜냐하면 8만 명의 타타르인들이 20만 마리 이상의 말들을 거느리게 되어, 숲에 나무가 무성한 것보다 시골에 있는 그들의 말들이 더 많고, 멀리서 보면 그들은 지평선에서 일어나기 시작해서 점점 커지는 구름과도 같아 가장 용감한 자들도 그러한 군단을 본 적이 없다면 이를 보고 공포를 느끼게 된다.[9]

폭이 914미터, 길이가 48킬로미터나 되는 기병 군대는 참으로 멋지고 무서운 광경이며, 필요하다면 2주에서 4주 이내에 소집될 수 있기 때문에 더욱 더 효과적이었다.[10] 더욱이 이 군대의 진격은 매우 빨랐다. 1698년 카플란 기레이가 거느렸던 군대의 경우에는 늪이 많은 지형에서 엿새 동안 190킬로미터를 진군했다.

타타르의 기병 군대는 행군 중에 사람과 말이 소변을 보도록 매 시간마다 멈췄다. 말들은 훈련이 잘 되어서 기수가 내리자마자 소변을 봤다. 정지 신호와 행군 중 다른 신호들은 모두 호루라기로 내려졌다. 군대가 우크라이나 영토로 상당히 깊숙이 들어서면, 그들은 폴란드 군대가 발견하기 어렵도록 은신할 장소를 찾아서 병사들은 이삼 일 동안 휴식을 취했다. 그 후 군대는 3분의 1씩으로 나누어졌다. 이중 3분의 2는 군영에 머물면서 병사 10명 단위와 같은 이름의 코스라고 불리는 병단을 형성했다. 나머지 3분의 1은 코스에 근거를 둔 2개의 습격 부대로 균일하게 나뉘어졌다. 각 부대는 코스를 떠나 약 10킬로미터를 이동하여 참불스라고 불리는 약 100명으로 구성된 더 작은 습격 부대들로 쪼개졌다. 그 참불스들은 코스에서 약 130킬로미터 정도 떨어진 거리에 있는 시골 지방을 습격한다. 참불스들은 약탈품과 포로를 충분히 획득하면 코스에 돌아왔고, 그러면 새로운 습격 부대가 코스에서 보내졌다. 이렇게 활기찬 병력이 끊임없이 약탈 행위에 투입된 반면, 타타르군의 대부분은 폴란드군의 주요 대응에 맞설 필요가 있는 경우를 대비하여 한데 모여 있었다.

타타르군은 시골 지방의 농부들이 마을 안으로 피하지 못하도록 마을 주위에 4개의 부대를 배치하여 포위했다. 약탈품이 충분히 획득되었다고 판단되면 코스는 군영을 해체하고 고향으로 향했다. 막대한 수의 말들이 전 지역에 걸쳐 눈에 잘 띄게 자국을 남겼기 때문에 마지막 습격 부대들은 철수하는 타타르 군대를 어려움 없이 따를 수 있었다.

타타르족의 습격은 굉장히 재빨라서 그들에게 대항하기 위해 상대편의 군대가 소집되기도 전에 다 끝나버릴 수도 있었으며, 또 대단히 파괴적이었다. 1667년 크림 타타르족은 폴란드 왕 얀 소비에스키 소유에 있는 300개의 부락을 파괴하고, 5만 마리의 가축을 탈취했다. 1672년에는 역으로 소비에스키가 타타르군을 공격하여 4만 4천 명의 포로를 구출했다. 사실 습격자들이 취한 약탈품의 상당한 부분을 차지한 것은 바로 포로들이었다. 야시르라고 불린 이 포로들은 투르크 제국에서 노예로 팔리거나, 여자들은 심지어 인도에 후궁으로 팔려가기도 했다.

고향으로 돌아올 때 타타르족은 자신들이 진격할 때 택했던 길과 다른 경로를 택했다. 물론 이때는 약탈물과 포로들로 인해 속도가 늦어지기 때문에 그들에게는 가장 위험한 시간이었다. 보플랑은 폴란드군이 이때 타타르군과 싸우면 그들을 어렵지 않게 패배시킬 수 있었다고 다음과 같이 기술하고 있다.

> 이 도둑들(이 타타르족은 그렇게 불려야 한다)은 싸우기 위해서가 아니라 기습을 가하여 약탈을 하기 위해서 폴란드로 들어오지만, 폴란드군이 그들과 맞서면 훌륭한 승부를 펼쳐서 그들로 하여금 걷는 속도보다 더 빨리 퇴가하게 만든다.[11]

보플랑은 아마 퇴각하는 짐을 잔뜩 가진 유목민들과의 조우에 대해 언급한 것으로 보인다. 왜냐하면 그렇지 않으면 폴란드군은 타타르군과 서로 맞붙는 것은 말할 것도 없고 그들을 따라잡는 것조차 바랄 수 없었기 때문이다. 방어할 약탈품이 없으면 타타르족은 그저 더 느리고 더 전통적인 군대에 앞서서 그들로부터 전적으로 도망치든지 혹은 자기 방식대로의 전투(자신들이 우세하게 될 때까지 기동 작전과 궁술을 사용하는 전투)를 벌이기 전까지 추격당하는 중에 그들을 지치게 하면서 계속 후퇴할 수 있었다.

슈발리에는 타타르족을 패배시키려면 그들의 기동성이 떨어지는 곳에서 그들을 함정에 빠뜨릴 필요가 있다고 다음과 같이 말했다.

'그들은 밤새 엄밀하게 망을 보기 때문에 그들을 기습하기란 매우 어렵고, 장소가 좁은 곳이나 강어귀의 수로가 아니라면 그들을 패배시키기도 쉽지 않다.'[12]

폭이 145킬로미터 혹은 193킬로미터인 국경 지방으로 철수를 완료하면, 타타르족은 약탈품을 나누고 전투나 작전 중에 장비를 잃어버린 자들의 장비를 교체하면서 일주일을 보낸다. 주지한 대로 약탈품의 상당 부분은 투르크 제국에서 노예의 신분으로 떨어질 포로들로 구성되었다. 보플랑은 이 시기에 남편과 아내, 아이들과 어머니가 헤어지게 된 가족들의 공포, 그리고 각종 강간 사건에 대해 상세히 기술하고 있다.

타타르의 습격은 우크라이나인, 폴란드인, 러시아인들에게는 당연히 무서운 일이었으며, 협정에 의해서도 방지하기 어려운 것이었다. 타타르의 귀족들은 폴란드와 칸 사이의 협약이 있음에도 불구하고, 자기들에게 약탈을 이끌 권리가 있다고 느꼈다. 그래서 폴란드는 가능하면 언제나 그러한 관행을 줄이기 위해 타타르 영주들과 개별적으로 협정을 맺으려고 애썼다.

규모가 작은 습격은 여름에 일어났는데, 표면상 더 큰 규모의 병력은 보다 쉽게 발견될 수 있기 때문에 타타르군의 병력은 일반적으로 1만 명이나 2만 명을 넘지 않았다. 폴란드나 우크라이나의 국경 지방으로부터 96킬로미터에서 145킬로미터 떨어진 곳에서 타타르 군대는 10개에서 12개의 부대로 나누어졌고, 각각의 부대는 약 천 명의 기마병으로 이루어졌다. 그 부대들 중 대여섯 개 부대는 다른 대여섯 개의 부대와 4.8킬로미터에서 7.2킬로미터 정도 떨어져서 국경을 넘어 한쪽으로 향하고, 나머지 부대들은 다른 지점에서 국경을 넘게 된다. 보플랑은 한 무리는 오른쪽으로, 다른 무리는 왼쪽으로 전진한다고 기술하고 있다. 이렇게 타타르군은 48킬로미터에서 58킬로미터에 달하는 전열을 이루어 전진하고, 척후병들이 정보를 얻기 위해 그들에 앞서 전진한다. 타타르군은 국경 지방 근처에서 회합할 장소에 대해 합의했을 테지만, 그들은 적이 자신들의 수를 과소평가하도록 여러 개의 종대를 유지하여 전진한다. 코사크 초병들은 자신들이 목격한 단 하나의 부대가 침입하는 것으로 보고하게 될 것이다. 보플랑은 다음과 같이 논평한다.

> 코사크인들은 타타르군을 멀리 떨어져서 발견하고 즉시 전국에 경보를 주러 달려가 오직 천 명 정도만 있다고 보고했기 때문에, 그들은 그 수에 그리 겁먹지 않았다가 며칠 후에 소식을 듣고서는 놀라게 된다.[13]

겨울에 이뤄지는 출정과는 대조적으로, 여름에 출정하는 타타르군은 길이 편한 강 사이의 고지 위로 전진했고, 그 습격들은 일반적으로 공격당하는 나라의 영내로 단지 29~48킬로미터까지만 미쳤다. 습격 기간은 짧았고, 타타르족은 단지 이삼 일 후에 고향으로 돌아오려고 했다. 이런 습격의 속도는 기습을 달성하고 자신들에게 도전이 될 만큼 큰 규모의 병력과 대결하는 것을 피하도록 계획되었다.

타타르군은 침입자인 자신들을 보호하고 자신들의 수를 판단하기 어렵도록 하기 위해 속임수도 사용했다. 크림 타타르족은 수가 적다는 모습을 보이기 위해 보다 작은 단위의 부대로 분산했다. 이와 대조적으로 400년 전에 중부 유럽을 침입한 몽골군의 부대들은 매우 빠른 속도로 이동하여, 의도적으로 공포에 질린 유럽인들이 그들을 서로 다른 부대들로 오인하여 수가 대단히 많다는 인상을 받게 했다. 초원의 사람들은 속임수를 이해하고 기꺼이 이용했다. 보플랑은 여름 습격에서 사용된 타타르의 기법에 대해 다음과 같이 언급했다.

'400여 명으로 이루어진 타타르 부대는 초원의 풀에 명백한 자국을 남겼다. 그 자국은 얼마 동안 남아서 코사크병이나 폴란드군을 그들에게로 유인할 수 있었다. 그러나 초원의 키 큰 풀 위에 남겨진 말들의 흔적은 그 풀들이 다시 일어서기까지 하루 정도밖에 걸리지 않았다. 타타르군은 그것을 알고 자신들에게 유리하게 이용했다.'

400명의 타타르인 부대는 4개로 나뉘어, 각 부대들은 각기 다른 방향으로 7.2킬로미터 정도를 간다. 그런 후 100명으로 이루어진 그 부대들은 다시 나뉘는데, 이번에는 3분의 1씩으로 나뉜다. 그러면 33명으로 구성된 부대들은 각 뒤쪽을 제외하고 여러 다른 방향으로 나아갔고, 2.4킬로미터 정도를 간 후 각 부대는 다시 3개의 부대로 나뉘었다. 이런 과정은 타타르군이 10명의 분대로 나뉠 때까지 되풀이되었다. 이 모든 과정은 말이 완전한 속도로 달리는 동안에 이루어졌고, 대략 1시간 30분 정도가 걸렸다. 나중에 흩어진 타타르인들은 몇 시간 후 사전에 합의된 지점에서 만났고, 그동안 규모가 작은 분대들이 밟고 달렸던 풀들은 원상태로 돌아갔다. 코사크 부대는 타타르군 본대의 자국들은 발견할 수 있지만, 그것이 계속해서 나뉘고 점점 더 뚜렷해지지 않게 되자, 그들은 수색을 중단해야 했다. 한편 꽤 큰 규모의 부대가 발견되지 않고 어딘가에서 웅크리고 기다렸다.

물론 그들이 항상 들키지 않은 것은 아니었다. 17세기에 이르러서 폴란드군과 러시아군은 보다 효과적으로 그들의 침입에 대처할 수 있었고 종종 그들과 서로 맞붙었다. 그러나 그러한 상황에서 타타르군은 이기기를 기대하면서 백병전을 벌인다는 그릇된 생각을 하지는 않았다. 보플랑의 말을 빌리면 다음과 같다.

달리 말하자면 폴란드군이 타타르군을 공격하고 타타르군이 자신들이 적의 손에 들린 기병도를 격퇴할 만큼 충분히 강하다고 느끼지 않으면, 타타르군은 각자가 다른 방향으로 파리처럼 흩어져 60~100보 떨어져서도 자신이 목표로 한 자들을 항상 맞힐 만큼 능숙하게 다루는 활을 뒤쪽을 향해 쐈고, 폴란드군은 자신들의 말이 그들의 말들만큼 달릴 능력이 없기 때문에 그들을 추격할 수 없었다. 그러면 타타르군은 1.2킬로미터 정도 떨어진 곳에서 힘을 축적하여 폴란드군에 정면 돌격을 감행하기 시작했고, 폴란드군이 응전하면 그들은 다시 흩어져 자신의 우측으로부터 활을 쏠 수 없기 때문에 항상 좌측으로부터 쐈으며, 이런 식으로 폴란드군을 피로하게 하여 그들이 후퇴하지 않을 수 없게 했다.[14]

우리는 보플랑이 타타르군이 적보다 수적으로 10 대 1 정도로 우세하지 않으면 그런 종류의 싸움을 벌이지도 않을 것이라고 말하는 데에서 타타르에 대해 보플랑이 어느 정도 편견을 가지고 있다는 사실을 알 수 있다. 그러나 분명한 것은 타타르군은 유리하지 않으면 적과 직접 싸우려 하지 않았다는 것이다. 타타르의 전술에 대한 보플랑의 묘사는 초원의 전투에 대한 놀랄 만큼 분명한 묘사로서 17세기의 크림 타타르족에게 적용되는 것처럼 스키타이족, 훈족, 또는 몽골족에게도 문제없이 적용될 수 있다. 보플랑은 '파르티안 샷Parthian shot'에 대해서까지 언급했다.

또 다른 저자는 타타르인이 수색 대상이 된 경우에도 기습할 수 있는 능력을 가지고 있다는 것을 말했다. 18세기 초, 존 페리 대위에게 모스크바를 위해 복무하는 타타르 기마병 2천 명과 보병 4천 명, 그리고 12문의 대포가 할당되었다. 전초 부대가 언덕에 배치되어, 적대적인 쿠반 타타르인들을 경계했다. 페리 대위는 다음과 같이 기록했다.

그러나 모든 보초와 파수꾼이 배치되었는데도 3천 명에서 4천 명 사이의 쿠반 타타르인 무리가 우리가 아무런 낌새도 느끼지 못하게 미치 아침에 날이 밝는 것처럼 바로 우리 막사까지 다가왔다. 그러나 우리가 알아차렸다는 것을 알고, 우리 대포가 전열에서 그들에게 연속적으로 발사되자 우리측 병사들이 말에 오르거나 공격 명령을 적시에 수행하기도 전에 그들은 접근했을 때와 같은 속도로 즉시 퇴각했다. 우리 병사들이 말들을 데리고 오기에는 시간이 어느 정도 필요했고, 게다가 막사 없이 어느 정도 떨어진 곳에 있던 말들 중 많은 말들이 놀랐으며 적들에 의해 탈취를 당했다. 쿠반 타타르인들은 대략 모두 합쳐 1,400마리의 말들을 빼앗아 갔는데, 그 중 일부는 군에 속했고 나머지는 일하는 사람들의 소유였다. 이 일하는 사람들은 몇 명의 사람들과 군영에서 어느 정도 거리가 떨어진 말들이 목초지에서 풀을 뜯어 먹고 있던 곳에서 말들을 돌보고 있었고, 그 장소에는 울타리가 없었다.[15]

그러한 습격은 골치 아프고 희생을 치르게 했지만, 13세기나 14세기에 일어났던 침입과 같지는 않았다. 러시아의 세력 내에 있던 다른 모든 자들처럼 쿠반 타타르인들도 중심 역할에서 멀어져 왔다. 그들은 차르Tsar에게 의존하여 그의 군대에서 종사했거나 혹은 짜르에 대해 적대적이라도 그들의 침입은 궁극적으로 그 효과에 있어서 아주 제한적이었다. 당시에 오늘날의 우크라이나까지 영향을 미쳤던 폴란드 왕국은 크림 타타르족과 끊임없이 대결하는 동안 러시아가 얻은 것과 똑같은 결과를 얻으려고 애썼다.

크림 타타르족이 주로 약탈품을 얻으려고(혹은 그들을 유격대로 사용한, 자신들의 보호자인 오스만 투르크인들에 대한 의무로서) 전쟁을 했기 때문에 그들에게는 습격자가 가지는 천부의 전략적인 이점인 기습, 목표가 고정되지 않은 것, 그리고 싸움이 힘들 것 같으면 도주하는 것 등이 가능했다. 그러나 마찬가지로 그들이 접근전을 싫어하고, 기동성 확보에 열심인 기병 부대 병력수가 적당하거나, 그 이상이라도 요새화된 진지를 점령할 능력이 없었다는 것은 폴란드 군대의 헤트만(사령관)이자 나중에 왕이 된 얀 소비에스키 같은 현명한 장군이 사전에 고려하여 효과적으로 그들과 대적할 수 있었다는 것을 의미했다.

17세기의 폴란드 군대는 이질적인 군대로 모두 폴란드인으로 구성되어 있었지만, 실제로는 '폴란드의 군대'라고 부르는 부분과 '외국 군대'라고 부르는 부분으로 나뉘었다. 폴란드의 군대는 더 큰 부대였고 공식적으로는 2만 4천 명으로 구성되었는데, 모두 기병이었고 전 군의 약 3분의 2에 해당했다. 이 기병은 다시 후사르Hussars(중·상급의 귀족으로 구성되며 두 개의 날개 장식을 등에 붙임-옮긴이), 판체르니크Panczerniks(중·하위 귀족들로 이루어진 기병-옮긴이), 그리고 페테오레Peteores로 이루어졌다. 그들이 지닌 순수하게 기병적인 성격은 중세의 기사제도에서 기원하지만 초원의 영향을 강하게 받은 것이었으며, 이는 뒤에 더욱 명확히 서술될 것이다.

폴란드의 후사르(경기병)는 정예 기병이었고, 그 용어가 기원한 헝가리에서처럼 '가벼운 말'이 아니었다. 후사르들은 갑옷을 입은 귀족·출신의 창기병들로 흉갑(동체 갑옷)과 투구와 무거운 검으로 무장했다. 그들은 소비에스키 왕을 위해 폴란드의 외교 업무에 종사하던 프랑스인 프랑소아 폴링 달래락의 저작에서 묘사되었다.

> 그들은 잘생긴 남자들로 구성되었으며, 왕국에서 가장 좋은 말을 타고, 다양한 예비 말을 가지고 있었다. 그 말들에게는 화려하게 장식된 마의가 입혀졌고, 고삐는 은이나 주홍색 금박으로 만들어진 판과 징으로 장식되었으며, 그 앞가지에 금박이 입혀진 수가 놓인 안장, 투르크의 방식에 따라 금과 은의 테두리가 있는 멋진 장식이 달려 있는 화려한 검이 기수의 넓적다리 아래 안장의 왼쪽에 고정되어 있다. 이전의 폴란드 기병은 권총을 휴대하지 않았지만, 이제는 상비군 사이에서 사용된다.…… 후사르의 장비는 그들의 개인적 습관만큼이나 눈에 띈다.…… 후사르는 흉배갑胸背鉀을 사용하였는데, 이는 옆과 뒤에 무늬지게 누빈 철판으로 만들어져서 늘어뜨려진 장식이 달려, 그것이 어깨까지 내려오는 비늘 모양이 있는 투구와 어깨에서 시작되며 목을 지니는 비팀대가 있는 별도의 장갑, 그리고 그 버

팀대에 고정되어 기병의 손등만을 가리는 쇠미늘 갑옷으로 구성되었다.…… 이 모든 것 위에 그들은 멋진 표범이나 호랑이 가죽을 호전적인 양식으로 만든 헐렁한 외투 형태로 입었는데, 그것은 귀족 군인에게는 매우 멋있는 차림새였다.[16]

후사르의 창은 길었다. 달래락은 그 길이가 삼사 미터를 좀 넘는다고 했는데, 이는 당시 서양의 보병이 사용하던 창보다 더 길었다. 그러나 후사르들의 전투와 열병을 본 프랑스 외교관은 그 창이 실제로는 너무 길어서 별로 쓸모가 있지는 않았다고 말했다. 후사르들은 또 자신들이 돌격할 때 더 무섭게 보이도록 하기 위해 독수리 깃으로 만든 한 쌍의 날개를 등에 묶어서 달았는데, 이런 돌격은 그들의 주요 전술이었다. 중세의 기사가 거느렸던 종자들과 아주 흡사하게, 무장하고 말을 탄 몇 명의 종자들이 각각의 후사르를 수행했고, 파콜레트라고 불린 이 수행자들은 후사르 다음의 계급을 이루었으며 돌격할 때 후사르들을 따랐다.

비록 달래락은 후사르들이 돌격 후에 용이하게 대오를 재편성하지 못한다는 것을 지적했지만, 그들은 자신들의 무거운 장비와 창을 이용하여 적에게 충격을 가할 수 있는 것으로 유명했다. 소비에스키는 판체르니크들, 즉 장비를 상대적으로 덜 무겁게 갖춘 기병들로 후사르 부대의 측면을 지키게 되었다. 판체르니크들은 사슬 갑옷을 입고 목과 얼굴의 하단을 보호하기 위한 금속제 쓰개가 있는 투구를 썼는데, 그 투구는 타타르와 투르크의 몇몇 투구와 비슷했다. 그들은 검과 머스켓 단총, 즉 말을 타고 사용할 수 있도록 짧게 만든 구식 소총으로 무장했다. 초기에 그들은 활을 휴대했었다. 판체르니크들은 보다 기민했고, 돌격 후에 전열을 보다 잘 정비할 수 있었다.

전 군대가 기마병들로 이루어진 것은(기병을 '폴란드의 군대'라고 부르는 허구에서 암시된다) 초원풍의 기병 투구와 초기에 말을 타고 활을 사용했던 것이 그러하듯 초원의 영향을 받았다는 것을 시사한다. 그러나 기병이 지닌 모든 외관과 돌격에도 소비에스키는 타타르족을 저지하기 위해 '외국 군대'에 더 의존했다. 외국 군대는 독일 방식으로 싸운 폴란드인들을 일컫는 것으로서 머스켓 총(구식 소총)으로 무장한 보병, 경기병, 용기병(공격에 나설 때는 경기병으로 방어할 때는 보병으로서 싸우는 병사-옮긴이), 혹은 서양의 방법과 기술들을 사용하는 포병들로 구성되었다.

타타르족이 약탈품을 얻으려는 것을 알았던 소비에스키는 폴란드의 국경을 따라 있는 여러 요새들과 다른 견고한 장소 근처에 병력을 배치했다. 타타르의 참불스들은 요새를 점령할 수 없었지만, 그들은 자신들의 후미에서 또는 철수하는 중에 폴란드군과 맞서게 되면서 그곳을 지나게 되는 것을 경계했다. 그 약탈자들은 결정적인 전투가 요구되는 정치적 문제나 영토의 획득에 관심이 없었기 때문에, 국경 지방을 따라 병력을 그렇게 분산한 것은 타타르의 습격을 저지하는 데 아주 효과적이었다. 왜냐하면 소수의 병사들로도 습격을 아주 어렵게, 그리고 잠재적으로 희생이 커서 약탈을 행할 만한 가치가 없게 만들 수 있었기 때문이다. 그렇게 소비에스키는 이반 3세가 킵차크 칸국에 대해서 썼던 것과 같은 전략을 크림 타타르족에 대해 사용했는데, 물론 이 전략은 그 전에 게르만족이 마자르족에 대해 사용했던 것과 같은 전략이었다.

그러나 폴란드 의회, 즉 세즘Sejm이 타타르의 침입이 있을 때 군대를 동원해서 그에 대응하기를 정치적 논쟁과 고의적인 무능력으로 인해 거부했을 때에는 때때로 중요한 교전도 벌어졌다. 소비에스키는 헤트만(사령관)으로서 이 교전에 대응하여 친위대와 자신이 지휘하는 정부군을 사용했다. 그는 1667년 포다이체에서 했던 것처럼 여러 차례 적을 준비된 상태로 맞이했다. 포다이체에서 소비에스키는 크림 기레이 솔탄 칼카가 이끄는 3만 명의 타타르인, 2만 명의 코사크인, 3만 명의 투르크 보병과 24문의 대포로 구성된 대군과 맞섰다.

두 개의 계곡이 전장을 따라 하나는 중앙 쪽으로, 다른 하나는 옆으로 이어져 있었고, 그 너머에는 숲이 있었다. 전장의 다른 편에 땅은 늪지였다. 포다이체 성과 그 마을들 앞에 두 부대로 나뉘어 진을 친 소비에스키와 폴란드군에 대한 공격은 어떤 것이나 필연적으로 정면으로 돌격하는 것이고, 기동작전은 가능하지 않았다. 자신의 입장을 더 유리하게 하기 위해 소비에스키는 자신의 양쪽 측면에 반달형의 방어물을 설치하게 해서 그 위에 대포를 올려놓았다. 여기서 전쟁의 법칙은 바뀌었다. 소비에스키는 근대 유럽의 포병술과 군사 건축술을 초원의 기마병들과의 오래된 싸움에 도입했다.

수적으로 소비에스키의 군대를 압도하고 그 위치를 점령하려는 결의에 찬 타타르군이 공격했으나, 그들은 진격할 때 치명적인 대포 사격과 측면으로부터 소총 사격을 당했다. 그럼에도 그 싸움은 호각이었고, 기병과 경기병과 라이터(권총과 검으로 무장한 독일식 기병)들로 구성된 소비에스키의 군대는 보병의 지원을 받고서야 타타르군을 패배시켰다. 그러나 소비에스키의 승리가 아슬아슬했을지라도, 그 승리는 보다 작은 군대가 큰 군대를 상대로 화약과 그것에 수반하는 전술의 도움으로 얻은 것이었다. 이 승리는 타타르족을 정착 세력의 수중으로 넘기게 되는 수많은 승리 중 하나였을 뿐이었다. 1세기도 지나지 않아 카테리나 대제의 장군 포템킨은 소총으로 무장한 보병들을 크림 반도로 보내 그곳을 공식적으로 러시아 제국에 합병시켰다. 그 해는 1771년으로, 초원의 전사들이 주도하던 시대는 종언을 고했다.

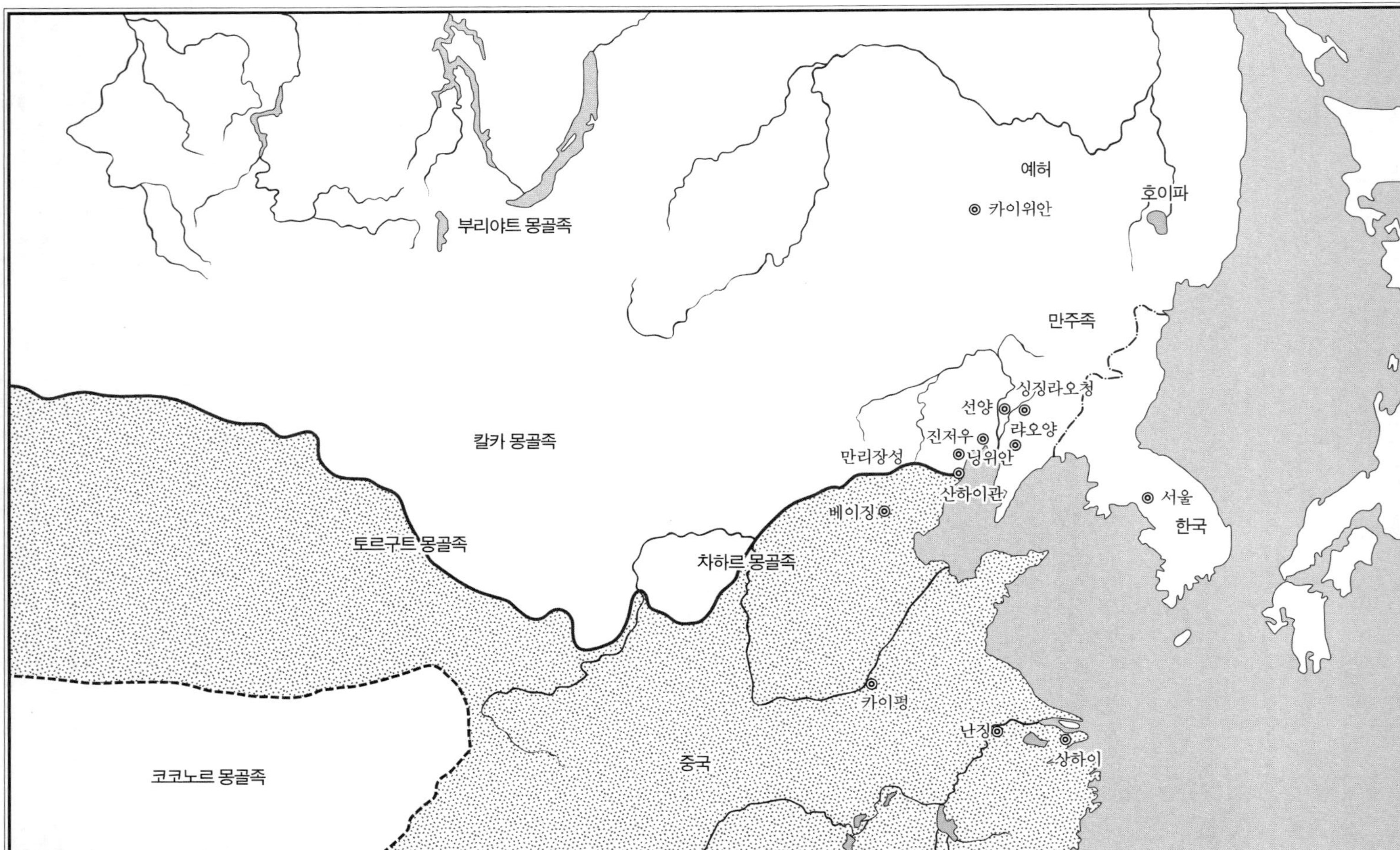

예허
카이위안
호이파
부리야트 몽골족
만주족
싱징라오청
선양
랴오양
진저우
닝위안
만리장성
칼카 몽골족
산하이관
서울
한국
베이징
토르구트 몽골족
차하르 몽골족
카이펑
난징
상하이
중국
코코노르 몽골족

제12장

만주족

정주민의 문명세계를 정복하고 차지한 마지막 유목민은 만주라는 이름을 취한 여진족의 국가였다. 중국의 명 왕조와 45년에 걸친 투쟁 끝에 만주족은 1644년, 수도 베이징을 점령하는 데 성공했다. 그 후 만주족은 조직적이지 못한 국지적 저항을 진압한 후 그들의 왕족을 내세운 청 왕조로서 1912년까지 중국을 지배했다. 그들은 1279년부터 1368년까지 지배한 몽골족의 원 왕조보다 더 오래 중국을 지배했지만, 결코 몽골족만큼 팽창주의자였거나 강력하지는 않았다. 그러나 만주족은 자신들의 사촌인 몽골족들처럼 기회주의자였고, 그들과 마찬가지로 이웃이 가진 약점은 어떤 것이라도 이용할 준비가 되어 있었다. 만주족은 몽골족과 아주 흡사했으며, 단지 규모가 더 작았을 뿐이다.

여진족은 12세기에 중국을 정복하고 제국을 유지하기 위해 몽골족과 꾸준히 싸웠던 금나라와 관련이 있었다. 만주족은 유목민이었지만 목축을 하지 않았고, 그 대신에 몽골족이나 투르크족과 달리 주로 사냥을 했으며 사용하는 언어 역시 그들과 달랐다. 만주족은 퉁구스어군의 말을 썼는데, 이는 오늘날 듣기 힘든 말이다. 여진족은 목축보다 사냥을 하는 유목민이었지만, 그들 또한 목축을 하는 사람들이 지닌 강인함과 능숙한 기마궁술을 가지고 있었다. 학자들이 만주족과 몽골족을 구별하는 반면, 현대 중국인들이 만주족을 본질적으로 자신들과 같은 종족으로 여기는 것에는 뭔가 암시하는 바가 있다. 다시 말해 만주족은 다른 유목민들과 광범위한 유사성을 명백히 가지고 있었지만, 그들은 중국의 북쪽 국경을 따라 오랫동안 살아왔었기 때문에 몽골족보다는 오히려 중국과 더 가까웠다. 그래서 만주족은 한족과 낯설지 않았고, 그들을 정복한 후에 그들에게 더 쉽게, 그리고 완전히 동화되었다.

오늘날의 만주 지방은 원래 이 여진족이 차지하고 있던 만리장성 북쪽의 지역으로 서쪽으로는 몽골, 멀리 동쪽으로는 태평양(원문에는 Yellow Sea 즉, 황해라 되어 있으나 저자의 착각인 듯함-옮긴이), 북쪽으로는 시베리아, 남동쪽으로는 한반도의 경계에 이르는 지역이었다. 16세기에 만주에는 다수의 부락들과 소규모의 국가들과 왕국들이 있었으며, 7개의 여진 부족이 그 지역에 할거하고 있었다. 만주는 한족이 우세한 지역이었으며, 일부 지역은 한족 관리와 군인의 지배를 받고 있었다. 또한 그곳은 미개한 벽지여서, 15세기 말에 그곳이 흥기하여 수 세기 전에 몽골의 원나라 지배자들을 몰아낸 명 왕조(1368~1644년)에 심각한 위협이 되리라고는 생각하지도 못할 만한 곳이었다. 몽골족 정예들은 백여 년이 지남에 따라 자신들의 군사적인 관심과 성향을 잃어버리고 서로 싸우기 시작했으며, 이때 한족 반란자 주원장朱元璋은 그들을 중국에서 몰아내고 명 태조 홍무제洪武帝로 즉위했다.

그러나 원이 점점 쇠약해졌던 것처럼 시간이 지나자 명 또한 쇠약해졌고, 여진족이 발흥할 때쯤의 중국은 매우 불안하고 약해져서, 더 이상 금 왕조하에서 그렇게 오랫동안 몽골족에게 대항했던 때의 강국이라고 할 수 없었다. 사실 일부 학자들은 명 왕조가 '자살을 감행했다'라고까지 말했다.[1]

몽골족처럼 만주족 또한 그들이 발흥하게 된 것은 상당 부분 한 사람, 앞서 약 400년 전에 중국에 금 왕조를 세웠던 여진족들과 같은 출신인 누르하치의 덕택이었다. 1599년 누르하치는 여진족의 일곱 부족을 통합하기 시작하여 1606년에 이를 완수했다. 그의 발흥은 한족 국경 지방 사령관이 여진족 정치에 간섭한 결과로서 시작되었다. 그 한족 사령관은 싸움에서 패자를 지원해 승자였던 누르하치를 자극했고, 1584년 누르하치는 한족 관리들의 손에 죽은 할아버지와 아버지의 복수를 하게 되었다. 당시 누르하치에게는 단지 130명 정도의 적은 추종자들만이 있었다. 그러나 그는 1613년경에는 4만 명을 지휘했다.

당시는 한족이 만리장성 너머의 유목민들 사이에 어려운 문제들을 유발하기에는 좋지 않은 시기였다. 가뭄과 기근으로 북쪽 지방에서는 여러 반란이 일어났고, 왜구들은 중국의 해안을 약탈하고 있었다. 한 세대에 걸쳐서 만주족의 융성으로 이끈, 한족이 누르하치를 자극한 사건은 명이 붕괴된 많은 원인들 중 하나였을 뿐이다. 어떤 학자는 만주족의 흥륭은 명나라 멸망의 '간접적인' 원인이라고 생각될 수 있다고 말한다.[2] 간접적이든 아니든 만주족은 중국을 점령하고 260년 동안 지배했다.

만주족의 조직은 어느 정도 차이가 있었지만, 몽골족이 투멘으로 군인과 일반인을 조직했던 흔적도 남아 있다. 1601년, 누르하치는 자신의 백성을 '큰 화살'을 뜻하는 니루牛彔로 나누기 시작했다. 각 니루는 장정 300명과 그들의 가족들로 이루어졌다. 5개의 니루는 하나의 자란甲喇을, 10개의 자란은 하나의 쿠사固山, 즉 1기를 구성했다. 처음에는 4기, 즉 홍, 백, 남, 황기가 있었다. 1615년 그 수는 8기로 늘어났다. 이때 추가된 색은 처음 4기와 같았지만, 남·황·백색의 세 깃발에는 홍색의 테두리를 둘렀고, 추가된 홍기에는 백색의 테두리가 둘러졌다. 한족은 만리장성 이북의 땅에서 사로잡혀 복속되면서 이 새 기에 편입되어 군무를 하도록 강요되었으며, 일반적으로 그들은 만주족보다 열등하거나 비굴하다고 여겨졌다.

아시아 유목민들이 그렇듯, 만주족은 기마궁수로서 싸웠으며 말과 활을 다루는 기술이 능하다고 알려졌다. 이것과 더불어 만주족은 자연히 매복, 거짓 후퇴, 밀정, 그리고 철저한 정찰 등의 전략을 사용했다. 그들의 갑옷은 대개 직물로 만들어졌는데, 유연하며 가볍고 화살이 관통하지 않도록 만들기 위해 천을 여러 겹 겹쳐서 꿰매 만들었다. 직물 갑옷을 사용했다는 사실은 19세기의 한 저술가를 곤혹스럽게 했지만,[3] 베이징의 자금성에 그러한 예복용 갑옷이 남아 있는 것에 의해 뒷받침된다. 이미 앞 장에서 논의된 것처럼 직물로 만든 갑옷의 효용성은 증명되었다. 그러나 만주족이 중국을 정복한 후에 만들어진 조각을 보면, 그들에게도 초원의 군대들 경우처럼 경기병이 우세했다는 것을 알 수 있다. 만주족 경기병은 갑옷을 걸치지 않고, 단지 통상적인 바지와 허리띠를 두른 긴 외투(이들 의복의 독특한 점은 바로 좁고 몹시 위로 젖혀진 챙이 있는 둥근 모자다)를 입은 모습으로 보인다. 그들은 초원의 작은 조랑말을 타고, 활과 화살로 가득 찬 전통을 휴대했다.

누르하치는 싱징라오청興京老城이라는 성을 중심으로 작은 국가를 세우고, 1587년 그곳에 궁전을 건설했다. 그는 공정하게 질서를 유지했으므로 인기 있는 지배자였으며, 자신의 거점에서부터 만주 5부를 통합하게 되었다. 그 일이 이뤄지자 누르하치는 동쪽으로 압록강 지방을 점령하여 자신의 영토에 합병시켰다. 그러나 그가 점점 더 강한 권력을 갖게 되자 그와 이웃하는 작은 부족의 왕들이 수 세기 전에 여러 몽골 부족과 타타르 연맹이 몽골에서 테무친이 흥기하는 것에 반대하여 그랬었던 것처럼 단결해 그에 대항했다. 그 작은 부족들은 누르하치가 거느린 병력에 맞서기 위해 3만 명의 군대를 일으켜서 3개의 부대로 나뉘어 진격했다.

누르하치의 병력은 수적으로 열세였고 상당히 지쳐 있었지만, 누르하치는 자신의 군대 측면을 보호할 수 있는 진흙투성이인 장소를 전장으로 신중하게 선택했고 장애물들을 사용하여 적의 공격에 대비했다. 예허 부족의 족장인 부자이는 안장에서 내동댕이쳐져 살해된 반면, 몽골 코르친 부족의 밍간은 궁지에 몰려 안장도 없이 도주했다. 부자이의 죽음과 밍간의 도주로 그 동맹군은 동요하여 무너지고 도주했고, 여진족은 이들을 추격했다. 이때 4천 명이 도주하다가 살해되었다고 한다. 이 위협을 견디고 살아남은 누르하치는 더욱 강력해졌고, 그 공격에 대한 보복으로 하다 부족을 공격하여 합병했다. 이어서 누르하치는 호이파 부족의 영토를 점령했고, 계속해서 점차적으로 중국 이북의 전 지역을 자신의 지배하에 두게 되었다.

그제야 중국은 경계심을 가지게 되어 1615년, 이이제이以夷制夷를 목적으로 만리장성 이북, 누르하치의 영역 서쪽에 위치하고 있던 예허 부족에게 병력과 대포들을 보냈다. 그리하여 명의 영토에 대한 만주족의 즉각적인 야심은 저지되었지만, 명을 상대적으로 무능한 적이라고 판단한 누르하치의 태도는 수그러들지 않았다. 거기다 1616년, 누르하치는 스스로 황제라고 선언했다. 이어서 그는 중국인에 대한 7대한七大恨을 선포하고, 그것을 자신이 2년 동안 준비해 왔던 랴오둥遼東 지방의 침입을 정당화하는 데에 이용했다. 7대한의 선포로 인해 중국인들은 예허 부족을 대폭적으로 지원하기 시작했다. 1618년 누르하치는 칭허淸河를 점령하고 명군을 쳐부셨다. 이어서 그는 아골관鴉鶻關(옛 고구려 안시성을 이르는 중국 지명. 원서에는 진총으로 표기되어 있으나 아골관을 착각한 듯함-옮긴이)을 함락시켰지만, 그들이 출정 중인 동안 예허 부족이 자신들의 고향을 공격할지 모른다는 병사들의 두려움으로 철수하지 않을 수 없었다.

1619년, 명나라가 예허 부족에게 병력을 더 보냈지만, 이에 상관하지 않고 예허 부족을 공격하던 누르하치는 명나라의 대군이 자신의 수도 싱징興京으로 진격하고 있다는 것을 알고는 급히 철수할 수밖에 없었다. 명나라 군대는 병력 수가 20만 명에 달했다고 하지만, 그저 만리장성 너머의 야만인에 불과한 자들을 다루기 위해 그러한 대군을 일으켰다고는 믿기 어렵다. 거기다 그러한 규모의 군대는 그 지역에서 상당한 시간 동안 스스로를 유지할 수도 없었을 것이며, 정부가 지원해줄 수도 없었을 것이다. 수도를 방어하기 위해 누르하치가 각 전장과 주둔지에서 모집할 수 있는 병사는 모조리 모아봐야 그 병력이 6만 명이었다는 사실을 볼 때, 명나라의 군대는 분명히 규모가 대단히 크고 누르하치의 병력보다 수적으로 우세했을 수도 있지만 20만 명이라는 숫자는 아마 후에 만주족이 자축하는 가운데 과장되었을 것이다.

그러나 명나라의 군대 규모가 특히 컸다는 것은 만력제가 출정 경비를 조달하기 위해 세금을 올려야 했다는 것을 뜻했고, 이로 인해 명나라 정국이 더욱 불안해졌다. 더욱이 이 같은 불안은 만주족이 궁극적으로 자신들에게 유리하게 이용한 각종 반란과 더욱더 악화되는 내부 불화로 이어졌다.

양호楊鎬가 랴오둥 지방을 책임지는 장군이 되어 1619년 3월 16일 군대를 사로四路로 나누어 누르하치의 수도 싱징을 향하여 진군했다. 여진 황제는 자신의 군대가 수적으로 열세라는 것과 패배할 가능성이 높다는 것을 알았다. 그러나 그는 명나라 군대가 나뉘어 각 부대가 개별적으로 진군해오고 있는데 그 각각의 부대보다 자신의 군대가 수적으로 우세할 수도 있다는 것을 알았다. 누르하치는 신속하게 이동해서 그 개별 부대들을 철저히 치기로 작정했다. 그러나 이 작전은 위험했으며, 상당한 거리를 감당할 수 있는 기마 군대만의 속도에 그 승패가 좌우될 것이었다. 그는 먼저 서쪽에서 진격해오는 명군과 맞서기로 결정했다.

이 명나라 병력은 두송杜松이라는 장군이 이끌었는데, 그도 마찬가지로 누르하치와 간절히 맞서고 싶어해, 단 하루 만에 53킬로미터를 이동하여 차영(병참 수레)를 후방에 남긴 채 훈허渾河 강을 황급히 건넜다. 두송은 도강 중에 수많은 병사와 말을 잃었다. 두송의 군대보다 약간 수적으로 우세했던 누르하치군은 멀리 떨어져 있지 않았다. 한편 두송은 자신의 병력을 둘로 나누었다. 그는 3만 명을 거느리고 사르후薩爾滸 고개에 군영을 설치했고, 나머지 2만 명은 싱징에서 북서쪽으로 64킬로미터 정도 떨어진 지에판성界藩城을 포위하도록 보냈다.

누르하치의 네 번째 아들이자(여덟 번째 아들인데 저자가 착각한 듯함-옮긴이) 총애를 받던 아바하이阿巴海(청의 제2대 황제 홍타이지皇太極-옮긴이)는 그 상황을 장악했다. 지에판에는 단 400명의 만주족 병력이 있었는데, 아바하이는 그들을 사르후 근처에 매복시켰다. 두송의 부대 선두가 지나갈 때, 아바하이의 병사들은 그 부대를 공격하여 놀란 명군을 그 아래에 있던 강 건너의 여울로 몰아넣었다. 그러나 그 기습의 효과는 오래 가지 않았고, 이 소규모의 여진족 병력은 얼마 안 가 적에게 포위되어, 지원군이 오지 않으면 죽음을 면하지 못할 상황에 놓이고 말았다. 그러나 아바하이가 그들을 지원하기 위해 1,000명의 군사를 이끌고 선두가 되어 뛰어들었고, 각 기가 7,500명인 2개의 기가 그를 따랐다. 그때 누르하치는 사르후에 있는 두송의 군영을 향해 6개의 기를 이끌고 공격했다.

명군은 만주족의 공격에 대해 대포 사격과 진갈총, 즉 수레에 적재한 총가銃架에서 발포하는 대형 머스킷 총(무거운 구식 소총-옮긴이) 등으로 대응했지만 큰 효과는 없었다. 그 당시의 화기, 특히 극동 지역의 화기는 그다지 효과적이지 않았으며, 사용하기에도 느렸다.[4] 밤이 되자 만주군은 명나라 군사들이 밝힌 횃불과 등잔의 빛을 보고 그 군영에 사격을 가했다고 하지만, 명군이 그러한 실수를 저질렀을 것 같지는 않다. 만주군은 결국 방책으로 돌진해 명의 군영을 점령했다.

누르하치는 즉시 두송이 포위 공격하던 지에판을 구하러 출발했다. 명나라 장군은 첫 번째 접전에서 화살을 맞아 죽었고, 그의 군대는 훈허 강을 건너 도주했다. 이 과정에서 명군의 주요 장수들 모두가 사로잡혔고, 도주하는 명나라 군사들은 11킬로미터 정도를 추격당했다. 결국 명의 사로군 중의 하나가 괴멸되었다.

상간야尙間崖에 주둔하고 있던 명의 두 번째 군대 사령관 마림馬林은 사르후에서의 패배를 듣고는 군영 외곽 주위로 3개의 참호를 파고, 이상하게도 해자 바깥에 대포를 설치했다. 한편 총사령관 양호는 마림의 군영 약간 앞과 양쪽에 위치한 언덕들에 군영을 설치하도록 각기 만 명으로 구성된 2개의 분견대를 보내어 그를 지원했다. 그 이외에 양호는 이 세 진지 모두 기병을 막기 위한 장애물로 이용하기 위해 마차를 군영 바깥에 두고, 병사들을 화살로부터 보호하기 위해 대형 방어물을 만들도록 명령했다.

전투는 아바하이가 전방의 군영을 공격하여 점령하면서 시작되었다. 누르하치는 본영에 있는 마림을 공격했는데, 명군이 철저하게 방어 준비가 된 진지를 지켰지만 누르하치의 병력이 2 대 1 정도로 명군보다 수적으로 우세했던 듯하다. 누르하치는 자신의 부하들에게 말에서 내리도록 명령했는데, 이는 분명히 그들이 말을 탄 상태로는 참호로 둘러싸이고 짐마차로 가로막은 명의 군영을 공격할 수 없었기 때문이었다. 그러나 만주군이 그렇게 하기도 전에 마림은 대담하게 만주군을 향하여 부하들을 군영으로부터 출격시켰다. 누르하치의 병사들은 처음에 이 예기치 못한 명나라 군사들의 돌격에 놀랐지만, 곧 기가 잇따라서 그들을 지원하러 뛰어들었다. 명군은 패배하여 흩어졌는데, 이들은 나머지 군영들에 있는 동료 군사들의 지원도 받지 못했다. 왜냐하면 그들의 지휘자인 환관이 지원군 보내기를 거부했기 때문이었다. 그 환관은 홀로 전장에서 빠져나갔고 마림도 탈출했다. 한편 명나라의 동맹인 예허 부족의 병력은 그 전투 결과를 알게 되자 전장을 향해 오다가 철수하고 말았다.

양호는 그 전투 결과를 듣고, 남쪽과 남서쪽에 주둔한 나머지 두 군대에게 퇴각하도록 명령했다. 남서쪽에 주둔하고 있던 군은 퇴각했지만, 유정劉綎 휘하의 남쪽 주둔군은 그 명령을 받지 못했었는지 싱징의 64킬로미터 앞까지 진격했다. 이에 대응하여 누르하치는 수도를 방어하기 위해 4천 명의 군사를 배치한 다음 유정의 군대를 정찰하러 나갔다.

한편 유정은 자신의 군영을 강화하고 다소의 요새와 부락을 점령하도록 소규모 병력을 파견했다. 누르하치는 유정의 군영을 공격하는 대신에 계략을 생각해냈다. 누르하치는 많은 한족 도망자들을 유정의 진영으로 보냈고, 그들은 자신들이 두송의 군사들이라고 주장했다. 이 한족 도망자들은 유정에게 두송이 이미 싱징을 점령했다고 알리면서, 유정에게 자기 몫의 영예와 노획물을 얻기 위해서는 그곳으로 쇄도해야 한다고 암시했다. 유정은 즉각 그 이야기를 받아들이지는 않았다. 그 대신 그는 도시가 점령되었다면 자신은 어째서 대포 사격 소리를 하나도 듣지 못했는지 의문을 가졌다.

누르하치는 그 장군이 머뭇거린다는 보고를 받자 다수의 대포를 발사하게 했다. 유정은 대포 소리를 듣자 한족 도망자들의 이야기를 받아들이고, 자신의 군대를 4개 부대로 나누어, 2개의 부대는 아부다리 언덕阿布達裏崗까지 진군했지만 그곳에서 만주군 우익(아바하이가 지휘하는 4개의 기들)의 공격을 받았다. 만주군의 좌익은 명군의 갑옷을 입고 명군의 군영으로 침입하여, 혼란을 틈타 그곳을 점령했다. 명나라의 두 번째와 세 번째 군대도 패배를 당했다. 만주군은 이어서 남쪽으로 진군했는데, 그곳에는 명나라의 보병과 그 동맹인 조선군으로 이루어진 나머지 병력이 푸처富車에서 주둔하고 있었다. 명은 패배했고, 조선군은 만주군에 항복했다.

상황이 만주군에게 유리하게 전개되었던 이유는 대체로 명 왕조의 통치가 휘청거렸기 때문이다. 명 왕조는 몽골족의 원 왕조를 전복하며 상당히 활기차게 시작되었으나, 시간이 지나자 쇠퇴해버렸다. 특히 두 명의 황제, 가정제嘉靖帝(재위 1522~1566년)와 만력제萬曆帝(재위 1573~1620년)는 정치적 생활에서 손을 떼고 국가의 통치에 실질적으로 참여하지 않았으며 통치는 환관들이 주로 통제하는 관료제에 맡겨졌는데, 대부분의 환관들은 자신의 사적 이익에 따라 행동했다. 가정제의 치세에는 몽골족의 침입과 왜구의 해적질이 두드러졌고, 환관의 정치적 권력은 특히 만력제의 재위 동안 강해졌다. 1620년, 친계제天啓帝가 만력제를 계승하였지만, 황제는 자신의 권위를 위충현魏忠賢에게 위임했다. 이 자는 특히 사악한 환관으로 유명했다. 천계제의 죽음으로 숭정제崇禎帝가 제위에 올라 위충현을 처형하자 그런 상황은 어느 정도 고쳐졌지만, 만력제 아래서 일어난 문제들을 처리하기에는 역부족이었다.

더욱이 만주족은 그 자체만으로 위협적인 존재였을 뿐 아니라 그들을 견제하기 위해 명나라는 군대의 상당 부분을 북쪽에 주둔시켜야 하는 바람에, 실정과 과도한 세금, 그리고 나쁜 날씨로 인한 기근 때문에 일어난 명 내부의 반란을 진압할 군대가 없었다. 만주족 세력은 계속해서 강해졌고, 그들의 영향력은 동부 몽골까지 미쳤다. 1624년 코르친 몽골족의 칸이 만주족에게 항복했고, 그의 백성들이 편입되어 기로 조직되었다. 1626년 누르하치가 사망할 때쯤 만주족은 대단히 효과적인 군사 국가를 확립했다.

1619년의 대출정에 관해서 말하자면 싱징 방어를 포함하는 주요 전투는 모두 단 닷새 동안 벌어졌는데, 이는 만주군의 놀라운 속도와 기동성을 보여준다. 명군이 입은 손실은 막대했다. 명나라 기록에 따르면 300명의 장수들을 포함하여 4만 5천 명이 죽었다고 한다. 이외에도 말, 낙타, 갑주, 무기, 그리고 대포의 손실도 있었다. 전리품은 셀 수 없을 정도였다고 한다.[5] 명나라의 심각한 패배 후 한 달이 지난 뒤 만주군은 명나라의 최북단인 카이위안開原을 향해 진군했다. 마림이 그 도시의 4개 성문 각각의 바깥에 병사들을 배치하여 방어했지만, 누르하치는 동문을 집중적으로 공격하여 명군을 성안으로 몰아넣었다. 명군이 성안으로 후퇴할 때 만주군 일부는 성문을 통해 그들을 따라 들어갔고, 다른 자들은 층계 사다리를 이용했다.

1621년, 매우 유능한 한족 장수 웅정필熊廷弼이 만주군을 전담하는 장군으로 임명되었다. 웅정필은 랴오둥성遼東城의 수도인 랴오양遼陽으로 가서, 눈 내리는 겨울 날씨에도 그 지역을 방어할 계책을 마련하기 위해 시골과 마을들을 돌아보았다. 웅정필은 만주족의 수도인 싱징으로부터 하루 동안 말을 달리면 도달할 수 있는 거리에 위치한 6개의 중요한 통로를 지키도록 18만 명의 군사를 배치했다. 각 부대의 병사들은 공격을 받으면 서로를 지원해야 했으며, 정찰을 하기 위해 순찰대가 끊임없이 파견되었다. 웅정필은 야전군을 창설하여 여러 방향에서 국경 지방에 접근함으로써 만주족 국가를 위협했다. 그의 전략은 주로 방어 위주였지만 현명하고 효과적이었다. 그는 성벽을 다시 쌓았고, 그 지역에 사람이 살도록 권장했다. 2년 동안 누르하치는 명을 침입하지 않았다.

그러나 웅정필의 직위는 그가 국경을 안정시켰다고 해서 안전하지는 않았다. 환관들은 그가 충분히 공격적이지 않다고 끊임없이 비판했고, 마침내 그는 타의로 지휘를 포기하지 않을 수 없었다. 그러나 천계제는 웅정필의 행동을 조사하도록 명했고, 결국 웅정필은 결백이 증명되어 복권되었다. 그러는 동안 랴오둥 지역은 원응태袁應泰가 책임자로 있었는데, 그는 유능한 관리였지만 까다로운 군사 문제를 다루기에는 적합하지 않았다.

당시 동부 몽골에 기근이 발생하여, 많은 몽골인들이 먹고 살 수 있도록 명나라 안으로 들어갈 수 있게 해달라고 요청했다. 원응태는 그 몽골인들이 만주족의 부하들이 되지 않을까(만주족은 몽골까지 지배를 확대하고 있었다) 하는 생각에 그들을 받아들이기로 합의했다. 몽골인들은 얼마 안 가 함께 살게 된 한족들을 못살게 굴었으며, 그 한족들은 자신들을 보호해 줄 수 있을 것으로 판단한 만주족과 연락을 취했다. 누르하치는 곧 그 한족들을 랴오둥의 제5부대로 쓰기 시작했다. 누르하치는 랴오양을 취하려는 의도를 가지고 있었으며, 그에게 대단히 좋은 기회가 왔다. 웅정필은 재직 중의 행동에 대해 조사를 받는 동안 가택에 연금되어 있었으며, 명군은 대부분 철수했고 농부들은 원응태의 통치에 불만을 품고 있었다.

1621년 3월, 만주군은 국경 도시인 선양瀋陽을 향해 진군했다. 선양은 공성에 대비하여 해자를 망처럼 성 주위에 팠고, 방어 시설을 에워싸는 울타리를 세웠다. 울타리 내부에는 대포와 방패, 그리고 군사들을 위치시켰다. 그러나 그곳을 지키고 있던 하세현賀世賢은 유능한 지휘관이 아니었다.

공성은 유목민의 기본 전술인 매복의 특징을 띠고 시작되었다. 하세현은 일단의 소규모 만주군 척후병들을 발견하자 천 명의 기병을 거느리고 그들을 추격했다. 만주 척후병들은 명군을 유인하여 매복에 걸리게 했지만, 하세현은 퇴각하는 동안 명예롭게도 자신의 부하들을 보호할 수 있었다. 명군은 만주군을 견제하기 위해 계속 방향을 바꿔가며 선양으로 돌아왔지만, 그들을 맞이한 것은 누르하치가 그 도시를 포위 공격하기 전에 보낸 한족 도망자들이 파괴한 해자 위의 다리뿐이었다. 명군을 구하기 위하여 성에서 병력이 출격했지만, 병력은 패배당하고 지휘자는 살해되었으며 도시는 점령당했다. 선양을 구조하러 파견된 군대는 훈허 강 여울에서 공격당하여 많은 병사들이 익사했다. 두 번째 군대도 패배했고 3천 명이 살해되었다. 1625년 누르하치는 선양을 수도로 삼았고, 만주족 국가는 그 수도를 중국에 점점 더 가깝게 옮기고 있었다.

그럼에도 고집스럽게 명나라는 만주족에 대처하기 위한 군대를 조금씩 보냈으며, 퉁중궤이(광닝총병 장승음張承蔭을 착각한 듯함-옮긴이)가 이끄는 만 명으로 구성된 세 번째 선양 탈환군은 훈허 강 강둑에 군영을 설치했고, 지방 관리 휘하의 3천 명 병력이 그에 합류했다. 그 지방 관리는 군영을 설치하기 위해 부하들을 이끌고 먼 둑으로 갔지만, 일이 다 끝나기 전에 돌연히 공격을 받았다. 그 관리는 살해되었지만 나머지 부하들은 강을 건너 퉁중궤이(장승음)의 군영으로 도망해 돌아왔다. 그 후 명군에 대해 수적으로 서너 배 우세를 보인 만주군이 군영을 신속하게 포위했다.

명군은 만주군에 대해 대포를 사용하여 좋은 효과를 보았지만 결국 화약이 떨어져 더 이상 사용할 수 없었고, 그때 만주군은 그들의 군영에 접근하여 화살을 빗발치듯 쏠 수 있었다. 퉁중궤이(장승음)와 일부 군사들이 군영으로부터 돌진해 싸우다 죽었지만, 나머지 군사들은 랴오양으로 퇴각했다. 원웅태는 바야흐로 그 지방의 수도 자체를 직접적인 공격으로부터 방어하지 않으면 안 되는 어려운 입장에 빠졌다. 그는 해자에 물이 넘치게 하고 만주군을 향해 진격했지만, 패배해 다시 도시로 돌아왔다. 명군과 만주군 사이에 격렬한 싸움이 있었지만 만주군의 좌익이 명군의 포연으로 인해 발각되지 않고 사다리를 사용하여 성벽의 일부에 올라갔다. 싸움은 밤새도록 계속되었고, 아침에 도시는 점령되었다. 원웅태는 성문 위의 탑으로 올라가서 그곳에 불을 지르고 뒤따라 자살했다. 많은 관리들도 자살했지만, 다른 많은 자들은 '변발', 즉 만주족의 땋아 늘인 머리를 받아들였다.

만주족에게 항복한 자들은 충성의 표시로 머리카락을 깎아 머리 뒤쪽에서 변발로 땋아 늘였는데, 이는 명의 정복부터 1912년 왕조의 멸망까지 전 중국에서 복종의 표시였다. 거기다 만주군이 서문을 통해 그 시로 행군했을 때 그들은 '황제 폐하 만세'라는 함성으로 환영을 받았다. 사람들은 자신들이 가진 가장 화려한 옷을 입었고, 그곳은 음악과 향기와 깃발들로 가득 차 있었다. 랴오둥 지방의 한족들에게 만주족의 별은 욱일승천의 기세로 올라가고 명 왕조는 갈 데까지 갔다고 보였을 것이다. 랴오양의 점령은 랴오둥 영역의 최종적인 정복을 의미했다. 이 손실은 만주족의 무력에 의한 것이라기보다는 명나라의 무의미하고 자기 파괴적인 정치적 내부 투쟁의 결과였다. 유능한 자의 지휘를 받는다면 명군도 국경을 지킬 수 있다는 것은 이전에 밝혀졌었다.

그러나 랴오둥을 지키는 일은 만주군에게도 어려운 것이었다. 한족은 곧 자신들이 야만인이라고 여기는 만주족 치하에서 반항적이 되었고, 결국 누르하치는 사람들을 한 도시에서 다른 도시로 이주시켰으며, 심지어 해안가에 사는 사람들을 내륙으로 재정착시켰다.

한편 어느 정도 분별력을 되찾은 명나라 조정은 랴오양이 함락된 후 웅정필을 그 지방의 장군으로 복직시켰다. 그러나 환관들은 여전히 그를 좋아하지 않았고, 그가 군대를 거느리지 못하도록 손을 썼다. 그럼에도 웅정필은 랴오허遼河 강으로 갔고, 그곳에서 그 지역의 명군 지휘관인 왕화정王化貞이 병력을 6개의 군영으로 나누어놓았다는 것을 알았다. 웅정필은 만주군이 매우 신속하게 공격하는 데다 얼어붙은 랴오허 강을 건널 수 있기 때문에, 그곳의 명군이 서로 지원할 수 있기 전에 철저히 패배당할 것이라고 생각했다. 그는 모든 부대를 하나로 집중시키고 정찰대를 보내 그 지역 전체를 정찰하도록 해야 한다고 주장했다. 그러나 왕화정은 그 권고를 무시했다.

만주군은 물론, 웅정필이 예측한 대로 랴오허 강을 건넜다. 만주군은 왕화정이 2개의 지원 부대를 보낸 마을을 공격했다. 그중 한 부대의 지휘관 손득공孫得功은 자신이 이길 수 없을 것이라고 판단하고 만주군에게 도망쳤다. 누르하치는 그의 도망이 알려지기 전에 서둘러 손득공을 광닝廣寧으로 보냈다. 광닝은 바로 왕화정이 지휘했고, 손득공이 그의 부관으로 있던 곳이었다. 그 한족 반역자는 광닝으로 들어가서 만주군이 어느 때라도 공격할 것이며 모든 사람은 각자 자신의 안전을 도모해야 한다고 말함으로써 공황 상태를 유도했다. 왕화정은 그 소식에 용기를 잃고 한 쌍의 하인들을 거느리고 전속력으로 말을 달려 도망쳤다. 배신과 도주로 지휘관들이 없어진 그 성시는 쉽게 점령되었으며, 만주족이 오자 손득공은 직접 그들을 위해 성문을 열어주었다.

왕화정은 웅정필의 군영으로 도망갔지만, 웅정필에게는 겨우 5천 명의 부하들만이 있을 뿐이어서 그를 위해 아무것도 할 수 없었다. 웅정필은 비축물을 태우고 만리장성 이남으로 피신하는 백만 명의 한족 행렬의 후미를 경계했다.

이후 4년 동안 명나라는 랴오허 강 서쪽의 영토 상당 부분을 탈환했던 듯 보이지만, 예상할 수 있는 대로 그 영토는 다시 만주족이 빼앗아갔다. 영토의 탈환은 그 당시 만주족이 가진 무력의 힘이라기보다는 베이징에서 이루어진 음모의 결과였다. 원숭환袁崇煥이 탈환된 영토를 유능하게 다스렸지만, 그는 환관들의 선동에 흔들린 고제高第에 의해 대체되었고, 고제는 국경을 더 남쪽으로 옮겨야 한다고 결정했다. 누르하치는 이동로에 위치한 마을들을 점령하면서 한족이 비운 영토로 이동했고, 마침내 닝위안성寧遠城(산하이관山海關 동쪽 100km 지점에 위치-옮긴이)에 도착했는데, 닝위안성은 그곳을 고수하기로 결심한 전 총독 원숭환이 지키고 있었다.

만주군은 닝위안성을 포위하고 명의 방어군이 활을 쏘고 돌을 아래로 던지는 데도 성벽을 뚫는 구멍을 파려고 시도했다. 그러나 원숭환은 훨씬 더 효과적인 무기인 대포를 가지고 있었고, 그것을 공격자들에게 사용하라고 명령했다. 대포로 인해 만주군 전체에 수백 명의 사망자가 발생했다. 아마도 그들이 흘린 핏자국이 길게 남았을 것이다. 그럼에도 만주군은 사흘 후에 다시 공격을 시도했다. 하지만 다시 격퇴당하고 포위를 풀지 않으면 안 되었다.

닝위안성을 점령하지 못한 실망으로 누르하치는 말 그대로 분을 참지 못하고 병이 났다. 이와 대조적으로 원숭환은 랴오둥경략으로 승진했다. 한편 누르하치는 칭허에 있는 온천을 찾았지만 여전히 닝위안성을 점령하지 못한 것에 괴로워하다가 1626년 9월 돌아오는 도중에 선양 외곽에서 세상을 떠났다. 그의 네 번째(여덟 번째 아들인데 저자가 착각한 듯함-옮긴이) 아들로서 총애를 받던 아바하이가 그를 계승했다.

아바하이는 자신의 아버지를 따라, 여전히 원숭환이 방어하고 있는 닝위안성에 대해 공격을 재개했다. 그러나 아바하이 역시 자신의 아버지처럼 닝위안성 함락에 성공하지 못했고, 성을 방어하던 명나라 장군을 대단히 증오하게 되었다. 원숭환의 성공은 예상할 수 있는 것처럼 환관들의 농간으로 그가 자리에서 밀려나는 것으로 이어졌지만, 얼마 안 가 명나라 천계제가 사망한 뒤 그의 후계자인 마지막 황제 숭정제가 왕위에 오르자 그를 복직시켰다.

1627년 만주군은 조선을 정복하고, 그로부터 2년 후에 만리장성 이남에 대해 최초의 대규모 습격을 감행했다. 1629년, 아바하이는 우선 길이 더 용이한 몽골의 영토를 지나서 베이징을 직접 공격하기로 마음먹었다. 4기들이 베이징 북쪽의 퉁관潼關 고개를 지나간 반면, 다른 4기들은 몽골의 지원군과 함께 북동쪽의 룽징관龍井關을 지나갔다. 모든 기들이 한준왕(준화遵化를 잘못 표기한 듯함-옮긴이) 성벽 아래에 다시 집결했다. 명나라의 수많은 도망자들이 그들에게 합류했는데, 이는 명나라를 위해 목숨을 바치고 싶어 하지 않던 일반인 정서를 현저하게 보여주는 징후였다. 그다음에 만주군은 두 성을 점령하고, 평소처럼 따로따로 행동하는 일련의 명나라 군대를 철저히 격파하면서 진격했다.

이 침입에 대응하여 원숭환은 자신이 모을 수 있는 군사를 모두 거느리고 베이징으로 달려갔다. 아바하이는 베이징의 남쪽 난하이쯔南海子로 진격하여 그곳을 자신의 거점으로 사용했다. 아바하이는 명나라 수도를 공격했지만, 자신의 부하들을 거느리고 샤호문(광거문廣渠門을 착각한 듯함-옮긴이) 밖에 진을 치고 버티고 있는 원숭환을 이길 수 없었다. 그럼에도 아바하이가 얻은 게 있었다. 원숭환은 자신들이 만주족의 포로로 잡혀 있을 때 그가 배반할 것이라는 말을 들었다는 두 명의 환관들의 증언 때문에 처형당했다. 물론 그 두 환관의 말은 사실이 아니었다. 만주족이 일부러 환관들이 그러한 거짓말을 듣도록 한 것에 불과했지만, 결과적으로 그 명나라 장군은 죽었다. 이에 이어 명나라 깃발 아래 명나라 군사의 복장을 한 만주군이 베이징 외곽의 명나라 군영 중 하나를 공격했다.

그러나 아바하이는 여전히 그 도시를 함락시킬 수 없었기에 결국 공성을 풀고 철수하는 도중 다수의 성시들을 점령했다. 그 성시들 중의 하나가 융핑永平이었는데, 그곳에서 아바하이는 그곳과 란저우灤州 같은 다른 점령된 성시들을 지키도록 자신의 사촌 아민에게 5천 명의 병력을 주어 지휘하게 했다. 명나라 대군이 곧 란저우를 포위 공격하기 위해 진격하자 만주의 방어군은 융핑으로 도주했는데, 그곳에서 아민은 이상할 정도로 당황했다. 그는 자신 휘하의 모든 수비군을 모으고 탈영병으로서 자신에게 귀순했던 명나라 병사들을 모두 죽이고 자신의 부대 후미를 보호하지 않은 채 북쪽 선양으로 도주했다. 그의 부하들은 도주하다 거의 죽고 얼마 살아남지 못했다.

아민은 재판을 받고 열여섯 가지의 죽을 죄를 저질렀다는 유죄 판결을 받았지만 그의 지위로 인해 처형은 면했다. 그 대신 아민은 모든 재산을 잃고 종신형을 선고받았다. 그의 부하 장수들은 가혹하긴 해도 보다 가벼운 형을 받았다. 아바하이는 물론 한족 추종자들을 살해한 것이 자신이 투항시키고 싶어 하는 바로 그 사람들을 멀어지게 하기 때문에 특히 위험하다는 것을 알고 있었다. 또한 그 비참한 후퇴로 인해 유목민의 방식으로 자신들이 승자라고 간주하는 사람들과 부족을 따르는 경향이 있는 몽골족 같은 외부 추종자들에게 만주족이 결코 매력적으로 보이지 않으리라는 것을 정확히 알고 있었다.

만주군의 위협에 자극 받아 명나라는 심지어 곤살보 테이헤라 코레아 선장 휘하의 포르투갈군의 도움을 받기로 합의하기까지 했지만 광둥廣東 상인들의 반대 때문에 서양의 병력은 전투도 못 해보고 떠나버렸다. 광둥 상인들은 포르투갈인들이 대포와 화기를 사용하여 만주족을 방어하는 데 성공하면, 교역상의 양보를 받아내게 되어 자신들이 손해를 보게 될 것이라고 두려워했다.

1631년, 만주군은 '천우조위대장군(天佑助威大將軍, 하늘이 돕고 경외감을 일으키는 대장군. 일명 대장군포. 대장군포는 16세기 전반, 포르투갈 상인들이 명에 전해준 불랑기포佛狼機砲 가운데 제원이 큰 것을 가리킴-옮긴이)'이라고 이름 붙인 자신들의 최초의 대포를 쏘았다. 그들은 한족이 대포를 빨갛게 칠하는 관습을 따라 '홍이포紅夷砲(빨갛게 칠해서가 아니라 서양인이 만들었다고 그렇게 불렸음-옮긴이)'라고 불렀던 다수의 명나라 대포들을 이미 손에 넣었었다. 그들은 곧 진저우錦州 동쪽 다링 강大凌河에 위치한 명군의 요새를 공격하는 데 그 '장군(대포)'을 사용했다. 거기서 조대수祖大壽 장군은 그 지역을 장악하고 국경 지방을 통제할 수 있도록 요새를 건설하고 있었다. 만주군은 선양에서 서쪽으로 행군하여 랴오허遼河 강을 건넜고, 몽골족 지원군과 합류했다. 명군의 군영이 아직 완성되지 않았지만 아바하이는 그곳으로 돌진하기보다 포위하는 게 낫다고 생각했다. '장군(대포)'은 요새로 접근하는 길을 장악하도록 설치되었다. 포위는 두 달 동안 지속되었고, 그동안 만주군은 명나라 구원군을 물리쳤다. 마침내 굶어죽을 지경까지 이른 조대수는 만주군에게 귀순하는 것처럼 가장하고 항복했다. 영악한 그 장군은 자신을 가족이 있는 진저우로 보내주면 거기서 만주군의 앞잡이 노릇을 하겠다고 제안했다. 그러나 일단 진저우에 가자 조대수는 명나라에 대한 충성심을 다시 보였다.

한편 명나라에는 반란이 일어나서, 반역자 이자성李自成이 1633년경에 한 계곡의 위쪽을 지배했다. 부농의 아들인 이자성은 명나라의 과도한 세금에서 가난한 자들을 보호하겠다고 말했다. 장헌충張獻忠이라는 또 다른 반역자도 봉기했는데, 그는 잔인함으로 인해 '황호黃虎'라고 알려졌다.

상황은 만주족에 유리하게 빠르게 전개되었고, 1635년 그들은 '만주'라는 이름을 취했으며, 같은 해에 마침내 몽골을 자신들의 영토로 통합했다.

1636년 만주족은 황허黃河 강 서쪽의 귀화성歸化城(네이멍구內蒙古 자치구의 주도인 후허하오터呼和浩特의 옛 이름—옮긴이) 지역에서 일어난 몽골족의 반란을 진압했고, 이어서 겨울에 몽골을 지나 산시성山西省을 침입했으며, 1637년 여름과 겨울에 다시 침입을 했다. 몽골을 지나는 그 경로는 중요했다. 왜냐하면 만리장성이 바다와 만나는 산하이관(山海關, 중국 허베이성 북동단에 위치한 군사 · 교통상의 요지. 베이징 동쪽 300km—옮긴이)이라는 성은 너무 방비가 잘 되어 있어서 아무리 명군의 방어가 신통치 않을지라도 만주군이 그 길을 통해 명나라로 들어갈 수 없었기 때문이었다.

만주군은 1638년에 다시 아바하이의 형제들인 도르곤(多爾袞, 누르하치의 열네 번째 아들—옮긴이)과 욜로岳托의 지휘를 받는 두 부대로 몽골을 통과하여 명을 공격했다. 욜로는 키와 랴오(만리장성 북동 즈리直隸와 지금의 랴오시遼西의 일부)를 방어하는 명군을 물리쳤고, 한편 도르곤은 만리장성의 취약한 부분에 구멍을 뚫고 그 안쪽 지역으로 돌입했다. 만주족 부대들은 베이징에서 멀지 않은 퉁저우通州에서 합류하여 추저우楚州로 행군했고, 그곳에서 8개의 부대로 나뉘어 별도의 경로로 이동했다. 만주군은 이미 반란군과의 싸움에서 사상자가 나는 등 피해를 입은 소규모의 명나라 병력과 마주쳐서 어렵지 않게 그들을 격퇴했다. 그다음에 만주군은 어떠한 명군이라도 자신들에게 접근하는 것을 늦추게 하기 위해 후위를 두었고, 나중에는 시골 지방을 더 잘, 그리고 더 철저하게 약탈하기 위해 수많은 무리로 나뉘어졌다.

한편 명군은 만주족의 위협에 점점 더 대처할 수 없게 되었다. 그들은 많은 군사들과 위신을 잃었고, 몇몇 성들에서는 반란이 공공연히 일어났다. 만주군은 재빠른 습격자라는 천부적인 이점을 가지고 있었기 때문에, 그들은 자신들에게 유리한 때와 장소에서 공격할 수 있는 능력이 있었고 성공을 확신할 수 있었다. 그리고 만주군이 그렇게 하면 할수록 그들의 적은 더 약화되었으며, 그들의 성공 확률은 더 높아졌다.

1639년 진저우의 포위 공격을 포함하여 명나라에 대한 침입이 뒤따라 더 일어났다. 진저우 공략에서 그 외성은 명나라의 녹을 받던 몽골인의 배반으로 점령되었지만, 내성인 성채는 강력한 지휘관 아래서 계속 저항했다. 한편 당시 키와 랴오의 총독인 홍승주洪承疇와 8명의 장군들에게 지휘를 받는 구원군이 파견되었다. 홍승주는 자신의 군대를 나누지 않고 신중하게 전진할 만큼 현명했지만, 그의 바로 아래 직책에는 운 나쁘게도 병조兵曹에서 파견된 관리 장약기張若麒가 있었는데, 이 장약기의 일은 홍을 간섭하는 것이었다(장약기는 홍에게 속전속결을 강요했다—옮긴이). 그 자는 책략을 써서 홍이 다른 부대로 하여금 후미에서 비축물을 방어하도록 한 반면, 자신의 군대 일부를 전위대로서 만주족을 향해 보내도록 자극했다. 만주군은 그들의 전열 내부로 휩쓸고 들어와 방어군을 패배시킨 후 식량을 차지했다. 식량이 없자 전위대는 만주군들이 예상했던 대로 후퇴하지 않을 수 없었고, 후퇴는 질서 있게 시작했지만 만주군의 괴롭힘과 매복 습격을 받아 타산塔山의 요새에 도착했을 때에는 난장판이 되었다.

투샨에서 닝위안성으로의 두 번째 행군은 그 군대의 완전한 괴멸로 귀착되었다. 그다음에 진저우가 함락되었다. 그후 만주군은 숭산松山과 타산을 무너뜨리고, 닝위안성의 사령관 오삼계吳三桂를 효과적으로 명나라 국경에 묶어두게 되었다.

한편 1641년, 반역자 이자성은 랴오양遼陽을 점령하고 많은 추종자들을 모으기 시작해서 1643년에는 후난성湖南省과 산시성을 지배했고, 명 왕조는 급격히 쇠퇴하고 있다고 당연하게 여겨졌다. 이자성은 나아가 카이펑開封과 중국의 고대 수도인 시안西安을 점령했지만, 명나라는 그에 대항하여 변변한 군대를 배치할 수 없었으며, 왕조는 곧 멸망하리라고 예상되었다. 이자성은 새 왕조의 출발을 공표하기 위해 베이징으로 행진했고, 숭정제는 자금성 정원에서 나무에 목을 매어 죽었다.

이자성이 도착하자 일이 계획대로 잘 진행되지만은 않았지만, 명의 조정은 대체로 그를 새 황제로 인정했다. 만주족은 곧 한족의 희생으로 자신들의 이익에 도움이 되는 기회를 한 번 더 가지게 되었다.

닝위안성의 성주이자 북부에 있는 명나라 최후의 유용한 병력의 사령관인 오삼계는 이자성에게 충성을 선언하는 문제에서 망설였다. 숙고한 끝에 그는 만주군의 도움을 받으면 자신이 직접 베이징을 점령할 수 있다고 판단했다. 만주군은 기꺼이 호의를 보였다. 오삼계는 그들에게 국경을 열어주었고, 1644년 한족과 만주족 연합군은 수도를 향해 진군했다. 이자성의 군대는 패배하고, 베이징은 점령되었다. 그러나 그들에게 감사를 표했을 때 만주군은 물러나기를 거절하고 그 기회를 이용하여 수도를 점령했다. 그들은 아바하이의 미성년 아들인 순치제順治帝(재위 1643~1661년)를 제3대 황제로 세웠으며, 순치제가 베이징으로 천도하여 중국을 지배하기 시작했다. 오삼계는 그들의 부하로서의 지위를 받아들여야만 했고, 쓰촨성四川省과 윈난성雲南省의 총독이 되어 자신의 군대를 해체하도록 요구받을 때까지 오랫동안 거의 독립적으로 그 지역을 다스렸다. 오삼계는 1678년 자기 자신을 황제로 선포했지만, 그다음 패배당하고 살해되었다. 한편 '황호' 장헌충은 청두成都(쓰촨성의 성도省都-옮긴이)를 수도로 삼아 남서쪽에 자신의 국가를 세웠지만, 그 역시 중국의 나머지 지역이 얼마 안 가 그랬듯이 만주족에게 멸망당했다.

만주족의 궁극적인 성공은 부분적으로는 그들의 속도 전술과 기회를 잘 이용하는 전략 덕분이었지만, 그만큼 심각했던 명나라의 내부 분열에 따른 결과이기도 했다. 그들이 전례 없이 권력을 성공적으로 유지할 수 있었던 것은 중국 이외의 광대한 영토를 지배했던 몽골족과 달리 다른 곳에 관심을 두지 않았기 때문이었다.

결론

초원의 전사들은 35세기에 걸쳐 존재했으나 영원히 지속될 수는 없었다. 시간이 지나자 화기는 더 이상 활에 비해 열등하지 않게 되었으며, 더욱이 그것을 숙달하는 데 필요한 기술이 훨씬 더 적게 요구되었다. 게다가 기수는 머스켓 총병이나 사수들에게 커다란 목표가 되어서 기수가 명중되면 그 자신이 전투에서 빠져야 하며, 그의 말이 명중되는 것도 기마궁술의 관점에서 볼 때 마찬가지로 심각한 일이다. 대항 훈련을 받은 군사들의 연속 사격이나 야전 포병대가 쏘는 약간의 포격도 기마병 부대를 패주시킬 수 있었다.

"승리의 뒤처리를 하고 군대가 재편성되는 것을 막는 것이 기병대의 일이다."라는 나폴레옹의 말에서 알 수 있듯이 화약으로 인해 기병대의 유용성은 크게 제한되었다. 나폴레옹은 기병대의 목표는 승리를 획득하는 것이 아니라 그것을 이용하는 것이라고 명백하게 진술하고 있다. 화기가 개선되면서 그것마저도 불가능해졌다. 미국의 남북 전쟁 중 가장 유능한 기병대는(마치 반세기 전의 용기병처럼) 이동하기 위해서는 말의 속도를 이용하지만 싸우기 위해서는 말에서 내리는 기마보병으로서 구실을 했다. 제1차 세계대전 무렵에는 기병대는 정찰활동에서조차 비행기로 대체되었다. 결국 기술과 화약으로 인해 기병대는 무용지물이 되었으며, 초원의 기마 전사가 주던 위협은 제거되었다. 유목민과 정주민의 투쟁은 결국 후자의 승리로 끝이 났다.

그러나 이 일이 있기 전까지 뒤로 휜 활로 무장하고, 여러 필의 갈아탈 예비 말을 가지고, 강인하고 거친 털을 지닌 조랑말을 탄 강인한 사람은 그들의 정주민 이웃들에게는 비교도 할 수 없을 정도로 위협적인 존재였다. 그들은 우두머리들에게 복종했고, 전쟁터에서는 전술적인 기동 작전에 능했으며, 매우 효과적인 무기로 무장했고, 대단히 먼 거리를 신속하게 갈 수 있었고, 강인했으며, 눈도 깜짝하지 않고 사람을 죽일 수도 있었다. 오랫동안 정주민들은 그들이 스키타이족, 훈족, 아바르족, 마자르족, 몽골족, 투르크족, 또는 타타르족이든 상관없이 이들 유목민들의 침략을 억제하려고 애를 썼다. 군사적 관점에서 볼 때 그들의 이름이나 인종은 중요하지 않다. 헤로도토스와 암미아누스 마르켈리우스로부터 기욤 보플랑에 이르기까지 그들에 관한 묘사는 마치 동일한 사람에 관한 것이라고 할 수 있을 정도를 비슷하기 때문이다. 어떤 점에서 그것은 동일한 사람에 관한 묘사다.

그것은 자연 현상처럼 시간이 흘러도 변함이 없는 전사에 대한 묘사였다. 그들의 적수는 그렇지 않아서 페르시아인과 로마인, 로마인과 프랑크인, 프랑크인과 아랍인은 뚜렷이 다르다. (몇몇 초원의 종족들이 그랬듯이) 그들 모두 언어가 달랐을 뿐 아니라 문명화된 도시를 중심으로 하는 문화적인 무수한 측면에서, 단지 약간의 차이를 언급하더라도 의복, 종교, 신화, 풍습, 예술 그리고 건축에서 차이를 보였다. 그러나 생존이 가장 기본적인 문제이며, 살아남기 위해 같은 도구들이 사용되어야 하고, 같은 동물들을 이동시켜야 하고, 동일한 이주를 해야 하는 초원에서는 차이점들이 없어졌고, 초원의 전사는 특정한 혈통이 무엇이든 순수하고 거의 불변의 전형으로 인정되었다.

거의 자연적인 힘에도 불구하고, 일부 정주민들이 군사기술 분야에서 유목민들의 기술을 접하고 배운 흔적이 보이고 있다. 유목민들이 주로 군사 분야에서 탁월했기 때문에 이것은 충분히 예상된 일이었다. 비잔틴 기병은 잘 무장한 훈족처럼 무장해 동서 로마군에서 오랫동안 복무했었던 훈족을 상기시켰다. 타타르의 멍에 하에서 러시아 군대는 몽골군을 닮아가서 군인들은 전부 말을 타고 활로 무장하였으며, 몽골 군대가 미신을 신봉하던 이유로 그랬듯 그들의 군대 또한 우익을 우선했다. 러시아인들이 타타르식 장비를 착용하고 토크타미시와 함께 사마르칸트의 티무르와 싸우기 위해 남쪽으로 말을 타고 달리는 것이나 혹은 후에 그들 스스로가 킵차크 타타르인들과 싸우는 모습을 상상해볼 수 있다. 더 나중에 폴란드의 경기병은 자신들이 싸웠던 타타르족처럼 활과 기병도, 그리고 가볍고 자루가 긴 전투용 도끼로 무장했다.

수 세기 전에 호라즘 샤 무하마드 2세는 칭기즈 칸과 비슷한 군대를 이끌고 그와 맞서 싸워야 했지만 완전히 실패했다. 무하마드는 칭기즈 칸이 가지고 있지 않았던 어려움에 직면했다. 그것은 그의 백성들과 군대 사이에 적의로 야기된 가볍지 않은 내부의 불화였다. 그는 어디서 나타날지 모를 공격자들로부터 그의 영토를 방어해야 했다. 더욱이 몽골군이 중국을 정복하면서 새로운 공성 기술을 습득하게 되었으므로 그는 성벽에 의존해 백성들을 보호할 수 없었다. 몽골군이 도시를 점령하고 뭉쳐 사는 정주민들을 위협할 수 있게 됨으로써 민간 인구에 대해 계산된 공포를 널리 이용할 수 있게 되었는데, 이는 방어전을 하고 있던 무하마드가 비록 보복을 할 마음이 있었더라도 그렇게 할 수 없게 만들었다. 동일한 무기와 기술로 싸운다는 것은 적어도 그의 경우에 충분치 않았다. 단결, 공포 그리고 이동의 자유로 인해 유목민들이 유리했다.

기이하게도 어쩌면 초원이 서양에 끼친 가장 중요한 군사적 영향은 말을 타고 벌이는 충격 전투를 채택한 것이었는데, 이는 초원 전투의 주요 양상인 기마궁술에 비해 정말 사소한 것에 불과했다. 그것은 사르마티아족으로부터 마침내 서유럽에 그들 자신의 왕국을 세우기 전까지 초원에 머물며 떠돌던 게르만족에게 남겨진 유산이었다. 그 게르만인들은 스칸디나비아에서 흑해의 초원까지 떠돌았고, 그 200년 동안 사르마티아족으로부터 배웠다. 그들은 엄밀히 말하면 초원의 종족이 아니었지만 창을 사용하여 싸우고 행군하는 동안 가족과 재산을 마차에 싣고 다니는 기마 전사들이었다. 그들이 대초원으로부터 차용한 중무장을 한 채 말을 타고 하는 전투는 기사의 발전에서 초기 단계였으며, 갑주를 걸친 기사가 흔히 마갑을 갖춘 말을 타고 창과 검을 사용하여 치르는 접근전에 의존하는 것은 거의 천 년에 걸쳐 지속되었다.

완전히 갑주를 착용한 서양의 기사는 사르마티아족의 직계 후손이며, 그들은 여러 세기 동안 사르마티아족의 방식처럼 싸우다가, 마침내 15세기에 창으로 무장한 훈련된 보병과 석궁과 권총으로 인해 중심 역할을 잃었다. 어째서 그것이 초원의 주된 전투방법이 아니었는지는 명백한데, 그것은 일반적으로 열린 공간에서는 경험적으로 밝혀진 것처럼 효과적이지 못했기 때문이었다. 수 세기에 걸쳐서 서양의 기사들은 전투에서 시종일관 허를 찔리며 처참하게 패배했는데 엄청난 돌격이라도 그냥 서서 당하고만 있지 않은 적에게는 감행할 수 없었기 때문이다.

초원의 전사들이 대부분의 정주민 적보다 명백히 우세했지만, 그래도 유럽은 적어도 초원의 세력에게 실제로 정복당한 적은 없다. 몽골족은 어쩌면 그들 내부의 정치적인 문제가 없었다면 유럽을 정복했을지도 모른다. 하지만 초원의 전사는 자신이 처한 환경에 의해 형성되고 그에 어울리는 환경의 산물이었다. 따라서 그는 그 환경의 제한을 받았다. 각 전사에게 보통 세 마리, 적어도 두 마리의 말이 필요하니 초원의 군대가 얼마나 많은 수의 말을 필요로 했는지를 생각해보라. 한 군대에 사람의 식량이 되는 소 떼와 양의 무리 외에도 쉽게 10만 마리의 말들이 있을 수도 있었으며, 그 동물들에게는 많은 양의 목초가 필요했다. 대초원이 유럽으로 뻗어나간 헝가리에는 목초가 충분했을지 모르나 더 멀리 서쪽으로는 그렇지 못했다. 유목민 무리는 그들의 동물들에게 목초 대신 곡식으로 먹이를 줄 수 있었으나, 정복 후에는 그들이 통상적으로 보유하는 숫자의 말들을 유지하기가 어려워진다.

13세기에 유럽 정복이 가능하지 않았다는 것이 아니라 단지 그것이 일반적으로 인식되는 것보다 더 많은 어려움을 주었을지도 모른다는 것이다. 유라시아 대륙의 먼 가장자리에 있는 지리적 위치를 차치하고라도 몽골인의 관점에서 볼 때 유럽에는 기병군의 움직임을 다소 제한하는 경향이 있는 산맥과 숲, 골짜기와 강이 많이 있었다. 중세 시대의 유럽은 몽골족이 배회하던 아시아나 중동 지역보다 일반적으로 도시가 성과 벽으로 둘러싸여 있었다. 그것은 다른 곳에 비해 유럽 사회가 일반적으로 더 군국화된 결과였다.

대초원의 전사들이 집단으로서는 개인주의적이고 명예에 사로잡혔던 중세 유럽의 기사들보다 더 나은 전사였음에도 기사는 여전히 위협적인 존재로 등장할 수도 있었는데, 특히 그들이 구릉과 삼림 지형에 있는 성에서 작전을 할 때 그러했다. 그래서 몽골군은 그 어떤 어려움도 충분히 극복할 수 있는 능력을 보여주었지만 그 장애들이 결합되었을 때 유럽은 그들에게는 덜 매력적인 표적이 되었을 것이다. 바투는 더 이상 카라코룸(그리고 제국의 투멘들)의 지원을 받을 수 없게 되자 유럽 정복이 헝가리의 재점령처럼 너무 위험하다고 판단했을 수 있다.

정주민 국가들을 위한 가장 중요한 안전 조치는 기마궁술을 채택(이것이 확실히 이집트의 술탄국을 보전하는 데 도움이 되기는 했지만)하는 것도, 성벽을 쌓는 것도 아니었다. 대초원의 전사들에게 시달리던 나라들의 최대 희망은 초원의 전사들에게 있는 가장 커다란 약점, 즉 그들의 국가, 민족, 정치조직, 또는 제국이 매우 불안정하다는 데에 있었다. 그냥 놔두면 초원의 국가는 보통 한 세대 후에 필연적으로 분열되었다.

중국인들은 때때로 초원의 군주들에 의한 통치를 보다 오랫동안 견뎌야 했지만, 그때도 초원의 유목민이 지니고 있는 두 번째의 특징, 즉 문화적인 순응성이 작용했다. 중국의 몽골족은 빠르게 중국인화되었고, 페르시아의 몽골족은 빠르게 페르시아인이 되었다. 사실 금장 호르드, 즉 킵차크 칸국은 200년 이상 러시아를 지배하였고 대초원에 남아 있을 수 있었기에 러시아 문화를 결코 수용하지 않았지만, 그 몽골인들도 결국 러시아가 다룰 수 있는 보다 작은 칸국들로 분열되었다.

더욱이 화기가 개선되면서 화약으로 인해 그들이 주었던 위협도 단기적 관점에서 무력화되었고, 그들의 국가가 지속되는 것이나 그들이 정복된 사회에 동화되는 것에 관한 장기적인 문제도 대수롭지 않게 되었다. 그때 수세를 취한 쪽은 자신에게 무관심할 수 있는, 혹은 마음먹기에 따라 자신의 땅을 착취할 수도 있는 사회들에 둘러싸인 유목민이었다. 아주 오래전 유목민이 말을 타고 활을 쏘기 시작한 이래 약탈을 당해왔던 사회가 기술로 인해 우세한 입장이 되었다. 결국 초기의 유목민들처럼 마지막 타타르족도 정주민 국가들의 가장자리에서 그 나라들을 차지한 것이 아니라 약탈하고 살았다.

옮긴이의 글

어느 화창한 날 오후, 마을은 나른할 정도로 평화롭다. 그때 갑자기 저 멀리 지평선 위로 뭉게구름 같은 것이 피어오르고 그 속에서 어떤 소리가 들린다. 그 소리는 점점 커지더니 지축을 뒤흔드는 굉음으로 변하고, 수많은 말떼가 전혀 보지 못하던 이상한 생김새의 사람들을 태우고 먼지구름 속에서 바람처럼 들이닥친다. 그리고 그들이 마을을 휩쓸고 지나간 뒤에 남은 것은 고통과 슬픔, 그리고 폐허. 소식은 정주민의 마을들로 퍼지고, 그들의 세계에 공포를 불러일으킨다.

이것이 1970년대 초 고등학교 시절 세계사 시간에 잠깐 언급되고 지나가던 스키타이, 흉노, 훈족 등 기마 유목 민족들이 내게 연상시키던 장면이다. 한때 세상을 주름잡았지만 어디에서 와서는 어디로 사라졌고 어떻게 살았는지 모호한 흔적만을 남긴 채 거칠고 호전적이라는 그 존재에 대한 아련한 기억만 남기고 사라져간, 그래서 더욱 신비로운 민족들. 신비, 잔인, 흉포함이 그들을 대변하는 단어로 내 머릿속에 남아 있다.

역사는 이미 일어난 사실이고, 후대의 우리는 유물이나 유적 등을 통해서도 가능하지만 대체로 문자로 기록된 사료를 통해 역사적 사실에 접근할 수 있다. 그런데 몽골족이나 여진족을 제외하면 고대 유목 민족들은 문자를 가지지 않았으며 기록도 남기지 않았다. 우리는 어쩔 수 없이 그들에게 공격당하고 피해를 입은 정주민(로마와 중국 등)의 사료를 통해 그들을 만나볼 수밖에 없다. 유목민은 그들의 사료에 반인반마라든지 문명과는 거리가 먼 위협적인 야만인들로 부정적으로 기록되어 있다. 마치 서부영화에서 등장하는 인디언은 야만인들로 나쁜 쪽이고 백인은 문명인들로 좋은 쪽이라는 이분법적 등식이 유목민과 정주민 사이에도 그대로 적용되어온 듯하다. 우리들 역시 대부분 그러한 이분법을 익숙하게 받아들였다.

그러나 과연 유목민이 정주민들이 이룩한 문명세계의 변두리에서 이따금 출현하여 문명세계를 약탈하고 괴롭히던 야만적이고 악한 존재였을까? 예를 들어 고도의 청동 야금술과 수공업 기술을 발전시키고, 바퀴를 이용한 운송수단과 당대에 정주민들이 사용하던 어떤 무기보다도 우수한 복합궁을 사용하였으며, 동물을 모티브로 삼은 세련된 예술양식을 지녔던 스키타이족이 과연 야만인이었나? 수많은 다른 민족을 통합하여 제국을 건설할 수 있었던 훈족이 과연 유럽인의 기록에서 보듯이 인간이 될 수 없는 악귀와 같은 야만인이었나?

이러한 의문은 모든 다른 유목 민족에게도 공통적으로 적용될 수 있다. 결국 승자로 남아 오랫동안 헤게모니를 장악했던 정주 세력이 그들과 대립하고 그들을 패배시켰던 유목 세력을 자신들의 관점에서 기록한 사료에서 전혀 왜곡하지 않았을 것이라고 믿는 것이 오히려 이상하리라. 자신들의 역사를 스스로 기록으로 남기지 못하고 흔적만을 남긴 채 항변할 기회도 없이 홀연히 역사의 무대에서 사라져간 유목 민족들에게는 그러한 역사의 왜곡이 얼마나 부당하겠는가?

아시아의 동쪽 끝에서 헝가리의 동남부 지역에 이르는 광활한 유라시아 초원에서는 고대로부터 수많은 유목 민족이 등장하고 사라져갔다. 시공을 초월하고 인종적 구별을 떠나 그들 유목 민족들의 삶의 방식은 놀라울 정도로 흡사했다. 한곳에 정착해서는 생존할 수 없었던 혹독한 자연환경에서 그들은 생존하기 위해서 이동하지 않으면 안 되었다. 물론 그들 사이에서도 그러했겠지만 정주민들의 세계와 교역을 하든 약탈을 하든 관계를 가질 수밖에 없었을 것이다. 아마 그들은 약탈을 통해 생존수단을 획득하는 것이 더 쉽다고 생각했을지도 모른다. 이동과 약탈은 그들이 처한 혹독한 자연환경에서 그들이 선택할 수 있었던 가장 최선의 생존전략이었을 것이다. 그들은 살기 위해서 숙명적으로 강인해질 수밖에 없었다. 그들의 그러한 삶은 고단했으며, 현대판 여행자처럼 낭만적으로 채색될 수 없다.

초원은 삶에는 혹독한 자연환경이었지만 말을 능숙하게 다루는 유목민들에게는 그들의 장점을 십분 발휘할 수 있는 이점도 제공했다. 초원은 유목민들에게 현대의 고속도로와 같은 역할을 했다고 해도 과언이 아니다. 초원을 한번이라도 본 사람은 즉각 알 수 있다. 그곳이 얼마나 말을 타고 이동하기 좋은 지형인지를. 그들은 먼 거리도 신속하게 이동할 수 있었고, 거리에 구애받지 않고 전격적으로 적을 기습 공격할 수 있었다. 스키타이족 전사들이나 몽골군에게 수천 킬로미터의 거리는 그들의 행동을 제약하는 커다란 요인이었다고 할 수 없다. 또 초원에서 익힌 사냥 기술은 유인, 매복, 기습이라는 전형적인 초원의 전술 바탕이 되었다. 그들에게는 복합궁이라는 성능이 좋은 무기가 있었다. 조금 과장하자면 그 활은 현대판 휴대용 미사일 발사기에 비유될 수 있을 것이다. 능숙한 기마술과 궁술을 지니고 혹독한 환경에서 살아남은 강인한 사람들은 천성적으로 뛰어난 전사가 될 수밖에 없었다. 백병전을 펼쳐야 이길 수 있는 자들이 가까이 접근하지 않고도 충분히 싸울 수 있는 자들을 상대하여 이긴다는 것은 대단히 어려운 일이다. 보병이 기동성을 갖추고 미사일로 무장한 기갑부대를 상대로 승리할 확률이 과연 얼마나 될까? 역사상 벌어졌던 정주민과 유목민 사이의 무수한 전투가 이에 대한 명확한 답을 보여준다.

내가 농담 반 진담 반으로 자주 하던 말이 있다. 고대에는 현대판 국경이라는 것도 없고, 어디 간다고 비자를 받아야 할 필요도 없었기에 어디라도 가고자 하는 의지만 있다면 비록 시간은 더 걸릴지 몰라도 오히려 현재보다 더 쉽게 이동할 수 있었으리라는 말이다. 더욱이 초원의 유목민처럼 말이라는 훌륭한 이동수단을 가지고 있던 사람들의 경우에 막힐 것 없는 초원의 길을 통해 수천 킬로미터를 이동하기란 현재 우리가 생각하는 것만큼 어려운 일이 아니었을 것이다. 사람의 이동과 함께 문화와 문명도 이동한다. 고대에 유목민들의 이동도 마찬가지였으리라. 그들은 이동을 통해 광범위한 지역에 걸쳐 문명을 전파하는 중요한 역할을 했다고 할 수 있다. 그럼에도 불구하고 그들이 세계사에 미친 영향은 정당하게 평가받아왔다고 할 수 없다.

어느 때인가부터 유목 민족에 대한 일반적인 관심과 인식에 변화가 시작된 것을 느낄 수 있다. 동기야 어떻든 보다 많은 사람들이 유라시아 초원의 주역으로서 역사의 한 페이지를 장식했던 이들 유목 민족의 역사에 관심을 갖게 되었다. 과소평가되고 소홀히 여겨지던 유목민들의 역사를 객관적으로 보다 공정하게 관찰하려는 노력들이 유물 발굴과 더불어 진행되어왔다. 아마 우리의 경우에도 근래 고구려가 재조명을 받으면서 기마민족이라는 단어 자체가 불러일으키는 어떤 향수, 자부심, 그리고 우리 조상들과의 연계 가능성 등으로 인해 유라시아의 유목민들 역사에 대한 관심이 증대되었으리라고 생각한다. 나를 포함해서 현재의 한국인들도 혈통을 거슬러 올라가다 보면 누군가는 유목민 선조와 연결될 가능성이 크다. 우리가 누구인가, 과연 어디서 왔는가 하는 것은 그 자체만으로도 흥미를 일으키는 주제가 아닐 수 없다.

이 책은 초원 지대에 등장하여 세계사에 영향을 미친 대표적인 유목 민족들에 대해 다각적인 면에서 상세하게 기술하지는 않는다. 저자는 시공을 초월하여 유목민들이 어떻게 뛰어난 전사가 되었는지, 그들은 어떠한 전술을 사용하였는지 등 오히려 군사적인 측면에 초점을 맞춰 유목민들을 관찰하고 있다. 그렇다 해도 이 책은 그들을 이해할 수 있는 배경지식을 얻을 수 있는 자료로서, 또 그들에 대한 보다 깊은 이해를 위한 길잡이로서의 역할을 충분히 할 것이다. 유라시아 유목 민족 역사에 관심을 가진 독자라면 누구라도 흥미있게 읽을 수 있고, 그렇지 않은 사람들에게는 관심을 불러일으킬 만한 책이라고 생각하고 그렇게 되기를 역자로서 바란다.

초원, 기마 민족, 실크로드…. 이런 단어들에 가슴이 벌렁거리던 범부로서 이 책을 번역하면서 스스로 공부할 기회를 가질 수 있었음은 복이었다. 이 책이 바람처럼 사는 자식 때문에 평생 마음 고생하시는 어머니의 시름을 조금이라도 덜어드렸으면 하는 바람이다. 책이 나오도록 도움을 아끼지 않은 일조각의 김시연 대표님, 조성진 편집장님, 교정을 봐준 이민정 님, 그 밖의 편집부 여러분들에게 감사드린다. 번역을 시작하도록 동기를 부여해주신 국민대학교 한경구 교수께도 고마운 마음이다.

정주민과 비교할 때 거칠었을지 모르지만 자신들이 처한 환경에서 질박하고 강건하게 살아갔던 사람들, 자신들이 신성시하는 늑대의 삶과 흡사한 삶을 살다간 사람들, 내게도 이와 비슷한 DNA를 남겨주고 홀연히 바람처럼 사라져간 사람들. 그들은 결코 열등하거나 야만적인 존재가 아니었다. 그들 모두 치열한 삶을 살다간 나의 선조들이었다. 이 책을 그들에게 바친다.

카자흐스탄 알타이 산맥 끝자락에서

채만식

저자의 감사 글

바만과 싸우는 아르다시르Ardashir fighting Bahman를 복제하도록 허락해주신 디트로이트 예술협회Detroit Institute of Arts와 베스 가필드Beth Garfield, 렘브란트의 폴란드 기사The Polish Rider를 복제하도록 허락해주신 뉴욕 프릭콜렉션Frick Collection of New York과 케이트 거로Kate Gurlow, 기욤 보플랑의 우크라이나 기술Description de L'Ukranie로부터 전재를 허락해주신 프랑스 국립도서관Bibioltheque Nationale de France, 그리고 고대 로마인의 투구 그림과 듀라 유로파로부터 중기병을 재생하는 것을 허락해주신 것과 그것이 페르시아를 대표할 것이라는 소견을 전해준 고고학자 마이클 비숍Michael Bishop에게 감사드립니다.

자료와 마이크로필름의 조사를 도와준 미시간 대학교의 대학원 도서관 직원과 수고를 아끼지 않고 원고를 검토해준 사라페돈Sarpedon의 편집장 돈 틸Donn Teal에게 특별한 감사를 드립니다.

마지막으로 이 과업에서 나를 격려해주신 모든 분, 열정을 가지고 지켜보신 부모님, 언제나 기꺼이 날 도와줄 준비가 되어 있고 응원을 아끼지 않았던 오랜 친구 스티븐 크로우Steven Crow, 그리고 기수로서 더할 나위 없이 훌륭하게 말에 대해 가르쳐준 음악가이자 간호사인 베스 맥니Beth Macnee에게 감사의 말을 전합니다.

연표

기원전

750~700년	스키타이족이 흑해의 초원에 정착함.
514~512년	페르시아 왕 다리우스 1세가 스키타이족에 대한 원정을 시도하나 성공하지 못함.
4세기	사르마티아족이 스키타이족을 흑해 초원에서 쫓아냄.
250년경	파르티아인이 초원에서 벗어나 박트리아와 과거 페르시아 영토에 제국을 건설함.
78~76년	로마군이 폰투스의 왕 미트리다테스 6세의 사르마티아 동맹군과 싸움.
54년	파르티아인이 카르하이에서 크라수스가 이끈 로마군을 패배시킴.

기원후

101~106년	로마군이 다키아 정복 중 데케발루스의 사르마티아 동맹군과 싸움.
169~175년	로마 황제 마르쿠스 아우렐리우스가 사르마티아 알란족과 록솔란족과의 전쟁에서 승리함. 그는 그들 중 많은 수를 브리튼을 포함한 제국의 일부 지역에 보조 기병으로 배치함.
350년경	훈족이 남부 러시아 초원과 헝가리 평원에 등장하여 사르마티아족, 알란족, 게르만족 중 일부는 서쪽 로마 제국으로 도망했지만 많은 수를 자신의 무리로 통합함.
378년	사르마티아의 영향을 받은 고트족 기마병들이 아드리아노폴리스

에서 동로마 제국 군대를 패배시키는 데 도움을 줌.

393년	로마 황제 테오도시우스가 내전에 훈족을 보조군으로 이용함.
395년	훈족이 페르시아를 습격하기 위해 로마 영토를 지나감.
443 또는 444년	아틸라가 훈족의 왕이 됨.
451년	아틸라가 갈리아에 침입하나 트로이에 근처에서 로마-고트족 연합군에 저지당함.
452년	아틸라가 북부 이탈리아를 습격함.
453년	아틸라 사망함.
454년	게르만 부족들이 반란을 일으켜 네다오 강 전투에서 훈족을 패배시킴. 훈족의 제국 멸망.
557년경	아바르족이 러시아 평원에 출현하여 헝가리 평원에 정착함.
587년	아바르족이 비잔틴 제국을 침입함.
601년	비잔틴 제국의 장군 프로코피우스가 아바르족을 패배시킴.
626년	아바르족이 페르시아와 합동으로 콘스탄티노플을 포위 공격하나 실패함.
634년	불가르족이 아바르족으로부터 독립하고 비잔틴 제국의 영토를 침입하기 시작함.
762년	아바르족이 콘스탄티노플을 공격하나 실패함.
788~796년	샤를마뉴의 군대가 아바르족을 격파하고 그들의 수도 링을 함락시킴.
811년	비잔틴 제국의 황제 니케포루스 1세가 불가르족과의 전쟁 중 살해당함.
899년	마자르족이 헝가리 평원에 정착함.
899~954년	마자르족이 프랑스와 북부 이탈리아를 되풀이하여 습격함.
955년	독일 황제 오토 1세가 레히펠트 전투에서 마자르족을 격파하고 그들의 침입에 종지부를 찍음.
1055년	셀주크 투르크족이 중동에 대한 지배를 획득함.
1071년	비잔틴 제국의 황제 로마누스 디오게네스가 만지케르트 전투에서 셀주크 투르크족에게 패배함. 그 결과 비잔틴 제국의 아시아 쪽 영토 대부분을 상실함.
1098년	제1차 십자군 기사들이 셀주크 투르크의 군대를 패배시키고 안티

	오크와 예루살렘을 점령함.
1160년경	테무친이 출생함.
1187년	십자군 기사들이 하틴에서 살라딘과 투르크족을 포함하는 군대에게 패배당함.
1205~1209년	테무친이 서하를 복속시킴.
1206년	테무친이 '펠트 천막에 사는 모든 사람들의 칸'이 되어, 몽골리아 전부를 지배하고 '칭기즈 칸'이라는 이름을 얻음.
1219~1221년	칭기즈 칸과 몽골군이 호라즘을 공격하여 복속시킴.
1223~1224년	몽골의 장군 수부타이와 제베가 병력을 이끌고 러시아인과 킵차크 투르크인들을 격파하면서 러시아 초원을 지나 정찰을 함.
1209~1227년	칭기즈 칸이 금나라와 전쟁을 함.
1227년	칭기즈 칸이 사망함.
1236~1238년	몽골이 러시아를 정복함. 킵차크 칸국을 건설하고 타타르의 멍에가 시작됨.
1240~1241년	몽골이 헝가리와 폴란드를 원정함.
1250년	맘루크들이 이집트 정권을 탈취함.
1258년	몽골이 페르시아를 정복함.
1260년	이집트의 맘루크 군대가 시리아의 아인잘루트 전투에서 몽골군을 격파함.
1276년	몽골의 대칸 쿠빌라이가 수도를 북경으로 옮기고 원 왕조를 수립함.
1279년	몽골이 중국을 완전히 정복함.
1336년	티무르 출생함.
1360년경	킵차크 칸국이 킵차크 칸국, 백장 칸국, 소 칸국 등 작은 칸국들로 분열됨.
1368년	몽골족이 한족에 의해 중국에서 쫓겨남. 명 왕조 수립.
1380년	모스크바의 왕자 드미트리 돈스코이가 러시아군을 이끌고 킵차크 칸국의 마마이 칸에게 승리를 거둠.
1381년	백장 칸국의 칸 토크타미시가 킵차크 칸국을 격파하고 두 칸국을 다시 합침.
1395년	티무르가 토크타미시를 격파하고 그 수도를 파괴함.

1398년	티무르가 델리 술탄국을 정복함.
1400년	티무르가 시리아에서 이집트의 맘루크 술탄국을 격파함.
1402년	티무르가 투르크의 술탄 바예지드를 패배시킴.
1405년	티무르 사망함.
1435년	크림 칸국이 킵차크 칸국으로부터 분리됨.
1445년	카잔 칸국이 킵차크 칸국으로부터 분리됨.
1480년	칼카 강에서의 대결로 러시아가 타타르의 멍에에서 벗어남.
1552년	러시아의 이반 4세가 카잔 칸국을 격파함.
1556년	러시아의 이반 4세가 아스트라한 칸국을 격파함.
1613년	누르하치가 여진(만주)족을 통일함.
1636~1639년	만주족이 중국 영토로 침입함.
1644년	만주족이 베이징을 점령하고 청 왕조를 세움.
1771년	러시아가 크림 칸국을 합병함.
1912년	청나라 멸망.

미주

머리말

1 Carl von Clausewitz, *On War*, trans. and ed. M. Howard and P. Paret, Princeton, NJ: Princeton University Press, 1976, Book I iii.

2 Napoleon Bonaparte, *The Military Maxims of Napoleon*, trans. G.C. d'Aguilar, London: Greenhill, 1987, Maxim 58.

3 Clausewitz, op. cit., p. 101.

제1장

1 칭기즈 칸은 아들 오고타이에게 왕위를 계승했지만, 오고타이의 아들 구유크는 왕위를 (사촌)형제인 몽케에게 계승했다.

2 한 국가가 그 이웃 국가들만 그 국가가 존속하기를 바랄 경우 어떻게 생존할 수 있는지를 합리적으로 묻고 있다. Carl Von Clausewitz, *On War*, trans. and ed. M. Howard and P. Parter, Princeton, NJ: Princeton University Press, 1976, p. 375.

3 Ferdinand Lot, *L'Art Militaire et les Armées du Moyen Age*, Paris: Payout, 1944.

4 Clausewitz, Book Ⅷ, chapter 3, p. 586.

5 Guillaume Le Vasseur de Beauplan, *La Description d'Ukranie*, Ottawa: Les Press de l'Université d'Ottawa, 1990, p. 61.

6 John Perry, *The State of Russia Under the Present Czar*, London and Edinburgh: Thomas Nelson, Ltd(초판 1716년 발행), pp. 83-84.

제2장

1 다음의 논평은 아이슬란드 조랑말 같은 난쟁이 말보다는 조랑말에 적용된다.

2 J. Cossar Ewart, "The Multiple Origin of Horses and Ponies," *The Smithonian Institution Annual Report*, 1903-1904.

3 Giovanni di Plano Carpini, *The Story of the Mongols Whom We Call the Tartars*, trans. Erik Hildinger, Boston: Branden Books, 1996.

4 Napoleon Bonaparte, *The Military Maxims of Napoleon*, trans. G.C. d'Aguilar, New York: Da Capo Press, 1955, Maxim 9.

5 멘센헬펜은 이 모자이크가 영국 박물관에 있다고 한다. Otto Maenchen-Helfen, *World of the Huns*, Berkeley: University of California Press, 1973, pp. 211-212.

6 앞의 책.

7 Guillaume Le Vasseur de Beauplan, *La Description d'Ukranie*, Ottawa: Les Press de l'Université d'Ottawa, p. 63, translated by author.

8 *The Discovery of Muscovy*, from the collections of Richard Hakluyt, London: Cassell and Co., 1904, p. 39.

9 Beauplan, p. 65, translated by author.

10 F. Patterson, "The Archers of Islam," *The Journal of the Economic and Social History of the Orient*, Vol. IX, Parts I-II, 1966년 11월, pp. 69-87.

11 Edward McEwen, Robert L. Miller, and Christopher A. Bergman, "Early Bow Design and Construction." *The Scientific American*, 1991년 6월, pp. 76-82.

12 Ralph Payne-Gallwey, *The Book of the Crossbow*, Dover, New York: Dover, 1995(초판 1903년 발행).

13 Giovanni di Plano Carpini, p. 89.

14 Anna Comnena, *The Alexiad*, trans. E.R.A. Sewter, Hammondsworth, UK: Penguin Books, 1982, pp. 316-317.

15 Vernard Foley, G. Palmer, and W. Soedel, "The Crossbow," *The Scientific American*, 1985년 1월, pp. 108-109.

16 Beauplan, translated by author.

17 Beauplan, translated by author.

18 *Arabic Archery: An Arabic Manuscript of About A.D. 1500-A Book Ion the Excellence of the Bow and Arrow and the Description Theory*, trans. and ed. N.A. Faris and R.P. Elmar, Princeton: Princeton University Press, 1945.

19 이 매우 실제적인 표현은 저명한 활 사냥꾼이자 활 제작자인 프레드 베어가 이 분야의 권위 있는 저서에서 한 말로 그는 다음과 같이 말했다. "보통의 활 사냥꾼에게는 32m 정도가 정확하게 쏠 수 있는 한계이며, 46m를 넘은 거리에서 활을 쏘아 사냥감을 많이 잡았다고 주장할 수 있는 사냥꾼은 거의 없다." Fred Bear, *The Archer's Bible*, rev. ed. Garden City, NY: Doubleday, 1980, p. 98.

20 *Arabic Archery*, pp. 147-148.

21 Patterson, p. 84.

22 *Ammianus Marcellinus*, Book 31, trans. Walter Hamilton, Hammondsworth, UK: Penguin Books, 1986, p. 412.

23 데니스 사이노가 인용한 애보트 레기노의 글, "The Inner Asian Warriors," *The Journal of the American Oriental Society*, 1981년 10월, p. 139.

24 Victor D. Hansen, *The Western Way of War: Infantry Battle in Classical Greece*, New York: Alfred A. Knopf, 1989.

제3장

1 Herodotus, *The Histories*, Book IV, trans. Aubrey de Selincourt, Hammondsworth, UK: Penguin, 1972, p. 291.

2 Giovanni di Plano Carpini, *The Story of the Mongols Whom We Call the Tartars*, trans. Erik Hildinger, Boston: Branden Books, 1996.

3 An Expression since corrupted to 'parting shot.'

4 Anthony M. Snodgrass, *Arms and Armour of the Greeks*, Ithaca, NY: Cornell University Press, 1967, p. 84.

5 스노드그래스에 따르면 이 궁수들은 아테네의 폭군 페이시스트라토스가 잠깐 만든 것으로 페르시아 전쟁 때까지 그들을 사용하는 것이 중단되었다. See Snodgrass, op. cit.

6 Herodotus, Book IV.

7 Herodotus, Book IV.

8 그 다리는 사모스의 만드로클레스가 고안했다.

9 Herodotus, Book IV.

10 로마의 레기오나리(군단병)의 갑옷에 관해 최근에 상당한 토의가 이루어졌다. 남아 있는 부조가 때로 분명치 않지만, 아마 일부 레기오나리들은 사슬 갑옷 대신에 단단한 가죽으로 만든 흉갑—프랑스인들이 중세에 'cuir bouilli'라고 부른 매우 견고한 방어물—을 입었을 것이다. 다른 자들은 아마 'scale-mail'을 입었을 것인데, 그것은 2세기와 3세기에 점점 더 인기를 얻었던 방어물이었다. 어쨌든 보호를 잘 받는 것이 그들의 정책이었다.

11 로마를 지나는 개선 행진은 전투에서 성공적으로 승리한 사령관과 그의 부대에게 주어졌다. 이것은 원로원의 표결로 주어지는 영예였다.

12 Plutarch, *Lives*, Vol. Ⅲ, trans. Bernadotte Perrin, London and New York: Loeb Classical Library, 1916, p. 389.

13 또는 아조프 해 근방의 지역.

14 Tadeusz Sulimirski, *The Sarmatians*, Southhampton, UK: Thames and Hudson, 1970, p. 34. 술리미르스키는 말한다. "특히 사르마티아족의 묘지에서 발견된, 무장한 여인들이 있는 비교적 많은 수의 무덤들은 보통 모계 가족제에 기반을 둔 사르마티아 사회 이전의 고대 질서가 살아남았던 증거로 간주된다." 1997년 2월 25일자 뉴욕타임즈는 특히 러시아와 카자흐스탄의 국경을 따라 발견된 무장한 여인들의 많은 유해 중에서 폭력에 의해 죽은 사람은 얼마 되지 않는 듯하다고 보도했다. 이것은 여자들이 사냥이나 혹은 소떼들을 지키기 위해 무장했을지도 모르지만, 일반적으로 전투에 노출되지는 않았다는 것을 시사한다. "Ancient Graves of Armed Women Hint at Amazons," p. C-1.

15 앞의 책.

16 Otto Maenchen-Helfen, *World of the Huns*, Berkeley: University of California Press,

1973, p. 244.

17 Polybius, Book XXX 25, 3, quoted in Snodgrass, op. cit., p. 121.

18 일반적으로 모든 고리는 갑옷의 조직을 만들기 위해 다른 네 개의 고리와 잇는데 가장 힘든 일은 각각의 고리를 만들고 구멍을 뚫은 다음 리벳을 박는 것이다.

19 Cassius Dio Cocceianus, *Roman History*, trans. Ernest Cary, New York: G.P. Putnam's, 1927, pp. 23–25.

20 Sulimirski, pp. 175–176.

21 Denis van Berchem, *L'Armée de Dioclétien et la Réforme Constantinienne*, Paris: Institut Français d'Archéologie de Beyrouth, Imprimerie Nationale, 1952, p. 64.

제4장

1 *Ammianus Marcellinus*, Book 31, trans. Walter Hamilton, Hammondsworth, UK: Penguin, 1986.

2 앞의 책.

3 앞의 책.

4 '양군의 장', 즉 기병과 보병의 사령관. 로마 제국 말기 군대의 최고위직이었다.

5 Thomas S. Burns, *Barbarians Within the Gates of Rome*, Bloomington and Indianapolis: Indiana University Press, 1994, p. 163.

6 학자들은 일반적으로 테르빙족과 서고트족을 동일시하며, 그들의 동쪽 이웃인 그레우퉁족과 동고트족을 동일하다고 본다(비록 이 용어들이 그 당시에 사용되지는 않았지만). 피터 헤더Peter Heather는 『Goths and Romans(New York: Oxford University Press, 1994)』에서 그 무리들은 동일하지 않았지만 이후 4세기에 합해져서 서고트족과 동고트족으로 재편되었다는 일리 있는 주장을 했다.

7 Otto Maenchen-Helfen, *World of the Huns*, Berkeley: University of California Press, 1973.

8 발렌티니아누스의 근위대장이 게르만족이었다는 것은 그때까지 게르만족이 로마군에서 지배적인 위치를 차지했다는 사실을 보여준다.

9 19세기의 유럽 기병의 창은 대략 이 정도 길이였다. 한스 델브뤼크를 참고할 것.

10 J.B. Bury, *History of the Later Roman Empire*, Vol I, New York: Dover, 1958.

11 이 전투는 때때로 카탈라우니아 평원의 전투 혹은 샬롱쉬르마른의 전투라고 언급된다. 베리에 의하면 카탈라우니아 평원은 상파뉴 전체를 포함했을 것이며, 일반적으로 그 전투가 실제로 트로이에 근처에서 일어났을 것이라는 데 동의한다. Bury, p. 293, fn. 1.

12 E.A. Thomson, *A History of Attila and the Huns*, New York: Oxford University Press, 1948, p. 141. citing Bury, op. cit.

13 L.J.D. Collins, "The Military Organization and Tactics of the Creamean Tartars During the Sixteenth and Seventeenth Centuries," *War, Technology and Society in*

the *Middle East*, ed. V.J. Parry and M.E. Yapp, London: Oxford University Press, 1975, p. 259.

14 Bury, p. 295.

15 Procopius, *History of the Wars*, trans. H.B. Dewing, Cambridge, MA, and London: Harvard University Press, 1953, pp. 9–15.

제5장

1 Byzantine Emperor Maurice, *Strategikon: A Handbook of Byzantine Military Strategy*, trans. G.T. Dennis, Philadelphia: University of Pennsylvania Press, 1984, p. 116.

2 앞의 책.

3 앞의 책, p. 117.

4 앞의 책, p. 116.

5 Hans Delbrük, *Medieval Warfare*, 3 vols., trans. W.J. Renfroe, Jr., Lincoln and London: University of Nebraska Press, 1990, Vol. II, chapter 2.

제6장

1 이 군사화된 사회에 관해 더 자세히 알고 싶은 경우 다음의 책을 참고하면 좋다. Archibald R. Lewis, *Nomads and Crusaders, A.D. 1000–1368*, Bloomington: Indiana University Press, 1991, pp. 80–82.

2 C.W.C. Oman, *A History of the Art of War*, New York: G.P. Putnam's, 1898, p. 231.

3 *Gesta Fanconrum et Aliorum Hierosolimantanorum*, trans. and ed. Rosalind Hill, London: Thomas Nelson and sons, 1962, p. 19.

4 Fulcher of Chartress, *A History of the Expedition to Jerusalem 1095–1127*, trans. Frances Rita Ryan, Knoxville: University of Tennessee Press, 1969, I. IX. 6, p. 85.

5 Oman, pp. 330–331.

제7장

1 Joseph Flechers, "The Mongols: Ecological and Social Perspectives," *The Harvard Journal of Asiatic Studies*, 46:1. Ratchenvsky의 책 p. 49.

2 Paul Ratchnevsky, *Genghis Khan, His Life and Legacy*, trans. Thomas N. Hanning, Oxford, UK, and Cambridge, MA: Blackwell, 1991, pp. 58–59.

3 *The Secret History of the Mongols, and Other Pieces*, trans. Arthur Waley. London: Allen and Unwin, 1963.

4 Thomas T. Allisen, *Mongol Imperialism: The Policies of the Grand Qua Miongke in China, Russia, and the Islamic Lands, 1251-1259*, Berkeley: University of California Press, 1987, p. 193.

5 메트로폴리탄 미술박물관의 무기관리자이자 국립조사위원회 공학부의 투구와 갑옷에 관한 위원회 의장이었던 배시포드 딘은 제1차 세계대전 때 개발된 영국의 직물 갑옷을 시험하고 다음과 같이 평했다. "이것은 패드를 많이 넣어 만든 무게 2.75kg 정도 되는 조끼로, 워싱턴에서 저자의 지시에 따라 이루어진 시험으로 판단할 때 초당 90m 속도의 자동권총 탄알을 막을 수 있다."

Bashford Dean, *Helmets and Body Armor in Modern Warfare*, New Haven, CT: Yale University Press, 1920, p. 112. 이 갑옷은 수지물로 단단하게 된 아마포, 무명, 비단 조각들로 만들어졌다. 중세의 패드를 넣은 갑옷이 동일한 내역에 맞추어 만들어지지는 않았겠지만 화살과 검의 공격을 막는 방어물을 만드는 것이 어렵지는 않았다.

6 Giovanni di Plano Carpini, *The Story of the Mongols Whom We Call the Tartars*, trans. Erik Hildinger, Boston: Branden Books, 1996.

7 Marco Polo, *The Travels of Marco Polo the Venetian*, Marsden translation, ed. Thomas Wright, New York: AMS Press, 1968(초판 1854년 런던 발행), pp. 133-134.

8 Giovanni, op. cit.

9 그렇지 않다면 화살을 상처 부위를 통해 당길 때보다 더 깨끗한 상처가 남도록 화살은 습관적으로 상처 부위에서 화살대를 분질러서 화살촉을 몸속으로 밀어서 다른 쪽으로 나오게 하여 제거된다.

10 Ratchnevsky, p. 108.

11 앞의 책.

12 Rene Groussert, *The Empire of the Steppes*, trans. Naomi Walford, New Brusnswick, NJ: Rutgers University Press, 1991, p. 238.

13 앞의 책, p. 243.

제8장

1 아마 이 수평적 계승의 전통이 나이 든 지도자를 다른 나이 먹은 지도자로 대체하는 소련 정치국의 경향을 설명해줄 것이다. 이 점에서 초원의 침입을 여러 번 받았던 중국도 주목하라. 학자들이 아마 이러한 점을 놓쳤을 것이다.

2 "The Battle on the River Kalka," from the Novgorodian Chronicle in Medieval *Russia'sEpics, Chronicles, and Tales*, trans. Serge A. Venkovsky, New York: Meridan Books, 1996, p. 194.

3 "The Battle on the River Kalka," p. 195.

4 "The Tale of the Destruction of Riazan," *Medieval Russia's Epics, Chronicles, and Tales*, p. 202.

5 Charles J. Halperin, *Russia and the Golden Horde*, Bloomington: Indiana University

Press, 1987, p. 91.

6 Marco Polo, *The Travels of Marco Polo the Venetian*, Marsden translation, ed. Thomas Wright, New York: AMS Press, 1968(초판 1854년 런던 발행), p. 136.

제9장

1 Quoted in R.C. Smail, *Crusading Warfare*, New York: Cambridge University Press, 1995, p. 79 ; "Etenim id moris pubnandi apud Turcos est, ut, licet pauciores sint, tamen semper nitantur hostes cingere suos." (trans. Erik Hildinger)

2 앞의 책, p. 78. n. 8 : "...docit et faciles ad fugam" and "...pacem no posset habere, nec pugam."

3 Anna Comnena, *The Alexiad*, XV, iii, trans. E.R.A. Sewter, Hammondsworth, UK: Penguin, 1982.

4 맘루크는 단순히 노예를 뜻하는 아랍어다.

5 정복왕 윌리엄의 동생 오도 주교가 그 예인데, 그는 헤이스팅스 전투에서 피를 흘리지 않게 하려고 작은 곤봉으로 싸웠다.

6 *Munyatu'l-Ghuzat, A 14th Century Mamluk-Kipchak Military Treatise*, trans. Kurtulus Oztopcu, Cambridge, MA: Harvard University Press, 1989, p. 77.

7 앞의 책, p. 58.

8 프랑스 출처에서 나온 것으로 십중팔구 이 작은 충돌을 크게 보이려는 과장이다. 이집트 기병 전체가 10,000명에서 12,000명에 지나지 않았을 것인데 이렇게 많은 사람들이 그런 행동에 참여한다는 것은 의심스럽다.

9 Quoted in Reuven Amitai-Press, *Mamluks and Mongols: The Mamluk-Ilkhanid War, 1260-1281*, Cambridge, UK: Cambridge University Press, 1995, p. 36.

10 Amitai-Press, op. cit.

11 James F. Dunigan, *How to Make War*, New York: William Morrow, 1993. 3rd ed., p. 306.

제10장

1 *Tamerlane or Timur The Great Amir*, trans. Ahmed Ibn Arabshah and J.H. Sanders, Lahore, India: Progressive Books, 1976, p. 1.

2 앞의 책, p. 4.

3 Mirza Muhammad Haidar, *A History of the Moghuls of Central Asia, Being The Tarikh-I-Rashidi of Mirza Muhammad Haidar, Dughlat*, trans. E. Dennison Ross, London: Curzon Press, 1972, p. 19.

4 그 병은 말에 관한 병이었을 수 있으며 그렇다면 심각했을 것이다. 초원의 전투가 지닌 성

격을 볼 때 몽골군에게 말이 충분하게 없다면 그들의 운명은 적의 손에 달려 있는 것이나 마찬가지다.

5 예를 들면 그보다 200년 앞서 르네 그루세(René Grousset)와 에드워드 기번(Edward Gibbon).

6 *The Political and Military Institutes of Tamerlane, Recovered by Sharfuddin Ali Yezdi*, trans. James Davy, New Delhi, India, Idarah-I Adabiyat-I Delli, 1972.

7 Ruy Gonzalez de Clavijo, *Clavijo, Embassy to Timur*, 1403-1406, New York: Harper & Brothers, 1928, p. 293.

8 앞의 책.

9 앞의 책.

10 Lucien Kehren, *Tamerlane*, Paris, Payot, 1988, pp. 117-118.

11 뤼시앵(Lucien Kehren)은 그 제의를 진정한 것으로 생각해 계략으로 본다. Marie-Mathilde Alexandrescu-Dersca, *La Compagne de Timur en Anatolie*(1402), London, Variorum Reprints, 1977.

12 검은 갑주(쇠를 불린 후 마감하지 않은)가 당시 특히 독일에서 인기 있었으며, 그 투구에는 흔히 도안이 그려졌다.

13 근래에는 워털루 전투에서 목격되었던 것으로, 전투에서 프랑스 기병의 말들이 영국군 보병 방진 수 미터 앞에서 멈추는 바람에 대단한 사상자를 냈다.

14 유목 생활이 투르크족에 의해 아나톨리아에 소개되고 나서 얼마 후 투르크 정부는 그런 생활을 억제하고 다스리기 힘든 유목민을 통제하기 위해 정착 생활을 권장했다. 이것은 이미 15세기 오스만 제국의 군대에서도 찾아볼 수 있다.
Douglas Johnson, *The Nature of Nomadism: A Comparative Study of Pastoral Migrations in Southwestern Asia and Northern Africa*, Chicago: University of Chicago Press, Department of Geography Research Papers, 1969.

15 Alexandrescu-Dersca, p. 70.

제11장

1 Sigismund von Herberstein, *Das alte Russland*, Zurich: Manesse Verlag, 1985, p. 136.

2 앞의 책.

3 Pierre Chevalier, *A Discourse of the Original, Countrey, Manners, Government and Religion of the Cossaks with Another of the Precopian Tatars, and a History of the Wars of the Cossaks Against Poland*, London: printed for Hobart Kemp, 1672, p. 42.

4 앞의 책.

5 앞의 책, p. 41.

6 Guillaume Le Vasseur de Beauplan, *La Description d'Ukranie*, Ottawa: Les Press de

l'Université d'Ottawa, 1990, pp. 62–63(trans. Erik Hildinger).

7 L.J.D. Collins, "The Military Organization and Tactics of the Creamian Tatars During the Sixteenth and Seventeenth Centuries," *War, Technology and Society in the Middle East*, ed. V.J. Parry and M.E. Yapp, London: Oxford University Press, 1875, p. 264.

8 앞의 책, p. 265.

9 Beauplan, pp. 65–66.

10 Collins, p. 264.

11 Beauplan, p. 67.

12 Chevalier, p. 53.

13 Beauplan, p. 68.

14 Beauplan, pp. 71–72. 말을 탄 오른손잡이는 왼쪽으로만 활을 쏠 수 있는데, 말 엉덩이 위로 뒤쪽 방향으로 화살을 쏘기 위해서 몸을 왼쪽으로 돌려야 하기 때문이다.

15 John Perry, *The State of Russia under the Present Czar*, London and Edinburg: Thomas Nelson, Ltd. (1716년 발간본의 재발행), pp. 89–90.

16 François-Paulin Dalairac, *Polish Manuscripts: or the Secret History of the Reign of John Sobieski, the III of the Name, King of Poland*, London: printed for H. Rhodes, 1700, pp. 15–16.

제12장

1 René Grousser, *The Empire of the Steppes*, trans. Naomi Walford, New Brunswick, NJ: Rutgers University Press, 1991.

2 J.A.G. Roberts, *A History of China*, vol.I, Stroud, UK: Phoenix Mill, 1996, p. 200.

3 존 로스 목사는 19세기에 쓴 그의 책에서 만주족의 발흥에 관해 논의했다. 그는 사슬 갑옷을 입은 사람이라고 번역한 한자 표현을 읽은 게 분명하지만, 그 표현을 마음에 들어 하지 않았던 것으로 보인다. 각주에서 그는 이렇게 덧붙이고 있다. "내가 알 수 있는 것으로 볼 때, 이 사슬 갑옷은 화살이 뚫지 못하도록 무명을 여러 겹, 아마 열 번에서 스무 번까지 겹겹으로 꿰매서 만들어졌다."

John Ross, *The Manchus or The Reigning Dynasty of China, Their Rise and Progress*, London: F. Paisley and R. Parlane, 1880, p.10.

4 200년 후에 프러시아의 프리드리히 2세는 자신의 머스켓 총병이 가로 1.5m, 세로 3m인 표적을 약 55m 거리에서 쐈을 때 60% 이상의 명중률을 올리기를 기대했다. Peter Young, *The Fighting Man: From Alexander the Great's Army to the Present Day*, London: Orbis Publishing, 1981.

5 Ross, *Rise and Progress*, op. cit.

참고문헌

Alef, Gustave. "The Battle of Suzdal in 1445: An Episode in the Muscovite War of Succession" and "Moscovite Military Reforms," in *Rulers and Nobles in Fifteenth-Century Musvovy*. London: Variorum Reprints, London 1983.

Alexandrescu-Dersca, Marie-Mathilde. *La Campagne de Timur en Anatolie(1402)*. London: Variorum Reprints, 1977.

Allsen, Thomas T. *Mongol Imperialism: The Policies of the Grand Qan Monke in China, Russia, and the Islamic Lands, 1251-1259*. Berkely: University of California Press, 1987.

Amitai-Press, Reuven. *Mamluks and Mongols: The Mamluk-Ilkhanid War, 1260-1281*. Cambridge, UK: Cambridge University Press, 1995.

Arabic Archery: An Arabic Manuscript of About A.D. 1500-A Book on th Excellence of the Bow and Arrow and the Description Thereof. trans. and ed. N.A. Faris and R.P. Elmet. Princeton: Princeton University Press, 1945.

Ayalon, David. *The Mamluk Military Society, Collected Studies*. London: Variorum Reprints, 1979.

"Battle on the River Kalka, The," from the Novgorodian Chronicle, in *Medieval Russia's Epics, Chronicles, and Tales*, trans. Serge A. Venkovsky. New York: Meridian Books, 1963.

Bear, Fred. *The Archer's Bible*, rev. ed. Garden City, NY: Doubleday 1980.

Beauplan, Guillaume Le Vasseur de. *La Description d'Ukranie*. Ottawa: Les Press de l'Université d'Ottawa, 1990.

Beeler, John. *Warfare in Feudal Europe*, 730-1200. Ithaca and London: Cornell University Press, 1994.

Berchem, Denis van. *L'Armée de Dioclétien et la Réforme Constantinienne*. Paris: Imprimerie Nationale, for the Institut Français d'Archéologie de Beyrouth, 1952.

Bonaparte, Napoleon. *The Military Maxims of Napoleon*, trans. G.C. d'Aguila: New York: Da Capo Press, 1995.

Boyle, John Andrew. *The Mongol World Empire*, 1206-1370. London: Variorum Reprints, 1977.

Burns, Thomas S. *Barbarians Within the Gate of Rome*. Bloomington and Indianapolis: Indiana University Press, 1994.

Bury, J.B. *History of the Later Roman Empire*, Vol. I. New York: Dover, 1958.

———. *The Invasion of Europe by the Barbarians.* New York: Russell and Russell, 1963.

Chambers, James. *The Devil's Horsemen.* New York: Atheneum, 1975.

Chevalier, Pierre. *A Discourse of the Original, Countrey, Manners, Government and Religion of the Cossacks with Another of the Precopian Tartars, and a History of the Wars of the Cossacks Against Poland.* London: printed for Hobart Kemp, 1672.

Clausewitz, Carl von. *On War.* trans. and ed. M. Howard and P. Paret. Princeton. NJ: Princeton University Press, 1976.

Cocceianus, Cassius Dio. *Roman History.* trans. E. Carry. New York: G.P. Putnam's, 1927.

Contamine, Philippe. *War in the Middle Ages.* Oxford, UK, and New York: B. Blackwell, 1984.

Collins, L.J.D. "The Military Organization and Tactics of the Crimean Tartars During the Sixteenth and Seventeenth Centuries," in *War, Technology and Society in the Middle East.* ed. V.J. Parry and M.E. Yapp. London: Oxford University Press, 1975.

Comnena, Anna. *The Alexiad.* trans. E.R.A. Sewter. Hammondsworth, UK: Penguin Books, 1982.

Dalairac, François-Paulin. *Polish Manuscripts: or The Secret History of the Reign of John Sobieski, the III of that Name, King of Poland.* London: printed for H. Rhodes, 1700.

Davis, R.H.C. *The Medieval Warhorse, Origin, Development and Redevelopment.* London: Thames and Hudson, 1989.

Dean, Bashford. *Helmets and Body Armor in Modern Warfare.* New Haven, CT: Yale University Press, 1920.

Delbrück, Hans. *Medieval Warfare,* 3 vols. trans. W.J. Renfroe, Jr. Lincoln and London: University of Nebraska Press, 1990.

Discovery of Muscovy, The. From the collections of Richard Hakluyt. London: Cassell and Co., 1904.

Dunigan, James F. *How to Make War,* 3rd ed. New York: William Morrow, 1993.

Eberhard, Wolfram. *Conquerors and Rulers: Social Forces in Medieval China.* Leiden, Netherlands, E.J. Brill, 1965.

Einhard. "Life of Charlemagne," in *Two Lives of Charlemagne.* trans. Lewis Thorpe. Hammonsworth, UK: Penguin, 1969.

Ewart, J. Cossar. "The Multiple Origin of Horses and Ponies," in *The Smithsonian Institution Annual Report,* 1903-1904.

Fletcher, Joseph. "The Mongols: Ecological and Scocial Perspectives," in *The Harvard Journal of Asiatic Studies,* 46:1.

Foley, Vernard, G. Palmer, and W. Soedel. "The Crossbow," in *The Scientific American,* January 1985.

Fulcher of Chartres. *A History of the Expedition to Jerusalem, 1095-1127.* trans.

Frances Rita Ryan. Knoxville: University of Tennessee Press, 1969.

Garlan, Yvon. *La Guerre dans l'Antiquité*. Paris: Fernand Nathan, 1972.

Gesta Francorum et Aliorum Hierosolimatanorum. trans. and ed. Rosalind Hill. London: Thomas Nelson and Sons, 1962.

Gibbon, Edward. *The Decline and Fall of the Roman Empire*. New York: Random House.

Giovanni di Plano Carpini. *The Story of the Mongols Whom We Call the Tartars*. trns. Erik Hildinger. Boston: Branden Books, 1996.

Gonzalez de Clavijo, Ruy. *Clavijo, Embassy to Tamerlane, 1403–1406*. New York: Harper and Brothers, 1928.

Grant, Michael. *The Army of the Caesars*. New York: Scribners, 1974.

———. *Constantine the Great*. New York: Scribners, 1994.

Grousset, René. *The Empire of the Steppes*. trans. Naomi Walford. New Brunswick, NJ: Rutgers University Press, 1991.

Haidar, Mirza Muhammad. *A History of the Moghuls of Central Asia, Being the Tarikh-I-Rashidi of Mirza Muhammad Haidar, Dughlat*. trans. E. Dennison Ross. London: Curzon Press; New York: Barnes and Noble, 1972.

Halperin, Charles J. *The Tatar Yoke*. Columbus, OH: Slavica Press, 1986.

———. *Russia and the Golden Horde*. Bloomington: Indiana University Press, 1987.

Hansen, Victor D. *The Western Way of War: Infantry Battle in Classical Greece*. New York: Alfred A. Knopf, 1989.

Heather, Peter. *Goths and Romans*. New York: Oxford University Press, 1991.

Heberstein, Sigismund von. *Das alte Russland*. Zurich: Manesse Verlag, 1985.

Herodotus. *The Histories*. trans. Aubrey de Selincourt. Hammondsworth, UK: Penguin Books, 1972.

Howarth, Henry H. *A History of the Mongols*. London: Longmans, Green, 1876.

Howarth, Patrick. *Attila, King the Huns*. London: Constable, 1994.

Ischboldin, Boris. *Essays on Tatar History*. New Delhi: New Book Society of India, 1963.

Johnson, Douglas L. *The Nature of Nomadism: A Comparative Study of Pastoral Migrations in Southwestern Asia and Northern Africa*. Chicago: University of Chicago Press, Department of Geography, Research Projects, 1969.

Juvaini, Ala-ad-Din Ata-Malik. *History of the World Conqueror*. translated from the text of Mirza Muhammad Qazvin by John Andrew Boyle. Manchester, UK: Manchester University Press, 1958.

Kalusk, Ludvik. "Les Armures des Timourides, des Aqqoyunlus et des Shirvanshahs," in *Timurid Art and Culture, Iran and Central Asia in the Fifteenth Century*. ed. Lisa Golombek and Maria Subtelny. Leiden(Netherlands), New York, and Cologne: E.J. Brill, 1992.

———. *A History of Warfare*. London: Hutchinson, 1993.

Keegan, John. *The Face of Battle*. Hammondsworth, UK, and New York: Penguin, 1987.

———. *The Mask of Command*. London: Cape, 1987.

———. *A History of Warfare*. London: Hutchinson, 1993.

Kehren, Lucien. *Tamerlan*. Paris: Payot, 1980.

Laskowski, Otton. *Sobieski, King of Poland*. trans. F.C. Anstruther. Glasgow, UK: Polish Library, 1944.

Leeuwen, Carel van, Tatjana Emeljanenko, and Larisa Popova. *Nomads in Central Asia*. Amsterdam: Royal Tropical Institute, 1994.

Levanoni, Amalia. *A Turning Point in Mamluk History*. Leiden(Netherlands), New York, and Cologne: E.J. Brill, 1995.

Lewis, Archibald R. *Nomads and Crusaders A.D. 1000–1368*. Bloomington: Indiana University Press, 1991

Lot, Ferdinand. *L'Art Militaire et les Armées du Moyen Age*. Paris, 1944.

Maenchen-Helfen, Otto. *World of the Huns*. Berkeley: University of California Press. 1973.

Marcellinus, Ammianus. Books 14–31. trans. Walter Hamilton. Hammondsworth, UK: Penguin, 1986.

Marco Polo. *The Travels of Marco Polo the Venetian*. Marsden translation, ed. Thomas Wright. New York: AMS Press, 1968; reprint of 1854 Bohn edition, London.

Marshall, Christopher. *Warfare in the Latin East*. Cambridge and New York: Cambridge University Press, 1991.

Maurice(Byzantine Emperor). *Strategikon: A Handbook of Byzantine Military Strategy*. trans. G.T. Dennis. Philadelphia: University of Pennsylvania Press, 1984.

Mayer, A. *Mamluk Costume*. Geneva: Albert Kundig, 1952.

McEwen, Edward, Robert L. Miller, and Christopher A. Bergman. "Early Bow Design and Construction," in *The Scientific American*, June 1991.

Morgan, David. *The Mongols*. Oxford, UK, and Cambridge, MA: Harvard University Press, 1986.

Muir, William. *The Mameluke or Slave Dynasty of Egypt*. Amsterdam: Oriental Press, 1968.

Munyatu'l-Ghuzat: A 14th Century Mamluk-Kipchak Military Treatise. trans. Kurtulus Oztopcu. Cambridge, MA: Harvard University Press, 1989.

Novgorodian Chronicle, in *Medieval Russia's Epics, Chronicles, and Tales*. trans. Serge A. Venkovsky. New York: Meridian Books, 1996.

Oman, C. *A History of the Art of War in the Middle Ages*, 2 vols. New York: Burt Franklin, 1959.

Oman, C.W.C. *A History of the Art of War*. New York: G.P. Putnam's, 1898.

Paterson, G. "The Archers of Islam," in *The Journal of the Economic and Social History of the Orient*, Vol. IX, Parts I–II, November 1966.

Payne-Gallwey, Ralph. *The Book of the Crossbow*. New York: Dover, 1955; reprint of 1903 edition.

Perry, John. *The State of Russia Under the Present Czars*. London and Edinburgh,

Thomas Nelson, Ltd; reprint of 1716 edition.

Plutarch. *Lives*, Vol. III. trans. Bernadotte Perrin. London and New York: Loeb Classical Library, 1916.

Political and Military Institutes of Tamerlane, The, Recorded by Sharfuddin Ali Yezdi. trans. James Davy. New Dehli: Idarah-I Adabiyat-I Delli, 1972.

Procopius. *History of the Wars*, Book I. trans. H.B. Dewing. Cambridge, MA, and London: Harvard University Press, 1953.

Ratchnevsky, Paul. *Genghis khan, His Life and Legacy.* trans. Thomas N. Haining. Oxford, UK, and Cambridge, MA: Basil Blackwell Ltd, 1991.

Roberts, J.A.G. A *History of China*, vol. I. Stroud, UK: Phoenix Mill.

Ross, John. *The Manchus or The Reigning Dynasty of China, Their Rise and Progress.* London: F. Paisley and R. Parlane, 1880.

Royal Frankish Annals, in *Carolingian Chronicles.* trans. Bernard Walter Scholtz and Barbara Rogers. Ann Arbor: University of Michigan Press, 1970.

Sadeque, Syedah Fastima. *Baybars I of Egypt.* trans. George Cumberlege. New York: AMS Press, 1980.

Secret History of the Mongols, and Other Pieces. trans. Arthur Waley. London: Allen and Unwin, 1963.

Sinor, Denis. "The Inner Asian Warriors," in *The Journal of the American Oriental Society*, October 1981.

Smail, R.C. *Crusading Warfare.* New York: Cambridge University Press, 1956.

Snodgrass, Anthony M. *Arms and Armors of the Greeks.* Ithaca, NY: Cornell University Press, 1967.

Spaulding, O.L, H. Nickerson, and J.W. Wright. *Warfare: A Study of Military Methods from the Earliest Times.* Washington, DC: The Infantry Journal, 1937.

Sulimirski, Tadeusz. *The Sarmatians.* Southampton, UK: Thames and Hudson, 1970.

Tamerlane, or Timur the Great Amir. trans. Ahmed Ibn Arabshah and J.H. Sanders. Lahore, India: Progressive Books, 1976.

Thompson, E.A. *A History of Attila and the Huns.* Oxford, UK, and Cambridge, MA: Blackwell, 1996.

Thorau, Peter. *Lion of Egypt.* trans. P.M. Holt. London and New York: Longman, 1992.

Vernadsky, George. *The Mongols and Russia.* New Haven and London: Yale University Press, 1953.

Webster, Graham. *The Roman Imperial Army*, 2nd ed. London: Adam and Charles Black, 1979.

Young, Peter. *The Fighting Man: From Alexander the Great's Army to the Present Day.* London: Orbis Publishing

인명 찾아보기

ㅅ

ㅇ

ㅌ

ㅍ

ㅎ

지명 찾아보기

기타 용어 찾아보기

ㅎ

초원의 전사들

1판 1쇄 펴낸날 2008년 10월 25일
1판 2쇄 펴낸날 2010년 12월 10일

지은이 | 에릭 힐딩거
옮긴이 | 채만식
펴낸이 | 김시연

펴낸곳 | (주)일조각
등록 | 1953년 9월 3일 제300-1953-1호(구 : 제1-298호)
주소 | 110-062 서울시 종로구 신문로 2가 1-335
전화 | 734-3545 / 733-8811(편집부)
733-5430 / 733-5431(영업부)
팩스 | 735-9994(편집부) / 738-5857(영업부)
이메일 | ilchokak@hanmail.net
홈페이지 | www.ilchokak.co.kr

ISBN 978-89-337-0547-6 03910
값 18,000원

* 옮긴이와 협의하여 인지를 생략합니다.
* 이 도서의 국립중앙도서관 출판시도서목록(CIP)은 e-CIP 홈페이지
(http://www.nl.go.kr/ecip)에서 이용하실 수 있습니다.
(CIP제어번호 : CIP2008003083)